KB263801

1일 1페이지 영어 어휘력 365

일러두기

1. 본문에서 별표(*)가 앞에 붙은 단어는 문헌상 확인되지 않았지만, 언어학자들이 재구성을 통해 유추한 어형을 가리킨다.

2. 어휘 사용량 변화 그래프는 구글 엔그램 뷰어(Google Ngram Viewer)의 자료를 참고해 새롭게 제작했다.

3. 어원 계통도는 온라인 어원 사전 사이트인 ONLINE ETYMOLOGY DICTIONARY (https://www.etymonline.com)의 자료를 참고해 새롭게 제작했다.

4. 본서의 영어 예문 출처는 다음과 같다.

   • https://dictionary.cambridge.org
   • https://www.oxfordlearnersdictionaries.com
   • https://www.merriam-webster.com
   • https://dict.naver.com

1일 1페이지 영어 어휘력 365

나는 10년째 영어 어원 강의를 해오고 있다. 열심히 공부해주신 덕분에 많은 수강생이 원하던 대학이나 회사에 합격을 하거나 영어로 꿈을 이룰 수 있었다. 그런데 공부법 전문가인 내가 어쩌다 영어 단어 강의까지 하게 된 걸까? 많은 영어 공부법 중 '어원'을 통한 영어 단어 학습이야말로 단연코, 가장 효과적이라는 걸 깨달았기 때문이다. 미국 미네소타대학교의 제임스 아이삭 브라운 교수의 연구에 따르면, 영어에서 주로 사용되는 33개의 어원에서 파생된 영단어만 무려 1만 4,000개에 이른다고 한다. 한국어에서도 물을 뜻하는 '수(水)'자만 알아도 생수, 온수, 수질, 수압, 수통 등의 단어를 바로 이해할 수 있지 않은가. 따라서 공신들도 원어민들도, 영어를 잘하는 사람들은 예외 없이 어원을 통해 영어 공부를 하고 있다. 이 책은 물 흐르듯 읽기만 해도 영어 단어가 머릿속을 떠나지 않는다. 오늘부터 1일 1페이지씩 딱 365일만 읽어보면 어떨까? 1년 뒤 오늘 당신도 "영어 공부의 신"이 되어 있을 것이다!

강성태 | 공신닷컴 대표, 『강성태 영단어 어원편』 저자

로마인들이 우리에게 남겨준 유산이 많지만 그중 라틴어는 헬라어와 함께 서양 고대 그리스 로마 문명의 지적 정보를 저장하는 보고였다는 점에서, 그리고 근대 서양 문명의 원천이었다는 점에서 세계사적 의의가 있다. 21세기 세계화 시대를 살아가는 우리에게는 영어가 그 역할을 담당하고 있다고 해도 과언이 아니다. 영어는 세계인이 수많은 지식과 정보를 소통하는 데 가장 많이 사용하는 도구이기 때문이다.

그런 의미에서 이번에 출간하는 『1일 1페이지 영어 어휘력 365』는 영어를 처음 배우는 학생들뿐 아니라 계속 영어 공부가 필요한 성인들에게도 큰 도움이 될 것이다. 저자의 말대로 영어 단어 중 60% 이상이 라틴어와 프랑스어에서 유래하다 보니 어원을 알면 거기서 파생된 여러 영어 단어를 한꺼번에 쉽게 이해하게 된다. 책 제목처럼 서두르지 않고 천천히, '1일 1페이지씩' 읽다 보면 라틴어의 매력도 맛보고 영어 어휘력도 풍성하게 기를 수 있다. 즉, 두 마리 토끼를 잡는 셈이다. 아무쪼록 영어를 공부하는 모든 이에게 꼭 필요한 필독서가 되기를 기대하며 이 책을 적극 추천한다.

김덕수 | 서울대학교 역사교육과 명예교수

몇 해 전에 출간한 『1일 1페이지 영어 어원 365』가 독자들의 각별한 사랑을 받았다. 필자는 이 책을 통해 영어 어원과 관련된 다양한 주제의 스토리를 들려주고, 자연스럽게 영어의 어원을 소개하고 싶었다. 이번에 선보이는 책도 전작의 포맷을 따랐지만, 영어 어휘 학습을 통한 어휘력 향상에 더욱 방점을 찍었다.

이번 책의 각 꼭지도 스토리텔링으로 시작한다. 하지만 지난번 책과 다소 다른 점이 몇 가지 있다. 먼저 365개의 주제어는 모두 라틴어에서 유래한 말들이다. 흔히 영어가 앵글로색슨족이 사용하던 언어에서 유래되었다고 말하지만, 영어 어휘 구성에서 영어의 조상인 게르만어(고대/중세 영어, 고대 노르드어, 네덜란드어)의 구성 비율은 26퍼센트에 지나지 않는다. 반면, 라틴어에서 파생한 어휘들은 무려 30퍼센트를 차지하고, 라틴어의 자식이라 할 수 있는 프랑스어도 30퍼센트에 이른다. 이 말은 라틴어 계통의 어휘가 무려 60퍼센트에 이른다는 말이다.

따라서 라틴어에서 파생한 영어 어휘는 영어 학습에 매우 중요한 위치를 차지한다. 라틴어 접두사와 어근을 알면, 영어 어휘 습득에 많은 수고를 덜 수 있다. 그래서 하루에 하나씩 소개하는 주제어의 라틴어 어원을 살펴보고, 거기서 파생된 어휘나 표현을

5개에서 많게는 10개 정도 제시했다. 이렇게 구성한 결과, 지난 번 책보다 상당히 많은 영어 어휘를 소개하게 되었다.

이 책의 또 다른 특징은 어원의 이해를 돕기 위해 빅데이터를 활용했다는 점이다. 구글이 제공하는 구글 엔그램 뷰어는 영어를 비롯한 여러 언어(중국어, 프랑스어, 독일어 등)의 말뭉치를 데이터베이스로 구축해, 지난 약 500년 동안(1500년~2019년) 출간된 인쇄물의 출전 빈도수를 디지털화했다. 그래서 해당 어휘가 수백 년간 영미 문화권의 출판물에서 어느 정도 사용되었는지 추세를 확인할 수 있고, 이를 통해 어휘가 갖는 역사적·사회적 의미까지 유추해볼 수 있다. 더불어 라틴어 어원에서 나온 영어 파생어들이 통시적으로 어떤 과정을 거쳐 지금의 형태와 의미를 갖게 되었는지, 어원 계통도를 통해 어원의 의미 변천을 설명했다.

외국어의 습득은 끊임없는 학습과 반복으로 완성된다. 그런 의미에서 외국어 학습에는 왕도가 없다는 말도 있다. 하지만 영어의 근간을 이루며 어휘 구성에서 절대적 비율을 차지하는 라틴어 어원으로 영어 표현을 익힌다면, 보다 체계적으로 영어 어휘력을 향상시킬 수 있을 것이다.

2025년 겨울에 연구실에서
저자 김동섭

3월

1일	Vitamin	비타민
2일	Extraterrestrial	외계인
3일	Unanimous	만장일치의
4일	Novice	초보자
5일	Virtual	가상의
6일	Posthumous	사후의
7일	Author	작가
8일	Fraternity	우애
9일	Laud	칭찬하다
10일	Reason	이성
11일	Scripter	스크립터
12일	Necropolis	공동묘지
13일	Prince	왕자
14일	Produce	생산하다
15일	Agenda	어젠다
16일	Recession	경기 침체
17일	Gesture	몸짓
18일	Contract	계약
19일	Victory	승리
20일	Location	야외 촬영
21일	Studio	스튜디오
22일	Alternative	대안
23일	Venture	벤처
24일	Permanently neutralized state	영세중립국
25일	Desolate	너무나 외로운
26일	Onion	양파
27일	Obvious	분명한
28일	Summit	정상회담
29일	Beatific	기쁨이 넘치는
30일	Connection	접속
31일	Capsule	캡슐

4월

1일	Dictionary	사전
2일	Mental	정신의
3일	Domain	도메인
4일	Fugitive	도망자
5일	Leverage	레버리지
6일	Capital	수도
7일	Fatal	치명적인
8일	ID	신분증
9일	Benefit	이득
10일	Intelligent	총명한
11일	Mission	선교
12일	Sense	감각
13일	Millennium	밀레니엄
14일	Maternal	모계의
15일	Patronage	후원
16일	Corps	부대
17일	Accident	사고
18일	Creation	창조
19일	Voluptuous	관능적인
20일	Sign	징후
21일	Insect	곤충
22일	Fortune	운
23일	Doctor	의사
24일	Portfolio	포트폴리오
25일	Prosecutor	검사
26일	Immortality	불멸
27일	Party	파티
28일	Course	코스
29일	Mutation	돌연변이
30일	Tenure	테뉴어

1일	Client	의뢰인
2일	Memory	기억
3일	Centurion	백부장
4일	Intercept	가로막다
5일	Injection	주사
6일	Age	나이
7일	Satire	풍자
8일	Vinegar	식초
9일	Communion	영성체
10일	Facility	시설
11일	Citius, Altius, Fortius	더 빨리, 더 높이, 더 강하게
12일	Hostage	인질
13일	Regular	규칙적인
14일	Caecum	맹장
15일	Convivial	유쾌한
16일	Admission	입학
17일	Scroll	두루마리
18일	Desire	욕망하다
19일	Navigation	항해
20일	Plenary	총회
21일	Recitation	암송
22일	Fluently	유창하게
23일	Gender	사회적 성
24일	Senator	상원 의원
25일	Prelude	서곡
26일	Science	과학
27일	Adieu	아듀
28일	Legend	전설
29일	Mixer	믹서
30일	Mobile	모바일
31일	Video	비디오

1일	Argument	논증
2일	Success	성공
3일	Judgement	심판
4일	Gravity	중력
5일	Verdict	평결
6일	Delivery	배달
7일	Parasol	양산
8일	Conspiracy	음모
9일	Emancipation	해방
10일	Fruit	과일
11일	Amount	총액
12일	Sensation	센세이션
13일	Accelerator	액셀러레이터
14일	Dexter	오른쪽의
15일	Sinister	불길한
16일	Defense	방어
17일	Prohibition	금주법
18일	Denunciation	비난
19일	Accuse	고발하다
20일	Finance	재정
21일	Gentleman	신사
22일	Salute	경례
23일	Desperado	무법자
24일	Asperity	거침
25일	Contact	접촉
26일	Dial	다이얼
27일	Fidelity	충실함
28일	Model	모델
29일	Equator	적도
30일	Mediterranean Sea	지중해

7월

1일	Ultraviolet	자외선
2일	Innocent	무죄의
3일	Duke	공작
4일	Equitation	마술
5일	Genius	천재
6일	Ostentation	과시
7일	Focus	초점
8일	Depression	우울증
9일	Conversion	개종
10일	Fable	우화
11일	Imperialism	제국주의
12일	Vulnerable	취약한
13일	Dormitory	기숙사
14일	Propeller	프로펠러
15일	Conquest	정복
16일	Solatium	위로금
17일	Affiliation	제휴
18일	Language	언어
19일	Ultimatum	최후통첩
20일	Sanitary	위생
21일	Maestro	마에스트로
22일	Compute	계산하다
23일	Vulgar	저속한
24일	Legal	합법적인
25일	Threshold	문지방
26일	Lucid	명쾌한
27일	Nocturne	야상곡
28일	Insomnia	불면증
29일	Impudent	무례한
30일	Delicious	아주 맛있는
31일	Solarium	일광욕실

8월

1일	Diligence	근면
2일	Fax	팩스
3일	Major	전공
4일	Premier	최고의
5일	Nepotism	족벌주의
6일	Utilitarianism	공리주의
7일	Bonanza	보난자
8일	Nutrition	영양
9일	Multilingualism	여러 언어의 사용
10일	Minority	소수
11일	Armada	무적함대
12일	Proof	증명
13일	Postpone	연기하다
14일	Cursor	커서
15일	Lunacy	미친 짓
16일	Occidentalism	옥시덴탈리즘
17일	Interstellar	인터스텔라
18일	Pugilism	권투
19일	Expletive	비속어
20일	Prestige	명성
21일	Reticent	과묵한
22일	Consul	영사
23일	Peninsula	반도
24일	Noel	노엘
25일	Dignity	위엄
26일	Durable	내구성이 좋은
27일	Contrast	대조
28일	Condiment	조미료
29일	Dedication	봉헌
30일	Mollusc	연체동물
31일	Responsibility	책임

9월

1일	Insurrection	폭동
2일	Honor	명예
3일	Quantum	퀀텀
4일	Oval	타원형
5일	Bibulous	술고래
6일	Prerogative	특권
7일	Cognition	인지
8일	Comprehension	이해력
9일	Aural	청각의
10일	Doubt	의심
11일	Ace	에이스
12일	Resolution	결의안
13일	Vintage	빈티지
14일	Exceptional	특출한
15일	Appetite	식욕
16일	Preference	선호
17일	Volunteer	자원봉사자
18일	Inception	창립
19일	Poverty	가난
20일	Patent	특허권
21일	Perfectionist	완벽주의자
22일	Opulent	엄청나게 부유한
23일	Salary	봉급
24일	Persuasion	설득
25일	Tradition	전통
26일	Nozzle	노즐
27일	Speculation	추측
28일	Torture	고문
29일	Price	가격
30일	Vocation	소명

10월

1일	Recruitment	신입 모집
2일	Ingredient	재료
3일	Confession	고백
4일	Eloquence	웅변
5일	Molecule	분자
6일	Passion	열정
7일	Profit	이익
8일	Rural	시골의
9일	President	대통령
10일	Respect	존경
11일	Abuse	남용
12일	Estival	여름
13일	Irritable	짜증을 내는
14일	Discernment	분별력
15일	Miracle	기적
16일	Pleasure	즐거움
17일	Service	서비스
18일	Image	이미지
19일	Remission	차도
20일	Parsimony	절약
21일	Exact	정확한
22일	Requisition	징발
23일	Serenade	세레나데
24일	Catering	케이터링
25일	Retrospective narrative	회고적 서사
26일	Itinerary	여행 일정표
27일	Impeachment	탄핵
28일	Ungrateful	배은망덕한
29일	Forest	숲
30일	Ambition	야망
31일	License	자격증

"15가지 라틴어 접두사만 알아도 영단어의 절반을 이해할 수 있다!"

❶ **ab-** : 영어 away from, off처럼 '~로부터 떨어진'이라는 뜻을 지닌 접두사다. 라틴어 동사 rogare는 '요구하다'를 의미하는데, ab-가 붙으면 영어 동사 abrogate가 되고 '밖으로 버릴 것을 요구하다', 즉 '폐지하다'라는 뜻을 갖게 된다.

❷ **ad-** : 영어 to에 해당하며, '~ 쪽으로'를 의미한다. 영어 admit는 '보내다'를 뜻하는 라틴어 동사 mittere에 ad-가 붙어 만들어졌다. '누구를 들어오게 하다'라는 의미에서 '허용하다', '인정하다'라는 뜻이 생겼다. 접두사 ad-는 강조의 의미도 있다. affirm(ad+firmare)은 '단단하게 하다'에서 '굳게 주장하다', 즉 '단언하다'라는 뜻이 나왔다.

❸ **contra-** : '~에 맞서 있는'을 의미하는 라틴어 전치사 contra-가 접두사로 사용되면 '반대'나 '반박'을 뜻하는 단어들이 만들어진다. '말하다'를 의미하는 라틴어 동사 dicere에서 나온 diction 앞에 contra-가 붙으면 contradiction이 만들어지는데, '자기가 한 말에 반대되는 말', 즉 '모순'을 가리킨다.

❹ **cum-** : 영어 with나 together에 해당하며, com-, con-, co- 등으로 변형되어 영어에 많은 파생어를 제공했다. companion은 빵을 함

께 먹는 사람이라는 의미에서 '동반자'가 되었고, consensus는 '함께 느끼는 것', 즉 '동의'라는 뜻을 갖게 되었다. 강조의 의미도 있다. condemn은 '완전히 비난하다'에서 '규탄하다', '선고를 내리다'라는 의미가 만들어졌다.

⑤ **de-** : 영어 down, off에 해당하며, completely의 의미도 지니고 있다. not과 undo의 뜻도 가지고 있다. decrease는 아래로 자란다는 의미에서 '감소하다'라는 뜻이 나왔고, define은 완전히 경계를 정한다는 데서 '정의하다'라는 의미가 나왔다.

⑥ **ex-** : '밖으로'를 뜻하는 영어 out에 해당하는 접두사다. '실어 나르다'를 의미하는 라틴어 동사 portare 앞에 ex-가 붙으면 '밖으로 실어나르다'라는 뜻에서 '수출하다'를 의미하는 영어 동사 export가 만들어진다.

⑦ **in-** : 영어 in과 마찬가지로 '안으로'라는 의미를 지닌다. inject는 '안으로 주입하다'를 뜻하고, import는 '안으로 가져오다', '수입하다'를 뜻한다. '부정'의 의미를 지니기도 한다. injustice는 '불공정', illegal은 '불법적인', irregular는 '불규칙한'을 의미하는 단어다.

⑧ **inter-** : 영어 between에 해당하며, '~ 사이에'를 뜻한다. '국가의'를 의미하는 national에 앞에 붙으면 '국가간의', '국제적인'을 가리키는 international이 된다.

⑨ **ob-** : 영어 in front of, before, against, toward의 의미를 지니고 있다. observe는 ob(toward)+sevare(watch)로 풀 수 있는데, '주의 깊게 보다'에서 '준수하다'라는 의미가 생겨났다. obstacle은 앞에 서 있는 것, 즉 '장애물'을 가리킨다.

⑩ **per-** : '철저한', '~을 통해'를 의미한다. perfect는 per에 '하다'를 의

미는 fect가 결합해 '완벽한'을 의미한다. permit는 '~을 통과시키다'에서 '허락하다'라는 뜻이 나왔다.

⑪ **post-** : 영어 after, behind에 해당한다. postwar, postgraduate school은 각각 '전후戰後'와, 대학 이후의 과정인 '대학원'을 가리킨다.

⑫ **pre-** : '앞', '미리'를 뜻한다. prepare, predict는 각각 '미리 준비하다', '예언하다'라는 의미를 지닌다.

⑬ **re-** : 영어 back, again에 해당하며 against의 의미도 지니고 있다. resist는 '굳건히 서다', '맞서다'에서 '저항하다'라는 의미가 만들어졌는데, 여기서 re-는 against를 뜻한다. reject는 '던져서 뒤로 보내다'에서 '거절하다'라는 뜻이 나왔고, 여기서 re-는 back에 해당한다.

⑭ **sub-** : 영어 under에 해당한다. subway는 지하에 건설한 길, 즉 '지하철'이다. submarine은 물속을 다니면서 전투를 수행하는 '전투 함정'을 가리킨다. sub-에는 강조의 뜻도 있다. suppress(sub+premere)는 '강제로 억누르다'에서 '진압하다'라는 뜻이 나왔다.

⑮ **trans-** : 영어 across 또는 beyond에 해당하는 접두사다. '보내다'를 뜻하는 라틴어 동사 mittere에서 나온 mission은 '파견'이나 '임무'를 의미하는데, trans-가 앞에 붙으면 '전달'이나 '전송'을 뜻하는 transmission이 만들어진다.

Impecunious 돈이 없는

본격적인 농업은 인류의 문명이 태동한 메소포타미아 지방에서 시작되었다고 한다. 소는 농사에 필수적인 가축이다. 소는 노동력뿐만 아니라 고기도 제공하는 매우 중요한 가축이었다.

❖ 소를 사육하는 수메르인들

그런 이유로 고대사회에서 가축은 재산 목록 1호였다.

영어 단어 **impecunious**는 im+pecunious로 나눌 수 있다. im-은 '부정'을 뜻하는 in이 변형된 형태고, pecunious는 '돈'을 의미하는 라틴어 pecunia에서 나왔다. 라틴어 pecunia는 '가축'이나 '동산動産'을 의미하는 원시 인도·유럽어* *peku-에서 나왔다. 다시 말해, pecunia는 가축에서 나온 말이다. 그러므로 영어 impecunious는 '돈이 없는'을 뜻한다. impecunious student는 '무일푼의 가난한 학생'을 말한다.

게르만어에 속하는 고트어에서도 '가축'을 의미하는 faihu는 '돈'을 가리킨다. 고대 영어 feoh도 '가축'이나 '돈'을 의미한다. '수수료'를 뜻하는 현대 영어 **fee**가 고대 영어 feoh에서 나왔다. 전문적인 일을 하고 받는 수수료가 '가축을 팔아서 번 돈'이라는 말이다.

라틴어 pecunia에서 나온 다른 영어 어휘로는 '금전상의'를 뜻하는 **pecuniary**가 있다. pecuniary advantage는 '금전적 이득'이라는 말이다. **peculation**은 공금이나 위탁금의 '횡령'을 의미한다. 돈과 관련 있지만 횡령에 방점이 찍혔다. This peculation had, in his eyes, a good enough excuse는 '이러한 공금 횡령은 그가 보기에 충분한 구실이 있었다'라고 번역할 수 있다.

• 서양인들의 조상인 인도·유럽인이 원주지에서 사용했던 언어를 가리킨다. 인도·유럽인의 조상은 흑해 주변의 캅카스 지방에 거주하다가 기원전 2000년 전부터 동서로 이동했다.

1066년 헤이스팅스전투에서 승리한 노르망디 공 윌리엄은 노르만 공국보다 대국이었던 잉글랜드 왕국을 수중에 넣었다. 하지만 정복 이후 잉글랜드 도처에서 반란이 끊이지 않았다. 특히, 요크를 중심으로 일어났던 북부 지방의 반란은 정복왕 윌리엄을 집요하게 괴롭혔다. 반란이 일어날 때마다 미봉책을 쓰던 윌리엄은 마침내 영국 역사상 가장 잔인한 방법으로 반란 지역을 초토화시켰다. 가로 70킬로미터, 세로 180킬로미터의 땅에서 모든 생명체가 사라질 정도로 초토화된 곳도 있었다고 한다.

❖ 정복왕 윌리엄

　영어에서 **pay the penalty**라는 숙어는 '혹독한 대가를 치르다'를 의미한다. 정복왕 윌리엄에게 반기를 들었던 북부 지방의 앵글로색슨족은 말 그대로 혹독한 대가를 치른 셈이다. 영어 **penalty**는 라틴어로 '처벌'이나 '벌금'을 의미하는 라틴어 poena포이나에서 나왔다. pay the penalty 역시 라틴어 숙어 poenas dare벌금을 물다, 죗값을 치르다에서 나왔다.

　'고통 없이는 얻는 것도 없다'로 번역되는 No pain no gain에서 '고통'을 가리키는 **pain** 역시 뿌리가 poena에 닿는다. 영어 pain은 '어려움', '고민', '고통'을 뜻하는 프랑스어 peine펜느에서 나왔다. On pain of death and damnation, are you absolutely sure?라는 문장은 '목숨과 지옥을 걸고 너 정말 확신해?'로 번역할 수 있다. 라틴어의 어원 poena를 잘 보존하고 있는 영어 어휘로는 subpoena가 있다. sub-은 영어 under에 해당하는 라틴어 접두사이므로, **subpoena**는 under penalty라는 뜻을 갖는다. 다시 말해, 죄를 범한 사람이나 증인에게 보내는 '소환장'을 가리킨다.

Portal site 포털 사이트

현대인들은 매일 잠자리에서 일어나면 포털 사이트를 연다. 한국인들은 네이버나 다음에 접속해 그날의 뉴스를 훑어보고, 미국인들은 구글 사이트를 자주 찾는다. 영어에서 **portal**은 건물의 '정문'이나 '주요 입구'를 가리킨다. 웹서핑을 위해 정문을 열고 들어가는 사이트가 포털 사이트인 셈이다. 라틴어로 '문'

❖ portico(좌)와 porch

을 의미하는 porta에서 파생된 말이다. 본래 portal은 큰 건물의 출입구를 가리킨다. The castle's portals have opened to many guests는 '성의 정문은 많은 손님에게 개방되었다'라는 말이다.

왼쪽 사진은 주랑柱廊 현관이다. 주랑 현관은 영어로 **portico**라고 하는데, 건물의 입구로 이어지는 현관 또는 건물에서 확대된 주랑을 일컬으며, 통로 위로 지붕이 덮여 있는 건축 구조물이다. portico는 이탈리아어에서 영어로 들어온 말로, 라틴어 porta에서 파생된 porticus에서 나왔다. porticus는 기둥, 회랑, 지붕이 있는 복도 등을 의미했다. portico보다는 규모가 작은 현관을 영어에서는 **porch**라고 부른다. 건물 입구에 지붕을 대어 지은 건물의 출입구 현관을 가리킨다. 오른쪽 사진이 porch의 모습이다.

끝으로 porta에서 나온 영어 어휘로는 비행기나 선박의 '둥근 창'을 의미하는 **porthole**이 있다. porthole은 프랑스어로 '문'을 의미하는 porte에서 나왔는데, 본래는 전함에서 함포가 나오는 사각형의 '개구부'를 가리키는 말이었다.

Expert 전문가

뇌과학 전문 저널리스트인 라피 레츠터는 "전문가는 자신이 아는 게 그리 많지 않다고 하고, 사기꾼들은 반대로 자신이 모든 것을 알고 있다고 착각한다"라고 말했다. 인도의 어느 지방 도로 표지판에는 "전문가는 예측하지 못한 것을 예측한다"라고 적혀 있다. 전문가를 사전에서 찾으면 기술과 예술 등 특정 분야에서 전문 지식과 능력을 가진 사람이라고 나온다.

❖ 중세의 숙련공

영어에서 '전문가'를 의미하는 **expert**는 라틴어 peritus에서 나왔다. expert는 ex+pert로 이루어져 있는데, ex-는 '강조'를 의미한다. peritus는 라틴어로 '숙련된'을 뜻하고, 여기서 '전문가'라는 의미가 나왔다. peritus의 뿌리는 인도·유럽어로 거슬러 올라가면 *per-에 이르는데, '시도하다', '위험을 무릅쓰다'를 의미한다. 따라서, 전문가란 무언가를 시도하는 사람, 또는 위험을 무릅쓰고 무언가를 하는 사람을 말한다. 한편, '수출'을 의미하는 **export**에서 ex-는 '밖으로'를 가리킨다. 반대말은 import다.

'경험'을 뜻하는 **experience** 역시 peritus에서 나온 말이다. 경험이란 무언가를 시도해 얻은 것이다. 라틴어 학습서의 저자 휠락은 앞에서 말한 것처럼 ex-를 강조의 의미로 해석하고 있지만, 일부 어원 전문 사전•에서는 '~에서 나온'을 의미하는 out of로 해석하기도 한다. 이 경우 experience는 '시도로부터 얻은 것'을 의미한다. '실험'을 뜻하는 **experiment** 역시 peritus에서 나온 말이다. In the second experiment they obtained a very clear result는 '그들은 두 번째 실험에서 매우 명확한 결과를 얻었다'라고 번역한다.

• https://www.etymonline.com/

Sentence 문장

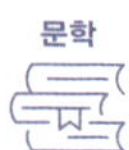

영어에서 '문장'을 의미하는 **sentence**는 라틴어 sententia에서 나왔다. 영어 사전을 찾으면 sentence에는 '형벌'이나 '형벌의 선고'라는 뜻도 있다. **life sentence**는 '종신형'을 의미하고, **death sentence**는 '사형선고'를 뜻한다.

❖ 로마 원로원의 회의 모습

라틴어 sententia에는 여러 의미가 있다. 먼저 '감정', '의견', '생각', '사고방식'이라는 뜻이 있다. 인간의 사고와 관련이 있다고 볼 수 있다. 두 번째 의미는 '원로원에 전달된 의견'이라는 뜻도 있었다. 원로원에 전달된 민의民意는 공적인 의미로 쓰이게 되었다. 이후 sententia는 중세 프랑스어를 거쳐 영어로 들어오는데, 12세기에는 '원칙', '권위적인 가르침이나 공표'라는 뜻이 생겨난다. 여기서 현재 영어에 있는 '법원의 선고' 같은 의미가 만들어진다. 이후 14세기에는 '신이 내린 심판'이나 '당국의 판결'이라는 뜻도 만들어진다.

라틴어 sententia의 뿌리를 더 거슬러 올라가면 동사 sentire에 닿는데, '느끼다' 또는 '인지하다'라는 말이다. '감각'을 의미하는 **sense**가 이 동사에서 나왔다. 따라서 sentence와 sense는 하나의 뿌리에서 만나는 단어들이다.

현대 미국 시인 가운데 잘 알려진 로버트 프로스트는 **sentence-sound**라는 '문장소리' 개념을 제안했다. 문장소리란 개별적인 단어가 전하는 의미 외에 각각의 단어가 자연스럽게 화자의 입에서 나올 때 말소리에 의해 생겨나는 의미를 말한다. 예를 들어 That is fantastic!(정말 환상적이군!)이라고 말할 때, 발화 시 발생하는 소리, 억양, 강세, 고저 등에 따라 정말로 환상적일 수도 있지만, 반대로 역설적인 의미를 가질 수도 있다는 말이다.

• 주미란, 「로버트 프로스트 시의 운율 양상 연구」, 『현대영미어문학』, 2010, vol. 28, no. 2, 통권 56호, p. 138.

Peace 평화

인류의 역사는 전쟁의 역사라 할 수 있다. 미국의 저명한 철학자이자 작가인 윌 듀런트는 『문명 이야기』에서 3,500년에 달하는 인류의 역사 중 전쟁이 없던 시기는 270년에 불과하다고 말했다. 그 정도로 전쟁은 인류 역사에서 변수가 아닌 상수로 작용했다.

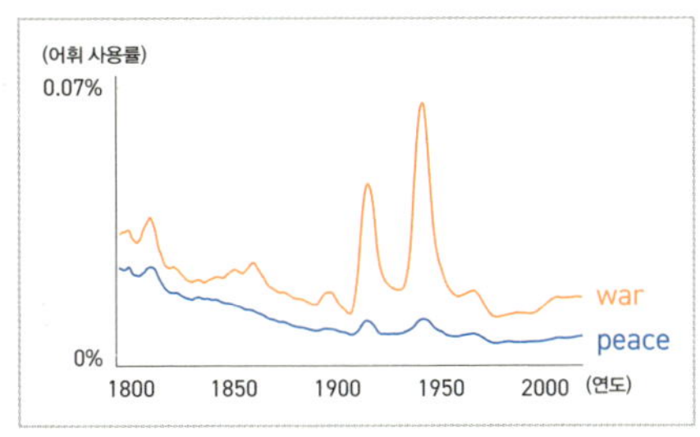

❖ 제2차세계대전 때 war의 용례가 급등했다. 지금까지도 war가 peace보다 빈도수가 높다.

　　로마제국의 초대 황제 아우구스투스가 기원전 27년 제국의 초석을 놓은 이래, 200년간 태평성대기인 팍스 로마나Pax Romana를 구현했다. 하지만 이민족을 철저하게 정복하고 이룬 평화였다. 오현제 중 한 명인 트라야누스는 지금의 루마니아 지방인 다키아를 정복하고 팍스 로마나를 완성했다.

　　라틴어 격언 중에 "평화를 원하면 전쟁을 준비하라"라는 말이 있다. 평화는 구호로서 지켜지지 않는다는 말이다. 라틴어로 '평화'를 의미하는 pax의 소유격 pacis에서 많은 어휘가 만들어졌다. 먼저 영어의 **peace**가 pax에서 왔다. 다만 프랑스어 paix를 경유해 영어로 들어왔다.

　　pax의 소유격 pacis-는 형용사 **pacific**을 제공했고, '직업'을 의미하는 -ist가 붙으면 '평화주의자'인 **pacifist**가 된다. 영어 to에 해당하는 라틴어 접두사 ad-가 붙으면 '달래다', '요구를 들어주다'를 뜻하는 **appease**가 된다. 여기서 말하는 요구는 전쟁을 피하고자 어떤 국가의 요구를 들어준다는 말이다. The new policy has failed to appease anti-French sentiment는 '새 정책은 반프랑스 정서를 달래는 데 실패했다'라고 번역한다. '돈을 지불하다'를 의미하는 **pay**도 pax가 그 어원이다. pay는 '즐거움을 주다'를 뜻하는 라틴어 pacare에서 나왔는데, pacare의 어원도 pax다. 돈은 마음에 평화를 가져온다.

Overconsumption 과소비

현대는 소비의 시대다. 하지만 지나친 소비는 보는 이의 눈살을 찌푸리게 만든다. 해마다 미국에서는 추수감사절 다음 날 연중 가장 큰 규모의 쇼핑 축제가 벌어지는데, Black Friday라고 부른다. black이란 표현은 이날이 연중 처음으로 흑자black ink를 기록하는 날이라는

❖ 블랙 프라이데이에 쇼핑몰에 몰려든 사람들

데서 유래했다. 11월 넷째 주 금요일(추수감사절은 목요일) 새벽 5시가 되면 50달러 평면 TV를 구매하기 위해 사람들이 대형 할인점으로 몰려든다. 실제로 어떤 소비자는 트럭에 실을 수 없을 정도로 TV를 많이 샀는데, 사람들은 왜 15대의 TV가 필요한지 그에게 물었다. 돌아온 답은 "모르죠"였다.

'과소비'를 의미하는 **overconsumption**은 '소비'를 뜻하는 **consumption**에 over-가 붙어 만들어진 말이다. consumption의 어원은 라틴어 consumere인데 본래는 '다 써버리다', '먹다', '낭비하다'를 뜻했다. '에너지를 소모하다', '먹다'를 의미하는 영어 동사 **consume**이 여기서 나왔다. Before he died, he had consumed a large quantity of alcohol은 '그는 사망하기 전에 많은 양의 술을 마셨다'로 번역한다. 소비의 주체인 '소비자'는 **consumer**이다. '먹을 수 있는', '식품'을 뜻하는 **comestible**도 유사한 어원을 가진 말이다. comestible의 동의어는 **edible**이다. '다 써버리다'를 뜻하는 consumere에서 con- 대신에 '앞'을 의미하는 pre-가 붙으면 '추정하다'를 뜻하는 **presume**이 된다. I presumed (that) he understood the rules는 '그가 규칙을 이해했다고 생각했다'라는 말이다. **resume**은 '다시 시작하다'를 뜻한다. resume cruise control은 '자동차 크루즈 시스템을 해제한 뒤에 다시 시작하다'라는 말이다.

Amity 우호

1882년 조선은 구미 국가 중 최초로 미국과 상호통상조약을 체결한다. 1876년 일본과 강화도조약을 체결한 지 6년 만이었다. 이 조약은 조·미수호통상조약朝美修好通商條約이라고 역사에 기록되었고, 영어로는 Treaty of Peace, Amity, Commerce and Navigation, United States – Korea Treaty of 1882로 표기한다.

❖ 조·미수호통상조약

조약의 영문에서 Amity라는 단어가 낯설다. 조선이 표기한 한자 명칭 속에 있는 수호는 '나라와 나라가 사이좋게 지낸다'라는 뜻을 지닌다.

영어의 **amity**는 국가 간의 우정, 즉 '우호'나 '친선'을 가리킨다. 이 말은 프랑스어 amitié아미티에에서 나온 말인데, 뿌리는 '친구'를 뜻하는 라틴어 amicus에 닿는다. amicus 역시 '사랑하다'를 뜻하는 라틴어 동사 amare에서 나왔다. 사랑과 우정은 그 뿌리가 하나이기 때문이다. 그런 이유에서 로마의 정치인 키케로는 『우정론』에서 "어려울 때 친구가 진짜 친구"라고 말했다.

amare에서 나온 영어 어휘로는 **amateur**가 있다. 특정 분야의 '동호인'으로 번역하는 이 말은 발음과 철자의 대응에서 규칙성을 찾아볼 수 없다. 프랑스어 amateur아마퇴르에서 빌려온 말이기 때문이다. '원수'를 의미하는 **enemy** 역시 amicus에서 나온 말이다. enemy의 어원을 거슬러 올라가면 라틴어 inimicus에 닿는다. 이 단어를 해체하면 'in+amicus'가 되는데, in-은 반대말을 만드는 접두사이므로, inimicus는 '친구가 아니다'라는 뜻을 지닌다. amity에서 나온 파생어로 '원만하다'를 의미하는 **amicable**도 있다. An amicable settlement was reached는 '원만한 해결이 이루어졌다'라는 말이다. 음악 신동 볼프강 아마데우스 모차르트 Wolfgang Amadeus Mozart의 이름에서 Amadeus는 ama+deus로 이루어져 있는데, '신deus에게 사랑받는 자'를 일컫는다.

Labor 노동

고대 로마에서 노예는 온 갖 종류의 노동을 담당하 는 계층이었다. 제국 초기 인 기원후 1세기에 이탈 리아반도의 인구는 900만 명 정도였고, 그중 3분의 1이 노예였다. 노예가 담

❖ 술을 따르는 로마의 노예들

당하는 노동에는 온갖 가사 노동도 있었다. 물론 집 밖에서 일하는 노예도 많았 다. 이들은 광산이나 건축 공사장의 주요 노동력을 제공했다. 지적 능력이 뛰어 난 노예는 교육이나 회계 업무를 맡았다. 하지만 노예가 가장 많았던 곳은 라티 푼디움이라고 불리는 대규모 농장이었다.

'노동'을 의미하는 영어 **labor**는 라틴어 labor를 직수입한 단어다. '실험실'이나 '실습실'을 의미하는 **laboratory**도 labor에서 파생된 laboratorium에서 나왔는데, 그 뜻은 '작업장'이다. language laboratory는 '어학 실습실'을 말한다. labor의 형용 사 형태는 **laborious**다. Checking all the information will be slow and laborious는 '그 정보를 모두 확인하는 일은 더디고 힘들 것이다'로 번역할 수 있다.

라틴어에서 '함께'를 의미하는 접두사 cum-은 뒤에 나오는 단어의 자음 에 동화되는데, 영어에서 '협력하다'의 **collaborate**도 그렇게 만들어진 단어다. 'cum+laborate'에서 cum-이 뒤에 따라오는 laborate에 동화되어 collaborate가 되 었다. 그 뜻도 '함께 일하다', 즉 '협력하다'가 된다. '완전'이나 '강조'를 의미하 는 접두사 ex-가 붙으면 영어 형용사 또는 동사 **elaborate**가 만들어진다. 형용사 로는 '정교한'을 의미하고, 동사로는 '정교하게 만들다' 또는 '자세히 설명하다' 를 뜻한다. She said she was resigning, but refused to elaborate on her reasons for doing so는 '그녀는 사임한다고 말했지만 사임하는 이유는 자세히 설명하지 않았 다'라고 번역한다.

1760년 하노버왕조의 조지 3세가 영국의 새로운 국왕으로 즉위한다. 당시 영국이 직면한 최대의 정치적 현안은 북미의 13개 주에서 벌어지고 있던 미국의 독립전쟁이었다. 식민지의 영국인들은 조지 3세가 '애국적인 왕'이라고 기대하고 있었다. 마치 1399년 플랜태저넷왕조의 폭군 리처드 2세를 끌어내리고 랭커스터왕조를 개창한 헨리 볼링브로크 Henry Bolingbroke(헨리 4세)와 조지 3세를 동일시했다. 조지 3세가 설탕법과 인지세법을 폐기했을 때만 해도 식민지 시민들은 그를 애국적인 왕이라고 칭송했다. 하지만 여러 악법을 만들어 식민지에 적용하자 기대는 분노로 바뀌었다.

❖ 하노버왕조의 조지 3세

'애국적인'을 뜻하는 **patriotic**은 라틴어로 '조국'을 의미하는 patria에서 나왔다. patria는 '조상 대대로 사는 나라', '자신이 태어난 나라'를 가리킨다. 이 단어 속에는 '아버지'를 의미하는 라틴어 pater가 들어 있다. 다시 말해, patria는 '아버지의 나라'라는 뜻이다. 여기서 나온 영어 어휘로는 먼저 **expatriate**가 있다. '밖'을 의미하는 ex-가 붙어 만들어진 이 단어는 '조국을 떠나다', '이주하다'라는 말이다. 또는 '국외 거주자'를 가리키기도 한다. **repatriate**는 누군가를 '본국으로 송환하다'를 의미한다. repatriate dozens of former Russian spies는 '수십 명의 러시아 전직 스파이를 본국에 송환하다'로 번역한다. 한편 repatriate one's profit은 '수익을 본국으로 송금하다'를 말한다.

끝으로 영어 with에 해당하는 라틴어 접두사 cum-(=com-)이 붙으면 '동포'를 의미하는 **compatriot**가 된다. **patriot**만 사용하면 '애국자'를 가리키고, **patrioteer**는 '사이비 애국자'를 의미한다.

로마의 위대한 시인 베르길리우스는 "소문과 생각은 하늘을 타고 날아간다Fama et sententia volant"라고 말했다. 여기서 '소문'은 라틴어로 fama라고 하는데, '명성'이라는 의미도 있다. "Bad news travels fast"라는 영어 속담은 '나쁜 소문은 빨리 퍼진다'라는 말이다. 우리 속담 "발 없는 말이 천리 간다"와 의미가 같다.

영어에서 '명성'을 의미하는 **fame**은 라틴어 fama가 그 어원이다. fama의 첫 번째 뜻은 '소문'이

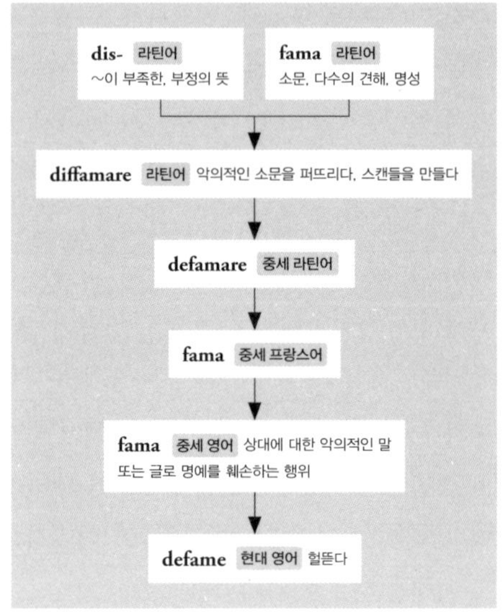

고, 두 번째는 '다수의 견해', 그리고 마지막에 '명성'이 나온다. 즉 다수의 사람이 인정한 소문이 명성이라는 말이다. '유명한'을 뜻하는 영어 **famous**는 fame의 형용사 형태다. 여기에 반대를 의미하는 라틴어 접두사 in-을 붙이면 **infamous**가 만들어진다. 그런데 뜻은 '유명하지 않은'이 아니라 '악명이 높은'이다. 명사형도 infame이 아니라 **infamy**다.

fame 뒤에 '이탈'과 '훼손'을 의미하는 de-(라틴어는 dis)가 붙으면 영어의 **defame**이 만들어진다. defame은 '사람을 헐뜯고 비방하다'를 뜻하는 동사다. 찰스 디킨스의 『황폐한 집』에는 다음과 같은 문장이 나온다. "… the unscrupulous lawyer Mr. Tulkinghorn seeks to defame Lady Dedlock…"(…파렴치한 변호사 툴킹혼은 데드록 부인의 명예를 훼손하려 한다….)

Agriculture 농업

로마제국의 수도인 로마의 인구는 최소 45만 명에서 최대 145만 명에 이르렀다고 한다. 19세기 세계 최대 도시인 런던과 맞먹는 수준이다. 로마제국 전성기인

❖ 고대 로마의 농사 장면

기원후 2세기 무렵에는 제국의 인구가 1억 명을 넘었을 것으로 추정한다. 그렇다면 그 많은 사람이 먹을 곡물은 어디에서 들어왔을까? 현재 유럽의 곡창 지대인 우크라이나는 로마제국의 영내에 있지 않았다.

로마제국의 곡창 지대는 이집트였다. 나일강 유역은 기원전 5000년 전부터 밀 생산의 중심지였고, 파라오는 나일강 삼각주에서 재배되는 풍성한 밀을 통해 왕국을 통치했다. 나일강이 바다와 만나는 엘-셰이크 지역은, 지금은 그렇지 않지만, 로마제국 시절에는 '곡창 지대'로 통했다.

고대 로마인들은 '들판'을 ager라고 불렀다. 여기서 나온 agri-(ager의 소유격)가 많은 파생어를 생산했는데, '농업'을 의미하는 **agriculture**가 대표적이다. **culture**는 '경작'을 뜻한다. 마음의 밭을 갈면 교양이 생기게 되어, 오늘날 culture에는 '교양'이라는 의미도 있다. **agronomy**는 agros와 '관리'를 의미하는 그리스어 nomos가 합성된 말로 '농경제학'을 가리킨다. '들판'을 뜻하는 agr-에 '무엇을 하는 사람'을 가리키는 -arian이 붙으면, '농업의'를 뜻하는 **agrarian**이 만들어진다. '채소'를 의미하는 **vegetable**에 -arian이 첨가되면 '채식주의자'를 뜻하는 **vegetarian**이 된다.

노벨 문학상을 받은 한강의 『채식주의자』의 영문판 첫 문장은 다음과 같다. "Before my wife turned vegetarian, I thought of her as completely unremarkable in every way."(아내가 채식을 시작하기 전까지 나는 그녀가 특별한 사람이라고 생각한 적이 없었다.)

Ridiculous 터무니없는

사람들은 상식에 어긋나는 사람을 보면 비웃는다. 기가 막혀 웃기도 한다. 이렇듯 웃음은 비상식적인 사람이나 사건에 동반되는 의사소통의 보조 수단이다. 그런데 그 인물이 한 나라를 통치하는 사람이라면 비웃음을 넘어 비극으로 바뀔 수 있다. 로마제국의 폭군 네로가 그런 인물이었다. 로마의 역사학자 수에

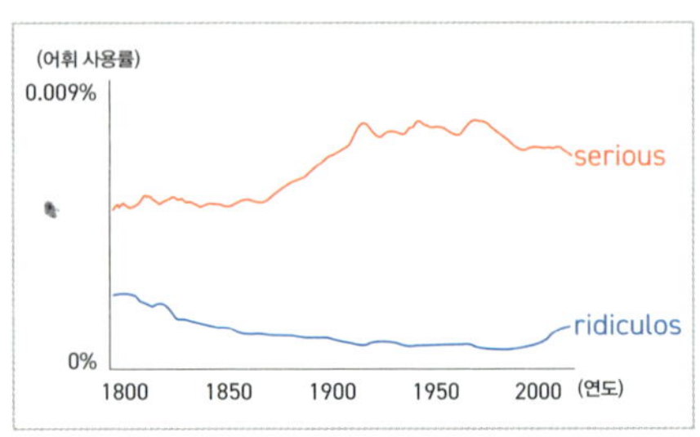

❖ serious(진지한, 심각한)의 용례가 ridiculous보다 항상 많은 것은 햄릿형의 인간이 돈키호테형보다 많다는 의미일까?

토니우스의 기록에 따르면, 네로는 퀴리날레 언덕에서 불타는 트로이를 연상하며 직접 하프를 연주했다고 한다.

'우스꽝스러운'이나 '터무니없는'을 뜻하는 영어 **ridiculous**는 '웃는다'를 뜻하는 라틴어 동사 ridere에서 나왔다. Don't be so ridiculous!는 '말도 안 되는 소리 하지 마세요!'라는 뜻이다. **ridicule**은 명사 혹은 동사로 사용되며, '조롱', '비웃다'를 말한다. 라틴어 ridere는 영어에 동사형 **deride**를 제공했는데, 라틴어 접두사 de-는 영어 down에 해당하므로 아래로 깔보고 웃다, 즉 '조롱하다'를 의미한다. He derided my singing as pathetic는 '그는 제 노래를 한심하다고 조롱했다'라고 번역한다. deride의 명사형은 **derision**이다. They treated his suggestion with derision은 '그들은 그의 제안을 조롱으로 취급했다'라는 말이다.

ridiculous와 비슷한 의미로 사용되는 말 중에 **absurd**가 있다. The idea that the Earth is flat is absurd는 '지구가 평평하다는 생각은 터무니없다'로 번역할 수 있다. ridiculous는 주로 비상식적이거나 어리석은 것을 표현하지만, absurd는 논리적으로 부조리한 것을 가리킨다.

Homo sapiens 호모사피엔스

❖ 스웨덴의 식물학자 칼 폰 린네

생물 분류학의 기초를 놓는 데 결정적인 역할을 한 스웨덴의 식물학자 린네는 이명법二名法을 통해 생물을 분류했다. 예를 들어 이명법에 따른 무궁화의 학명은 히비스쿠스 시리아쿠스Hibiscus syriacus인데, 히비스쿠스는 속명屬名이고, 시리아쿠스는 종명種名이다. 종명은 이명법의 가장 하위 단위다. 린네의 이명법은 인간에게도 적용되었다. 현생인류의 학명인 **homo sapiens**호모사피엔스에서 '호모'는 속명이고, '사피엔스'는 종명이다. 린네는 인류의 조상에게 '지혜로운sapiens 사람homo'이라는 학명을 붙여주었다. 그런데 린네의 분류법에 따르면 인간과 고릴라는 영장류(목)로 분류된다. 그런 이유로 신학자들은 인간을 영장류로 분류한 린네를 비난했다. 하지만 린네는 다음과 같이 말했다. "신학에서 사람은 영혼을 갖고 있으나 동물은 자동적 기계나 다름없다고 말한다. 그러나 나는 동물이 영혼을 갖고 있으며 다만 그 고귀함에 차이가 있다고 보는 것이 옳다고 믿는다." 참고로 침팬지의 유전자는 인간과 98.8퍼센트가 동일하다.

'지혜로운'이라는 뜻을 지닌 sapiens는 라틴어에서 '지혜'를 의미하는 sapientia와 그 뿌리가 같다. 여기서 나온 영어 어휘는 **sapient**(아주 지적인, 박식한), **sage**(현자), **savant**(학자) 등이 있다. He is a savant in his own estimation이라는 문장은 '제 딴에는 큰 학자로 믿고 있다'로 번역한다. sapiens의 어근은 spi/sapi-인데, '분별하다' 외에 '맛을 보다'라는 뜻도 있다. a cup of insipid coffee는 '향이 없는 맛없는 커피'를 가리키는데, 여기서 **insipid**는 '맛이 없는'을 뜻한다. 인간의 또 다른 특성을 보여주는 다른 표현도 있다. **homo faber**호모 파베르는 '도구를 만드는 사람'이다. 인간만이 동물과는 다르게 도구를 만들 수 있는 존재다. 또 다른 인간의 특징을 나타내는 말로 '놀이하는 인간'이라는 **homo ludens**호모 루덴스가 있다.

Population 인구

로마 황제가 앉는 대리석 의자에는 로마 알파벳의 약자 S.P.Q.R.이 새겨져 있다. 지금도 로마 시내 곳곳에서 발견되는데, 심지어 하수도 맨홀 뚜껑에도 있다. 라틴어 Senatus Populus Que Romanus의 준말로, Senatus는 원로원, Populus는 시민(인민), Que는 영어로 and, 마지막의 Romanus는 '로마의'라는 형용사다. 따

❖ S.P.Q.R.이 새겨진 맨홀 뚜껑

라서 S.P.Q.R.는 '로마의 원로원과 시민'을 가리키는 약자다. 로마공화정의 요체, 즉 귀족 집단인 원로원과 평민인 시민을 의미한다.

'사람들'이나 '국민'을 뜻하는 populus는 영어에 많은 어휘를 제공했다. 먼저 '인구'를 의미하는 **population**이 있다. 1953년 UN 인구 보고서에 처음으로 등장한 '인구 폭발'이란 표현은 **population explosion**이다. '대중적인'을 뜻하는 **popular** 역시 populus에서 나온 말이다. 로마인들은 사람들에게 '익숙하고 일반적인'을 popularis라고 표현했다. '국민주권'을 뜻하는 **popular sovereignty**에도 popular가 들어 있다.

영어에 들어온 populus는 **people**이 되었다. 왜 영어에서 라틴어 populus가 변형되어 있을까? 그 이유는 영어 people을 제공한 프랑스어 철자 peuple피플을 보면 알 수 있다. 프랑스 철자도 지금의 영어와 일치하지 않는데, 영어에 들어간 프랑스어가 프랑스 북서부에 있는 노르망디 지방의 방언이었기 때문이다. 본래 토박이 영어에는 '사람들'을 의미하는 **folk**가 있었지만, 정복자들의 언어인 프랑스어 peuple 때문에 그 용례가 많이 감소했다. 오늘날에 folk는 '민속'이라는 의미로 용례가 축소되었다. 한편, 라틴어 형태를 영어가 그대로 받아들인 단어도 있다. '인구가 많은'을 뜻하는 **populous**가 그런 단어다.

마이클 샌델은 『정의란 무엇인가』에서 정의正義를 다음과 같이 정의했다. "사회가 정의로운지 묻는 것은, 우리가 소중히 여기는 것들, 이를테면, 소득과 부, 의무와 권리, 권력과 기회, 공직과 영광 등을 어떻게 분배하는지 묻는 것이다." 그가 말하는 정의는 분배에 방점이 찍혀 있다. 우리

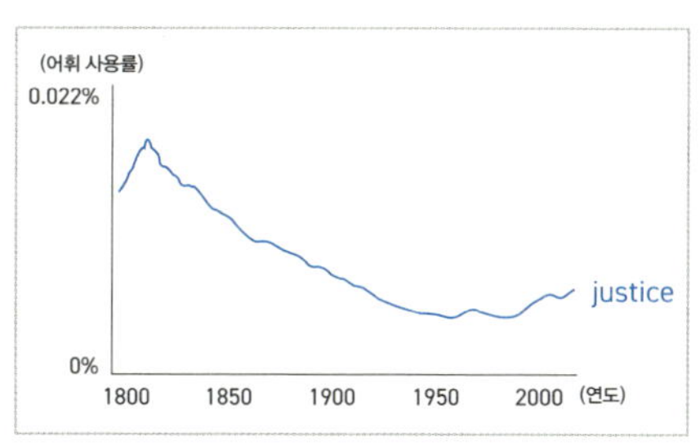

❖ 19세기 내내 justice의 빈도수가 지속적으로 감소하다가 1960년을 기점으로 완만히 상승 중이다.

가 살고 있는 현실 세계에서는 부가 특정 계층에 편중되어 있고, 권력 또한 소수의 사람이 독점하고 있다. 기회는 어떠한가? "개천에서 용이 난다"라는 말은 이미 옛말이 된 지 오래다.

고대 로마인들은 '정의'를 justitia라고 불렀다. 물론 철자 j가 사용된 것은 16세기 이후로, 당시 로마 철자법으로 표기하면 iustitia유스티티아가 된다. 라틴어 iustitia의 사전적 정의는 첫 번째로 '정의'가 있고, 두 번째로 '공정'이 있다. 영어 **justice**에는 '공평성', '정당성', '사법', '재판' 같은 의미가 들어 있다. 영국의 사법제도는 조금 독특한데, 치안 판사Justice of the Peace가 제1심에 올라온 사건의 95퍼센트를 맡는다. 모든 형사 사건의 출발점인 셈이다.

라틴어 justitia의 어원을 거슬러 올라가면 ius에 이르는데, '옳음', '공정', '법'을 의미한다. 여기서 많은 영어 어휘가 나왔다. 서구의 사법제도에서 흔히 볼 수 있는 '배심원단'을 **jury**라고 하는데, 이 말은 중세 프랑스어(앵글로노르만 프랑스어)에서 '맹세하다'를 뜻한다. 즉 재판정에서 진실만 말할 것을 선서한 사람을 가리킨다. **jurisdiction**은 '사법권'이나 '관할권'을 말한다. ius의 소유격인 iuris에 '말하다'를 뜻하는 diction이 붙은 말이다. 다시 말해, 판사의 말, 즉 판결이 미치는 지역을 가리킨다. The court has no jurisdiction in/over cases of this kind는 '법원은 이러한 종류의 사건에 대한 관할권이 없다'를 말한다. 한편, **injury**는 배심원과는 관계가 없다. iuris(=법) 앞에 '반대'를 의미하는 in-이 붙어 '불공정한', '탈법적인 폭력'을 뜻하다가 현대 영어에서는 '부상', '상처'라는 뜻이 남았다.

Belligerent 적대적인

로마제국은 수많은 전쟁을 통해 역사상 유례를 찾아보기 힘든 대제국을 이루었다. 작은 도시국가에서 출발한 로마는 지중해를 내해로 삼아 주변 대륙을 대부분 정복했다. 군사 강국답게 로마인들이 가장 섬기는 신은 군신 마르스Mars였다. 그렇다면 그들의 호전적인 DNA는 어디에서 온 것일까? 고고학자들은 서양인의 조상, 즉 원시 인도·유럽인에게서 호전적 성향을 찾는다. 캅카스 스텝 지역에 살던 원시 인도·유럽인은 말을 타고 주변 민족을 복속해 나갔다. 지금도 그들의 언어를 재구성하면 말[馬]이 중요한 동물이었음을 확인할 수 있다.

❖ 로마의 군신 마르스

영어에서 **belligerent**는 '전쟁'을 의미하는 라틴어 bellum에서 나온 말인데, '적대적인', '전쟁 중인', '교전국' 등을 뜻한다. **belligerent countries**는 '교전국'을 가리킨다. 또 다른 파생어로는 '호전적인', '싸우기 좋아하는'을 뜻하는 **bellicose**가 있다. **bellicose tribe**는 '호전적인 종족'을 말하는데 서양인들의 조상인 인도·유럽인의 성향과도 일부 일치한다.

각각 반란과 반란자를 의미하는 **rebellion**과 **rebel** 역시 bellum과 같은 어원인 bellare에서 나왔다. 이 단어들은 영어 against에 해당하는 re-와 '싸우다'를 뜻하는 bellare가 결합해 만들어졌다. 즉 '누구와 맞서 싸우다'에서 '반란'이라는 의미로 정착했다. 마가렛 미첼의 소설 『바람과 함께 사라지다』에 "He was almost back to his belligerent mood of twelve months ago"라는 문장이 나온다. 번역하면 '그는 12개월 전의 호전적인 분위기로 돌아갈 뻔했다'가 된다. 여기서 belligerent는 '적대적이고(hostile) 전투적인(combative)'이라는 의미를 지닌다. 위의 예문은 주인공 렛 버틀러와 스칼렛 오하라의 관계가 악화되었던 시점의 분위기를 묘사한다. 남북 전쟁의 패배와 두 연인의 갈등 등이 복합적으로 작용한 결과였다.

JAN 18 · Curator 큐레이터

박물관이나 미술관에서 전시, 교육, 소장품 관리 등을 맡는 사람을 **curator**큐레이터라고 부른다. 한국에서는 일반적으로 박물관에서는 '학예사'로 부르고 미술관이나 갤러리에서는 '큐레이터'로 부른다. 이는 박물관과 미술관의 성격을 구분하기 때문인데, 유럽에서는 둘을 크게 구분하지 않는다. 루브르박물관을 Musée du Louvre라고 부르고, 오르세미술관도 Musée d'Orsay라고 부른다.

❖ 1920년대 미술관 큐레이터의 모습

curator의 어원은 라틴어 cura로, '돌봄', '주의', '근심'을 뜻한다. 라틴어에서 들어온 curator의 첫 번째 뜻은 '어떤 물건을 잘 간수하고 감독하는 사람'이었다. 라틴어 어원의 뜻이 그대로 반영된 명사다. 이후에는 지금처럼 박물관이나 미술관의 학예사로 의미가 한정된다.

'호기심이 많은'을 뜻하는 **curious**도 cura에서 나온 말이다. 지금은 의미가 중립적이지만 14세기 영어에서는 나쁜 쪽으로 호기심을 갖는 경우를 가리켰다. 라틴어 cura에 있었던 세 번째 의미인 '근심'이 많으면 상상력이 커지고 동시에 호기심이 생기는 법이다. 현대 영어에서 curious는 좋은 쪽과 나쁜 쪽 모두에 호기심을 갖는 경우를 가리키지만, 꼬치꼬치 캐묻는 **inquisitive**는 나쁜 쪽과 관련된 호기심을 가리키는 경우가 많다. curious에 반대를 의미하는 in-을 붙이면 '호기심이 없는'을 뜻하는 **incurious**가 된다. a not incurious story는 '꽤 재미있는 이야기'를 가리킨다. 끝으로 영어에서 '돌봄'을 의미하는 **care**는 라틴어 cura와 형태와 의미가 유사해 보이지만, 고대 영어에서 파생된 말이다. 단, 그 의미가 유사하므로 라틴어 cura와 함께 익히면 좋을 듯하다.

유리잔처럼 조심히 운반해야 하는 상품을 담은 상자 위에 간혹 FRAGILE이라고 적힌 스티커가 붙어 있다. 깨지기 쉬우니 조심히라는 메시지다. 어떤 사람이 자신의 몸도 유리로 만들어져 있다고 생각하고 있었다. 책상 모서리에 부딪히기만 해도 온몸이 산산조각이 날 것이라는 과대망상에 사로잡혀 있었던 것이다. 백년전쟁 당

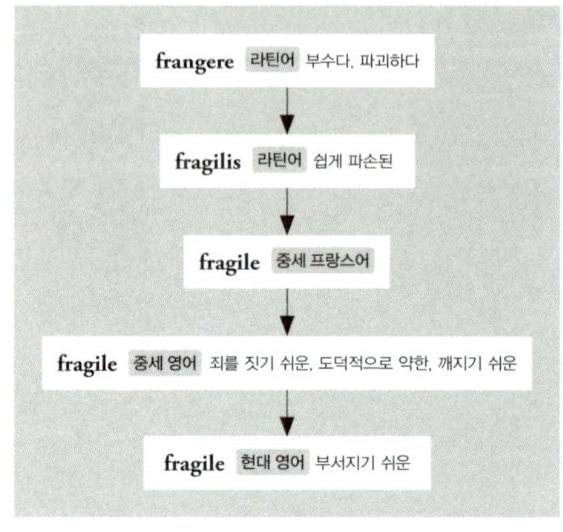

시 프랑스 국왕 샤를 6세의 실제 이야기다. 얼마 지나지 않아 영국에도 이런 왕이 나타났다. 헨리 6세였다. 공교롭게도 두 왕은 핏줄로 맺어진 친척이었다. 샤를 6세의 딸이 영국 헨리 5세의 왕비로 시집을 갔고, 두 사람 사이에서 태어난 왕이 바로 헨리 6세였다. 즉 헨리 6세는 샤를 6세의 외손자였다.

영어 **fragile**의 라틴어 어원은 fragilis다. '부수다'를 뜻하는 frangere에서 나온 형용사다. fragile china는 '부서지기 쉬운 도자기'라는 표현이다. 유사한 형태와 의미를 지닌 단어 중에 **frail**도 있다. '부서지기 쉬운'이라는 공통된 의미를 갖지만 노년의 질병 때문에 허약하다는 뜻이 담겨 있다. The old man looked frail but still had a sharp mind는 '노인은 허약해 보였지만 여전히 예리한 정신을 가지고 있었다'라고 번역한다. 두 단어의 어원은 모두 라틴어 fragilis지만, fragile은 라틴어를 그대로 차용했고, frail은 프랑스어를 통해 들어왔기에 형태가 다르다. **fracture**는 '골절', '균열'을 의미하고, **fragment**는 '조각', '파편'을 가리킨다. 모두 frangere에서 나온 말들이다. **infraction**은 내부에서 부서지다, 무엇을 지키지 않다라는 뜻에서 '위반'을 의미한다. minor infractions of EU regulations는 'EU 규정의 경미한 위반'이라는 표현이다.

Denial 부정

예수가 체포되던 날 밤, 아끼는 제자 베드로는 자신의 집에 숨어 있었다. 예수가 대제사장의 집으로 끌려가게 되었을 때, 베드로를 제외한 다른 제자들은 모두 도망갔다. 하지만 베드로는 예수가 재판을 받는 대제사장의 집에 몰래 잠입하는 데 성공한다. 군중들은 그런 베드로를 금방 알아

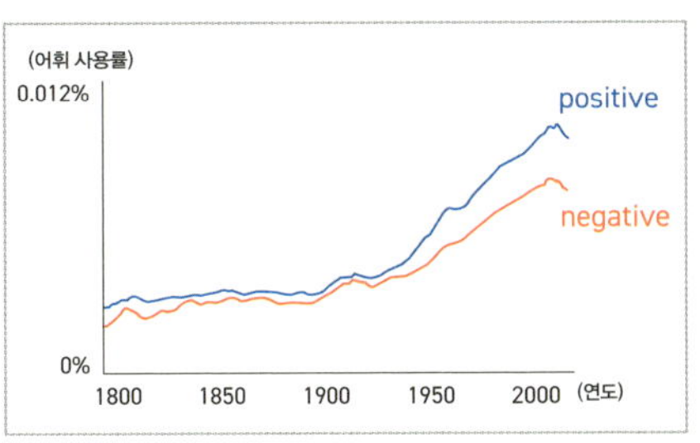

❖ 세상에는 부정(negative)보다 긍정(positive)에 기운 사람들이 조금 더 많아 보인다.

봤다. 어떤 여종이 "이 사람도 예수와 함께 있었다"라고 말했다. 그러자 베드로는 "나는 저 예수를 모른다. 나와는 아무런 상관이 없다"라고 둘러댔다. 베드로는 예수가 최후의 만찬에서 예언한 대로 세 번이나 예수를 부정했다. 이후 자신이 저지른 일을 깨닫고 후회하며 몹시 울었다. 이런 부정에도 불구하고 베드로는 초기 기독교 교회에서 가장 중요한 지도자 중 한 명이 되었고, 바티칸에서 십자가에 거꾸로 매달려 순교했다. 초대 교황 베드로의 이야기다.

　인간의 판단은 절대적이지 않기에 자신이 한 말을 부정할 수 있다. 베드로의 경우가 그랬다. '부정하다'를 뜻하는 영어 **deny**는 '거절하다'를 의미하는 라틴어 denegare에서 나온 말이다. **denial**은 deny의 명사형이다. 라틴어 denegare 앞에 붙은 de-는 '떼어놓다', '멀리'라는 의미를 지니므로, deny는 본래 '멀리 밀어내다', '거부하다'라는 뜻에서 비롯되었다. He will not confirm or deny the allegations은 '그는 혐의를 확인하거나 부인하지 않는다'로 번역한다. '부정적인'을 뜻하는 **negative** 역시 '부정하다'를 의미하는 negare에서 나왔다. negare는 denegre보다 강도가 약하다. negative answer는 '부정적인 대답'이다. '무효로 만들다'의 **negate** 역시 어원이 동일하다. Alcohol negates the effects of the drug는 '술을 마시면 그 약은 효과가 없다'라는 말이다. 영어 off와 away from에 해당하는 라틴어 접두사 ab-가 앞에 붙으면 **abnegate**가 만들어지는데, 자신에게 무언가를 '허락하지 않다', '수락하지 않다'를 의미한다. abnegate one's desire는 '욕구를 자제하다'라는 표현이다.

Oculist 안과의사

아리스토텔레스는 "만약 눈[眼]이 동물이라면 시력은 영혼이다"라고 말했다. 실제로 인간의 오감 중 시각은 우리가 외부 세계로부터 받아들이는 정보의 절반 이상을 처리한다고 한다. 그만큼 시각은 중요한 기능을 맡는다. 그런 이유에서 고대 문명에서 안과학은 의학에서도 중요한 위치를 차지했다. 고대 인도에서는 눈에 질병이 생겼을 때, 꿀, 약초, 버터 등으로 치료했고, 메소포타미아에서는 이미 백내장 수술을 할 정도로 안과학이 발달해 있었다. 현대에 들어와서도 눈의 중

❖ 판테온 신전 내부

요성은 더 주목을 받고 있다. 의대생이 가장 많이 지원하는 과가 안과인 것도, 현대인이 가장 많이 사용하는 신체 기관이 눈이라는 사실에 기인한다.

'안과 의사'는 영어로 **oculist**˙라고 하는데 라틴어로 '눈'을 의미하는 oculus에서 나왔다. '직업'을 뜻하는 −ist가 붙어 생긴 말이다. 로마에 남은 유명한 고대 건축물 중 판테온 신전이 있다. 이 건축물은 거대한 돔이 상부를 이루고 있는데, 돔의 꼭짓점에는 지름 8미터의 큰 구멍이 나 있다. 이 구멍을 라틴어로 oculus라고 부른다. 판테온에 빛이 들어오는 유일한 통로다. 눈과 관련된 형용사로는 **ocular**가 있다. ocular disease는 '안과 질환'이고, ocular examination는 '시력검사'이다. 안경 중 하나의 렌즈만 있는 돋보기안경을 영어로는 **monocle**이라고 부른다. '하나'를 뜻하는 그리스어 mono−가 붙어 생긴 말이다. 의학에서 안과학은 그리스어에서 빌려왔다. 라틴어보다 더 상위의 전문어는 대부분 그리스어에서 나왔다. 영어에서 안과학은 **ophthalmology**라고 부르는데, 그리스어로 ophthalmos는 '눈'을 뜻한다.

˙ 현대 영어에서는 ophthalmologist가 표준이고, oculist는 구어적·고전적 용법이다.

Default 기본값

새 디바이스나 소프트웨어를 설정할 때 사용자가 변경하지 않으면 '기본값'으로 설정되는데, 영어로는 **default**라고 한다. 기본값은 사용자가 다른 선택을 하지 않았을 때 적용되는 기본 설정을 의미한다. 경제학에서 '채무 불이행'을 의미하는 default는 특히 대출이나 채권 같은 금융 계약에서 합의된 의무를 이행하지 않는 것을 말한다. 대출자가 약속한 대로 부채를 상환하지 못하는 경우를 대출 채무 불이행, 즉 default라고 말한다. 컴퓨터 용어와 경제 용어 default의 연결

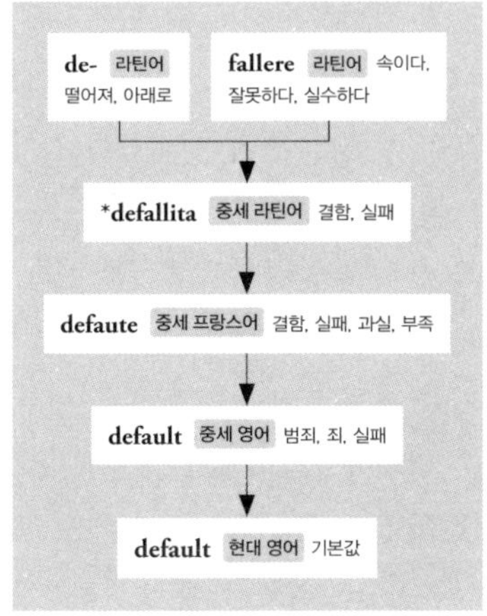

고리는 중간에 다른 선택을 하지 않는 이상 자동으로 발생한다는 점이다. 컴퓨터에서 설정을 변경하지 않는 한 기본값으로 작동하고, 경제 행위에서 채무의 이행을 변경하지 않는 한 채무 불이행은 일어나지 않는다. default는 기본적으로 실행되어야 할 것의 불이행 또는 부재와 연관된 개념이다.

영어 default의 어원은 라틴어로 '잘못'을 의미하는 falsus에서 나왔다. de-는 '떨어져', '아래로', '결여된'을 뜻하고, fault는 '속이다', '잘못하다'를 의미하는 fallere에서 나왔다. 앞에서 예로 들었던 컴퓨터나 경제에서 default는 의무의 불이행 혹은 결함을 말한다. '잘못'이나 '책임'을 의미하는 영어 **fault**가 여기서 나왔다. 형용사로 '틀린', '가짜의'를 뜻하는 **false**도 어원이 같다. A whale is a fish. True or false?는 '고래는 물고기입니다. 참인가요, 거짓인가요?'로 번역한다. **fallacy**는 '틀린 생각' 또는 '인식상의 오류'를 의미한다. '실패하다' 또는 '하지 않다'를 의미하는 **fail**도 같은 어원에서 나왔다.

기원후 325년, 지금의 튀르키예 지방에 있는 니케아에서 기독교 공의회가 열렸다. 핵심 논쟁은 예수의 신성神性에 관한 것이었다. 알렉산드리아의 신학자 아타니시우스는 성자(=예수)는 성부와 동질이라고 주장했다. 하지만 반대파인 아리우스는 예수의 신성을 부정했다. 4세기에 기독교 세계를 뒤흔든 예수의 신성 논쟁은 니케아공의회에서 절정에 이르렀다.

❖ 삼위일체설을 주장한 아타나시우스

당시 로마제국의 황제 콘스탄티누스 1세는 아리우스파의 주장에 공감하는 듯 보였다. 공의회에 참석한 사람들이 아타니시우스에게 말했다. "주교님, 황제가 당신을 인정하지 않습니다." 그러자 아타나시우스가 대답했다. "그러나 황제보다 먼저 하느님이 나를 인정하셨습니다." 아타니시우스를 무너뜨리기 위해 아리우스파는 그에게 살인 누명까지 씌웠다. 아타니시우스가 측근의 팔을 절단해 살해했다고 주장했다. 그러자 아타니시우스는 살해되었다는 측근을 법정에 데리고 나왔다. "여기에 팔이 멀쩡한 아르세니우스가 있습니다. 제가 베었다는 '세 번째 팔'은 어디에 있습니까?" 아타나시우스가 생전에 주장했던 삼위일체 교리는 니케아공의회에서 정통 교리로 확립되었고, 이후 교회 전통 속에서 확고히 자리 잡았다.

가톨릭에서 '삼위일체'를 **Trinity**라고 부른다. 성부, 성자, 성령이 모두 하나라는 개념이다. 여기에서 성자는 예수 그리스도를 가리킨다. 라틴어 tri-는 '3'을 의미하는 말로 많은 파생어를 영어에 남겼다. 바다의 신 포세이돈의 무기는 삼지창인데, 영어로 **trident**라고 부른다. dent는 라틴어로 '치아'를 말한다. '치과의사'를 의미하는 **dentist**의 어원이다. 프랑스 국기 같은 삼색기는 **tricolor**라고 한다. 3개 국어를 구사하는 사람은 **trilingual**이다. lingual은 라틴어로 '혀'를 의미하는 lingua에서 나왔다. **triangle**은 '삼각형', **tripod**는 '삼각대'를 가리킨다. pod는 그리스어로 '발'을 의미한다.

Royal 왕립의

왕정에서 출발한 로마는 공화정을 거쳐 제정으로 국가의 생을 마감했다. 전설적인 로마의 초대 왕은 로물루스인데, 기원전 753년을 왕정의 시작으로 본다. 그런데 쌍둥이 동생 레무스를 죽이고 로마의 초대 왕이 된 로물루스는 어느 날 홀연히 사라진다. 그리고 퀴리누스라는 신으로

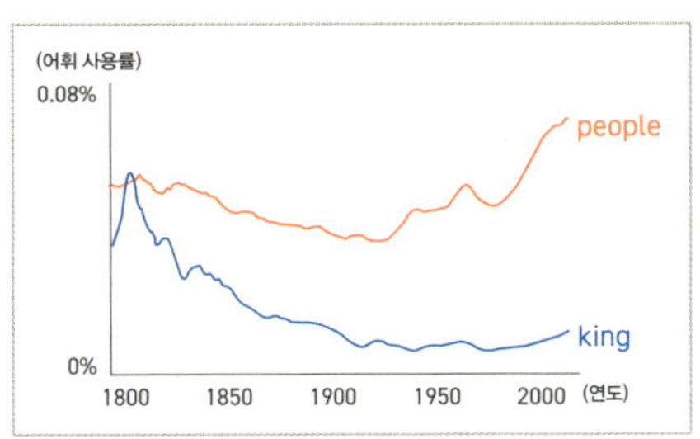

❖ 19세기 초를 기점으로 people과 king의 간격은 더욱더 벌어지고 있다.

숭배받는다. 이런 이야기는 로마 건국의 아버지 아이네이아스도 마찬가지다. 트로이가 멸망할 때 탈출한 아이네이아스는 라티눔(로마가 있던 지방)에 상륙해 라티누스 왕의 사위가 되고, 훗날 라비니움을 건국한다. 그런데 아이네이아스 역시 어느 날 갑자기 사라진다. 로마의 건국 시조를 비롯한 초기 왕들이 이렇게 홀연히 사라진 것을 두고 학자들은 대부분 암살되었다고 본다.

고대 로마에서 '왕'을 의미하는 rex는 금기어였다. 왕정을 타파한 공화정에서는 특히나 더 그랬다. 하지만 rex의 소유격 regis-에서는 왕과 관련된 여러 어휘가 나왔다. 먼저 '제왕의', '군왕의'라는 형용사 **regal**이 있다. **royal**도 '왕립의', '왕실의'처럼 유사한 의미를 지닌다. 두 단어의 어형이 다른 것은 royal이 프랑스어를 거쳐 영어로 들어갔기 때문이다. 프랑스어에서 '왕'은 roi이고 royal이 형용사다. royal과 regal의 차이는 다음과 같다. royal은 왕과 왕비 또는 왕실의 일원을 포함해 왕족이나 왕실과 관련 있는 것에 사용한다. 반면, regal은 왕족과 관련된 특성 또는 자질을 의미한다. He made a regal entrance는 '그는 왕처럼 당당하게 등장했다'라고 번역한다. royal이 들어간 표현으로는 the royal family(왕족), a royal visit(왕실의 방문) 등이 있다. '죽이다'를 뜻하는 −cide가 regi− 뒤에 붙으면 '국왕 시해'를 가리키는 **regicide**가 된다.

Peril 위험

영화《해리 포터와 불의 잔》에서 주인공 해리포터가 길을 잃고 위기에 처하는 장면이 나온다. 여기서 해리 포터는 페리쿨룸periculum이라는 주문을 외운다. periculum은 라틴어로 '위험'을 뜻하는 단어다. 소년 해리 포터가 라틴어로 된 주문을 자연스럽게 외는 모습이 인상적이다.

❖ 해리 포터가 페리쿨룸 주문을 외는 장면

　영어에서 '위험'을 뜻하는 **peril**은 라틴어 periculum에서 나온 말이다. '위험'을 의미하는 또 다른 단어로는 **risk**가 있는데, peril과 risk의 차이점은 다음과 같다. 먼저 peril은 심각한 위험을 가리킨다. The journey through the mountains was fraught with peril이라는 문장은 '산을 통과하는 여행은 위험으로 가득 차 있었다(매우 위험천만했다)'라고 번역한다. 다시 말해, 생명이 위태로울 정도의 위험이 도처에 깔려 있었다는 말이다. 반면, risk는 의미가 조금 다르다. risk는 손해나 손실을 볼 가능성을 말한다. In this business, the risks and the rewards are high는 '이 사업은 위험과 보상이 높다'라고 번역한다. 한편, '위험'으로 번역되는 danger는 누군가에게 해를 끼치거나 사망에 이르게 할 가능성을 의미한다. '암반 등반의 위험'을 영어로 표현하면 the dangers of rock-climbing이라고 할 수 있다.

　periculum의 또 다른 파생어 **perilous**는 '아주 위험한'을 뜻한다. 명사 peril과 동일한 의미를 지닌다. peril의 동사형은 **imperil**이다. 여기서 im-이 붙었다고 해서 반대말로 생각해 위험이 없다고 번역하면 안 된다. 영어의 in 혹은 into라는 의미가 있어, '위험에 빠지게 하다'라는 뜻이다. These practices will imperil macroeconomic stability는 '이러한 관행은 거시경제적 안정성을 위협할 것이다'라고 번역할 수 있다.

Violence　폭력

영국의 BBC는 데이빗 크로넨버그 감독의 영화《폭력의 역사》를 21세기를 빛낸 위대한 영화 59위에 선정했다. 현대사회에서 '폭력'은 일상에서 자주 접하는 말이 되었다. 그렇다고 이 영화가 현대사회의 폭력에 관한 범죄 이야기를 다루는 것은 아니다. 과거 킬러였던 주인공이 가족에

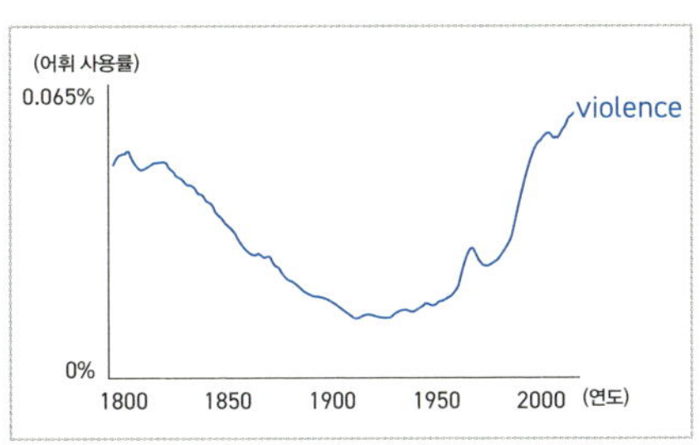

❖ 용례가 꾸준히 감소하던 violence는 1920년대를 변곡점으로 현재까지 계속 상승 중이다.

게 정체를 들키면서 빚어지는 가족 간의 갈등을 그린 영화다. 착하고 소심하던 주인공의 아들이 아버지의 비밀을 알게 되고, 그 과정에서 발현하는 폭력성은 폭력의 계승을 상징한다.

'폭력'을 뜻하는 **violence**는 '힘'을 의미하는 라틴어 vis가 그 어원이다. 여기서 다시 '맹렬함'이나 '힘의 과도한 사용'을 뜻하는 violentia가 만들어졌다. 이후 중세 프랑스어를 거쳐 영어에 들어온 violence에는 '폭력'이라는 의미가 만들어졌다. 물론 violence에는 라틴어 본래의 뜻인 '맹렬함'도 있다. The violence of her feelings surprised him은 '그녀의 격렬한 감정에 그는 놀랐다'로 번역한다. **violate**는 법이나 합의 등을 '위반하다'라는 뜻을 지닌다. They were charged with violating federal law는 '그들은 연방법 위반 혐의로 기소되었다'라고 번역할 수 있다. 반대말을 의미하는 in-이 붙으면 '침범할 수 없는'을 뜻한다. the inviolable right to life는 '침범할 수 없는 생명권'을 의미한다.

한편, '제비꽃'이나 '보라색'을 의미하는 **violet**은 어원이 전혀 다르다. violet은 라틴어 viola에서 나왔는데, 영어와 동일하게 '제비꽃'이나 '보라색'을 의미했다.

라틴어 경구에 이런 말이 있다. "사악한 일을 꾸미는 데는 여자가 남자를 압도한다." 지금 이런 말을 하면 큰일 나지만, 여성의 지위가 낮았던 고대 로마 사회에서는 남자들이 이런 말을 서슴없이 했다고 한다. 후대 사람들은 이 경구에 딱 들어맞는 여인을 한 명 꼽았다. 폭군 네로의 어머니인 소小 아그리피나가 그 주인공이다. 그녀는 두 번째 남편을 독살했다는 의심을 받았는데, 세 번째 남편이자 삼촌인 클라우디우스 황제 역시 독버섯으로 독살했다는 의심

❖ 네로의 어머니 소 아그리피나

을 받았다. 마침내 친자식 네로를 황제의 자리에 앉히지만, 아들이 보낸 근위병들에게 죽임을 당한다.

영어에는 mal-로 시작하는 단어들이 여럿 있다. 이 표현은 라틴어 malus에서 나왔고, '나쁘다'라는 뜻을 지닌다. 네로의 모후는 악의惡意의 화신이라고 부를 수 있다. 영어에서 '악의'는 **malice**라고 하는데, 역시 mal-로 시작하는 말이다. There certainly wasn't any malice in her comments는 '그녀의 발언에는 악의가 전혀 없었다'라고 번역할 수 있다. **malevolent**도 '악의 있는'이라는 뜻이다. -volent는 '바란다'를 의미한다. 반대말은 '좋은'을 의미하는 bene-가 붙은 **benevolent**로, '자애로운'을 뜻한다. '영양'을 의미하는 nutrition 앞에 mal-이 붙으면 '영양실조'를 뜻하는 **malnutrition**이 만들어진다. **malefactor**는 '나쁜 행위를 하는 사람', 즉 '악인'을 가리킨다. '사람을 다루다'를 의미하는 treat 앞에 mal-이 붙은 **maltreat**는 '사람이나 동물을 잔인하게 다루다'를 뜻한다. 17세기 영국의 시인 밀턴은 『실락원』 제1권에서 "Deep malice thence conceiving"이라는 표현을 사용했는데, '거기에서 뿌리 깊은 악의가 잉태된다'라는 뜻을 지닌다.

Essence 본질

"나는 생각한다. 고로 존재한다"라는 유명한 말을 남긴 데카르트는 근대 철학의 문을 연 인물로 흔히 '근대 철학의 아버지'로 불린다. 데카르트는 고민에 고민을 거듭한 끝에, 아무리 누군가 자기를 속인다 하더라도, 설사 내가 잘못된 환각을 경험한다 하더라도, 그 속는 주체인 나는 여전히 존재한다는 사실과 그 순간에 내가 사고한다는 사실은 절대로 반박할 수 없다고 결론을 내린다. 데카르트가 진짜 하고 싶은 말은 나라는 존재는 생각함으로써 존재한다는

❖ 프랑스의 철학자 르네 데카르트

것이 아니라, 그저 생각을 하는 순간 그 생각을 하는 나는 존재하는 게 확실하고, 그 생각한다는 현상이 일어나는 것도 확실하다는 것이었다.

데카르트의 명제도 라틴어로 되어 있다. "Cogito ergo sum." 라틴어의 가장 큰 특징인 함축성이 잘 드러난 표현이다. 1인칭 주어(ego)는 어디에도 없다. cogito는 영어 I think에 해당하고, sum은 I am에 해당한다. sum은 esse(영어의 be) 동사의 1인칭 단수형인데, esse에서 '본질'과 '정수'를 의미하는 영어 **essence**가 나왔다. 본래 essence는 신학에서 자주 사용하는 개념이다. 그리스도교의 삼위일체론은 하느님은 셋(성부, 성자, 성령)으로 존재하지만 본질은 하나라는 것이다. 여기서 본질이 바로 essence다. The essence of his argument was that education should continue throughout life는 '그가 주장하는 바의 핵심은 교육이 평생 지속되어야 한다는 것이다'로 번역한다.

라틴어 동사 esse는 시제와 용법에 따라 어형이 상이하다. 특히 동사적 명사*의 형태가 futurum인데, 여기서 '미래'를 뜻하는 영어 **future**가 나왔다.

• 라틴어 동사에서 나온 명사적 활용 형태를 말한다. 라틴어로는 수피눔supinum이라고 한다. 이 책에서는 '동사적 명사'로 부른다. 정확히 말하면 동사의 명사적 활용형이다.

Error 오류

라틴어 경구에 이런 말이 있다. "실수는 인간의 몫이지만, 실수를 고집하는 것은 악마의 몫이다." 여기서 첫 번째 문장을 라틴어로 옮기면 "Errare est humanum"인데, errare는 '실수하다'를 뜻하는 동사 원형이고, est는 영어 is에 해당하며, humanum은 '인간적인'을 의미한다. 영어에서도 동사 원형이 주어가 될 수 있듯이, 라틴어도 마찬가지다. errare는 영어 make a mistake에 해당한다.

❖ 뒤러가 그린 중세 기사의 모습

영어에서 '오류'를 뜻하는 **error**는 라틴어 동사 errare에서 온 말이다. 컴퓨터가 오작동해서 생긴 오류는 computer error이고, **mistake**는 '실수'를 말한다. 영작문을 할 때 문법적인 실수로 틀린 경우, grammatical mistake라고 말한다. 쉽게 말해, 알고 하면 mistake이고, 모르고 하면 error로 구분할 수 있다.

중세 유럽에는 모험을 찾아 떠나는 기사들이 많았다. 기사들은 개인적으로 유산을 받지 못했거나 공명심에 사로잡혀 모험에 나섰다. 이런 기사들을 knight errant라고 부른다. 라틴어 동사 errare에는 '잘못하다'라는 뜻 말고도 '방황하다'라는 의미도 있다. 방황을 많이 하다 보면 잘못된 길로 접어들 수 있기 때문이다. 하지만 '잘못된'을 뜻하는 **errant**는 본래 방향을 잘못 잡은 행동이나 그릇된 행동을 할 때 사용하는 말이다. An errant throw cost them the game은 '잘못된 던지기로 게임에서 졌다'라고 번역한다.

단어의 형태상 error의 모습이 숨어 있는 **aberration**도 errare에서 나온 말이다. 영어의 away from에 해당하는 접두사 ab-에 errare 동사가 합쳐진 형태고, '길을 잃고 헤매다'라는 뜻인데, 나중에는 그 뜻이 정상에서 벗어난 '일탈'로 변했다. It was a temporary aberration of his exhausted mind는 '그것은 그의 지친 마음의 일시적인 일탈이었다'라고 번역할 수 있다.

로마 왕정의 첫 번째 왕 로물루스가 어느 날 바람처럼 사라졌다. 일곱 번째이자 마지막 왕 타르퀴니우스 수페르부스도 말년이 좋지 않았다. 그는 로마의 강력한 라이벌인 에트루리아 출신의 왕이었다. 수페르부스는 장인 툴리우스를 죽이고 왕위에 올랐다. 동시대에 살았던 콜라티누스는 로마의 귀족이었다. 그런데 수페르부스의 아들 섹스투스가 콜라티누스의 아내를 겁탈하는 사건이 벌어졌다. 가뜩이나 수페르부스의 폭정에 시달리던 로마 시민들은 봉기해 수페르부스를 쫓아내고 공화정을 수립했다. 첫 번째 집정관은 콜라티누스가 되었다.

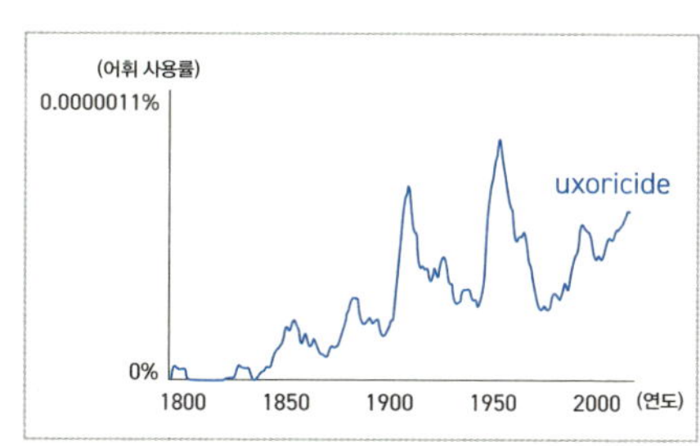

❖ uxoricide는 전체적으로 우상향하는 경향을 보이고 있다. 가정의 붕괴를 보여주는 일면일까?

영어에는 명사와 형용사의 대응에서 유사성을 찾아보기 힘든 경우가 종종 있다. tooth/dental, mother/maternal, foot/pedal처럼 명사와 형용사 사이에 연관성이 전혀 안 보인다. 명사는 고유 영어지만 형용사는 라틴어에서 나왔기 때문이다. 라틴어로 '치아'는 dens, '어머니'는 mater, '발'은 pes라는 사실을 알면 위의 단어 쌍을 좀 더 잘 이해할 수 있다.

'아내'를 의미하는 wife의 형용사형은 영어에서 **uxorial**이라고 한다. 라틴어에서 uxor욱소르는 '아내'를 의미한다. her uxorial duties는 '그녀가 가진 아내의 의무'라는 표현이다. '살인'을 의미하는 −cide가 붙으면 '아내 살해'를 뜻하는 **uxoricide**가 만들어진다. **uxorious**는 uxoricide와 정반대의 의미를 지닌 단어로, '아내를 너무 위하는'이라는 뜻을 지닌다. The most openly uxorious husband is almost always the one who is having an affair라는 문장은 '공개적으로 지나치게 애처가인 척하는 남편은 뒤에서 바람을 피우는 사람이다'라고 번역할 수 있다.

Culpable negligence 태만죄

가톨릭에는 인색, 교만, 탐식, 음욕, 시기, 분노, 나태 등 7대 대죄가 있다. 그중 주어진 역할이나 책임을 다하지 않는 '나태'도 대죄에 속한다. 국가의 공복인 공무원도 마찬가지다. 현행 형법에는 직무 유기와 직무 태만에 관한 법 조항이 있다. 직무 유기는 정당한 이유 없이 직무를 방임하는 것이고, 직무 태만은 맡겨진 일을 하지 않거나 불

❖ 가톨릭 7대 대죄

성실하게 하는 것을 말한다. 영어에서 '태만죄'는 **culpable negligence**라고 하는데, **culpable**은 '비난받아 마땅한'이라는 뜻을 갖는다.

culpable은 라틴어로 '실수'나 '비난'을 뜻하는 culpa에 '~할 수 있는'을 의미하는 -able이 붙어 만들어진 말이다. 가톨릭 미사 중에 가슴을 주먹으로 치며 "내 탓이오"라고 말한다. 이때 하는 말이 "Mea culpa"인데, 영어로 'My fault'를 의미한다. 고대 로마에는 법과 권리를 뜻하는 ius(영어 justice의 어원)가 있었는데, 이를 위반하는 것을 culpa로 간주했다. 다시 말해, culpa는 ius를 깨뜨린 자에게 부과하는 의무로 볼 수 있다.

culpa에서 영어로 들어온 **culprit**는 사건의 범인이나 문제를 일으킨 장본인을 가리킨다. cul은 culpa의 준말이고 '당신은 유죄'를 뜻하며, prit는 '우리는 당신에 대한 기소를 입증한다'를 의미한다. 영국에 들어간 앵글로노르만 프랑스어에서 만들어진 말이다. culpa에서 만들어진 동사 중에는 '죄를 씌우다', '비난하다'를 뜻하는 **inculpate**가 있다. 비난 속으로 한 사람을 몰아넣는다는 말이다. 반대말로는 '~밖으로'를 의미하는 접두사 ex-를 붙여 **exculpate**가 있는데, '무죄를 입증하다'라는 뜻을 지닌다. The pilot of the aircraft will surely be exculpated when all the facts are known은 '모든 사실이 밝혀지면 항공기 조종사는 반드시 면책될 것이다'로 번역할 수 있다.

2월

- Proverb
- Credulous
- Procrastinate
- Radio
- Superpower
- Declaration
- Discipline
- Disturb
- Vice
- Briefing
- Lounge
- Psychoanalysis
- Artificial Intelligence
- Fashion
- Certain
- Patient
- Data
- Literature
- Producer
- Condominium
- Citizen
- Habitat
- Marine
- Insidious wiles
- Urban
- Audio
- Factory
- Beauty

Proverb 속담

❖ 피터르 브뤼헐의 〈네덜란드 속담〉(1559)

속담이란 예로부터 민간에 전해오는 교훈이나 풍자를 담은 짧은 어구를 말한다. 영어권의 대표적인 속담 중에는, "A barking dog never bites"(짖는 개는 물지 않는다), "It never rains but it pours"(비가 오면 꼭 퍼붓는다, 설상가상), "Walls have ears"(낮말은 새가 듣고 밤말은 쥐가 듣는다) 등이 있다. '속담'은 영어로 **proverb**라고 한다. pro-는 영어로 forth, 즉 '밖으로 또는 멀리'를 뜻하고, verb는 라틴어 verbum에서 나왔는데 '단어'를 의미한다. 영어에서는 '동사'를 **verb**라고 말한다. 그렇다면 proverb의 어원을 풀어보면 '공공연히 펼쳐진 말', 즉 '널리 알려진 짧은 지혜의 말'을 뜻한다. 따라서 속담을 정확한 상황과 연결하는 것은 쉬운 일이 아니다. 정확한 문맥을 알고 있어야 하기 때문이다.

문법에서 **adverb**는 '부사'를 가리킨다. 부사는 동사를 수식하는 말인데, adverb가 그 뜻을 정확히 밝히고 있다. adverb의 라틴어 어원을 파헤치면 동사에 종속된 품사를 말한다. 부사가 동사를 수식하는 품사라는 정의와 정확히 맞아떨어진다. verbum에서 나온 영어 단어 중에는 **verbose**도 있는데, '장황하다'를 의미한다. He was notoriously verbose는 '그는 말이 너무 많기로 악명 높았다'라고 번역할 수 있다.

머리를 '탁' 치는 영어 속담 몇 개를 더 소개해보겠다. "Like father, like son"(부전자전), "One swallow doesn't make a summer"(제비 한 마리 왔다고 여름이 온 것은 아니다, 춘래불사춘), "Better late than never"(늦어도 안 하는 것보다 낫다), "Talk of the devil and he will appear"(호랑이도 제 말 하면 온다).

Credulous 잘 믿는

라틴어 속담에 "사랑은 속기 쉬운 것이다Love is a credulous thing"라는 말이 있다. 사랑에 눈이 먼다는 말도 있다. 왜 사람들은 사랑에 쉽게 속을까? 역사에서 이런 사례를 잘 보여주는 인물이 있다. 영국 튜더 왕조의 두 번째 왕인 헨리 8세가 그 주인공이다. 무려 여섯 번의 결혼 경력이 있는 헨리 8세

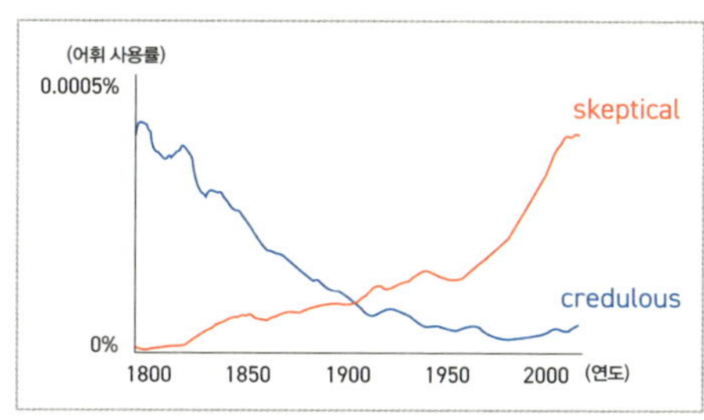

❖ 1907년을 기준으로 '의심이 많은'을 뜻하는 skeptical 이 credulous를 역전했다. 의심, 비판, 검증이 현대의 기본 가치가 되었기 때문이다.

가 진실한 사랑을 하지 않은 것은 아니지만, 그중에는 헨리 8세가 속아 넘어간 여인도 있었다. 바로 다섯 번째 여인 캐서린 하워드였다. 그녀는 세 번째 왕비 클레브의 앤의 시녀로 있다가 헨리 8세의 마음을 사로잡았다. 하지만 캐서린은 옛 애인과 밀회를 즐기며 헨리 8세를 배신했다. 늙은 왕과 젊은 처녀의 사랑은 이렇게 이루어지기 어려운 법이다. 왕비에게 배신당한 헨리 8세는 깊은 고통에 빠졌다. 결국 1542년 2월 10일 캐서린은 런던탑에 투옥되고 3일 뒤에 참수를 당했다.

'믿는다'를 뜻하는 라틴어 동사 credere는 많은 어휘를 영어에 제공했다. 위의 예로 들은 라틴어 속담에 나오는 **credulous**는 '너무 쉽게 믿는'을 뜻한다. **credible**은 '믿을 수 있는'을 의미한다. '반대'를 가리키는 in-이 붙으면 '믿기 힘든'을 뜻하는 **incredible**이 된다. The hotel was incredible은 '그 호텔은 믿어지지 않을 정도로 좋았다'로 번역한다. 동사적 명사인 creditum에서는 '신용'을 뜻하는 **credit**이 나왔다. 동사형은 '~가 한 것으로 믿다', '승인하다'를 의미하는 **accredit**이다. 명사형 **accreditation**은 '인증'이라는 말이다.

찰스 디킨스의 『크리스마스 캐롤』에 이런 장면이 나온다. 주인공 스크루지는 크리스마스이브에 자신의 집에서 유령을 보지만, 눈으로 본 것을 믿지 않는다. "He was still incredulous, and fought against his senses"는 '스크루지는 여전히 자신의 감각을 믿지 않으려고 했다'로 번역되는데, 여기서 **incredulous**는 '믿지 않는'을 의미한다.

Procrastinate 미루다

❖ 미국 건국의 아버지 벤저민 프랭클린

미국 건국의 아버지 벤저민 프랭클린의 좌우명은 현대인들에게 교훈을 준다. "Never leave that until tomorrow which you can do today". 오늘 할 일을 내일로 미루지 말라. 당연한 말이지만 실천하는 사람은 그리 많지 않을 것이다. 혹자는 '오늘'은 성공한 자의 언어이고, '내일'은 실패한 자의 언어라고 말한다.

로마인은 공동묘지를 도시 입구에 만들어놓아 지나가는 사람들이 망자의 무덤을 쉽게 볼 수 있었다. 묘비에 가장 많이 새겨진 어구 중에는 Hodie mihi cras tibi라는 말이 있다. hodie는 '오늘', mihi는 '나에게', cras는 '내일', tibi '너에게'라는 뜻이다. 번역하면, '오늘은 내가 죽어 여기 누워 있지만, 내일은 지금 무덤을 보고 있는 네 차례'라는 말이다. 죽음과 일상생활을 하나로 여겼던 로마인들의 생각을 엿볼 수 있다.

'내일'을 의미하는 cras에서 영어 단어 **procrastinate**가 나왔다. pro는 '~쪽으로', '앞에'를 뜻하므로 이 동사는 해야 할 일을 '미루다'라는 의미를 갖는다. **delay**와 **put off**도 같은 표현이다. 미국의 문호 마크 트웨인도 "Do not put off till tomorrow what can be put off till day-after-tomorrow just as well"이라고 말했는데, '오늘 할 수 있는 일을 내일로 미루지 말라. 하지만 모레까지 미뤄도 문제 없을 일이라면, 굳이 서두를 필요도 없다'라는 말이다. 이 말은 프랭클린이 한 말과는 조금 다르다. 작업이나 의무를 즉시 완료하려고 서두르지 말라는 조언으로, 특히 나중에 효과적으로 완료할 수 있는 경우 더욱 그렇다. 급한 일이 아니라면 당장 끝내야 한다며 스트레스를 받거나 서두를 필요가 없다는 해학적 조언이다.

Radio 라디오

지금은 인터넷의 보급 덕분에 스마트폰으로 실시간 영상 통화를 하는 시대가 되었다. 하지만 전기가 발명된 19세기에 가장 큰 화두는 인간의 음성을 멀리 전달하고 수신하는 것이었다. 1888년 헤르츠가 처음으로 전자기파를 발견하고, 마르코니가 모스 부호를 통해 전신電信을 발명했지만, 인간의 음성을 전파로 전달하는 데는 다소 시간이 필요했다. 마침내 캐나다의 페센든이 최초로 전파를 통해 음성을 전달하는

❖ 페센든이 발명한 최초의 라디오

기술을 개발했다. **radio**가 인류 문명사에 처음으로 등장하는 순간이었다.

radio의 어원은 라틴어 radius다. 햇빛과 같은 '빛살' 혹은 '광선'을 의미하는 말이었다. 독일의 과학자 뢴트겐이 발견한 **X-ray**에서 '광선'을 뜻하는 ray는 라틴어 radius에서 나온 말이다. 영어에서 radio-가 들어간 단어들은 '전파'로 번역한다. 일상생활과 밀접한 radio도 여기에 속한다. 우주의 천체를 관측하는 '전파망원경'을 **radio telescope**라고 부른다. '무선 조난 신호'는 **radio distress signal**인데, 여기서 distress는 '고통'이나 '고충', 즉 '조난 상태'를 의미한다. radio-의 두 번째 뜻은 '방사선'이다. 방사선이란 방사성 물질이 더 안정된 물질로 붕괴될 때 발생하는 입자선 혹은 전자기파를 말한다. 따라서 인체에 악영향을 줄 수 있다. 병원에서 X-ray를 촬영할 때도 소량의 방사선에 노출될 수 있다. '방사선'은 영어로 **radiation**이라 하고, 형용사형은 **radioactive**가 된다. Uranium is a radioactive material은 '우라늄은 방사성 물질이다'라고 번역한다.

Superpower 초강대국

역사는 돌고 돈다. 현재 지구상의 초강대국은 단연코 미국이다. 제1차세계대전 이후 영국으로부터 초강대국의 자리를 물려받은 미국은 100년 넘게 그 지위를 지키고 있다. 영국 입장에서 보면 아쉬운 점도 많다. 만약 영국을 계승한 나라가 비영어권 국가였다면, 영어권의 헤게모니는 영국이 계속 지켰을 것이다. 하지만 영어

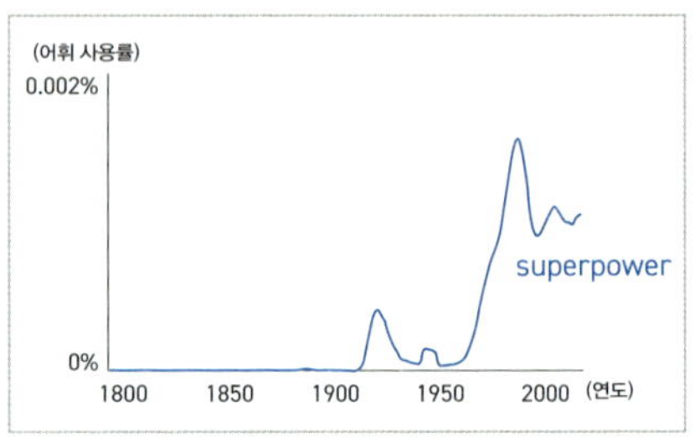

❖ superpower의 용례는 1960년을 기점으로 가파르게 급등한 후에, 냉전 체제가 붕괴하자 급락세로 돌아섰다.

를 사용하는 미국이 영국의 기득권을 그대로 인수하는 바람에, 미국은 별 어려움 없이 세계의 헤게모니를 영국으로부터 넘겨받았다.

영어 above, over에 해당하는 라틴어 접두사 super는 많은 파생어를 만들어냈다. 원시 인도·유럽어의 *(s)uper가 그 뿌리인데, *uper는 영어에서 over가 되었고, 독일어에서는 über가 되었다. 여기서 나온 말이 차량 서비스를 제공하는 우버 Uber 택시다.

라틴어 super는 '높은 위치에 놓인'을 뜻하는 superus라는 형용사도 제공했는데, 이 형용사의 비교급이 superior다. 영어 **superior**는 '우월한', '탁월한'을 뜻한다. This is clearly the work of a superior artist는 '이것은 확실히 뛰어난 아티스트의 작품이다'라고 번역한다. super에 '보는 사람'을 의미하는 visor가 붙어 **supervisor**가 되면 '위에서 보는 사람', 즉 '감독관' 혹은 '관리자'가 만들어진다. '지도교수'라는 뜻도 있다. I have a meeting with my supervisor about my research topic은 '나는 내 연구 주제에 대해 지도교수와 면담을 했다'라는 말이다.

한편, **superficial**은 '얼굴'이나 '표면'을 의미하는 face에 super가 붙은 단어다. 따라서 겉면과 관련이 있고 내면과는 관련이 없어 '얄팍한', '피상적인'이라는 뜻을 지닌다.

Declaration 선언

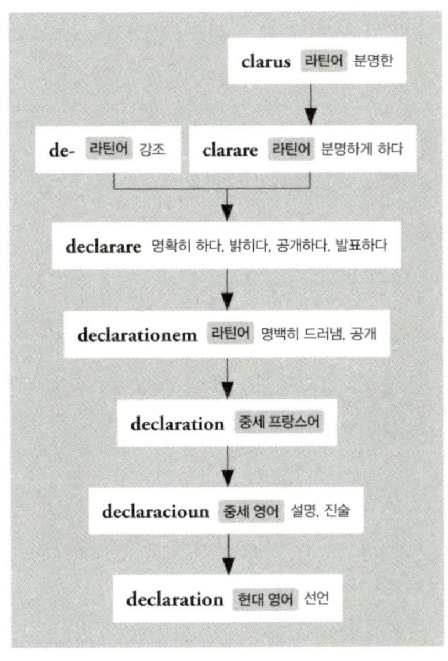

전쟁을 선언하는 선전포고의 역사는 길다. 고대 수메르인들의 대서사시 『길가메시』에도 선전포고가 등장하고, 『구약성경』에도 나온다. 선전宣戰이란 전쟁을 선언한다는 것이지 전쟁 이전을 의미하지는 않는다. 역사에는 선전포고를 하지 않고 일어난 전쟁이 꽤 있다. 제2차세계대전의 경우, 나치 독일은 선전포고를 하지 않고 폴란드를 침공했고, 일본의 진주만 기습도 마찬가지였다. 동양에서는 칭기즈칸이 포고문을 상대국에게 보냈는데, 말하자면 칸의 포고문인 최후통첩Ultimatum이 선전포고였던 셈이다. 포고문의 내용은 일정 기간을 허락할 테니 항복하라는 내용이었다. 몽골제국의 칸이 어떤 언어로 포고문을 작성했는지 궁금하다. 실제로 몽골어로 작성된 칸의 포고문은 제국의 속국에서 사용되는 페르시아어나 러시아로 번역되었다고 한다.

'선전포고'는 영어로 **declaration of war**라고 표현한다. '선언하다'를 뜻하는 **declare**는 라틴어로 '분명한'을 의미하는 clarus에서 나왔다. 영어 **clear**의 어원이기도 하다. declare에서 de-는 강조하는 역할을 한다. 그러므로 declare는 '분명하게 말하다'로 볼 수 있다. clear instructions는 '명쾌한 지침', clear water는 '깨끗한 물', clear skin은 '깨끗한 피부'를 말한다.

동사 **clarify**는 '명확하게 하다'를 뜻한다. I hope this analysis will clarify the debate는 '이 분석이 논쟁을 명확히 해주기를 바란다'라고 번역한다. 관악기 중에 **clarinet**클라리넷도 어원이 라틴어 clarus다. 따라서 클라리넷은 밝고 명쾌한 소리를 내는 관악기를 가리킨다. 여자 이름 중에 **Clara**클라라 역시 뿌리가 같다. 밝고 빛나는 여자를 뜻한다.

Discipline 규율

철학이 없는 고대 그리스를 상상할 수 있는가? 그리스의 교육은 철학을 매우 중시했다. 그러나 실용적인 로마인들의 생각은 달랐다. 인간이 사회를 만들 때 가장 중요한 법률을 중시했으며, 학교에서는 문법과 웅변을 주요 과목으로 삼았다. 가정은 교육의 중심지였다. 아이들은 가정에서 덕성인 virtus를 배웠고, 사회적 의무감인 pietas

❖ 책을 읽고 있는 어린 키케로

를 배웠다. 가정 교육의 핵심에는 어머니가 있었다. 정치가 키케로는 "교사의 가슴보다는 어머니의 말씀에서 배웠다"라며 어린 시절을 회고했다. 고대 로마에서 웅변 과목이 특히 중요한 이유가 있다. 정치의 중심이 광장이었고, 뛰어난 웅변술을 가진 정치가들이 대중의 사랑을 받았기 때문이다.

영어에서 '규율'을 의미하는 **discipline**은 라틴어로 '학생'을 뜻하는 discipulus에서 왔다. 본래 학생이었던 discipulus에서 학생에게 주어진 지시, 가르침, 교육 같은 의미의 disciplina가 만들어졌다. 이후 프랑스어로 들어간 이 말은 '규율', '체벌', '고통', '순교'와 같은 의미가 만들어지고, 영어에서는 '규율'로 정착한다. **self-discipline**은 '자기 훈련', '수양'을 가리킨다. Several of the teachers were ineffectual at maintaining discipline은 '몇몇 교사는 규율을 유지하는 데 비효율적이었다'라고 번역할 수 있다. discipline은 주로 명사로 사용되고, 동사로도 사용된다. 다만 명사 용례가 더 흔하다. discipline은 특히 대학에서 공부하는 '과목'을 가리킨다. an academic discipline은 '학문 분야'라는 뜻이다. 한편, **disciple**은 종교적 가르침이나 정치적 가르침을 따르는 '제자'를 가리킨다. '예수의 열두 제자'는 **disciple of Jesus**라고 부른다.

Disturb 방해하다

❖ 카이사르의 장례식

기원전 44년 3월 15일, 로마공화정의 최고 권력자인 독재관 카이사르가 원로원에 등원하기 위해 집을 나섰다. 전날 밤 아내 칼푸르니아는 집의 벽이 무너지는 꿈을 꾸었다고 남편에게 말했다. 당시 최고 제사장인 폰티펙스 막시무스였던 카이사르는, 그날 아침 등원하기 전에 희생 제물 공양을 여러 번 했지만, 매번 징조가 좋지 않았다. 하지만 운명도 얼마든지 극복할 수 있다는 것이 평소 카이사르의 소신이었다. 그는 평소처럼 원로원에 등원했고, 잘 알려진 것처럼 양아들 브루투스가 선동한 원로원 의원들의 칼에 수없이 찔려 사망했다.

3월 18일 카이사르의 장례식이 열렸다. 원로원 앞에 모인 군중은 카이사르의 죽음을 애도하는 데서 그치지 않았다. 자신들의 영웅을 죽인 자들의 처단을 요구했다. 아무도 군중이 원하는 것을 만족시켜줄 수 없었고, 군중의 마음은 어떻게 바뀔지 몰랐다.

라틴어에서 '군중'은 turba라고 부른다. 그렇다면 '방해하다'를 뜻하는 **disturb**와 군중은 어떤 고리로 연결되어 있을까? disturb에서 dis-는 '반대'가 아닌 '강조'를 뜻하고, turb는 라틴어 turba에서 나왔다. 여기서 turb는 군중의 속성인 '무질서', 한 걸음 더 나아가 '난동'과 관련 있다. 즉 disturb는 '엉망으로 만들다'라는 의미에서 '방해하다', '불안하게 만들다'라는 말이 된다. 비행 중 갑자기 만나는 '난기류'를 **turbulence**라고 한다. 난기류를 만든 비행기 안의 모습을 상상해보자. **turbine** 역시 turba와 사촌 간인 라틴어 turbo(소용돌이)에서 나온 말이다. turbine은 유체의 흐름으로부터 에너지를 뽑아내는 회전 기관을 가리킨다. turba 앞에 영어 through에 해당하는 접두사 per-가 붙으면 영어의 **perturb**가 만들어지는데, '(심리적으로) 동요하게 하다'를 뜻한다. News of the arrest perturbed her greatly는 '체포 소식에 그녀는 큰 충격을 받았다'라고 번역할 수 있다.

Vice 악덕

소크라테스가 살던 시기는 민주주의가 부패하고 개인의 타락이 극심한 시대였다. 소크라테스는 악덕은 무지에서 기인한다고 생각했다. 덕은 이성적 사고에서 생겨나고, 사회를 더 이성적인 상태로 만들 수 있는 절대적 기준점이다. 하지만 악덕한 자는 필연적으로 앎이 부족한 무지한 상태에 있다고 여겨졌다.

❖ 소크라테스의 죽음

'악덕'을 의미하는 영어 **vice**는 라틴어 vitium에서 나왔으며, 본래 뜻은 '결함', '결점'이었다. 다시 말해, 악덕은 덕이 부족한 상태를 말한다. Greed, pride, envy, and lust are considered to be vices는 '탐욕, 교만, 시기, 성적 욕망은 악덕으로 간주된다'로 번역한다. **virtue**는 악덕의 반대말인 '미덕'을 말한다. 실생활에서 vice를 활용한 표현으로는 **vice squad**가 있다. 마약이나 매춘, 도박을 단속하는 '강력 범죄 단속반'을 가리킨다. vice에서 파생된 형용사 **vicious**를 활용한 **vicious cycle**은 '악순환'을 의미한다. She gets caught in a vicious circle of dieting and weight gain은 '그녀는 다이어트와 체중 증가의 악순환에 빠졌다'라는 말이다.

'부통령'을 뜻하는 **vice-president**의 vice는 '악덕'을 의미하지 않는다. 이때의 vice는 라틴어 vicis에서 온 말로, '교환'이나 '대체'를 뜻한다. 즉, vice-president는 대통령을 대리하는 사람을 말한다. **vice admiral**은 '해군 중장'을 가리킨다. 영어에는 '그 반대도 마찬가지다'라고 말할 때 **vice versa**라는 라틴어를 사용하는데, 자리를 바꾸어도 마찬가지라는 말이다. He doesn't trust her, and vice versa는 '그는 그녀를 신뢰하지 않으며 그 반대도 마찬가지다'라고 번역하면 된다.

Briefing 브리핑

❖ 의술의 아버지 히포크라테스

기업이나 정부 기관에서 특정 사안과 관련된 업무 담당자가 외부인들에게 간단하게 상황 설명을 하는 것을 **briefing**브리핑이라고 부른다. 브리핑에 대한 어원 설명과 파생어들을 소개하기 전에 유명한 라틴어 경구를 먼저 살펴보자. ars longa, vita brevis. 영어로 옮기면 Art is long, life is short가 된다. 예술은 길고 인생은 짧다. 마지막 단어 brevis브레비스가 영어 brief의 어원이다. 여기에서 '예술'로 번역하는 ars는 사실 테크닉(기술)을 의미한다. 이 말은 의술의 아버지 히포크라테스가 한 말인데, 그가 말하는 기술은 학문적인 기술, 즉 의술을 가리킨다. 즉 인생은 짧지만 학문은 영원하다는 말이다.

'간단한'을 뜻하는 영어 **brief**는 라틴어 brevis에서 나왔다. **in brief**는 '간단히 말해서'라는 표현이다. **watching brief**는 Google Ngram Viewer에 따르면, 1996년에 용례가 급증한 용어인데, 어떤 상황이나 프로젝트에서 직접 개입하지 않고, 주의 깊게 관찰하고 상황을 모니터링할 때 사용하는 표현이다. The agency maintained a watching brief on the situation in the region은 '그 기관은 그 지역 상황을 주의 깊게 관찰하고 있었다'라는 말이다. brevet는 프랑스어를 통해 영어에 들어온 단어로, 프랑스어에서는 '졸업장', '면허장'이라는 의미가 있지만, 영어에 들어온 **brevet**에는 군인의 '명예 진급'을 가리킨다. 정규 절차를 단축해 특별하게 진급한 경우를 말한다. brief에서 만들어진 동사로는 **abbreviate**가 있다. 단어나 구를 '줄여 쓰다'를 뜻한다. 영어 to에 해당하는 라틴어 접두사 ad-가 붙어 만들어진 말이다. abbreviate a speech는 연설을 짧게 한다는 말이고, '간결성'을 의미하는 **brevity** 역시 어원이 같다. His essays are models of clarity and brevity는 '그의 에세이는 명료함과 간결함의 모범이다'라고 번역한다.

Lounge 라운지

❖ 호텔의 라운지

큰 호텔에 들어가면 라운지라는 넓은 공간이 있다. 공공장소에서 사람들이 편하게 휴식을 즐기거나 만남의 장소로 이용하는 공간이다. 라운지를 사전에서 찾으면 '공항의 대합실', '호텔의 휴게실'이라는 의미가 먼저 보이고, 동사로는 '느긋하게 서 있거나 누워 있다'라는 뜻도 나온다. 명사에는 라운지가 위치하는 장소가 나타나 있고, 동사에는 그곳에서 하는 행위가 설명되어 있다.

라운지에서 할 수 있는 행동의 어원을 찾으면 다음과 같이 설명할 수 있다. 먼저 **lounge**의 어원은 프랑스어의 동사 s'allonger로 거슬러 올라간다. 이 동사는 라틴어로 '길다'를 뜻하는 longus에서 만들어졌는데, 길게 쭉 뻗어 쉬는 동작을 가리킨다. 현대인들이, 비록 쭉 뻗어서 쉬지는 않지만, 라운지에서 쉬는 동작과 거의 일치한다.

영어 lounge를 라틴어 longus에서 나온 말이라고 간주할 때 그 파생어들은 다음과 같다. 먼저 '앞으로'를 뜻하는 접두사 pro-를 붙이면 '연장하다'를 뜻하는 **prolong**이 만들어진다. prolong one's stay abroad는 '외국 체류를 연장하다'로 번역한다. **longitude**는 세로로 길게 늘인 선, 지구의 '경도'를 가리킨다. 한국의 표준시는 동경 135도를 기준으로 사용하는데, 동경은 지구 동반구의 경도를 말한다. '길쭉하다'를 뜻하는 **oblong**에서 라틴어 접두사 ob-는 '앞으로'라는 말이지만 여기서는 강조의 역할을 한다. long에 고대 영어의 접미사 -th가 붙으면 '길이'를 뜻하는 **length**가 만들어진다.

Psychoanalysis 정신분석

정신분석학의 창시자 지그문트 프로이트는 1900년에 저서 『꿈의 해석』을 발표한다. 이 책에서 프로이트는 꿈이 단순히 무의미한 환상이 아니라, 무의식적 욕망과 갈등, 억압된 감정을 드러내는 중요한 창구라고 주장했다. 그는 꿈이 인간 심리의 복잡한 메커니즘을 이해하는 데 중요

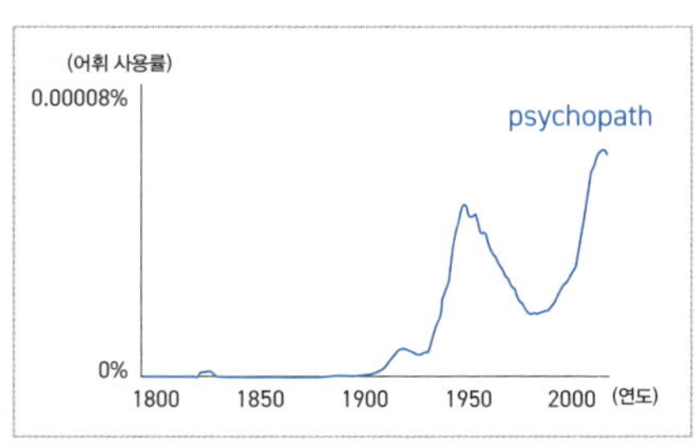

❖ 경제적 불안정과 사회적 불평등이 심화하기 시작했던 1980년대부터 psychopath가 급증했다.

한 단서를 제공한다고 믿었고, 꿈의 해석이 정신분석학의 본격적인 출발점이라고 생각했다. 프로이트는 꿈을 "무의식에 이르는 왕도"라고 표현했다. 프로이트에 따르면, 꿈은 실제 사건을 그대로 재현하는 것이 아니라, 억압된 욕망이 상징적으로 드러나는 방식이라고 봤다. 그래서 프로이트는 꿈을 해석함으로써 무의식의 세계를 들여다보았고, 그것이 인간 행동에 미치는 영향을 이해할 수 있다고 강조했다. 이 책은 오늘날에도 정신분석학, 심리학, 문학 등 다양한 분야에서 중요한 참고 자료로 여겨진다.

　프로이트가 탄생시킨 '정신분석'은 영어로 **psychoanalysis**라고 한다. psycho-는 에로스를 사랑한 요정 프시케Psykhē에서 나왔다. 그리스어로 '정신', '영혼'을 뜻하는 프시케는 본래 '숨'을 의미하는 단어였다. 여기서 많은 영어의 학술어들이 나왔다. psychoanalysis는 정신을 분석(=analysis)한다는 말이고, '심리학'을 뜻하는 **psychology**는 '학문'을 뜻하는 −logy가 붙은 말이다. '정신과 의사'를 의미하는 **psychiatrist**는 '치유'를 의미하는 iatreia와 합성된 용어다. A psychiatrist examined the mental state of the defendant는 '정신과 전문의가 피고인의 정신 상태를 검사했다'로 번역한다. '의학적 치료'를 의미하는 therapy가 붙으면 '정신(심리) 치료 요법'을 뜻하는 **psychotherapy**가 만들어진다. 주변에서 흔히 사용하는 '사이코패스'는 **psychopath**로 표기하는데, path는 그리스어로 '고통'을 뜻하는 pathos에서 나온 말이다. 따라서 사이코패스는 원래 '정신적·성격적 장애가 있는 사람'을 뜻한다.

Artificial Intelligence 인공지능

❖ 인공지능 시대의 도래

인공지능이 대세인 시대가 도래했다. **Artificial Intelligence**(줄여서 AI)는 인간의 학습 능력, 추론 능력, 지각 능력을 인공적으로 구현하는 컴퓨터 과학의 세부 분야다. 2016년 구글이 개발한 바둑 인공지능 프로그램 알파고와 당시 세계 최고 기사인 한국의 이세돌 9단 간에 바둑 대국이 벌어졌다. 결과는 알파고의 4 대 1 승리였다. 인간이 가진 지적 영역을 컴퓨터가 능가한 엄청난 사건이었다. 이제 하루도 AI에 대한 소식이 매스컴을 장식하지 않는 날이 없을 정도다.

라틴어에서 '전문 기술'이라는 뜻으로 자주 사용되던 ars는 '예술'을 의미하는 **art**를 영어에 제공했다. 본래 ars는 '기술'이나 '숙련된 능력', '인위적으로 만든 기술' 등을 의미하는 단어였다. 인공지능에서 '인공의'에 해당하는 **artificial**은 '기술', '이론', '시스템'을 의미하는 라틴어 artificium에서 온 말이다. 여기서 arti−는 '기술'이나 '숙련도'를 말하고, −ficium은 '만들어낸 결과물'이라는 말이다. 즉, 기술을 통해 인공적으로 무엇을 만든다는 뜻이다. AI는 1956년에 처음으로 용례가 확인된 용어다. '결핍되다'를 의미하는 영어 접미사 −less가 art에 붙으면 **artless**가 만들어진다. 이 말은 '만들지 못하다'라는 뜻도 있지만, 첫 번째 의미는 '꾸밈없는', '소박한'이다. her artless beauty는 '그녀의 꾸밈없는 아름다움'이라는 말이다.

'장인'을 의미하는 **artisan** 역시 그 뿌리가 ars다. '숙련'을 뜻하는 라틴어 artitus에서 나온 말이다. 고유 영어로는 **craftsman**이 같은 의미를 지닌 단어다. ars 앞에 반대를 가리키는 in−이 붙으면 '기력이 없다'를 의미하는 영어 **inert**가 만들어진다. 철자에서 art를 찾아보기 힘들지만 모음이 변해 생성된 말이다. 기술이 없으면 기력도 없는 법일까?

중세 유럽의 귀족들이 입던 옷은 성별을 잘 구별할 수 없었다. 남녀 모두 긴 코트를 겉옷으로 걸쳤기 때문이다. 차이가 있다면 남자의 코트가 조금 더 길었다. 코트coat 역시 현대인의 코트 모양과 다르게 긴 망토를 가리켰다.

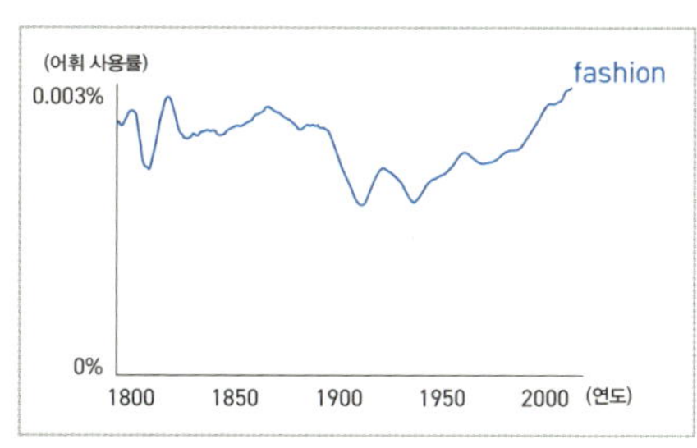

❖ fashion의 사용 빈도수는 제1차세계대전 이후 꾸준히 상승 중이다.

패션은 단어의 모습과 발음만 보아도 프랑스어 분위기가 풍긴다. 실제로 **fashion**은 중세 프랑스어 façon에서 나왔고, 본래는 '신체적 구성', '형태', '외형' 등을 의미했다. 여기서 여성 드레스와 같은 옷을 입는 방법과 자태라는 뜻도 생겨났다. 이후 15세기에는 널리 유행하는 복장이나 장식 방식이라는 의미도 추가되었다.

fashion의 어원은 '만들다'를 뜻하는 라틴어 동사 facere에 이른다. facere의 동사형 명사는 factum으로 여기서 나온 영어 단어가 **fact**다. 16세기에 등장한 fact는 '행동', '완수된 일', '행위' 등을 의미했다. 본래 라틴어 factum은 '사건', '행위', '완수'를 뜻했다. 종합해보면, fact의 핵심 의미는 '행위의 완수'로 정리할 수 있고, 오늘날 가장 많이 사용하는 '사실'이라는 의미로 정착되었다.

'공장'을 의미하는 **factory**도 어원이 같은데, 중세 프랑스에서는 부동산 관리인의 사무실을 의미했다. 이후 타지에 들어선 제조업자나 상인의 건물로 의미가 전이되면서 지금과 같은 '공장'이라는 뜻이 생겨났다. 사람이 타고난 신체적·정신적 능력을 의미하는 **faculty** 역시 어원은 같다. Even at the age of 100, she still had all her faculties는 '100세의 나이에도 그녀는 여전히 모든 능력(신체적·정신적)이 온전했다'라고 번역할 수 있다. faculty의 또 다른 뜻은 '대학의 학부'다. 전문가 집단에서 나온 말이다. 14세기에 영어에 들어온 이 말은 특정 직업에서 전문 능력을 지닌 사람들을 가리켰고, 그런 의미가 대학의 학부로 굳어졌다.

Certain 확실한

"어려울 때 친구가 진짜 친구"라는 말에 공감하지 않는 사람은 없을 것이다. 만약 친구가 심각한 범죄를 저지르고 쫓기고 있다고 하자. 그 친구가 찾아와서 숨겨달라고 하면 당신은 어떻게 할 것인가? 로마의 정치가 키케로는 『우정론』에서 이렇게 말한다. 우정이란 선한 사람들 사이에서만 가능하다. 미덕이 우정을 지켜주므로, 미덕 없는 우정은 어떤 경우에도 존재할 수 없다. 위에서 예로 든 '진짜 친구'를 라틴어 원전에서 찾으면 amicus certus라고 나와 있다.

❖ 로마의 정치가 키케로

라틴어 certus는 영어 **certain**의 어원인데 '확실한', '분명한'이라는 뜻을 지닌다. 여기서 '확실한'이라는 뜻이 나왔다. **certify**는 certus에 '~을 하다'라는 -fy가 붙어 '증명하다'라는 의미가 만들어졌고, 명사는 **certification**이 된다. 반대를 의미하는 in-이 붙으면 **incertitude**가 되고, 마음의 '불확실'이나 '의혹'을 뜻한다.

certain은 한정된 경우에 사용된다. Technology can improve the situation to a certain degree를 번역하면, '기술은 상황을 어느 정도 개선할 수 있다'가 된다. 여기서 certain은 limited로 치환할 수 있다. 다시 말해, 특정 문맥(a certain degree)에서 limited로 바꿔 쓸 수 있으며, 기본 의미는 '특정한(specific)'이다. 끝으로 certain은 정확하게 설명하거나 정확한 양을 말하기 어려울 때 명사 앞에 사용한다. The song has a certain appeal, but I'm not sure what it is라는 문장은 '노래에는 어떤 매력이 있지만 그게 뭔지는 잘 모르겠다'라고 번역할 수 있다.

Patient 환자

의사가 지켜야 할 윤리를 규정한 히포크라테스 선서는 그리스 신 중 의술을 담당하는 아폴론, 아스클레피오스, 휘기에이아의 이름을 걸고 시작된다. 제우스의 아들 아폴론은 태양신이면서 동시에 의술, 궁술, 의술, 예언 등 많은 임무를 맡았다. 아스클레피오스는 아폴론의 아들로, 뱀 한 마리가 말고 올라가는 모양

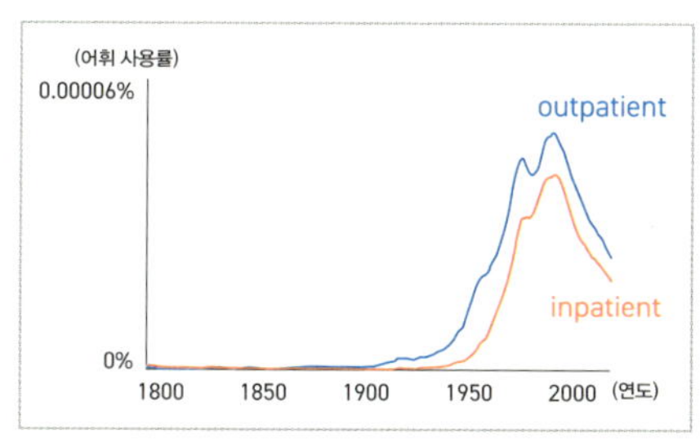

❖ 환자를 가리키는 outpatient와 inpatient의 용례는 1990년을 기준으로 급감했다. 경기 침체도 두 단어가 급감하는 데 일조한 것으로 보인다.

의 지팡이가 그의 상징이다. 휘기에이아는 영어로 '위생'을 뜻하는 **hygiene**에 어원을 제공한 건강의 여신이다. 히포크라테스의 선서에는 환자와 관련된 내용도 있다. 환자들의 삶에 관해 의사가 보거나 들은 것은 무엇이든 절대 발설해서는 안 된다는 것이다. 영어로 '위생사'는 **hygienist**라고 하는데, '치아'를 의미하는 dental이 붙으면 '치위생사'인 **dental hygienist**가 된다.

영어 단어 중에 **patient**는 '참을성이 있는'을 뜻한다. Be patient with her—she's very young이라는 문장은 '그녀는 아직 어리니 조금만 기다려주세요'라고 번역할 수 있다. 반대를 의미하는 in-이 앞에 붙으면 **impatient**가 된다. 피츠 제럴드의 『위대한 개츠비』에 다음과 같은 문장이 나온다. "His voice faded off and Tom glanced **impatiently** around the garage."(그의 목소리가 잦아들었다. 톰은 초조한 듯 정비소 안을 둘러보았다.) patient는 '환자'라는 뜻으로 많이 사용되는데, 고통을 견뎌낼 수 있다는 의미에서 생겨났다. 이후 '화를 잘 내지 않는', '자제력이 있는'이라는 뜻이 생기고, 14세기 후반에 이르러 '환자'라는 의미가 생겼다. 병원에서 **outpatient**는 '외래환자'를 가리키고, **inpatient**는 '입원환자'를 말한다.

Data 데이터

두 종류의 사람이 있다. 남이 정말 어려운 부탁을 할 때 흔쾌히 들어주는 사람이 있는 가 하면, 미적거리다가 마지못해 들어주는 사람이 있다. 부탁한 사람은 당연히 빨리 부탁을 들어준 사람에게 고마운 마음을 갖는다. 부탁한 것의 두 배를 얻는 기분일 것이다. 라틴어 격언 중에 "빨리 주면 두 번 준다Si cito das bis das"라는 말이 있다. 줄 것을 빨리 준다면 두 번 주는 것과 마찬가지라는 말이다.

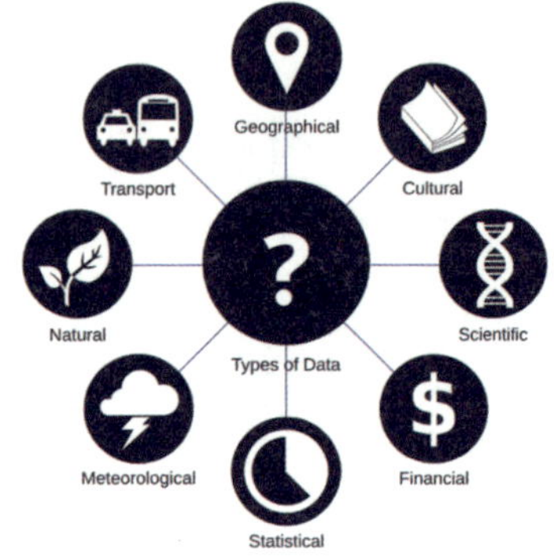

❖ 다양한 종류의 데이터

인용한 격언에서 das라는 동사는 '네가 주다'를 뜻한다. 그런데 라틴어는 인칭에 따라 동사의 형태가 변화한다. 만약 '내가 주다'라고 말하고 싶으면 do로 쓰면 된다. 여기서 나온 영어 어휘가 여럿 있다.

먼저 '기부'를 뜻하는 **donation**이 있다. 관련 동사는 **donate**인데, '돈을 기부하다'라는 뜻 외에도, '신체 장기를 기증하다'라는 의미도 있다. 말을 못 알아들었을 때 사용하는 영어 표현 **pardon**도 do와 관련 있다. pardon에는 죄인에 대한 '사면' 또는 '용서'라는 뜻도 있다. 이 단어는 라틴어 perdonare에서 나왔는데, 'per(완전히)+donare(주다)'라는 말이다. 즉, 상대방에게 모두 준다는 것은 그를 용서한다는 말이 된다. 영어 동사 **condone** 역시 라틴어 동사 do에서 나왔고, '완전히 주다'에서 '용납하다'라는 뜻이 생겼다. 여기서 접두사 con-은 강조의 의미다.

'자료'를 의미하는 **data** 역시 do에서 나온 말이다. do에서 나온 말 중에는 '선물' 혹은 '재능'을 뜻하는 라틴어 datum이 있다. 재능은 신이 주는 선물이다. 중성명사 datum의 복수형이 data다. **bacteria**박테리아의 단수형이 bacterium인 것도 이 단어가 라틴어라는 사실을 보여준다. **date**도 '주어진 것'에서 '정해진 날'이 되었다. 영어 속담에 이런 말이 있다. "A date on the calendar won't change your fate, but your actions will." 달력의 하루가 당신의 운명을 바꾸지는 못하지만, 당신의 행동은 바꿀 수 있다.

Literature 문학

문학평론가 김현 교수는 『한국 문학의 위상』이라는 책에서 "문학은 써먹을 수가 없다"라고 말했다. 문학은 권력으로 가는 지름길도, 부를 축적하는 수단도 아니라고 했다. 문학은 배고픈 사람 하나 구하지 못하고, 출세에 도움도 안 되고, 큰 돈도 벌지 못한다. 하지만 바로 이러한 점 때문에 인간을 억압하지 않는다고 말한다. 인간에게 쓸모 있는 것은 대체로 그 쓸모 때문에 인간을 억압하기 때문이다.

❖ 프라고나르의 〈책 읽는 소녀〉

키케로는 "문학이 없는 여가는 죽음이고 살아 있는 인간에게는 무덤"이라고 말했다. '문학이 없는 여가는'의 라틴어 원문은 "Otium sine litteris est"인데, otium은 '여가', sine는 영어의 without, litteris는 '문학', est는 영어의 is에 해당한다.

라틴어에서 littera는 '글자'를 가리킨다. 영어에서 '편지'를 뜻하는 **letter**의 어원이다. 한 가지 흥미로운 점은 letter의 두 번째 뜻에는 라틴어처럼 '글자'라는 의미가 있다는 것이다. 라틴어 littera의 복수형은 litterae인데, 여기에 『신약성서』에 나오는 '서간', 즉 '편지'라는 뜻이 있다. litterae의 두 번째 뜻에 '문학'이 들어 있다. 글자들이 모여 편지가 되고, 문학 작품이 된다는 말이다. 영어 **literal**은 '문자 그대로', 즉 '있는 그대로'라는 말이다. literal sense of the word는 '문자 그대로의 의미'를 가리킨다. 반대를 의미하는 in-이 붙으면 **illiterate**가 되고, 글자를 모르는 '문맹'을 가리킨다. 영어에서 '문학'의 철자는 **literature**인데 라틴어와는 달리 'l'이 하나만 있다.

● 김현, 「문학은 무엇을 할 수 있는가」, 『한국 문학의 위상』, 문학과지성사, 1977년.

Producer 프로듀서

영화는 두 차원에서 제작된다. 영화를 한 폭의 그림이라고 보면, 그림에 담기는 모든 것을 책임지는 사람은 감독director이고, 영화 프레임 밖의 모든 것을 책임지는 사람은 프로듀서producer다. 후자는 영화의 기획부터 배우 캐스팅, 투자 배급 등 모든 일을 맡는 사람이다. 미국 역사상 최고의 영화 프로듀서로는 《미키마우스》를 탄생시킨 월트 디즈니를 꼽을 수 있다. 디즈니는 애니메이션 산업을 근본적으로 변화시켰다. 디즈니 이전의 애니메

❖ 미국 최고의 영화 제작자 월트 디즈니

이션은 주로 만화에 사용되는 단편 형식의 매체였지만, 디즈니는 고품질 장편 애니메이션 영화 제작을 추진하면서 애니메이션을 예술의 한 분야로 끌어올렸다. 또한 단순한 영화 제작자가 아니라 엔터테인먼트 제국의 건설자이기도 했다. 디즈니 브랜드의 창설부터 디즈니랜드 테마파크에 이르기까지 엔터테인먼트에 대한 개념을 '몰입형 경험'으로 근본적으로 변화시켰다.

producer는 '앞으로'를 뜻하는 pro-와 '이끌다'를 뜻하는 ducere가 합쳐진 말로, 앞으로 이끌어간다는 의미를 지닌다. 본래는 '무엇을 제작하다'라는 뜻을 가지고 있다. The local factory produces electronic components는 '현지 공장에서 전자 부품을 생산한다'로 번역한다. production은 명사형으로 '생산'을 뜻한다. '함께' 또는 '강조'를 의미하는 con-이 붙으면 함께 생산한다는 의미에서 특정 활동을 '조직하다' 또는 '수행하다'를 뜻하는 conduct가 된다. conduct an experiment는 '실험을 수행하다'라는 표현이다. conduct에는 오케스트라를 '지휘하다'라는 뜻도 있다. 따라서 conductor는 '지휘자'를 가리킨다. '안'을 의미하는 intro-가 붙으면 '소개하다', '진행하다'를 뜻하는 introduce가 된다. '밖'을 의미하는 접두사 ex-가 붙으면 '잠재력을 이끌어내다', 즉 '교육을 시키다'라는 educate가 된다.

Condominium 콘도미니엄

1980년대 초반 한국에 콘도미니엄이라는 숙박 시스템이 상륙했다. 호텔 같은 건물을 지어 여러 사람에게 분양한 뒤에, 그 시설을 공동으로 사용하는 시스템이었다. 당시 한국의 부유층이 이런 숙박 시설을 소유하고 있었다. 그런데 미국에서 말하는 콘도미니엄은 한국과 조금 다르다. 한국의 아파트와 유사한 개념이다. 세대별로 소유가 가능하고, 엘리베이터, 주차장 등 나머지 공간들은 다른 세대와 공유한다. 반면, 미국에서 말하는 아파트는 한국식 임대 아파트로 보면 된다. 미국의 아파트는 개인이 전체 아파트를 소유하고 있기 때문에 한 세대 단위로 구입할 수는 없다.

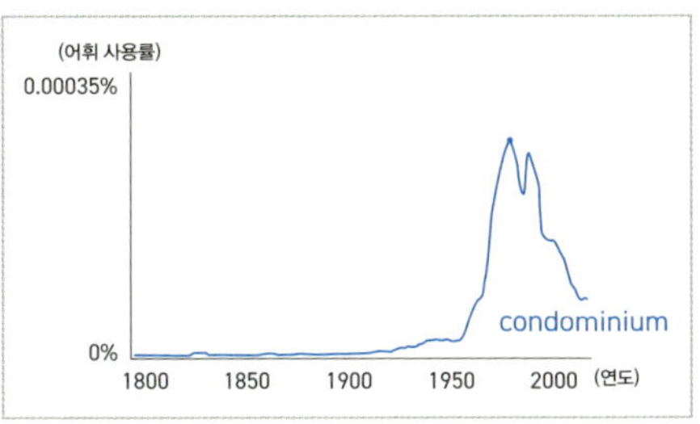

❖ 1960년대부터 condominium의 용례가 폭증했다가 급락했다. 금리 상승, 건설비 인상, 소비자 인식의 변화 등이 주요 요인이다.

condominium콘도미니엄이라는 단어에도 라틴어 냄새가 물씬 풍긴다. con-은 영어 with를 해당하는 라틴어 접두사 cum-의 변형이고, dominium은 '지배하다', '소유하다'를 뜻하는 dominare의 명사형이다. 그러므로 condominium은 '공동 소유'라는 말이다. dominium은 원시 인도·유럽어 *dem-에서 나왔는데, '집'이나 '가정'을 가리킨다. '영역'이나 '소유지'를 의미하는 **domain**, '반구형 지붕'을 의미하는 **dom**, '집안의' 또는 '국내와 관련 있는'을 뜻하는 **domestic**도 모두 dem-에서 나왔다. '거주지'를 의미하는 **domicile**도 여기서 나왔다. Any change of domicile should be reported to the proper authorities는 '거주지 변경은 관할 당국에 신고해야 한다'라고 번역한다.

고대 로마의 시민들은 여러 권리를 가지고 있었다. '시의 권리'와 '시민의 권리'를 의미하는 civitas는 로마 시민권의 상징이었다. 대표적인 시민권 중에는 로마 의회에서 투표할 수 있는 투표 권리인 유스 수프라지오룸Jus suffragiorum, 시민권과 관련된 공적 직무에 나아갈 수 있는 명예 권리인 유

❖ 로마 시민권 개혁을 추진한 그라쿠스 형제

스 호노룸Jus honorum, 로마 시민과 합법적으로 결혼할 수 있는 결혼 권리인 유스 콘누비Jus connubii 등이 있었다. 영어에서 '선거권'을 의미하는 **suffrage**, '명예'를 의미하는 **honor**, 그리고 '결혼의'를 뜻하는 **connubial**이 로마 시민권을 정의하는 용어 속에 들어 있다.

　'시민'을 의미하는 영어 **citizen**은 라틴어에서 '시민의 권리'를 뜻하는 civitas에서 나온 말이다. 그런데 형태가 원어의 모습을 잘 보여주지 않는 이유는 civitas가 중세 프랑스어를 거쳐 영어로 들어왔기 때문이다. civitas는 중세 프랑스어에서 citeien이 되었고, 현대 프랑스어는 citoyen이 되었다. 그리고 영어에서는 citizen으로 음운 변화가 일어나 지금처럼 정착되었다.

　civitas와 동일한 어원을 가진 말 중에는 '시민'을 뜻하는 라틴어 civis가 있다. civis의 형용사형은 civilis다. 여기서 영어 어휘들이 많이 나온다. 먼저 '시민의'나 '민간의'를 뜻하는 **civil**이 라틴어 형용사에서 나왔다. 동족 간의 전쟁을 내전이라고 부르는데, 미국의 내전인 '남북전쟁'을 **Civil War**라고 한다. 야만 상태에서 '개화하다'를 뜻하는 **civilize**는 17세기 영어에 처음으로 등장한다. 이후 '문명화된 상태'를 의미하는 **civilization**이 만들어진다. 조지 오웰은 소설 『1984』에서 citizen을 이렇게 묘사했다. "… the Ministry of Truth, whose primary job was not to reconstruct the past but to supply the citizens of Oceania with newspapers, films …." (진리부의 주된 업무는 과거를 재건하는 것이 아니라 오세아니아 시민들에게 신문, 영화 등을 제공하는 것이었다.)

Habitat 서식지

요즘 세상이 각박하다고 해도 우리 주변에 좋은 일을 하는 단체나 개인은 늘 존재한다. 해비타트Habitat 운동도 그렇다. 1976년 미국 조지아주의 변호사 밀라드 풀러 부부가 시작한 해비타트 운동은 무주택 서민을 위한 협동 주택 건축의 개념을 도입했다. 자원봉사자들과 집이 없는 가족

❖ 해비타트 운동

이 참여해 주택을 건설하는 일이 해비타트 운동의 핵심이었다. 1984년 미국 전 대통령 지미 카터가 이 운동에 참여해 전 세계에 널리 알려졌다.

habitat의 사전적 의미는 '서식지'다. The panda's natural habitat is the bamboo forest라는 문장은 '판다 곰의 천연 서식지는 대나무 숲이다'로 번역할 수 있다. habitat의 어원으로 거슬러 올라가면 '살다', '거주하다'를 뜻하는 라틴어 동사 habitare를 만나게 된다. habitare는 라틴어 동사 habere로 이어진다. habere는 영어로 치면 have, hold쥐다, possess소유하다에 해당한다. 영어 inhibit는 '안'을 의미하는 접두사 in-과 hibere(정확히는 habere)로 어원을 나눌 수 있고, 손안에 꼭 쥐고 있다는 의미에서 '억제하다', '자제하다', '저해하다'라는 뜻이 만들어진다. A lack of oxygen may inhibit brain development는 '산소 부족이 두뇌 발달을 저해할 수도 있다'로 번역한다. inhibit에서 in-을 ex-로 바꾸면 exhibit가 되고, 손에 쥐고 있던 것을 밖으로(ex-) 펼쳐 보이는 행위를 가리킨다. 영어 exhibit는 '전시하다', '드러내다'를 의미하고, exhibition은 '전시회'를 말한다. '버릇'이나 '습관'을 뜻하는 habit 역시 habere에서 나온 말이다. 개인이 늘 가지고 있는 것이 바로 버릇이다.

Marine 바다의

역사에서는 바다를 지배한 민족이 융성한 사례를 자주 볼 수 있다. 고대 그리스인들은 지중해를 누비고 다녔다. 그리스 주변의 수많은 섬에 정착지를 건설했고, 지금의 프랑스까지 진출해 식민지를 만들었다. 프랑스 제3의 도시 마르세유가 그리스인들이 세운 도시다. 로마도 지중

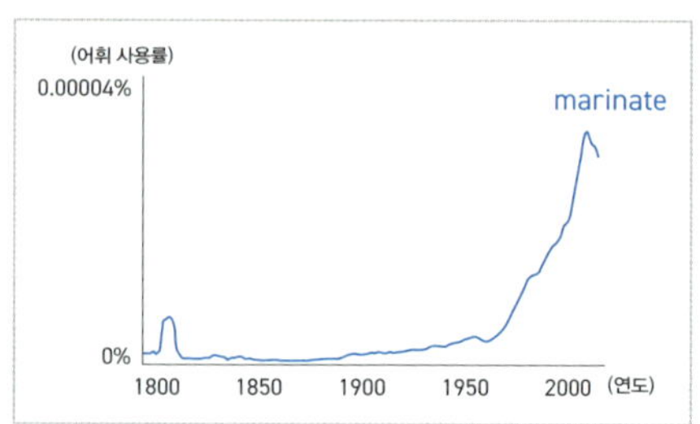

❖ marinate는 1980년대 이후 급격하게 용례가 상승했다. 조리법의 변천과 관련 있어 보인다.

해의 패권을 놓고 페니키아와 큰 전쟁을 두 번이나 치렀다. 지금의 튀니지를 중심으로 지중해의 패권을 차지하고 있던 카르타고는 로마와의 전쟁에서 패하고 역사 속으로 사라졌다. 지리상의 발견 이후 대항해시대를 연 유럽도 마찬가지다. 포르투갈, 스페인, 네덜란드, 프랑스, 영국 등 서구 열강들은 전 세계의 지도를 바꿔놓았고, 바다의 지배는 서양이 동양을 누르고 세계의 헤게모니를 장악하는 데 결정적인 역할을 했다.

라틴어로 '바다'를 의미하는 mare는 영어에 많은 파생어를 남겼는데, 그 흔적도 분명하게 확인할 수 있다. '바다의'와 '해병'을 의미하는 **marine**이 대표적인 예다. 직업을 표시하는 -er이 붙으면 **mariner**가 되고 '선원'을 의미한다. 영어의 under에 해당하는 sub-가 mare에 앞에 붙으면 '잠수함'을 뜻하는 **submarine**이 된다. **marinade**는 고기나 생선으로 만든 '양념장'을 가리킨다. 이 말이 mare에서 나온 이유는 아마도 소금으로 절이는 염장과 관련 있는 듯하다. **marinate** 역시 '항해하다'를 의미하지 않고, '양념장에 절이다'를 뜻한다. Leave the meat to marinate in the fridge overnight는 '고기를 냉장고에 밤새 재워두라'라는 말이다. '가마우치'라는 새가 있는데, 영어로 **cormorant**라고 한다. cor는 라틴어로 '까마귀'를 뜻하는 corvus에서 나왔고, morant는 프랑스어로 '바다의'를 의미하는 marin에서 왔다. 그러므로 가마우치는 바닷가에서 서식하는 까마귀를 가리킨다.

Insidious wiles 간계

미국의 초대 대통령 조지 워싱턴의 두 번째 임기가 끝나가고 있었다. 마음만 먹으면 종신 대통령, 아니 국왕에도 오를 수 있는 분위기였다. 1796년 9월 19일, 임기를 반년 정도 남긴 시기에 워싱턴의 기고문이 미국의 한 신문에 실렸다. 역사는 이 기고문을 조지 워싱턴의 고별 연설이라고 부른다. 연설문에서 워싱턴은 다음과 같이 말했다. "외국 영향의 간계에 맞서…, 역사와 경험은 외국의 영향이 공화국 정부의 끔찍한 적 중 하나임을 증명하기 때문에 자유 국민

❖ 미국 초대 대통령 조지 워싱턴

의 질투심은 끊임없이 깨어 있어야 합니다." 여기서 말하는 외국이란 당시 유럽의 열강, 즉 영국, 프랑스, 오스트리아, 러시아를 말한다.

연설문에 나오는 '간계'는 영어로 **insidious wiles**라고 하는데, **insidious**는 '매복', '음모', '배반'을 뜻하는 라틴어 insidiae에서 나온 말이다. 여기에 '교묘한 술책'을 의미하는 **wiles**가 붙으면 간교한 계략, 즉 '간계'라는 의미가 만들어진다. 19세기 제국주의 시대의 서구 열강들이 얼마나 많은 간계를 통해 식민지를 확대했는지는 이미 잘 알려져 있다.

insidious에는 '은밀히 퍼지는', '교묘하게 퍼지는'이라는 뜻도 있다. 매복과 음모 모두 서서히 준비하거나 시간이 걸린다는 점에서 이런 의미가 생겼는지도 모른다. His negative attitude slowly and insidiously spoiled the atmosphere around the office는 '그의 부정적인 태도는 서서히 교묘하게 사무실 분위기를 망쳤다'라고 번역할 수 있다. **insidious habits**는 '자신도 모르는 사이에 붙은 버릇'을 말하고, insidiously suggest는 '암암리에 암시하다'를 의미한다.

Urban 도시의

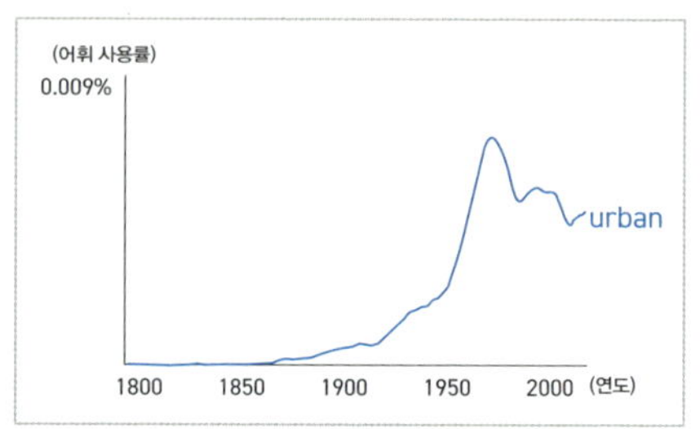

❖ 도시화가 본격적으로 진행되던 1970년대 초반까지 urban의 용례는 가파르게 상승한다.

유럽의 도시들은 대부분 로마제국 시절 로마군의 병영에서 그 기원을 찾을 수 있다. 파리는 카이사르가 골 지방(지금의 프랑스와 벨기에)을 정복한 이후, 센강 강변에 세운 병영에서 시작되었다. 당시 파리의 이름은 루테티아Lutetia였다. 파리 소르본대학교 부근의 라틴구區는 로마군의 병영이 있던 곳이다. 런던도 마찬가지다. 브리튼섬을 정복한 로마는 섬의 이름을 브리타니아Britannia라고 불렀다. 템스강 강변에 병영을 세우고 원주민 언어인 켈트어로 론디니움Londinium이라고 불렀다. 오스트리아의 수도 빈, 독일의 쾰른 역시 로마인이 세운 도시들이다. 이런 도시들은 제국의 곳곳에 건설된 로마 가도를 통해 하나로 연결되어 있었다. 모든 길은 로마로 통하고 있었다.

영어에서 '도시'를 뜻하는 **city**는 '시민권'을 의미하는 라틴어 civitas에서 나왔다. 이 단어는 중세 프랑스어 cite에서 온 말인데, 당시의 의미는 '시민들의 공동체'였고 이후 '도시'라는 뜻으로 옮겨 간다. 본래 라틴어에는 '도시'를 의미하는 urbs우르프스가 있었고, 도시에 거주하는 '시민'을 civis라고 불렀다.

urbs에서 영어로 들어온 어휘들이 제법 많다. 먼저 '도시의'를 의미하는 **urban**이 있다. '도시 개발'은 **urban development**이고, '도시 재생'은 **urban regeneration**이다. 철자는 urban과 유사하지만 **urbane**은 '세련된', '점잖은'을 뜻한다. 농촌과 비교해 세련된 도시의 사람들을 상상하면 그 뜻이 이해된다. **urbane manner**는 '세련된 태도'라는 말이다. 영어 under 해당하는 라틴어 sub-가 붙으면 **suburban**이 되는데, 첫 번째 뜻은 도시의 주변, 즉 '교외郊外'이고, 두 번째 뜻은 '평범한', '따분한'이다. They live in suburban Chicago는 '그들은 시카고 교외에 산다'로 번역한다.

Audio 오디오

라틴어에서 만들어진 신조어 중 가장 대중적인 말은 **audio**일 것이다. '소리'라는 의미로 흔히 사용되는 audio(라틴어 발음은 아우디오)는 본래 라틴어 동사 audire의 1인칭 단수형이다. 즉 'I hear'라는 뜻을 갖는다. 영어 사용자들에게는 낯선 문법이지만, 라틴어는 인칭마다 동사의 형태가 상이하다. 영어에서 3인칭 단수형에 -s가 붙는 것과 같은 이치다. 과거 영어에서도 동사가 인칭마다 어미가 달랐지만 지금은 단순해졌다.

❖ 청각 장애를 겪었던 베토벤

audio의 여러 파생어 중 **audible**이 있는데, '잘 들리는'이라는 뜻이다. The lecturer spoke so quietly that he was scarcely audible at the back of the hall은 '강사는 강당 뒤쪽에서 거의 들리지 않을 정도로 조용히 말했다'로 번역할 수 있다. 음악회나 강연회의 '청중'은 **audience**라고 한다. 대학에서 강의를 정식 등록하지 않고 청강하는 경우도 있다. '청강하다'는 **audit**라고 한다. As a senior citizen, he is allowed to audit university classes는 '노인으로서 그는 대학 수업을 청강할 수 있다'로 번역한다.

audio의 의미가 확대되어 가수나 배우를 선발하는 **audition**오디션과 같은 어휘도 만들어졌다. 끝으로 듣는 것과 관련 있는 '청각의'를 뜻하는 **auditory**도 있다. **auditory difficulties**는 '청각 장애' 혹은 '난청'을 의미한다. 악성 베토벤은 잘 알려진 것처럼 말년에 청각 장애를 겪었다. 그가 겪은 장애는 '귀가 먹은'을 뜻하는 **deaf**에서 나온 **deafness**다. 참고로 이 말은 순수 영어에서 나왔다.

산업혁명이 일어나기 전 유럽에는 공장처럼 대규모의 산업 시설이 없었을까? 중세 유럽에서 물자 공급은 가내수업을 통해서만 이루어지고 있었을까? 그런데 이런 예측은 중세 북부 이탈리아의 도시국가를 보면 금방 빗나간다. 유럽에서 가장 부유한 베네치아공화국에 있던 무기 공장은 중세 유럽에서 규

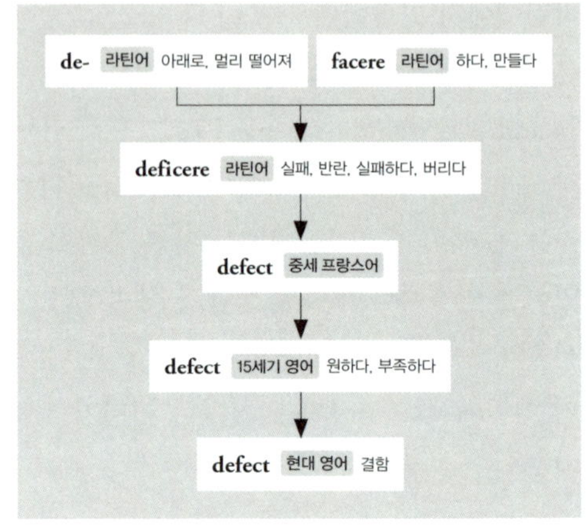

모가 가장 큰 산업 시설이었다. 14세기 전성기에는 최대 1만 6,000명의 근로자를 고용했다고 한다. 심지어 하루 만에 모든 장비를 갖춘 군함을 생산할 수 있었다고도 한다.

영어 make에 해당하는 라틴어 동사 facere와 명사형 과거분사 factum은 많은 어휘를 제공했다. 프랑스어를 통해 들어온 것도 많고, 라틴어에서 직수입한 단어들도 있다. **factory**는 라틴어에서 무엇을 '만드는 사람', 즉 factor에서 나온 말인데, '공장'이라는 의미는 1610년에 처음으로 확인된다. factum에서 나온 **fact**는 이루어졌거나 알려졌다는 의미에서 '사실'이라는 뜻을 지니게 되었다. '손'을 가리키는 라틴어 manus가 붙으면 손이 아니라 기계 등을 이용해 '제조하다'를 의미하는 **manufacture**가 된다. This company manufactures the equipment used to make contact lenses는 '이 회사는 콘택트렌즈 제조에 사용되는 장비를 제조한다'로 번역한다. 영어 away를 뜻하는 de-가 붙으면 '결함'을 의미하는 **defect**가 된다. defect in the glass는 '유리의 결함'이라는 말이다. '완전함'을 의미하는 접두사 per-가 붙으면 '완벽한'을 뜻하는 **perfect**가 만들어진다. '밖'이나 '완전'를 의미하는 ex-가 붙으면 '완전히 이루어내다'라는 뜻에서 '결과', '효과'를 가리키는 **effect**가 된다.

Beauty 아름다움

디즈니 애니메이션으로 잘 알려진《미녀와 야수》의 원제는 Beauty and the Beast다. 일부 역사학자들은 이 동화의 원형이 그리스신화에 나오는 사랑의 신 에로스와 아름다운 공주 프시케의 사랑 이야기라고 말한다. 아프로디테의 미움을 받은 프시케는 구혼자가 없었다. 그래서 아폴론에게 신탁을 물으니 괴물 남편이 산 정상에서 프시케를 기다리고 있다고 말한다. 프시케는 산에 올라 남편이 산다는 궁전으로 갔다. 그런데 소문과 달리 남편은 괴물이 아니었다. 아름다운 에로스가 프시케를 짝사랑하고 있었

❖『미녀와 야수』의 삽화

던 것이다. 하지만 모습을 들켜버린 에로스는 흰 날개를 펴고 날아갔다.

《미녀와 야수》에서 '미녀'는 **beauty**라고 하는데, 영어 철자와 발음 사이에서 일관성을 찾을 수 없는 대표적 단어다. 그 이유는 이 단어가 프랑스어로 '미美'를 의미하는 beauté보테에서 나왔기 때문이다. 지금은 프랑스어로 '보테'라고 발음하지만 중세 프랑스어에서는 '베아우테'라고 발음했고, 그 발음이 영어에 들어가 '뷰티beauty'가 되었다. 프랑스어 beauté의 형용사는 beau(남성형), belle(여성형)이 있는데 이 단어들이 영어에 들어가 다음과 같은 단어를 만들었다. 먼저 '아름다운'을 뜻하는 **beautiful**이 있다. 프랑스어 형용사에 영어의 접미사 -ful을 붙여 만든 단어다. 영어에서 **belle**은 '최고 미인'을 뜻하고, 동사 **embellish**는 '장식하다', '꾸미다'를 의미한다. 접두사 em-은 영어의 in-에 해당하고, 두 번째 음절 bel(라틴어 bellus)은 '아름답다'를 가리킨다. 뒤에 붙는 -ish는 동사를 만드는 역할을 한다. She embellishes a garden with flowers는 '그녀는 꽃을 심어서 정원을 아름답게 가꾼다'라고 번역한다. 끝으로 '전쟁'을 뜻하는 라틴어 bellum은 철자는 비슷하나 아름다운 것과는 전혀 관련 없다.

3월

Vitamin 비타민

❖ 미국 생화학자 카시미르 풍크

대항해시대에 바다를 정복한 영국에게 가장 큰 고민은 바다도 태풍도 아니었다. 사나운 원주민과의 전투도 아니었다. 긴 항해 도중에 이가 빠지고 피를 흘리는 선원이 많았고, 시름시름 앓다가 죽는 사람도 많았다. 실제로 1740년 영국의 앤슨 제독의 세계 일주 항해에서 선원 1,900명 중 1,400명이 유사한 증상으로 목숨을 잃었다고 한다. 그런데 신기하게도 항구에 정박해 제대로 차린 식사를 하면 이 병이 씻은 듯이 나았다. 특히 신선한 레몬을 먹은 선원들이 건강 상태가 좋았다. 비타민 C가 이 병에 특효가 있었던 것이다. 훗날 이병은 괴혈병으로 판명되었다. 이후 1795년부터 영국 해군은 모든 수병에게 레몬주스를 배급했다고 한다.

'비타민'이라는 용어는 1912년 폴란드 태생의 미국 생화학자 카시미르 풍크가 최초로 사용했다. 그는 라틴어로 '생명'을 뜻하는 vita에 생명 유지에 필수적인 '질소 함유 유기물'을 의미하는 amine을 합성해 **vitamin**이라는 신조어를 만들었다. 본래 비타민의 철자는 vitamine이었다. '생명 유지에 필수적인'이라는 뜻을 지닌 **vital**도 vita에 나온 말이다. **vitalize**는 '생기를 불어넣는다'를 의미한다. A hearty lunch and a long nap afterwards vitalized him again은 '풍성한 점심 식사와 긴 낮잠으로 다시 활력을 되찾았다'라는 말이다.

라틴어 속담 중 "친구는 인생 최고의 보물"이라는 말이 있다. 라틴어로는 amicus optima vitae라고 하는데, amicus는 '친구', optima는 '최고의 보물', vitae는 '인생'의 소유격이다. 라틴어는 주격과 소유격의 형태가 다른데, vita는 주격이고 vitae가 소유격이다.

Extraterrestrial 외계인

외계인은 정말 존재할까? 우리가 살고 있는 지구는 항성인 태양의 주위를 1년에 한 번씩 공전한다. 태양이 속해 있는 우리 은하에는 5,000억~6,000억 개의 항성이 있다고 한다. 태양계에는 지구를 비롯한 여덟 개의 행성이 태양 주위를 돌고 있다. 우리 은하에

❖ 영화 《E.T.》의 로고

있는 항성마다 평균 여덟 개 정도의 행성이 있다면 전체 행성의 수는 엄청나다. 그중 지구처럼 적당히 항성과의 거리를 유지한 채, 생명이 살고 있는 행성은 분명히 존재할 것이다. 지구와 가장 가까운 거리에 있는 항성인 켄타우르스 자리의 프록시마는 지구로부터 약 4,244광년 떨어진 곳에 있다. 현대 과학기술로는 갈 수 없는 거리에 있는 것이다. 의문점은 풀렸다. 아마도 우리 은하에는 생명이 있는 천체가 분명히 있을 것이지만, 서로 왕래할 수 없는 거리에 있다.

라틴어에서 '지구', '대지'를 의미하는 terra에 '밖에 있는', '너머에 있는'을 뜻하는 extra-가 붙으면 '외계인'을 가리키는 **extraterrestrial**이 만들어진다. 1980년대 전 세계의 영화 팬을 사로잡은 영화 《E.T.》가 바로 extraterrestrial의 약자다. extra는 '추가의'라는 뜻도 가지고 있다. If you need any extra help, just call me라는 문장은 '도움이 더 필요하면 언제든지 전화하세요'라는 말이다. 카페에 있는 **terrace**도 어원이 terra다. 테라스는 흙을 다져 만든 평평한 층, 혹은 '건물에 딸린 평평한 바깥 공간'을 의미한다. **territory**는 '영토'를 의미하는데, 중세 유럽의 도시나 정원에 딸린 땅을 가리켰다. territory는 토지에 소유권이 부여된 땅을 말한다. 영어 under에 해당하는 라틴어 sub-가 붙으면 '지하의'를 뜻하는 **subterranean**이 만들어진다. **subterranean cave**는 '지하 동굴'을 가리킨다.

Unanimous 만장일치의

17세기 유럽은 절대왕정의 시대였다. 프랑스에서는 루이 14세의 친정이 시작되었고, 영국에서도 스튜어트왕조가 절대왕정의 주춧돌을 놓았다. 그런데 폴란드의 경우는 달랐다. 동유럽의 강국이었던 폴란드는 스웨덴의 바사 가문이 통치하자 1587년부터 왕권이 흔들리기 시작했다. 그 중심에는 막강한 폴

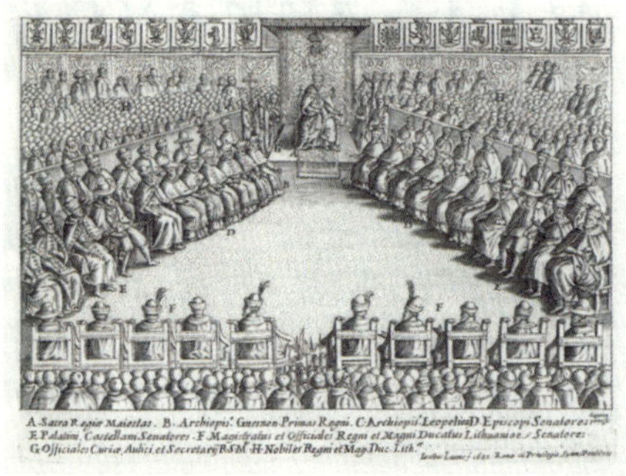

❖ 폴란드-리투아니아의 제국의회

란드 귀족 세력이 있었다. 1652년부터 폴란드-리투아니아의 제국의회는 만장일치제(liberum veto, 자유 거부권)를 채택한다. 제국의원 중 단 한 명의 반대가 있어도 안건은 의회를 통과할 수 없었다. 이렇게 폴란드의 내부 개혁은 실패로 돌아갔고, 18세기에는 폴란드의 분할이 이어졌다.

‘만장일치의’를 의미하는 영어 **unanimous**는 ‘영혼’을 뜻하는 라틴어 animus에서 나왔다. 그 뒤에 ‘정신’, ‘용기’라는 의미도 생겼다. unanimous는 un+animous로 나눌 수 있는데, un은 라틴어로 ‘하나’를 의미하는 unus에서 왔고, animous는 ‘영혼’을 뜻한다. 따라서 unanimous는 하나의 영혼을 가졌다는 말이다. **animal**도 영혼을 가진 ‘동물’을 가리킨다. ‘도량이 넓은 사람’은 **magnanimous**라고 하는데, ‘위대한’을 뜻하는 magnus가 앞에 붙은 말이다. He is magnanimous toward one’s enemies는 ‘그는 적에게 관대하다’로 번역한다. 반대로 ‘겁이 많은 사람’은 **pusillanimous**라고 한다. 라틴어 pusillus는 ‘아주 작다’는 말이고, animus는 ‘용기’를 뜻한다. 즉, 용기가 작아서 겁이 많다는 말이다. 한편, animus에서 파생된 **animosity**는 ‘적대감’이라는 의미를 지니고 있다. 적에 대한 자신의 용기라는 의미에서 이 말이 나왔다. 영어 **hostility**와 동의어다.

Novice 초보자

『성경』의 「전도서」에는 이런 말이 나온다. "태양 아래 새로운 것은 하나도 없구나. 만약 '자, 이것이 새로운 것이다'라고 말한다면 그것은 이미 수 세기 전에 누군가 이미 만들었던 것이다." 이 말은 이 땅에 존재하는 것은 모두 반복되어 움직인다는 진실을 알려준다. 새것인 것 같지만,

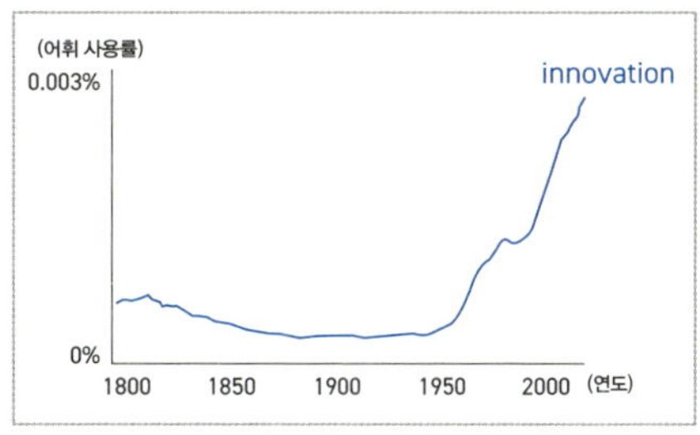

❖ 우리가 사는 시대가 innovation의 시대라는 사실을 확인할 수 있다.

과거의 것이 현재의 것으로 재탄생하고, 또 미래가 현재로 바뀌지만, 모든 것이 돌고 돈다는 말이다.

'태양 아래 새로운 것은 없다'를 라틴어로 옮기면 Nihil novum sub sole인데, nihil은 영어로 nothing에, novum은 new에, sub는 under에, sole(원형은 sol)는 sun에 해당한다. '태양계'를 뜻하는 **solar system**에도 sol이 들어 있다.

라틴어에서 '새로운'을 뜻하는 novus는 원시 인도·유럽어의 *newo에서 나왔는데, 영어의 new와 그 뿌리가 같다. 서양인들의 조상이 인도·유럽인인 것처럼, 언어도 하나의 뿌리에서 나왔다. 영어에서 '초보자'를 **novice**라고 한다. 라틴어의 본래 뜻은 새롭게 수입하거나 이제 막 도착한 '새것'이었다. I've never driven a car before — I'm a complete novice라는 문장은 '나는 자동차를 한 번도 운전해 본 적이 없는 완전 초보입니다'라는 말이다. '혁신하다'를 뜻하는 **innovate** 역시 그 뿌리가 novus다. novus 앞에 in을 붙여 새로운 것 안으로 들어간다는 말이 된다. 요즘 자주 사용하는 단어 **innovation**이 명사형이다. the latest innovations in computer technology는 '컴퓨터 기술의 최신 혁신'이라는 말이다. '소설'을 뜻하는 **novel** 역시 novus에서 나왔다. 이 말은 프랑스어 nouvel을 거쳐 영어로 수입되었는데, 새로운 것이라는 의미에 짧은 이야기 또는 단편 소설 같은 뜻이 추가되었다.

Virtual 가상의

현대인은 가상현실, 영어로는 **virtual reality**의 세계에 살고 있다. 불과 몇십 년 전만 해도 상상할 수 없는 세계가 우리 앞에 펼쳐지고 있다. 영화《매트릭스》는 가상 세계의 모습을 잘 보여준다. AI가 인간을 지배하는 시대를 배경으로 하는 이 영화에서 AI가 사람들을 가상현실 속에 가두고, 전력 공급이라는 수단을 통해 인간을 지배한다. 이런 상황에서 일종의 레지스탕스인 주인공들은 세계를 구하려는 임무를 수행한다.

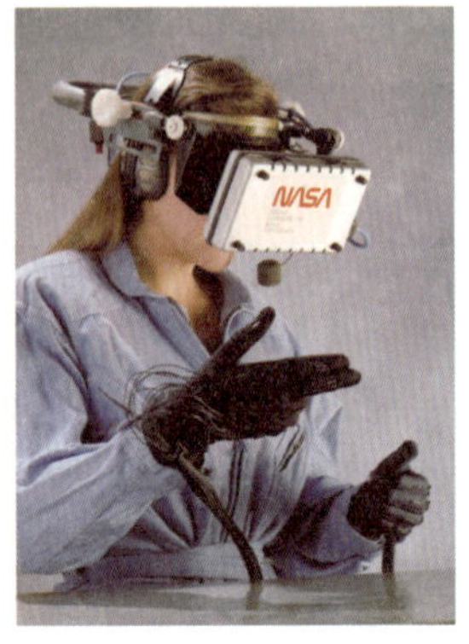

❖ 가상 현실을 실험하는 모습

영어 **virtual**은 14세기에 등장하는데, 라틴어 virtus에서 나온 말이다. 라틴어 virtus는 '정신적 장점', '고귀한 성품', '선', '용기'를 의미했는데, 이 의미들은 영어 virtue에 거의 그대로 전수되었다. 현대 영어에서도 **virtue**는 '선', '미덕', '장점'이라는 뜻을 지니고 있다. Patience is a virtue라는 표현은 '인내심이 미덕이다'라는 말이다. 명사 virtue에서 파생된 형용사 virtual은 다소 의미가 다르다. '사실상', '다름없는'이라는 뜻을 지닌다. Falling orders led to the virtual ruin of her company는 '주문 감소는 사실상 회사의 파산으로 이어졌다'로 번역한다. 그러다가 1959년에 물리적으로 존재하지는 않지만 소프트웨어로 구현되는 가상의 실체라는 의미가 생겨났다. virtual reality에서 '가상의'라는 의미가 탄생한다. Visit our website for a virtual tour of the museum은 '박물관 가상 투어를 보려면 웹사이트를 방문하라'라는 말이다. 한편, virtus에서 나온 **virtuosity**는 '고도의 기교'를 의미하는 단어로, virtus의 의미가 다소 변한 말이다.

Posthumous 사후의

프랑스 카페왕조의 제12대 왕 루이 10세는 선왕인 필리프 4세가 죽은 뒤에 왕위에 올랐지만 불과 2년 만에 세상을 떠났다. 그에게는 딸 잔Jeanne이 있었다. 그러나 카페왕조는 남성 승계 원칙만 인정하고 있었다. 잔은 왕위 계승권자에서 자연스럽게 배제되었다. 그런데 루이 10세가 사망했을 때, 왕비 클레망스 왕비는 임신 중이었다. 마침내 5개월이 지난 후에 클레망스는 아들을 낳았다. 갓난아이는 프랑스 왕조의 역사상 처음으로 태어나자마자 왕으로 공표되었고, 장Jean이라는 이름을 붙여주었다. 그러나 이 아이는 닷새밖에 살지 못했다. 유럽 역사상, 태어나서 죽을 때까지 왕위를 유지한 유일한 왕이다.

❖ 장 1세의 장례식

유복자로 태어난 장 1세의 별명은 프랑스어로 Jean le Posthume, 영어로는 John the Posthumous라고 부른다. 영어 **posthumous**는 라틴어로 after를 뜻하는 접두사 post-에 '매장'을 의미하는 라틴어 동사 humare가 붙어 만들어진 단어다. 다시 말해, posthumous는 망자를 매장한 다음에 일어난 사건을 가리킨다. **posthumous child**는 '유복자遺腹子', **posthumous works**는 '유저遺著(죽은 사람이 생전에 남긴 저서)'를 가리킨다.

영어에는 post-로 시작하는 어휘들이 제법 있다. **posterity**는 라틴어로는 '미래'나 '다음 세대'를 의미했는데, 영어에서는 '후대'나 '후세'를 가리킨다. Their recollections were recorded for posterity라는 문장은 '그들의 기억은 후손을 위해 기록되었다'라는 말이다. post-가 들어 있는 흥미로운 단어 중에는 **preposterous**가 있다. pre-는 영어의 before, post-는 after인데, 앞뒤가 맞지 않다는 뜻을 지녔다. 다시 말해, 뒤에 나올 것을 앞에 놓는다는 말이다. 그러므로 '말도 안 되다'라는 뜻이 생겼다. It was a preposterous idea, and no one took it seriously는 '터무니없는 아이디어였고 아무도 진지하게 받아들이지 않았다'라고 번역한다.

Author 작가

일반적으로 작가란 문학 작가를 가리킨다. 서양 문학을 대표하는 문호를 언어별로 구분한다면, 영어권에는 셰익스피어가 독보적이고, 독일어권은 괴테, 스페인어권은 세르반테스를 들 수 있다. 그런데 프랑스어권에는 독보적인 작가가 떠오르지 않는다. 어떤 비평가는 프랑스 문학을 대표하는 작가들이 너무 많아 어느 한 명을 고르기 어렵다고 한다. 개인적인 생각에는『레미제라블』의 작가 빅토르 위고가 프랑스 문학을 대표하는 문호로 부를 수 있을 것 같다.

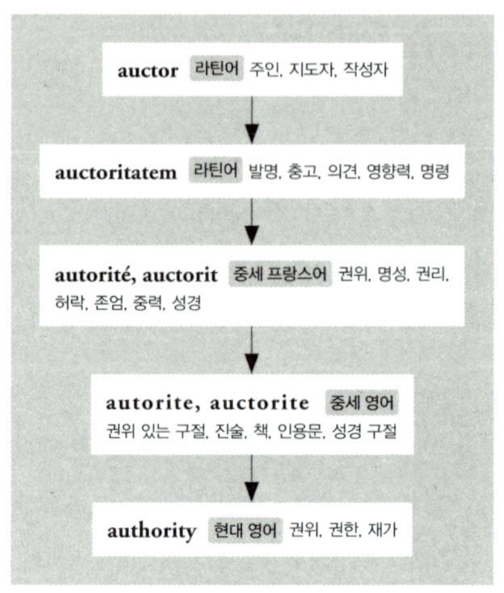

‘작가’를 의미하는 영어 **author**는 라틴어 auctor에서 왔는데, ‘기획자’, ‘창시자’, ‘아버지’, ‘설립자’ 등의 의미를 지녔다. 이후 프랑스어에 들어간 auctor는 ‘작가’, ‘창작자’, ‘창시자’ 등의 의미가 생겨났다. 영어에는 ‘장본인’이라는 뜻도 있다. She's the author of the company's recent success는 ‘그녀는 최근 회사의 성공을 이끈 장본인이다’로 번역할 수 있다.

라틴어 auctor에서 나온 또 다른 영어 단어로는 **authority**가 있다. auctor에서 파생된 auctoritatem에서 나온 authority는 본래 ‘발명’, ‘충고’, ‘의견’, ‘명령’ 등을 의미하는 단어였다. 여기서 ‘지휘권’, ‘권한’, ‘권위’, ‘당국’, ‘재가’ 등의 현대 영어의 의미가 생겨났다. The United Nations has used its authority to restore peace in the area는 ‘유엔은 이 지역의 평화를 회복하기 위해 유엔의 권한을 행사했다’라고 번역한다. authority의 동사형은 **authorize**이며 ‘재가하다’, ‘권한을 부여하다’를 뜻한다. Who authorized this expenditure?는 ‘이 지출을 승인한 사람은 누구인가?’를 말한다.

Fraternity 우애

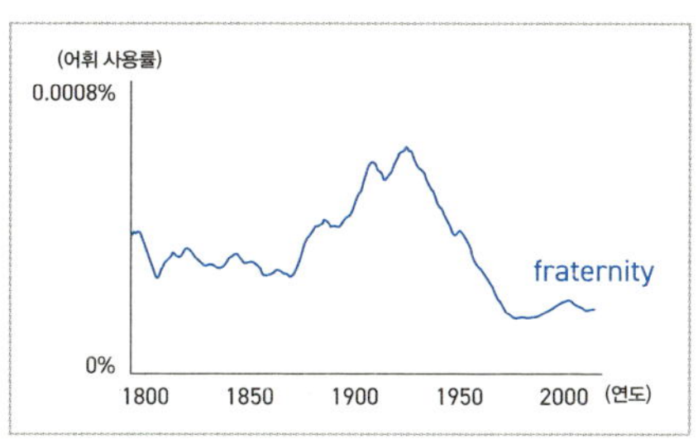

❖ 1930년대 후반을 변곡점으로 fraternity의 사용 빈도가 많이 하락했다. 젠더 중립 언어의 확산에 따른 결과다.

2024년 파리에서 열린 하계올림픽 대회는 문화 대국 프랑스의 콘텐츠를 전 세계에 알리는 좋은 기회였다. 개막식을 통해 전 세계인은 프랑스 대혁명의 정신을 담은 인권선언의 핵심 사상인 자유, 평등, 박애liberté, égalité, fraternité도 자연스럽게 접했다. 영어로 옮기면 liberty, equality, fraternity가 된다. 영어의 어형은 모두 라틴어에서 파생된 프랑스어에서 나왔다.

'박애' 또는 '우애'로 번역하는 영어 **fraternity**의 어원은 라틴어로 '형제'를 뜻하는 frater다. 눈치 빠른 독자는 이 단어가 영어의 brother와 유사하다는 사실을 짐작했을 것이다. 라틴어 frater와 영어 brother의 자음들을 1:1로 비교해보면, f/b, r/r, t/th로 정리할 수 있다. 두 번째와 세 번째 자음 대응은 수긍이 가는데, 첫 번째인 f/b는 조금 낯설다. 이런 변화를 설명한 사람이 독일의 언어학자인 그림이다. 그는 서양어의 뿌리인 인도·유럽어의 음운 변화 과정에서 인도·유럽어의 자음 bʰ-(라틴어는 p-)가 게르만에서는 f로 변한다는 사실을 밝혀냈다. 그래서 이런 음운 변화 법칙을 '그림의 법칙'이라고 부른다. 예를 들어 인도·유럽에서 형제는 bʰrāter-인데, bʰ-가 게르만 조어에서는 fadēr가 된다. 영어의 brother는 인도·유럽어의 발음을 간직하고 있다.

영어 **fraternal**은 '형제간'이라는 의미도 있지만, '공제'라는 의미도 있다. 전자의 경우 '이란성 쌍둥이'를 뜻하는 **fraternal twin**처럼 쓸 수 있고, 후자의 경우 '공제 조합'을 의미하는 **fraternal order**처럼 쓸 수 있다. 동사형 **fraternize**는 (친해서는 안 될 사람과) '친해지다'라는 의미를 담고 있다. The soldiers were accused of fraternizing with the enemy는 '병사들은 적과 교제했다는 혐의를 받았다'라고 번역할 수 있다.

Laud 칭찬하다

로마의 풍자 시인 푸블릴리우스 시루스는 "몰래 꾸짖고 공개적으로 칭찬하라"라는 좋은 금언을 남겼다. 그런데 우리는 반대로 칭찬에 인색하고, 흥보는 것은 열 일도 마다하지 않는다. 그래서 프랑스의 철학자 파스칼은 "남들로부터 칭찬을 바란다면 자신의 장점들을 늘어놓지 말라"라고 했던 것 아닐까? 앞서 소개한 금언은 라틴어로 "Secrete amicos admone; lauda palam"라고 한다. secrete에는 영어 **secret**이 보이는데 '은밀하게'를 뜻하고, amicos는 앞에서 여러 번 나왔던 '친구'라는 의미다. lauda는 '칭찬하다' 동사의 명령형이다.

❖ 로마의 풍자 시인 푸블릴리우스 시루스

　머리말에서 설명한 것처럼 영어에는 고유어도 있고, 라틴어나 프랑스어에서 수입한 어휘도 있다. 전체 비율로 보면 고대 영어 어원이 25퍼센트, 라틴어와 프랑스어가 각각 30퍼센트를 차지한다. 그러니까 라틴어와 프랑스 어원을 합치면 전체 영어 어휘의 60퍼센트나 된다.

　'칭찬하다'를 뜻하는 영어 **praise**는 중세 프랑스어 preisier를 통해 영어로 들어온 말이다. 같은 의미의 동사 **laud**는 라틴어에서 직수입했다. laud는 '찬양하다'를 의미하는 라틴어 동사 laudare에서 나왔다. The president lauded the rise of market economies around the world는 '대통령은 전 세계 시장경제의 부상에 찬사를 보냈다'라는 말이다. laud의 형용사는 **laudatory**인데 다음과 같이 사용할 수 있다. He spoke in the most laudatory terms of your loyalty and ability는 '그는 당신의 충성과 재능을 극구 칭찬했다'로 번역한다.

Reason 이성

종교적 믿음은 어디에서 오는가? '예수 천국 불신 지옥'을 외치는 사람들의 말처럼 정말 믿기만 하면 천국에 갈 수 있을까? 기독교의 교부 아우구스티누스는 이성이 신앙보다 선행해야 한다고 말했다. 이성 없는 신앙은 맹목적일 수 있고, 신앙 없는 이성은 진리로 나아갈 수 없다고 강조했다. "나는 알기 위해 믿고자 하고, 믿기 위해 알고자 한다." 그는 이성 없는 신앙은 불가능하다고 주장했다.

❖ 기독교 교부 아우구스티누스

'이성'을 의미하는 영어 **reason**은 긴 어원적 여정을 가진 어휘다. reason은 중세 프랑스어의 방언 중 앵글로노르만 프랑스어에서 영어로 차용되었다. 12세기에 영어로 들어올 당시에는 목적을 위해 행동을 취하는 지적 능력이나 주장, 설명을 정당화하는 진술을 의미했다. 여기서 생겨난 뜻이 바로 '이성'이다. 라틴어의 어원으로 거슬러 올라가면 ratio에 이르는데, 그 뜻은 '계산', '이해', '동기', '원인'이다. 영어에서 '이유'라는 뜻도 여기서 나왔다. 이밖에도 '수용할 수 있는 범위 안'이라는 의미도 있다. We can wear anything we like to the office, within reason은 '사무실에서는 합리적인 범위 내에서 원하는 옷을 입고 출근할 수 있다'라고 번역할 수 있다.

라틴어 ratio에서 나온 이란성 쌍둥이의 영어 단어로는 **ration**이 있다. 현대 영어에서 한 사람의 1일 식사 할당량을 가리킨다. 중세 유럽에서 한 명의 군인에게 할당된 1인분 식량을 말했다. 여기서 '몫'이라는 의미가 생겨난다. ration of food는 '식량 배급량'을 뜻한다.

ration과 reason에서 나온 형용사 **rational**과 **reasonable**은 그 의미가 다소 차이가 난다. rational은 명쾌한 사고나 이성에 근거하고 있을 때 사용하며, rational argument는 '합리적인 주장'을 의미한다. reasonable은 공정하고 실용적인 판단에 근거하고 있을 때 사용하며, reasonable price는 '합당한 가격'을 뜻한다.

Scripter 스크립터

영화나 드라마는 흔히 대본에 따라 촬영한다고 알고 있다. 물론 맞는 말이다. 그런데 100분짜리 영화를 찍는다면 실제 촬영한 분량은 그보다 훨씬 많을 것이다. 영화에는 **scripter**라는 직업이 있다. **script**는 '글을 쓰다'를 의미하는 라틴어 동사 scribere에서 나온 말인데, 영화를 촬영할 때 촬영 각도, 촬영 순서, 소품, 의상, 촬영 당일

❖ 중세 유럽의 필경사

날씨 등을 기록한다. 그리고 기록한 내용을 바탕으로 원활한 편집을 이끌어가는 일을 맡는다.

영어 scripter는 라틴어 scribere에서 나온 명사 scriptor를 원형으로 삼는다. 라틴어 scriptor는 누군가의 발언을 정리해 기록하는 '비서'나 '작가'를 가리킨다. 라틴어에서 '손'을 의미하는 manus가 script 앞에 붙으면 '필사본' 혹은 '원고'를 의미하는 **manuscript**가 된다. 영어 **manual**의 수동手動이라는 뜻도 manus에서 나왔다. He sent the 400-page manuscript to his publisher는 '그는 400페이지 분량의 원고를 출판사에 보냈다'라는 말이다.

'추신'을 의미하는 영어 **postscript**는 라틴어 post scriptum의 약자다. post는 '다음에'를 뜻하고, scriptum은 '필기한 것'을 의미한다. 약어 p. s.로 표기한다. scriptum에서 형용사 **scriptural**이 나왔는데, 종교의 성스러운 경전과 관련 있다. 서양에서는 '성경의'를 의미한다. He knows also that the issue is scriptural이라는 문장은 '그는 이 문제가 성경과 관련 있다는 것도 알고 있다'로 번역할 수 있다. 영어 under에 해당하는 라틴어 접두사 sub-이 붙으면 **subscribe**가 만들어진다. 본래의 의미는 문서 아래에 '서명하다' 혹은 '동의하다'였고, 나중에 '가입하다'라는 의미도 생겨났다.

Necropolis 공동묘지

몇 해 전 가을 파리를 찾았다. 파리 동쪽에는 페르라셰즈라는 공동묘지 공원이 있는데, 여기에 묻혀 있는 예술가들을 보고 싶었다. 맨 처음 찾아간 묘지는 피아노의 시인이라 불리는 쇼팽의 묘지였다. 화려한 장식물로 치장된 쇼팽의 묘지 앞에는 사람들이 놓고

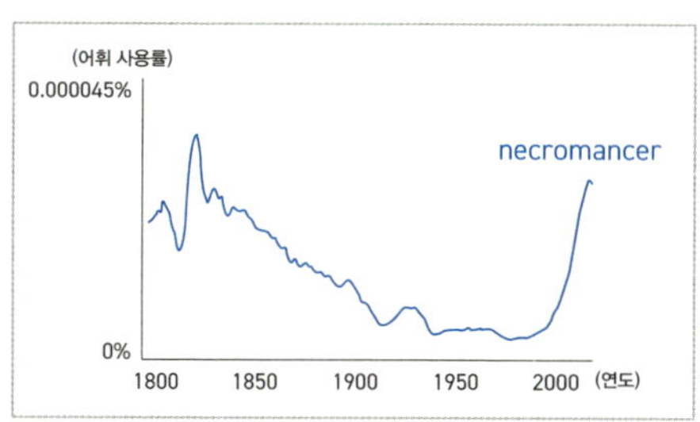

❖ 1940년대부터 necromancer의 사용 빈도가 급증하고 있다. 사후 세계에 대한 관심이 증폭한 결과일까?

간 아름다운 꽃들이 눈에 띄었다. 바로 근처에는 오페라《카르멘》을 작곡한 비제의 무덤이 있었다. 차이콥스키는《카르멘》을 보고 "10년 안에, 세상에서 가장 위대한 오페라가 될 것이다"라고 예언했다. 하지만《카르멘》의 초연은 대실패였다. 여주인공 카르멘의 자유분방한 연애 편력이 도덕적으로 지탄을 받았다. 비제는 1875년 6월 3일,《카르멘》의 초연 후 석 달 만에 사망했다.

대규모 공동묘지의 기원은 고대 로마로 거슬러 올라간다. 영어에서 '공동묘지'는 **necropolis**라고 부른다. 그리스어 어근 necro-가 들어가면 '죽음' 또는 '죽은 자'를 의미한다. '도시'를 의미하는 그리스어 어원의 polis가 붙어서 만들어진 말이다. 혼령과 대화할 수 있다고 주장하는 사람을 '강령술사'라고 하는데, 영어로는 **necromancer**라고 말한다. 뒤에 붙은 mancer는 점을 치거나 예언을 행하는 사람을 가리킨다. Leonardo da Vinci was thought to be a necromancer는 '레오나르도 다빈치는 강령술사로 여겨졌다'로 번역할 수 있다. 다빈치가 강령술사로 불린 이유는 인체 해부학에 관한 해박한 지식을 가지고 있었기 때문이다. 의학에서 '세포의 괴사'는 **necrosis**라고 하는데, -sis는 그리스어로 '행동', '과정', '상태'를 가리킨다. 그러므로 necrosis는 세포의 활동이 죽은 상태를 의미한다. '사이에'를 뜻하는 라틴어 inter가 앞에 붙으면 '동일 조직 내에서 벌어지는 투쟁의'를 뜻하는 **internecine**이라는 단어가 만들어진다. **internecine struggle**은 '내부 투쟁'을 말한다.

Prince 왕자

로마제국의 초대 황제 아우구스투스의 정식 호칭은 임페라토르 율리우스 카이사르 아우구스투스 Imperator Julius Caesar Augustus이다. imperator는 군대의 '통수권자', '사령관'을 의미하는데, 로마가 제국으로 넘어오면서 황제를 가리키는 호칭이 되었다. 영어에서 '황제'를 뜻하는 **emperor**의 어원이다. 율리우스 카이사르는 아우구스투스의 양아버지 집안의 씨족명과 가문명이다. 율리우스 씨족에서 나온 카이사르 가문이라는 말이다. 마지막의 아우구스투스는 '존엄한 자'를 가리킨다. 그런데 정작 아우구스투스 황제는 근엄하고 중압감을 주는 호칭은 별로 좋아하지 않았다고 한다. 황제는 로마 시민의 제1인자를 가리키는 princeps프린켑스라는 호칭을 가장 좋아했다. 양아버지 카이사르가 공화파에 암살당한 사실이 늘 아우구스투스에게는 트라우마로 남아 있었기 때문이다.

❖ 로마제국의 초대 황제 아우구스투스

영어에서 '왕자'나 '제후'를 뜻하는 **prince**는 라틴어 princeps에서 나왔는데, '첫 번째'를 뜻하는 primus가 그 어원이다. 영어에서 '제1의'나 '최고의'를 뜻하는 **premier**도 마찬가지다. '수상'을 가리키는 **prime minister**의 **prime**도 primus가 어원이다. 미국에서는 princeps에서 나온 **principal**이 '교장'을 말하지만, 영국에서는 교장을 **head teacher**라고 부른다. 미국에서 대학 총장은 **president** 혹은 principal이지만, 영국에서는 **vice-chancellor**라고 부른다. 부총장으로 번역될 수 있는 vice-chancellor는 대학의 실질적인 운영을 담당하는 사람이며, **chancellor**는 대학을 상징하는 명예 총장 정도로 보면 된다.

'원칙'이나 '신조'를 의미하는 **principle**도 princeps와 같은 뿌리인 라틴어 principium에서 나왔는데, 의미는 '시작', '기원'이다. He doesn't invest in the arms industry on principle은 '그는 원칙적으로 무기 산업에 투자하지 않는다'라고 번역한다.

Produce 생산하다

❖ 포도를 생산하는 로마인들

고대 로마 사회에서 생산된 재화는 어떻게 분배되었을까? 먼저 지역적으로 이탈리아반도와 지중해 연안의 속주가 다양한 생산물의 주요 생산지였다. 특히 이집트는 제국의 곡창지대였다. 소득 분배의 경우, 황실 정부가 전체 생산량의 5퍼센트를 가져갔고, 상위 1.5퍼센트에 속한 가구가 생산량의 20퍼센트를 차지했다. 인구의 10퍼센트에 속하는 비엘리트 중산층에게 생산량의 20퍼센트가 돌아갔고, 나머지 대다수는 총소득의 절반 이상을 생산했지만 거의 생계유지 수준에 머물렀다.

‘생산’을 의미하는 **production**과 그 동사형 **produce**의 형태가 다른 것은 라틴어에서 차용한 단어의 어형이 다르기 때문이다. 라틴어 producere는 ‘앞으로’를 의미하는 pro-에, ‘이끌어 가다’를 뜻하는 ducere가 합쳐진 말이다. 따라서 producere는 ‘앞으로 끌어가다’라는 말이다. 여기서 16세기 영어에서는 식물들이 ‘열매를 맺다’라는 뜻이 생겨났고, ‘생산하다’라는 의미도 만들어졌다. 한편, production은 producere의 동사적 명사인 productum에서 나온 말로, ‘생산된 것’이라는 뜻을 담고 있다.

영어 with에 해당하는 라틴어 con-이 붙으면 **conduct**가 되고, ‘함께 이끌어가다’를 뜻한다. 교향악단의 지휘자인 **conductor**에게 이보다 잘 어울리는 표현은 없을 것이다. ‘뒤’를 의미하는 접두사 re-가 붙으면 **reduce**가 만들어진다. ‘어떤 상태를 뒤로 되돌려 원래보다 작게 만들다’라는 의미에서 ‘축소하다’, ‘줄이다’라는 뜻이 만들어졌다.

• Scheidel, Walter; Friesen, Steven J. (2009). “The Size of the Economy and the Distribution of Income in the Roman Empire”, *Journal of Roman Studies*. 99: 62–63.

Agenda 어젠다

정치의 핵심은 구호나 선전이 아니라, 정치인의 말과 실천에 있다. 정치권에서 자주 쓰이는 **agenda**어젠다는 주로 '의제'로 번역한다. 본래 의제란 회의에서 논의할 문제를 말하는데, 어젠다의 어원은 이런 의미와는 다소 거리가 있다. 라틴어 agenda의 동사형은 agere로, '행동하

❖ 로마 정치인 가이우스 그라쿠스의 연설 장면

다', '실천에 옮기다'라는 뜻을 지닌다. 따라서 어젠다는 실천해야 할 일을 가리키는 것이지, 실천에 필요한 것을 논의하는 것은 아니다. 한편, 프랑스어에서는 어젠다가 '비망록'이나 '수첩'을 가리키기도 한다.

라틴어 동사 agere는 영어에 많은 어휘를 남겼다. 먼저 agere의 동사적 명사인 actum에서 많은 단어가 나왔다. '행동'을 뜻하는 **act**, '동작'을 뜻하는 **action** 등이 actum에서 나왔다. '동작의 행위자'를 의미하는 -or가 붙으면 **actor**가 된다. actor는 '배우'라는 뜻이 나오기 전에, 14세기 영어에서 '감독관'이라는 뜻이 생겨났다. 그러다가 '연극배우', '연설가'라는 뜻이 만들어졌고, 지금처럼 '배우'라는 의미로 굳어졌다.

'대리인'이나 '중개상'을 뜻하는 **agent** 역시 agere에서 나온 말이다. **estate agent**는 '부동산 중개인'을 말한다. 비밀리에 행동하는 사람, 즉 '첩보원'은 **secret agent**가 되고, '이중간첩'은 **double agent**라고 한다. act의 형용사형은 **actual**인데, '실제의' 혹은 '사실의'라는 뜻이다. We had estimated about 300 visitors, but the actual number was much higher는 '약 300명의 방문자를 예상했지만, 실제 방문자 수는 훨씬 더 많았다'라고 번역한다.

Recession 경기 침체

2024년 8월 5일, 이날은 한국 증시를 포함한 세계 증시가 기록적으로 폭락한 날이다. 코스피 지수는 역대 최대 폭으로 하락했고, 이웃 나라 일본도 마찬가지였다. 폭락의 원인은 경기 침체, 중동전쟁 우려, AI 거품론 등이었다. 이날의 키워드는 '경기 침체'를 뜻하는 **recession**이었다. 이 단어는 '뒤로'를 뜻하는 re-와 '가

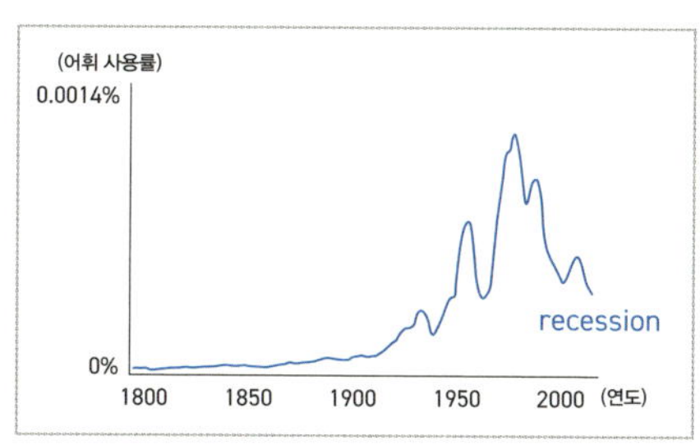

❖ 1970년대 세계경제가 중동전쟁으로 침체기에 빠졌던 시대에 recession의 사용이 급증했고, 1980년대 호황기에는 정반대의 양상을 보인다.

다'를 뜻하는 cession이 합쳐진 말이다. 다시 말해, recession은 '뒤로 가다'라는 말이고, 따라서 '경기 침체'를 의미한다. The country is sliding into the depths of recession은 '그 나라는 경기 침체의 늪으로 빠져들고 있다'라고 번역한다.

recession에 들어 있는 cession의 뿌리를 따라가면 라틴어 동사 cedere에 이른다. cedere는 영어 go에 해당하는 동사다. 접두사 ad-(영어 to에 해당함)가 cedere 앞에 붙으면 '접속'을 뜻하는 **access**가 된다. 이 단어는 특히 컴퓨터를 사용할 때 자주 만나게 되는데, 특정 장소에 접근한다는 의미를 지니고 있다. '앞'을 의미하는 pro-가 붙으면 '행렬'을 뜻하는 **procession**이 만들어진다. 본래 이 단어는 종교적인 의식 행렬을 가리켰다. **funeral procession**은 '장례 행렬'을 뜻한다.

서양인의 조상은 인도·유럽인이라고 하는데, 지금도 그 후손들이 인도와 유럽 대륙에 퍼져 살고 있다. **ancestor** 역시 cedere에 '앞'을 의미하는 ante-가 붙어 만들어진 말로 '먼저 간 사람들', 즉 '조상'을 가리킨다.

자동차를 과속으로 운전하는 사람들은 범칙금을 납부할 확률이 높다. exceed the speed limit는 '제한 속도를 초과하다'라는 말로, **exceed**는 정해진 범위를 '벗어나다'를 뜻한다. ex-는 영어 out에 해당한다.

Gesture 몸짓

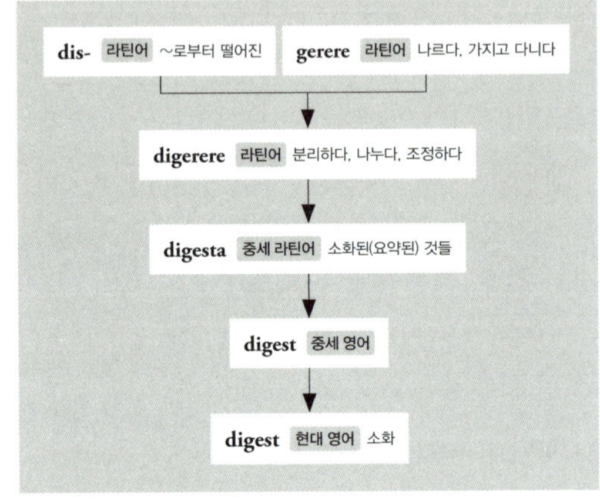

밀라노에 사는 이탈리아인 마르코는 가죽 제품을 판매하는 회사를 운영하고 있다. 어느 해 여름 오슬로를 방문해 거래상인 에릭을 만났다. 마르코는 처음 만나는 에릭이 반가워 어깨를 잡고 포옹했다. 그런데 에릭의 얼굴이 다소 불편해 보였다. 허그 인사가 부담스러웠던 것이다. 사실 몸동작을 많이 사용하는 이탈리아에서는 이런 인사가 일상적이지만, 최소한의 신체 접촉만 허용되는 노르웨이에서는 불편하기 짝이 없다.

영어에서 **gesture**는 손, 팔, 머리 등으로 자신의 감정이나 생각을 표현하는 '몸짓'을 말한다. gesture의 어원을 따라 올라가면 라틴어 동사 gerere에 닿는다. '들고 있다', '나르다', '휴대하다', '수행하다'를 뜻하는 gerere는 영어 carry와 의미가 가장 비슷하다. 그러므로 gesture는 몸의 자세를 유지하고 있다는 말이 된다. 앞에서도 소개했던 **belligerent**는 '전쟁'을 의미하는 belli-에 '수행하다'를 뜻하는 gerant가 합성되어, '호전적인'이라는 뜻을 지니게 되었다. '소화'를 의미하는 **digest**도 gerere에서 나온 명사 digesta와 관련 있다. '떨어진'을 뜻하는 dis-가 붙어 '분리하다', '조절하다'라는 의미가 생겨났다. 섭취한 음식물이 영양소별로 분리되어 소화된 것들이 라틴어 digesta다. 찰스 디킨스의 작품 『올리버 트위스트』에 사용된 gesture의 예문을 살펴보자. "Frightened by the menacing gestures of the two men, Oliver hastily swallowed the contents of the glass…."(두 사내의 위협하는 몸짓에 겁먹고 놀란 올리버는 황급히 술잔에 든 것을 쭉 들이켰다.)

Contract 계약

현대는 계약 사회다. 서양인들은 일찍이 계약을 통해 자신이 얻고자 하는 것을 얻었다. 도시는 황제나 왕과의 계약을 통해 자치권을 얻었고, 기사는 주군과의 봉신 계약을 통해 원하는 것을 얻었다. 서양에서 계약의 시초는 신과 인간이 맺은 계약이다. 모세는 이스라엘 백성을 대표해 신과 계약을 맺었고, 만약 이 계약을 파기하면 신의 심판이 내려질 운명이었다. 계약은 한번 하면 물릴 수 없는 것이기 때문에, 서양인들은 계약을 절대적인 것으로 여긴다. 영어에

❖ 십계명을 들고 있는 모세

서 '계약'을 의미하는 **contract**와 들판에서 밭을 가는 기계 **tractor**는 같은 뿌리에서 나온 말들이다. 어떻게 이 두 개의 단어는 이란성 쌍둥이가 되었을까?

라틴어 중에 trahere라는 동사가 있는데, '끌다' 또는 '운전하다'를 뜻한다. 일단 여기에는 tractor의 의미가 보인다. 하지만 형태에는 유사성이 없다. tractor가 trahere의 동사적 명사 tractum에서 나왔기 때문이다. tractor는 '끌고 가는 기계'라는 것을 쉽게 알 수 있다. con-은 영어 with에 해당하므로 함께 끌고 가거나 함께 동의한다는 뜻을 지닌 contract, 즉 '계약'이라는 단어가 만들어진다. 그렇다면 '뒤'를 의미하는 re-가 붙어 만들어진 **retract**는 무슨 뜻일까? 앞에서 한 말을 뒤로 물린다는 데서 '취소하다', '철회하다'라는 뜻을 지닌다. When questioned on TV, he retracted his allegations는 'TV에서 질문을 받자 그는 자신의 주장을 철회했다'라고 번역한다. 이번에는 영어 under에 해당하는 sub-를 붙여보자. **subtract**는 아래로 끌어내린다라는 데서 '빼다'라는 뜻을 갖는다. Four subtracted from ten equals six는 '10에서 4를 빼면 6이 된다'라는 말이다.

Victory 승리

전쟁에서 승리한 장군에게 개선식만큼 명예와 영광을 드높여주는 의식도 없을 것이다. 정복한 지방의 왕족과 수많은 포로는 개선식의 하이라이트였다. 하지만 개선장군을 환영하는 군중에게는 또 다른 재미가 있었다. 바로 개선장군을 놀리는 풍습이다. 개선장군이 교만해지면 불행이 찾아온다는 것이 이 풍습이 생긴 이유였다. 그리고 이때가 아니면 개선장군을 언제 놀려먹을 수 있겠는

❖ 로마 장군 카이사르의 개선식

가. 실제로 불세출의 영웅 카이사르가 로마에서 개선식을 할 때 군중들은 "시민들이여 마누라를 숨겨라. 대머리 난봉꾼이 나가신다네!"라고 외쳤다. 키도 훤칠하고 미남이었던 카이사르는 대머리였다.

로마의 개선장군에게 '승리'를 의미하는 victoria는 최고의 훈장이었다. 승리의 여신 victoria에서 나온 이 명사는 로마 장군들이 추구하는 최고의 가치였다. 영어 **victory**를 제공한 victoria의 어원은 '승리하다'를 뜻하는 vincere로 거슬러 올라간다. '천하무적'을 가리키는 **invincible**은 '반대'를 의미하는 접두사 in-이 붙어 만들어진 말이다. 영어에서 '설득하다'는 **convince**인데, 여기서 con-은 '함께'가 아니라 강조하는 말이다. 그러므로 convince는 완전하게 굴복시키다, 즉 '설득하다'를 의미한다. He managed to convince the jury of his innocence는 '그는 배심원단을 설득해 자신의 무죄를 인정받았다'라고 번역한다. '밖'을 의미하는 ex-가 붙으면 **evince**가 만들어진다. 감정이나 특징을 '분명하게 밝히다'를 뜻하는 단어다. She never evinced any desire to do such a thing은 '그녀는 그런 일을 하려는 의사를 전혀 보인 적 없었다'라고 번역한다.

Location 야외 촬영

바야흐로 한류의 시대다. 동아시아의 작은 나라 한국의 문화 열풍이 전 세계를 강타하고 있다. 한류는 Korean Wave로 표현할 수 있는데, 파도치는 물결처럼 파상적으로 주변 나라들에 퍼지고 있다. 오래전 1960년대 영화에서도 이런 흐름이 있었다. 누벨바그 Nouvelle Vague, 즉 새로운 물결이 그 주인공이었다. 기존 영화들이 세트로 만든 스튜디오에서 주로 영화를 찍었다면, 누벨바그의 감독들은 소형 카메라를 들고 야외로 나갔다.

❖ 영화 《네 멋대로 해라》에서 샹젤리제를 걷는 두 주인공

누벨바그의 대표적인 영화 《네 멋대로 해라》에서 여주인공이 샹젤리제에서 신문을 파는 명장면도 이렇게 탄생했다. 마치 인상주의 화가들이 빛의 변화에 따라 야외에서 그림을 그렸던 장면과 유사하다.

영화에서 '야외 촬영'은 **location**이라고 부른다. 이 말은 라틴어로 '장소'를 뜻하는 locus에서 나온 명사다. 야외 장소에서 무언가가 이루어지고 있다는 말이다. 물론 location에는 '위치'라는 의미도 있다. The hotel is in a beautiful location overlooking the lake는 '호텔은 호수를 조망할 수 있는 아름다운 자리에 있다'라는 말이다.

locus에서 나온 영어 동사로는 특정 목적을 위해 무언가를 '배정하다'라는 **allocate**가 있다. The local council has decided not to allocate funds for the project는 '지방 의회는 이 프로젝트에 자금을 배정하지 않기로 했다'라고 번역한다. '~에서 떨어진'을 의미하는 dis-가 locate 앞에 붙으면 뼈가 '탈구하다'를 뜻하는 **dislocate**가 된다. 비유적인 표현으로 사용될 때는 시스템이나 계획을 '혼란에 빠뜨리다'라는 의미가 된다. dislocation of the shoulder는 '어깨 관절 탈구'라는 표현이고, dislocate business relations는 '거래 관계를 어지럽히다'라는 말이다. 본래의 자리를 옮겼으니 혼란스러울 수밖에 없다.

집값이 천정부지로 뛰어올랐다. 한국의 부동산 가격이 폭등한 것이 사실이지만, 부동산 상승세는 전 세계적인 현상이기도 하다. 뉴욕 맨해튼의 경우 방 세 개짜리 아파트의 평균 월세가 1만 7,000달러에 이른다고 한다. 한국 돈으로 약 2,300만 원이다. 아파트에 거주하려는 사람보다

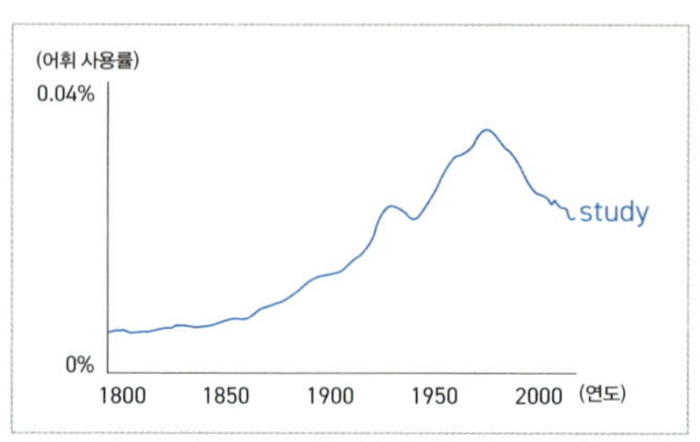

❖ study의 용례는 1980년을 기점으로 늘어났다가 줄어들고 있다. 컴퓨터 시대의 도래와 반비례한다.

아파트를 매수해 임대하려는 기업이 많이 늘어났기 때문이다. 영어에서는 1인용 주거 공간을 **studio**라고 부른다. 우리나라의 원룸이라고 보면 된다. 스튜디오는 거주 공간뿐 아니라 작업 공간이라는 뜻도 지니고 있다. 촬영 스튜디오를 우리 주변에서 쉽게 찾을 수 있다.

　영어 studio는 라틴어 studium에서 나왔는데, 본래 라틴어의 의미는 '열정', '활동', '취미'였고, 여기서 '학업'이라는 말이 나왔다. 우리에게 낯익은 **study**가 이제 보인다. 학문은 특정 분야에 열정을 가진 상태를 말하기 때문이다. study의 형용사형은 **studious**로 '공부를 열심히 하는'을 뜻한다. He has a studious disposition and is unusually energetic은 '그는 공부하는 성향이 있고, 유난히 활기차다'로 번역한다. 그런데 부사형인 studiously는 조금 다른 뜻을 가지고 있다. He studiously avoided answering the question은 '그는 조심스럽게, 그리고 일부러 그 질문에 대한 답을 피했다'라는 말이다.

　'학생'을 의미하는 **student**도 study와 뿌리가 같은데, 차이가 있다면 student는 '공부하다'를 뜻하는 라틴어 동사 studiare의 현재 분사 studens에서 나온 말이다. 다시 말해, 학생은 '공부를 하는 사람'을 뜻한다. 한편, **studied politeness**는 정성을 다한 공손함이 아니라 '부자연스러운 공손' 또는 '일부러 꾸민 공손'이라는 말이다.

Alternative 대안

기원전 49년 갈리아 총독이었던 율리우스 카이사르는 군단을 이끌고 로마로 귀대하라는 원로원의 최후통첩을 받는다. 로마 전통에 따르면, 로마로 돌아오는 군대는 루비콘강을 건너기 전에 무장을 해제해야 했다. 막강한 군단이 무장을 한 채

❖ 루비콘강을 건너는 카이사르

로마에 들어온다는 것은 쿠데타를 의미했기 때문이다. 카이사르는 루비콘강 앞에 서서 생각했다. "내가 이 강을 건너면 인간 세계가 비참해지고, 이 강을 건너지 않으면 내가 파멸한다." 결국 카이사르는 "주사위는 던져졌다"라는 유명한 말을 남긴 채 루비콘강을 건넜다. 그에게는 강을 건너는 것 외에 대안이 없었다.

'대안'을 가리키는 영어 **alternative**는 '다른 하나(the other)'를 뜻하는 라틴어 alter에서 나온 말이다. 서양 의학을 대체하는 의학을 **alternative medicine**, 즉 '대체 의학'이라고 부른다. **alternation**은 '번갈아 발생하는 변화'를 가리킨다. The alternation of day and night는 '번갈아 찾아오는 밤과 낮'이라는 말이다. 한편, **alteration**은 '크고 작은 변화'를 가리킨다. The house needed extensive alterations when we moved in은 '이사할 당시 집은 대대적인 수리가 필요했다'라고 번역할 수 있다. alternation과 철자가 약간 차이 나는 **altercation**은 조금 다른 뜻이 있다. 두 사람이 번갈아 가며 자기의 주장을 펼친다는 데서 '논쟁'이라는 뜻이 생겨났다. The altercation between the two men started inside the restaurant는 '두 사람 사이의 언쟁은 식당 안에서 시작되었다'라고 번역할 수 있다.

Venture 벤처

혁신적인 아이디어를 갖춘 신생 기업을 벤처venture 기업이라고 부른다. 요즘은 스타트업이라는 말을 더 많이 사용한다. 미국 실리콘밸리 벤처 열풍에 힘입어 한국도 2000년대 초반에 벤처 광풍이 불었다.

'리스크가 있는 사업'을 뜻하는 **venture**와 '모험'을 뜻하는 **adventure**는 형태뿐만 아니라 의미도 유사하다. 영어의 venture는 프랑스어 aventure아방튀르의 축약 형태다. 15세기에 영어에 들어간 venture는 원래 '손실을 감

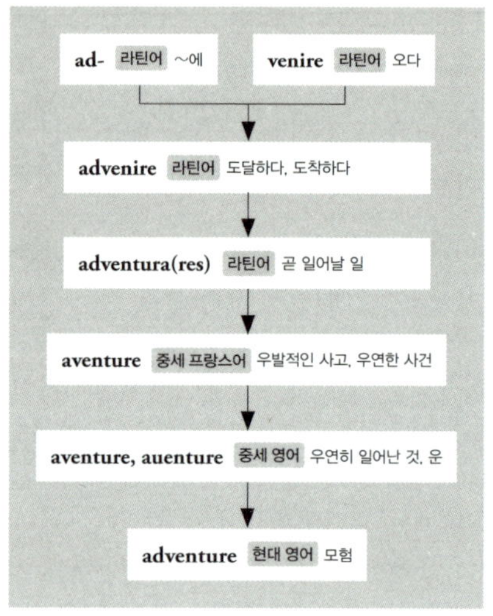

수하다'를 뜻했다. 지금의 벤처 기업의 설립 취지와 잘 맞아떨어진다. adventure는 ad+venture로 나눌 수 있는데, 라틴어 ad-는 영어 to에 해당하고, venture는 라틴어 venire(영어 come에 해당함)에서 나왔다. 그러므로 adventure는 'to come' 즉 올 것, 일어날 것이라는 뜻이다. 이후 중세 프랑스어에서 생겨난 의미, 즉 '우연', '사고', '사건' 같은 뜻이 생겨난다. 셰익스피어의 작품 중 『베니스의 상인』에서는 venture가 '거래처'라는 의미로 사용되고 있다. My ventures are not in one bottom trusted…는 '거래처도 한 곳이 아니야'라는 말이다.

'편의점'을 의미하는 **convenience store**에서 **convenience**는 '함께'를 의미하는 con-과 '오다'를 뜻하는 동사 venire의 현재분사 veniens가 합성된 단어다. 즉 '둘이 함께 가다', '연합하다', '동의하다'라는 의미를 지녔다. 여기서 작업에 '용이하고 적합하다'라는 뜻이 나왔다. '간섭'이라는 뜻을 지닌 **intervention**의 구조를 보면, 영어 between에 해당하는 inter-에 동사 venire의 명사형이 합쳐져 있다. 즉 가운데 사이에 무엇이 온다는 것이므로, '개입'이라는 의미가 만들어졌다.

Permanently neutralized state 영세중립국

서양 중세사에서 가장 중요한 사건 중 하나는 프랑스와 잉글랜드가 무려 116년 동안 싸웠던 '백년전쟁'이다. 당시 유럽의 최강국들이 맞붙었던 이 전쟁은, 영국과 프랑스만 전쟁의 당사국으로 알려져 있지만, 실상은 그렇지 않다. 프랑스의 연합국 중에는 잉글랜드의 숙적 스코틀랜드, 프랑스 왕국과 사돈을 맺었던 카스

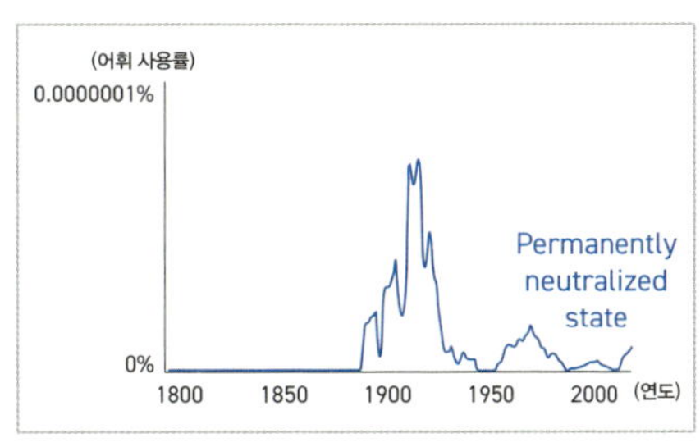

❖ 20세기 초에 용례가 급증했던 'permanently neutralized state'는 지금은 사용 빈도수가 현저히 줄었다. 국제 질서의 변화를 방증한다.

티야 왕국, 궁수들을 보낸 이탈리아의 제노바공화국 등이 있었다. 잉글랜드 편에는 카페왕조와 견원지간이었던 부르고뉴 공국, 카스티야의 라이벌 포르투갈 왕국, 플랑드르 백작령 등이 있었다. 이런 역사는 현대에도 그대로 반복되고 있다. 제2차세계대전이 대표적인 전쟁이다. 스위스는 이런 국제전에 휘말리지 않기 위해 19세기부터 영세중립국을 유지하고 있다.

영세중립국은 **permanently neutralized state**라고 표현하는데, 여기에 '중립의'라는 의미를 지닌 **neutral**이 보인다. neutral의 어원은 라틴어 neuter네우테르로, 어느 한쪽에 속하지 않은 상태를 가리킨다. 영어로 바꾸면 not either, neither가 된다. neutral은 본래 16세기에 연금술에서 사용했는데, 산성과 알칼리성도 아닌 '중성' 상태를 가리키던 용어였다.

neuter는 영어 문법에서 '중성'을 가리키는 말로 사용되기도 한다. 현재 독일어에는 라틴어처럼 중성명사가 존재한다. 현대물리학에서 neuter는 새로운 용어를 제공했다. 물리학에서 '중성자'를 의미하는 **neutron**이 neuter에서 나온 용어다. **neutralize**는 '무력화시키다'라는 뜻도 있다. Pentagon generals will say U. S. soldiers neutralized opposition forces는 '국방부 장군들은 미군이 반대 세력을 무력화시켰다고 말할 것이다'라는 말이다.

Desolate　너무나 외로운

잉글랜드 노르만왕조의 시조 윌리엄 1세의
고향은 프랑스의 노르망디공국이다. 1066년
정복왕으로 왕위에 오른 윌리엄 1세는 장남
인 로버트에게 왕조의 뿌리인 노르망디공국
을 물려주었고, 둘째 윌리엄에게는 새로 정
복한 잉글랜드 왕국을 주었다. 그러다 보니
막내 헨리에게는 물려줄 영지가 없어, 대신
5,000파운드의 돈을 주었다. 어느 날 둘째 윌
리엄 2세가 사냥을 나갔다가 의문의 화살을

❖ 노르망디의 로버트공

맞아 죽고, 잉글랜드 왕위는 형의 죽음을 목도한 헨리에게 돌아갔다. 바다 건너
노르망디에 있던 형 로버트는 자신이 잉글랜드 왕위 계승권자라고 주장하면서,
결국 동생 헨리 1세와 전쟁을 벌인다. 그러나 전쟁에서 패배한 로버트는 잉글랜
드와 웨일스의 성을 전전하는 포로 신세로 전락한다. 전쟁에서 진 해가 1106년
이고, 성에 유폐되어 죽은 해가 1134년이니까, 무려 28년을 감옥 아닌 감옥에
서 보낸 셈이다. 잉글랜드 왕조 역사에서 로버트공보다 더 외로운 사람이 있었
을까?

　영어에서 '너무나 외로운'을 뜻하는 **desolate**는 **solo**와 뿌리가 같은 단어다. 그
뿌리는 라틴어 solus인데, 영어 alone, only에 해당한다. desolate의 de–는 '완전
한'을 뜻하는 강조 접두사다. desolate의 의미는 영어로 extremely sad and feeling
alone으로 표현할 수 있다. desolate에는 '적막한', '황량한'이라는 뜻도 있다. The
house stood in a bleak and desolate landscape는 '집은 황량하고 삭막한 풍경 속
에 서 있다'라고 번역할 수 있다. 찰스 디킨스의 『두 도시 이야기』에도 desolate가
나온다. "I send my desolate cry across the sea"는 '바다 건너로 저의 쓸쓸한 외침
을 보냅니다'라는 말이다.

　혼자 있는 사람이나 사물을 가리키는 **solitary** 역시 solus에서 나온 단어다.
In the distance was a solitary building은 '멀리 외딴 건물이 보였다'라는 말이고,
solitary life는 '고독한 삶'이라는 표현이다.

Onion 양파

고대 로마인들은 양파를 매우 즐겨 먹었다. 유럽에 많은 속주를 건설하면서 양파도 자연스럽게 브리튼섬이나 독일 지방의 현지인들에게 전해졌다. 당시 양파는 정력에 좋은 채소로 알려졌다고 한다. 풍자 시인 마르티알리스는 양파는 늙은 연인에게 필수 식품이라고 추천하기도 했다. 고대 로마인들은 양파를 시력 개선제, 수면 보조제, 구강 궤양 치료제, 개에게 물린 상처를 치유하는 약으로 사용할 정도였다고 한다.

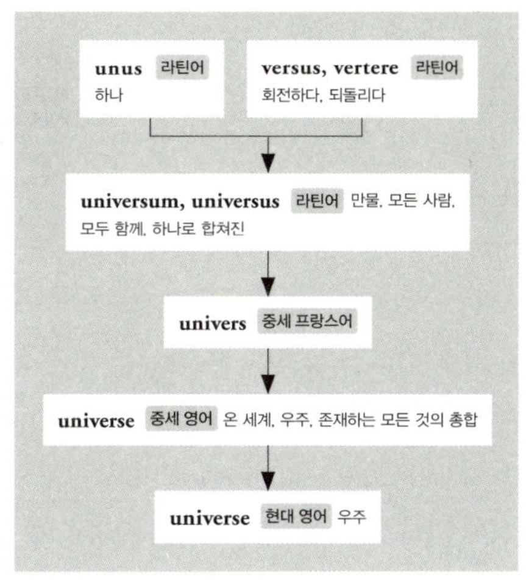

영어로 '양파'는 **onion**이라고 한다. 이 말은 중세 프랑스어 oignon에서 왔는데, 노르만 방언의 형태는 union이었다. 그런데 union은 '연방' 또는 '조합'을 의미하는 영어 **union**과 철자가 동일하다. 우연의 일치일까? 사실 양파의 onion과 연방의 union은 그 뿌리가 모두 라틴어 unionem이다. 양파가 하나의 통으로 이루어진 채소이고, 연방도 통합체라는 점에서 두 단어의 공통분모를 찾을 수 있다.

라틴어 unionem은 '하나'를 뜻하는 unus에서 나온 말이다. **unanimous**는 unus와 animus가 합쳐진 말로 '하나의 영혼을 가진', 즉 '만장일치의'라는 뜻이다. **uniform**은 하나의 형태만 있는 '통일된 제복'을 가리키고, **unique**는 오직 하나만 있다는 데서 '유일무이한' 또는 '특별한'이라는 뜻을 지닌다. '우주'를 뜻하는 **universe**는 unus에 '회전하다'를 의미하는 라틴어 versus가 합쳐진 말이다. 라틴어 어원인 universus는 본래 all in one, all together, everybody라는 뜻이었는데, 중세 프랑스어를 거치면서 the whole world, cosmos, 즉 '우주'라는 의미가 생겨났다. '대학'을 가리키는 영어 **university** 역시 '전체', '조합', '사회'를 가리키는 라틴어 universitatem에서 나온 말이다.

Obvious 분명한

❖ via air mail이라고 인쇄된 국제우편 봉투

"모든 길은 로마로 통한다"라는 격언은 문자 그대로 로마제국의 길들이 로마 도시로 통한다는 말이다. 실제로 로마제국에는 40만_km_의 가도들이 거미줄처럼 이어져 있었고, 그 길들은 모두 로마로 이어져 있었다. 두 번째는 어떤 일을 할 때 여러 가지 방법이 있지만 결과는 동일하다는 뜻으로 사용된다. It doesn't matter at all what you do or how you do it. All roads lead to Rome이라는 문장은 '무엇을 하든, 어떻게 하든 전혀 중요하지 않다. 결과는 마찬가지다'로 번역할 수 있다.

이 속담의 라틴어는 Omnes viae Romam ducunt인데 두 번째 단어 viae가 '길'을 의미한다. 단수는 via다. '로마 가도'는 라틴어로 via Romana라고 한다. 예전에 국제우편 봉투 겉면에는 via air mail이라고 인쇄되어 있었는데, 여기서 via는 '길'을 뜻한다.

via는 영어에 많은 어휘를 제공했다. 먼저 **deviate**를 보자. 여기서 de-는 영어 off를 의미하므로, deviate는 '길에서 벗어나다'를 뜻한다. 두 번째는 '일상을 벗어나다'를 의미한다. The recent pattern of weather deviates from the norm for this time of year는 '최근의 날씨 패턴은 매년 이맘때의 일반적인 패턴에서 벗어나 있다'라고 번역한다. 명사형 **deviation**은 '일탈', '탈선' 또는 '편차'를 의미한다. 일상 회화에서 '분명히'라는 의미로 자주 사용하는 **obviously**도 via에서 나온 말이다. 여기서 ob-는 '정면'을 가리킨다. 영어 **obvious**는 길에서 흔히 만나는, 즉 공개적인 공간에서 흔히 만나는 '분명한' 상황을 가리킨다. 항해 같은 '긴 여행'을 의미하는 **voyage**도 via에서 나온 말이다. 중세 프랑스어 voiage에서 영어로 들어간 단어다.

Summit 정상회담

1525년 2월 24일, 이탈리아 북부 지방의 파비야성城을 포위한 프랑스군을 신성로마제국의 군대가 포위했다. 포위 작전을 벌이던 프랑스 군대가 포위되었다. 이탈리아의 지배권을 놓고 프랑스의 프랑수아 1세는 직접 군대를 이끌고 출전했다. 상대는 당시 유럽의 일인자였던 신성로마제국의 황제 카를 5세였다. 프랑수아 1세는

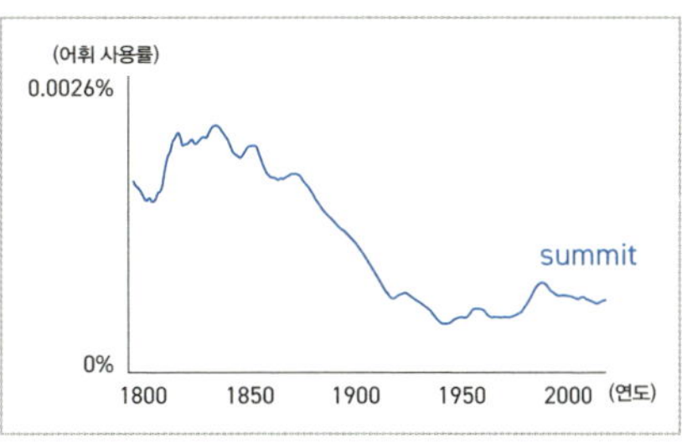

❖ 1950년 영국 수상 처칠이 summit을 정상회담의 의미로 사용했다. 그 이전까지 summit의 용례 빈도수는 지속적으로 하락 중이었다.

파비야전투에서 패하고 생포되어 마드리드로 압송되었다. 유럽의 강자 프랑스 왕이 작은 성에 유폐된 것이다. 프랑수아 1세는 카를 5세와의 단독 회담을 요청했지만, 황제는 응하지 않았다. 카를 5세는 정상회담이 자신에게 불리하다고 판단했다. 그러나 프랑수아 1세의 건강이 악화하자, 황제는 정상회담을 수용한다. 두 군주가 만난 자리에서 황제는 프랑수아 1세에게 덕담을 건넸다. 그리고 프랑스로 어서 돌아가라는 말도 잊지 않았다.

정상회담은 현대에 와서 자주 열린다고 생각할 수 있지만, 근대 유럽에서도 수많은 정상회담이 열렸다. 이 분야의 전문가에 따르면, 1494년부터 1788년까지 유럽에서 무려 3,340회의 정상회담이 열렸다고 한다.[*] '정상회담'은 영어로 **summit**이라고 하는데, 이 말은 중세 프랑스어 sommet에서 왔고, 그 뿌리는 라틴어의 summus에 이른다. summus는 '높다'를 뜻하는 형용사 superus의 최상급이다. 영어로 옮기면 'the highest'이고, 비교급은 superior다. 영어 **superior**는 '우수한'이라는 형용사로 쓰이거나, '선배', '상급자'라는 명사의 의미도 지닌다. This is clearly the work of a superior artist는 '이것은 분명히 뛰어난 아티스트의 작품이다'라는 말이고, **superior officer**는 '상급 장교'를 의미한다. summit의 본래의 뜻은 '꼭대기'다. beyond the summit of that hill above the village는 '마을 위 언덕의 꼭대기 너머로'라는 말이다.

---

[*] Mathéo Malik, *Comment la confiance vient aux princes*, PUF, 2023.

Beatific 기쁨이 넘치는

『로미오와 줄리엣』만큼 슬픈 사랑 이야기가 중세 이탈리아에도 있었다. 셰익스피어의 비극이 창작이라면, 이탈리아의 사랑 이야기는 실화다. 주인공은 『신곡』을 쓴 이탈리아의 대문호 단테와 그의 짝사랑 베아트리체였다. 단테는 평생 베아트리체를 딱 두 번 만났다. 단테는 9살 때 베아트리체를 보고 첫눈에 반했다고 한다. 단테가 1살 더 많으니까, 베아트리체는 당시 8살이었다. 이후 단테는 평생 그녀를 연모했지만, 두 사람은 제대로 대화를 나눠본 적도 없었다. 그

❖ 단테가 짝사랑한 여인 베아트리체

후 9년 뒤에 두 사람은 피렌체의 어느 도로에서 우연히 만난다. 그녀는 단테에게 정중히 인사를 건넸고, 이날부터 베아트리체는 평생 단테의 마음속에 남게 된다. 하지만 베아트리체는 24살의 나이에 요절하고 만다.

　베아트리체Beatrice라는 여인은 짝사랑의 화신 같은 존재였다. 이름의 어원을 따라가면 '행복'을 의미하는 라틴어 beatus에 이른다. '완벽한 행복'을 의미하는 영어 **beatitude**가 여기서 나왔다. 본래 신이 내린 축복에서 나오는 행복을 가리키던 이 말은 일상적인 의미로 일반화되었다. 형용사 **beatific**은 '기쁨이 넘치는'을 뜻한다. The angels in the painting have beatific smiles는 '그림 속 천사들은 천상의 미소를 짓고 있다'로 번역할 수 있다. 가톨릭에서는 '시복하다'라는 뜻으로 **beatify**를 사용한다. 시복諡福이란 말은 가톨릭 신자가 신앙심을 증거하고 죽은 다음에 복자福者로 올리는 예식을 말한다. 이후 복자에서 성인으로 오르는 예식은 시성諡聖이라고 한다. 한국 최초의 신부인 김대건 신부는 1925년 복자로 선포되었고, 1984년 5월 6일 한국을 방문한 교황 요한 바오로 2세는 김대건 신부를 시성했다.

Connection 접속

1990년대 초반 컴퓨터 시대의 일대 혁명이 일어났다. 컴퓨터에 모뎀이라는 카드를 장착한 뒤에 전화선을 모뎀에 연결하면 아날로그 신호를 디지털 신호로 바꾸어 통신할 수 있는 신기술이 발명되었다. 전화기를 통해 음성으로만 소통하던 사람들이 컴퓨터 화면을 통해 문자로 통신

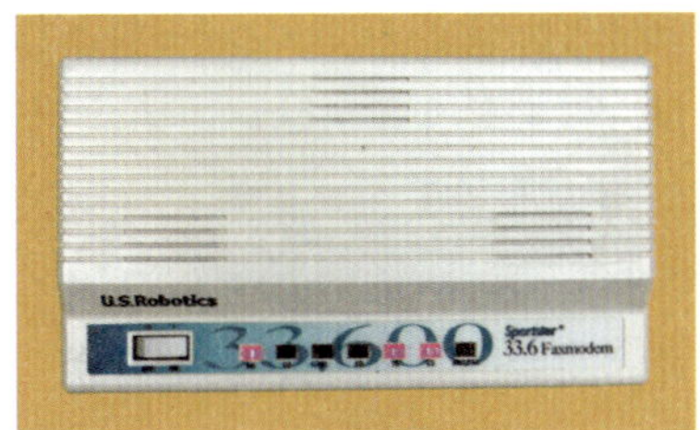

❖ U.S. 로보틱스의 외장형 모뎀

을 할 수 있게 된 것이다. 한 가지 단점이 있다면 모뎀을 사용할 경우, 유선전화를 사용할 수 없다는 점이었다. 1997년 개봉한 한국 영화 《접속》은 주인공인 라디오 PD가 청취자에게 PC 통신을 통해 접속하면서 일어나는 로맨스 이야기를 다룬다. 영어 제목은 '접촉'을 의미하는 **contact**이지만, 실제로는 PC 통신에 접속해 일어나는 이야기이므로 **connection**을 주제어로 삼았다.

라틴어에서 접두사 cum-은 뒤에 오는 자음에 따라 com-, con-, cor-, col-, co- 등과 같이 어형이 변하고, 그 뜻은 영어 with, together, completely에 해당하거나, 단순한 강조의 의미를 지닌다.

connection의 동사형 **connect**는 라틴어 connectere에서 나왔다. con-은 영어 together에 해당하고, nectere는 '묶다'를 뜻한다. 그러니까 함께 묶다, 즉 '연결하다'를 의미한다. **complete**의 com-은 단순 강조를 의미하고, -plete는 '채우다'라는 뜻이므로 최대한 채운, 즉 '가능한 한 최대의' 상태를 가리킨다. '노동하다'를 뜻하는 라틴어 동사 laborare가 붙으면 함께 노동하다, 즉 '협력하다'를 뜻하는 **collaborate**가 만들어진다. '노동'을 가리키는 영어 **labor**를 상기해보자. '확증하다' 또는 '입증하다'를 뜻하는 **corroborate** 역시 '강하게 만들다'라는 라틴어 roborare에 cum-이 붙어 만들어진 말이다. 여기서 cor-는 '철저한', '완벽한'이라는 뜻을 갖는다. Recent research seems to corroborate his theory는 '최근의 연구는 그의 이론을 뒷받침하는 것으로 보인다'라고 번역할 수 있다.

Capsule 캡슐

현대인은 많은 약을 복용한다. 약을 그대로 복용하기도 하지만 가루나 액체 등을 캡슐에 넣은 형태로 복용하기도 한다. 캡슐은 영어로 **capsule**이라고 표기하는데, 이 말은 '작은 상자'를 의미하는 라틴어 capsula에서 나왔다. 우주 항공 분야에서도 capsule이 사용되는데, '우주 캡슐'

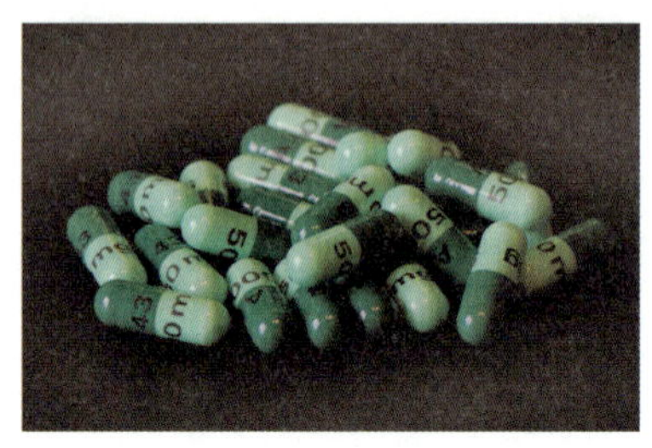

❖ 가루약을 넣은 캡슐

은 **space capsule**이라고 부른다. 우주 비행에서 우주 비행사가 일정 기간 생활할 수 있는 공간이나 우주선을 가리킨다. The astronauts are coming back to Earth in the space capsule은 '우주 비행사들이 우주 캡슐을 타고 지구로 귀환하고 있다'라는 말이다.

capsule을 제공한 라틴어 capsula의 어원은 라틴어 동사 capere이다. 영어 take에 해당하며 '붙잡다', '생포하다'라는 뜻을 갖고 있다. 여기서 나온 어휘로는 **capable**이 있다. 16세기에 영어에 들어온 capable은 충분히 잡을 수 있는, 즉 '~을 할 수 있는'이라는 뜻을 지녔다. '사로잡힌 상태'나 '억류된 상태' 혹은 '포로'를 의미하는 **captive**도 뿌리가 같다. We found soldiers who had been captives for several years는 '우리는 몇 년 동안 포로로 잡혀 있던 병사들을 발견했다'라고 번역한다. **captor**는 '포획자' 또는 '억류자'라는 말인데, When the captors go home, what does the captive do?는 '포획자가 집으로 돌아가면 포로는 무엇을 하는가?'로 번역할 수 있다. 형용사 **captious**는 그 의미가 조금 다르다. captious question은 '말꼬리를 잡는 문제'를 말한다. captious는 '무언가를 잡는'이라는 뜻에서 '트집을 잡는'이라는 의미로 발전했다.

스마트폰으로 화면을 캡처한다고 할 때 쓰이는 **capture** 역시 위의 단어들과 그 뿌리는 같다. 본래 capture는 '포로로 잡다', '포획하다'를 의미한다. 정지 화면을 포로로 잡는 것이 capture의 어원적 의미다.

Dictionary 사전

프랑스어를 전공한 필자는 1990년대 초에 프랑스어 사전을 한 질 구입했다. 알파벳 A부터 Z까지 총 12권의 구성된 사전이었는데, 한 권당 무게가 족히 3킬로그램은 넘었다. 아날로그 시대의 학자들은 이런 식으로 연구를 했다. 그런데 그 사전이 이제는 인터넷 사이트에 통째로 올라와 있다. 단어를 검색하

❖ 옥스퍼드 영어사전 초판본

면 모든 내용이 모니터에 한번에 올라온다. 이렇게 종이 사전은 우리 곁을 떠나 갔다.

‘사전’을 의미하는 **dictionary**는 영어 say, speak에 해당하는 라틴어 dicere에서 나온 말이다. **dictate**는 ‘말하다’라는 의미에서 ‘크게 말하는 것을 받아쓰다’라는 의미로 바뀌었다. 한국어는 발음과 소리가 과학적으로 일치하는 한글을 사용하기에 받아쓰기가 아주 어렵지 않지만, 영어나 프랑스어는 받아쓰기 세계 대회가 있을 정도로 어렵다. 묵음이나 불규칙 발음이 많기 때문이다. dictate에는 ‘명령하다’, ‘지시하다’라는 뜻도 있다. The UN will dictate the terms of troop withdrawal from the region은 ‘유엔이 이 지역의 병력 철수 조건을 결정할 것이다’라고 번역한다.

dicere 앞에 영어 against에 해당하는 라틴어 contra-가 붙으면 ‘말한 것을 부정하다’, ‘반박하다’를 뜻하게 된다. 따라서 명사형 **contradiction**은 ‘모순’을 의미한다. The two stories contradict each other는 ‘그 두 이야기는 서로 모순된다’라는 말이다. **edict**는 영어 out에 해당하는 접두사 ex- 뒤에 dicere가 붙은 단어다. 즉 ‘밖으로 말하다’, ‘공적으로 선언하다’라는 의미로, ‘포고령’이나 ‘칙령(왕이 내린 명령)’을 가리킨다.

Mental 정신의

악성樂聖 베토벤은 많은 교향곡을 작곡한 위대한 음악가다. 하지만 심각한 정신 건강 문제로 고통을 받기도 했다. 생전에 그가 쓴 편지에는 행복이 넘치는 창의성을 엿볼 수 있지만, 그 내면에는 깊은 우울증으로 고통받는 모습도 확인할 수 있다. 20대 후반부터 청력을 잃기 시작한 베토벤의 정신 상태는 더 악화했다. 「하일리켄슈타트 유서」(1802)라는 유명한 편지에서 베토벤은 청각 장애로 인한 절망과 자살에 관해 글을 쓰기도 했다. 그럼에도 그는 귀가 거의 들리지 않는 상태에서 〈합창〉으로 잘 알려진 9번 교향곡을 작곡했다.

❖ 루트비히 판 베토벤

'정신병'은 영어로는 **mental illness**라고 부른다. '정신의'를 뜻하는 영어 **mental**은 '정신'이나 '마음'을 가리키는 라틴어 mens에서 나왔다. 그렇다면 영어에 들어올 때 mens-라는 형태로 들어와야 할 것 아니냐고 독자들은 생각할 것이다. 그런데 라틴어는 명사의 형태가 격마다 변한다. mens-의 소유격은 mentis가 되면서 ment-라는 어형이 만들어진다.

mentality는 '사고방식'이라는 뜻으로 쓰인다. I can't understand the mentality of people who hurt animals는 '나는 동물을 해치는 사람들의 사고방식을 이해할 수 없다'라고 번역한다. demented라는 단어도 mens에서 파생된 말이다. '비정상'을 의미하는 de-가 붙어 정신 이상이나 미친 상태를 가리킨다. 구글의 Ngram에 따르면 이 단어는 19세기 이후 그 용례가 계속 증가하는 추세다. 현대인들의 정신세계가 그만큼 문제가 많다는 것일까? '언급하다'를 뜻하는 **mention**도 mens에서 나온 단어다. 언급하는 행위(라틴어 mentionem)는 자기의 마음을 불러내어 무언가를 말하는 것이므로 mens와 관계가 있다.

Domain 도메인

인터넷 주소는 고유한 IP 주소를 가지고 있다. 그러나 숫자로 된 IP 주소는 기억하기 어렵다. 그래서 영문이나 한글로 된 도메인을 사용한다. 예를 들어, 172.217.3.196 같은 IP 주소는 일반인이 기억하기 어려우므로 google.com 같은 도메인을 통해 쉽게 기억할 수 있다. 도메인은 등록하는 사람의 소유가 되므로, 사람들에게 친숙한 도메인 이름은 고가로 거래된다. 2014년 cars.com이란 도메인은 한화로 1조 1,500억 원에 팔렸다고 한다.

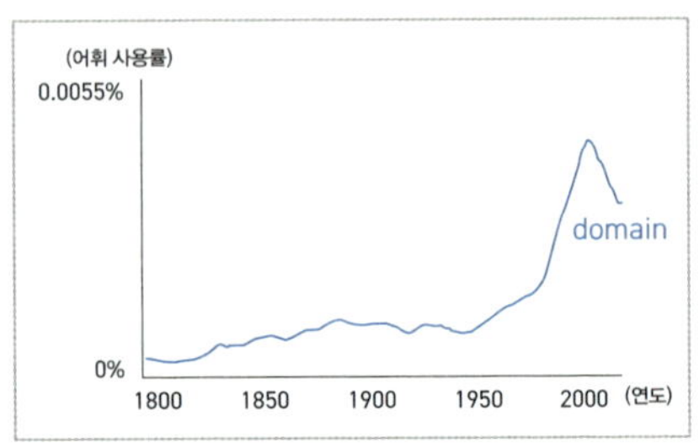

❖ 2000년대까지 domain의 용례가 가파르게 상승했다가 최근에는 다소 감소했다.

domain의 어원은 중세 프랑스어 domaine인데, 이 말 역시 라틴어에서 '소유권', '지배', '영지'를 가리켰고, 그 뿌리는 '주인'을 의미하는 라틴어 dominus에 닿아 있다.

고대 로마에서는 도시의 주택도 domus라고 불렀다. domus는 house일 수도 있고, home일 수도 있다. 공항에서 '국내선'을 **domestic line**이라고 하는데, domestic은 '국내의', '가정의'를 뜻한다. **English domestic law**는 영국 국내법인데, 국가 간의 관계를 다루는 국제법과는 달리, 영국 내의 개인, 가족, 기업 및 조직과 관련된 법과 규정이 포함된 법을 가리킨다.

dominus에서 나온 영어 동사는 '지배하다'를 의미하는 **dominate**다. the ambition that has dominated his life는 '그의 삶을 지배해온 야망'이라는 표현이다. 중세 요새 성에 있는 '지하 감옥'을 **dungeon**이라고 하는데, 중세 프랑스어 donjon에서 나왔고, 그 뿌리 역시 라틴어로 '지배'를 의미하는 dominium이다. 한 가지 특이한 점은 프랑스어 donjon은 요새 성의 주탑 전체를 가리키는 데 반해, 영어 dungeon은 주탑의 지하 감옥만 가리킨다. '위험'을 가리키는 **danger**의 어원도 dominium이다. danger의 중세적 의미는 '주인의 권력', '해를 끼치는 힘'이었는데, 여기서 '위험'이라는 뜻이 나왔다.

Fugitive 도망자

영화《인디아나 존스》시리즈로 잘 알려진 해리슨 포드는 1993년《도망자》에서 다시 한번 명배우로 인정받았다. 주인공 킴블 박사는 유명한 의사다. 그는 갑작스럽게 수술 일정이 잡혀 아내만 집에 남겨놓고 병원으로 간다. 그런데 집에 돌아오니 낯선 사람이 한 명 있었다. 킴블 박사는 낯선 사내와 격투를 벌이고 침입자는 간신히 도주한다. 그런데 침실

❖ 이스트먼 존슨의 〈도망가는 노예들〉

의 아내는 이미 살해된 뒤였다. 결국 킴블 박사는 체포되지만, 호송 중에 탈출해 진범을 찾아 나선다. 주인공 킴블 박사는 집요하게 연방 수사관에 쫓기는데, 여기서 영화 제목이 나왔다.

 '도망자' 또는 '탈주자'를 의미하는 **fugitive**는 라틴어 fugitivus에서 나왔다. 대개 '탈주한 노예'나 '탈영한 병사'를 가리켰다. 탈출한 노예는 붙잡히면 가혹한 형벌을 받았다. 도망한 노예에게는 보통 F(=fugitivus)라는 낙인을 찍었으며, 일부 문헌에서는 FUG 형태도 언급된다. 영어 fugitive의 뿌리는 라틴어 동사 fugere이고, '원심력'을 의미하는 **centrifugal** 역시 이 동사에서 나왔다. centri-는 '중심'을 뜻하고, fugal은 중심에서 도망가는, 즉 멀어지는 힘인 '원심력'을 가리킨다. 반대말은 '구심력'을 의미하는 **centripetal**로, petal은 라틴어 동사 petere에서 나왔다. 영어 go to에 해당한다. 즉, 중심으로 간다는 말이다. 시사 뉴스에서 자주 보이는 '난민'을 가리키는 **refuge**도 어원이 fugere다. 이 단어에서 re-는 영어 back에 해당하므로, 뒤로 도망가서 숨은 곳, 즉 '피신처'를 가리킨다. **refugee**는 '망명자'라는 뜻을 지닌다. The climbers slept in a mountain refuge는 '등반가들은 산속 대피소에서 잠을 잤다'라고 번역한다.

Leverage 레버리지

경제 분야에서 **leverage effect**레버리지효과는 차입금 같은 타인자본을 지렛대로 삼아 자기자본의 이익률을 높이는 것을 말한다. 예를 들어, 100억 원의 자기자본으로 10억 원의 순익을 올리면 자기자본 이익률은 10퍼센트가 된다. 하지만 자기자본 50억 원에 타인자본 50억 원을 더해 수

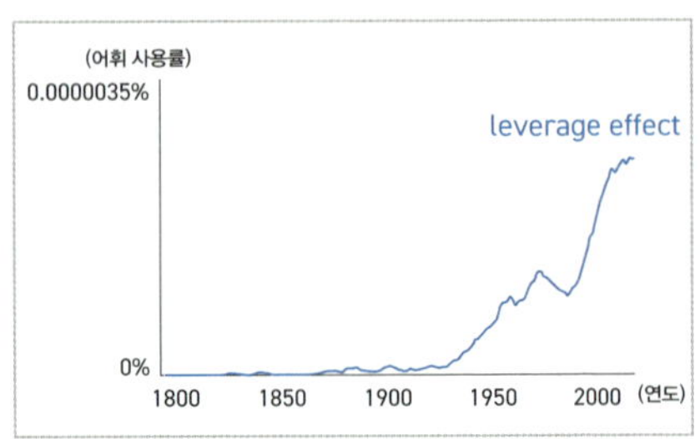

❖ leverage effect는 1990년부터 용례가 급증했다.

익 10억 원을 내면 자기자본 이익률은 20퍼센트로 올라간다. 레버리지는 영어로 **leverage**라고 쓰는데, 지렛대를 의미하는 **lever**레버에서 나온 말이다. 바로 앞서 소개한 레버리지효과의 예에서 지렛대의 역할을 한 것은 타인자본 50억 원이다.

영어 lever는 중세 프랑스어 lever르베에서 건너온 말이고, 프랑스어 역시 '끌어 올리다'를 뜻하는 라틴어 levare가 어원이다. levare는 '가볍다'를 의미하는 levis가 그 어원이다. 그러므로 지렛대의 원리를 이용해 물건을 가볍게 끌어 올린다는 뜻이다.

levity는 '경솔'이나 '경박', '경쾌'를 뜻하는 말이다. 라틴어 어원 levis의 뜻을 잘 간직하고 있다. brief moment of levity amid the solemn proceedings는 '엄숙한 절차 속에서 잠깐의 경쾌함'이라는 표현이다. **levy**는 세금의 '추가 부담금'이나 '세금을 징수하다'를 뜻한다. They imposed a five percent levy on alcohol은 '그들은 주류에 5퍼센트의 세금을 부과했다'라고 번역한다.

일상생활에서 자주 이용하는 **elevator**는 영어 out에 해당하는 라틴어 접두사 ex-에 levare가 합성된 단어다. 어떤 물체를 밖으로 끌어 올린다는 의미가 바로 엘리베이터의 어원적 의미라고 할 수 있다.

Capital 수도

미국은 연방헌법에 워싱턴 D.C.를 분명한 수도로 정하고 있으나, 한국이나 일본은 헌법에 수도가 명시되어 있지 않다. 유럽의 수도 역사는 조금 복잡하다. 파리나 런던처럼 1,000년 이상 수도의 지위를 유지한 나라도 있으나, 베를린처럼 통일 후에 수도의 지위를 회복한 나라도 있다. 폴란드도 고도古都

❖ 영국의 수도 런던

크라쿠프가 수도였지만, 1569년 폴란드-리투아니아 공화국이 탄생하는 바람에 수도를 바르샤바로 옮겨 오늘에 이르고 있다.

　'수도'로 번역되는 영어 capital은 라틴어로 '머리'를 의미하는 caput에서 나왔다. 수도首都에 '머리 수首'가 들어간 이유가 여기에 있다. caput에서 나온 **capital**에는 수도 외에도 '자본금', '자산'이라는 뜻이 있다. She left her capital untouched in the bank는 '그녀는 자신의 자산을 은행에 그대로 두고 떠났다'로 번역한다. 한편, 인쇄에서 capital은 '대문자'를 의미한다. English is written with a capital E는 'English는 대문자 E로 쓴다'라는 말이다. 고대 영어 heafodgilt에서 heafod는 '머리'를 의미하고, gilt는 '죄'를 뜻하는데, 여기서 머리는 아주 중대하다는 의미다. heafodgilt를 현대 영어로 옮기면 **capital offence**가 되고, '사형에 처할 만큼 중대한 범죄'를 가리킨다.

　우두머리의 뜻을 지닌 파생어 중에는 (항공기의) 기장, 대위, (운동 팀의) 주장을 뜻하는 **captain**이 있고, 단체의 우두머리를 가리키는 **chief**가 있다. CEO는 chief executive officer의 약자다. '주방장'을 의미하는 **chef**는 프랑스어에서 들어왔다. 프랑스어 chef에는 영어 chief의 의미도 있다. '완수하다'를 뜻하는 영어 **achieve** 역시 chief에서 나왔다. '머리를 향해 가다'에서 머리는 신체의 맨 끝이므로 '끝까지 가다', 즉 '완수하다'라는 뜻이 생겨났다. '참수하다'를 뜻하는 영어 **decapitate**는 영어 off에 해당하는 de-가 붙은 단어다.

Fatal 치명적인

그리스군이 트로이를 함락하자 성안은 살육의 장으로 변했다. 아비규환 속에서 트로이를 탈출하던 아이네이아스는 자기 주변을 둘러보았다. "그 순간 그의 눈에 헬레네가 들어왔다. 트로이에 불행의 씨를 퍼뜨린 여인이었다. 그녀는 숨으려고 도망쳤다. 아이네이아스는 그녀를 죽이려 했

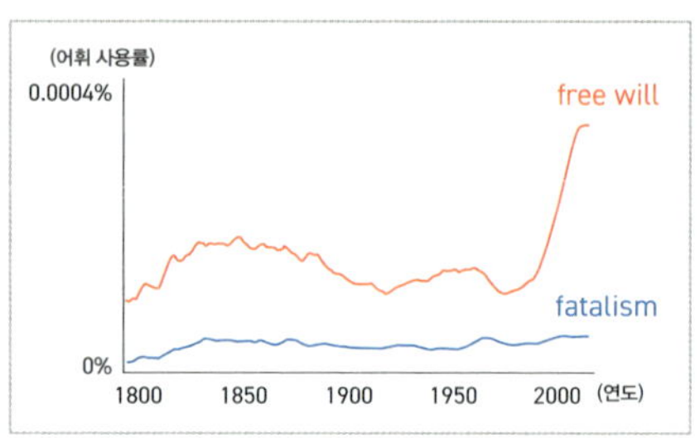

❖ fatalism보다 항상 우위에 있던 free will은 최근에 와서 가파르게 용례가 상승 중이다.

지만, 그래 봤자 진부한 복수는 그의 품격만 떨어뜨릴 뿐이었다."●

역사는 남자들이 만들지만, 여자는 남자를 움직인다. 트로이의 왕자 파리스가 황금 사과를 아프로디테에게 주지만 않았어도, 파리스는 그리스 최고의 미녀 헬레네를 납치하지 않았을 것이고, 트로이전쟁도 일어나지 않았을 것이다. 그러나 모든 것은 운명이 좌우한다.

라틴어에서 '운명'은 fatum이라고 한다. '치명적인'을 뜻하는 영어 **fatal**의 어원이다. 헬레네 같은 여인을 영어에서는 **femme fatale**팜므파탈이라고 부른다. 사전의 정의에는 '요부'라고 나오는데, 프랑스어로 죽음과 파탄을 초래하는 치명적인 여인을 가리킨다. 영어로 '운명론'은 **fatalism**이라고 부른다. There is a mood of profound fatalism amongst party members는 '당원들 사이에는 심각한 숙명론이 팽배해 있었다'로 번역한다.

영어 형용사 fatal과 **fateful**의 차이를 말하자면, fatal의 뜻은 '치명적인'이고, fateful은 '운명적인'이다. He suffered a fatal wound in the battle는 '그는 전투에서 치명적인 상처를 입었다'라고 번역하고, The couple met on a fateful day in Paris는 '파리에서 운명적인 날에 만난 두 사람'으로 번역한다.

● 『아이네이아스』, 베르길리우스, 천병희 옮김, 숲, 2007년.

코로나가 극성을 부릴 무렵, 사람들은 백신 접종을 입증하는 QR 코드를 스마트폰에 저장하고 공공장소를 출입했다. 15세기 후반 유럽에도 비슷한 경우가 있었다. 페스트가 번지면서 페스트를 옮길 위험이 없다는 사실을 증명하는 위생증이 등장한 것이다. 국가 신분증의 개념은 19세기 프랑스에서 처음 등장했다. 나폴레옹이 중앙정부의 업무를 간소화하고자 도입했다. 한국은 주민등록증이라는 독특한 신분증을 사용하지만, 미국에서는 운전면허증이 신분증을 대신하는 경우가 많다.

❖ 옛 영국 국가 신분증

ID는 **identification** 또는 **identity**의 약어인데 개인의 '신분증명서'를 말한다. 이 말은 라틴어 idem에서 나왔고, 뜻은 영어로 the same이다. 즉, ID 카드는 서류상의 개인과 본인이 일치한다는 것을 입증하는 카드다. **identify**는 '신원을 확인하다'를 뜻하며, '동일시하다'라는 의미도 가지고 있다. You should not identify wealth with happiness는 '부를 행복과 동일시해서는 안 된다'라고 번역한다. 범죄 영화에서 용의자들을 한 줄로 세운 다음 목격자가 확인하는 장면을 가끔 볼 수 있는데, 이 사람들을 영어에서는 **identification parade**라고 부른다. parade는 우리에게 낯익은 퍼레이드, 즉 열병식 또는 가두 행진을 말한다. '동일한'을 뜻하는 형용사 **identical**은 영어로 설명하면 exactly the same이다. I've got three identical blue suits는 '똑같은 파란색 정장 세 벌이 있다'라고 번역한다.

Benefit 이득

❖ 항해가 바스쿠 다가마

1498년 포르투갈의 항해가 바스쿠 다가마는 아프리카의 희망봉을 돌아 인도의 캘리컷에 도착했다. 콜럼버스가 인도를 발견했다고 선언한 지 6년 만에 바스쿠 다가마는 진짜 인도에 도착했다. 당시 인도의 경제 수준은 유럽을 압도하고 있었다. 특히 캘리컷의 고급 무명은 유럽인들의 눈을 휘둥그레지게 만들었다. 유럽인들은 이 직물에 '캘리코'라는 이름을 붙였다. 우리말로는 표백된 상태가 옥처럼 깨끗하다고 해서 옥양목玉洋木이라고 부른다. 바스쿠 다가마 일행은 인도에서 향신료와 옥양목을 구매해 포르투갈로 돌아왔다. 이들이 얻은 이익은 6,000퍼센트에 달했다. 당시 지중해의 향신료 무역에서 얻을 수 있는 이윤이 40퍼센트였으니, 실로 엄청난 이득이다. 유럽 제국諸國이 대항해에 앞다투어 뛰어든 이유가 여기에 있다.

영어에는 라틴어 bene-가 붙은 어휘들이 여럿 있다. 영어 형용사 good의 부사가 well이듯이, good에 해당하는 라틴어 형용사 bonus의 부사는 bene다. 그러므로 bene-가 붙은 말은 모두 좋은 의미를 지니고 있다. 앞서 언급했던 '이윤', '이익'은 **benefit**이다. bene+fit에서 fit은 '만들다'를 뜻하는 동사 facere에서 왔다. 즉, 좋은 것을 만들었다는 의미가 담겨 있다. **benediction**은 좋은 말을 해주는 것, 즉 '축복'을 뜻한다. **benefactor**는 좋은 일을 만드는 자, 즉 '후원자'라는 말이다. **benevolent**에서 volent는 영어 wish에 해당하므로 '자애로운'을 뜻한다. **benevolent organization**은 '자선단체'를 가리킨다. 조지 오웰의 『1984』에는 다음과 같은 문장이 나온다. "He was a man of perhaps sixty, frail and bowed, with a long, benevolent nose…." 쇠약한 데다 허리까지 굽은 주인은 예순 살쯤 먹은 노인이었는데 기다란 코는 인자하게 생겼고….

Intelligent 총명한

역사상 가장 총명한 인물은 누구일까? 역사 속의 인물들이 IQ 테스트를 받을 수는 없지만, 학자들은 그들이 남긴 저작이나 결과물을 통해 천재들을 선정해보았다. 일반상대성이론의 창시자 알베르트 아인슈타인, 르네상스 시대의 만능 천재 레오나르도 다빈치, 독일의 대문호 괴테 같은 인물이 대표적인 천재들이다. 그렇다면 세계에서 IQ가 높은 국민은 누구일까? 한국을 비롯한 동아시아의 평균 IQ가 유럽이나 북미보다 높은 것으로 나와 있다. 대부분의 유럽 국가 평

❖ 천재 과학자 알베르트 아인슈타인

균 IQ는 100 미만이지만, 한국을 비롯한 일본, 중국의 평균은 100 이상이다.

IQ는 '지능지수'를 의미하는 **Intelligence Quotient**의 약어다. **intelligence**는 '지능'이고, **quotient**는 '지수'인데, 지수는 나눗셈의 몫, 즉 비율을 뜻한다. IQ가 100이면 표준 지능이고, 대칭적인 분포를 보인다. 다시 말해, IQ가 125인 사람들과 75인 사람들의 분포가 동일하다는 것이다. intelligence의 어원은 라틴어 intellegere로, 영어 between에 해당하는 inter와 legere(영어 read에 해당)가 합성된 말이다. inter가 intell-로 된 것은 'r'이 legere 앞에서 'l'로 동화되었기 때문이다. intellegere는 '~사이의 글을 읽다'이므로 행간의 뜻을 알다, 즉 영어 understand에 해당한다. 지능이 높은 사람들의 이해력이 높은 것을 보면 알 수 있다.

형용사 **intelligible**은 라틴어의 뜻을 잘 간직하고 있는데, '쉽게 이해할 수 있는'이라는 의미다. She was hardly intelligible이라는 문장은 '그녀는 거의 알아들을 수 없었다'라고 번역한다. **intellectual**은 '지적인'이라는 뜻으로 자주 사용된다. I like detective stories and romances - nothing too intellectual은 '나는 추리소설과 로맨스를 좋아하지만, 너무 지적인 것은 좋아하지 않는다'라고 번역한다.

Mission 선교

구한말 서양 열강들은 앞다투어 선교사를 파견했다. 그들은 조선에 근대식 학교를 세웠는데, 대부분 선교가 목적이었다. 이런 학교를 영어로 미션스쿨mission school이라고 부른다. 여기서 **mission**은 임무가 아니라 '선교'를 뜻한다. 가톨릭의 예배는 '미사'라고 하는데 영어 표기는 **Mass**다. 이 말도 '파견'을

❖ 구한말 근대식 학교 배재학당

뜻하는 라틴어 missio와 어원이 같다. 가톨릭의 미사는 "이제 미사가 끝났습니다. 가서 복음을 전하십시오"라는 말로 끝난다. 라틴어로 "Ite Missa Est"라고 한다.

'선교'를 의미하는 미사는 라틴어 동사 mittere에서 나왔는데, 그 뜻은 영어로 send, let go에 해당한다. 이 동사의 동사형 명사가 missum이다. '인정하다', '허락하다'를 의미하는 **admit**는 ad(영어 to에 해당)+mittere로 이루어져 있다. 어디로 가게 내버려두다, 즉 '허용하다'라는 뜻이다. **permit**도 역시 '앞'을 의미하는 per-가 붙어 떠날 자유를 부여하다, 즉 '허용하다'라는 뜻이 생겼다.

'~을 넘어'라는 라틴어 trans가 붙으면 **transmission**이 만들어진다. 17세기에 이 단어는 한 장소에서 다른 장소로 이전한다는 의미가 있었지만, 이후 정보의 소통으로 바뀌었다. 그러다가 19세기에는 '동력의 전달'을 뜻하는 단어가 되었고, 이후에는 자동차의 '자동변속기'를 가리키는 말이 되었다. '해고' 또는 '면직'을 의미하는 **demission**은 접두사 de-(영어 down에 해당)가 붙어서 만들어졌다. The Prime Minister accepted the demission of the Minister of Foreign Affairs는 '총리는 외무부 장관의 퇴임을 수리했다'로 번역한다. **missile**미사일 역시 mittere에서 파생된 missilis('던질 수 있는')에서 유래했다. 그러므로 미사일은 '무엇을 던진다'라는 뜻을 갖는다.

Sense 감각

인간은 오감을 통해 바깥세상의 정보를 뇌 속에 저장한다. 오감에는 시각, 후각, 촉각, 청각, 미각이 있다. 그중 대부분의 정보는 시각을 통해 저장된다고 한다. 어떤 연구에 따르면, 시각이 차지하는 정보 수용량은 70퍼센트에 이른다고 한다. 시각은 압도적이다. 그래서 "백문이 불여일견"이라는 속담도 있지 않은가. 하지만 보이는 것을 다 믿을 수는 없다. 1520년 마젤란 탐험대가 남아메리카의 최남단에 있는 티에라델푸에고 해안에 도착했을 때, 원주

❖ 항해가 마젤란

민들은 난생처음 본 거대한 범선에 별 반응을 보이지 않았다. 범선을 한 번도 본 적이 없었기 때문이다. "두 눈으로 직접 봐야 믿는다"보다는 "믿으면 보인다"로 속담을 고쳐야 할지도 모르겠다.

'감각'을 의미하는 **sense**는 라틴어 동사 sentire의 동사적 명사 sensum에서 나왔다. 라틴어 동사의 뜻은 '느끼다', '인지하다', '생각하다'였다. 영어에서는 고유어 feel을 사용하지만, 다른 용례에서는 sensum에서 파생된 어휘들을 사용한다. **consent**는 영어 together에 해당하는 con-에 sentire가 합쳐진 말이다. 함께 느끼는 것이니 '동의하다' 또는 '합의하다'를 뜻한다. 영어 접두사 dis-는 differently의 뜻을 지니므로, **dissent**는 다르게 생각하다, 즉 '반대하다'를 의미한다. Only two ministers dissented from the official view는 '오직 두 명의 장관만이 그 공식 견해에 반대했다'라고 번역한다. **presentiment**는 영어 before에 해당하는 pre-와 '정서', '감정'을 뜻하는 sentiment가 합쳐진 말로, 미리 느끼는 것, 즉 '예감'을 가리킨다. 대개 불길한 예감을 말한다. She had a presentiment of what might lie ahead는 '그녀는 앞으로 어떤 일이 벌어질지 예감하고 있었다'라고 번역한다. 여기서 앞으로 벌어질 일은 당연히 불길한 일을 말한다.

Millennium 밀레니엄

1033년은 예수의 대속 사건 후 꼭 1,000년이 지난 해였다. 유럽의 모든 기독교 왕국의 신자들은 무리를 지어 성지를 찾아 떠났다. 잉글랜드의 정복왕 윌리엄 1세의 부친 악마공 로베르 역시 1035년에 성지 예루살렘으로 순례 여행을 떠났다. 생전에 노르망디공이자 형제인 리샤르 공작을 살해했다는 의심을 받고 있었기 때문이다. 로베르는 형의 급사로 노르망디 공작에 올랐지만, 평생 양심의 가책을 느끼고 있었다. 말하자면 로베르에게 성지 순례는 참회의 여행이었다. 하지만 로베르는 돌아오는 길에 지금의 튀르키예에서 병사하고, 노르망디에 있던 그의 사생아 윌리엄이 천신만고 끝에 노르망디 공작에 오른다.

❖ 악마공 로베르

영어 **millennium**은 1,000년의 시기를 가리킨다. 예수 탄생 이후 1,000년을 말하거나, 1,000년의 기간을 가리킨다. 기원후 2000년은 새로운 밀레니엄이 시작하는 해였다. millennium은 라틴어로 '1,000'을 의미하는 mille와 '해'를 의미하는 annus가 합쳐진 말이다. '생일'이나 '기념일'을 가리키는 **anniversary**는 annus와 '돌아오다'를 뜻하는 versus로 이루어져 있다. 특정일이 1년 만에 다시 돌아온다는 말이다. **perennial**은 '오랫동안 지속되는'을 뜻하는 말인데, per-는 한쪽에서 다른 한쪽까지 지속된다는 의미(영어 through에 해당함)이므로, 여러 해 동안 지속된다는 말이다. The film 'White Christmas' is a perennial favorite는 '영화 〈화이트 크리스마스〉는 꾸준히 사랑받는 작품이다'라고 번역할 수 있다.

'100만'을 의미하는 **million** 역시 '1,000'을 뜻하는 mille와 관련 있다. 어원적으로 설명하자면 100만이라는 단위는 1,000이 모여 만든 큰 수, 즉 제곱수이다.

Maternal 모계의

신화는 인간 집단의 가족 관계를 그대로 투영하는가? 제우스가 대지의 여신 가이아를 제압했다는 것은 모계사회에서 부계사회로 전환된 사회 구조를 보여주는 증거인가? 인도 신화를 반영하는 대서사시 『마하바라타』의 주인공은 판다바 오형제인데, 이들은 한 명의 여인을 공동 아내로

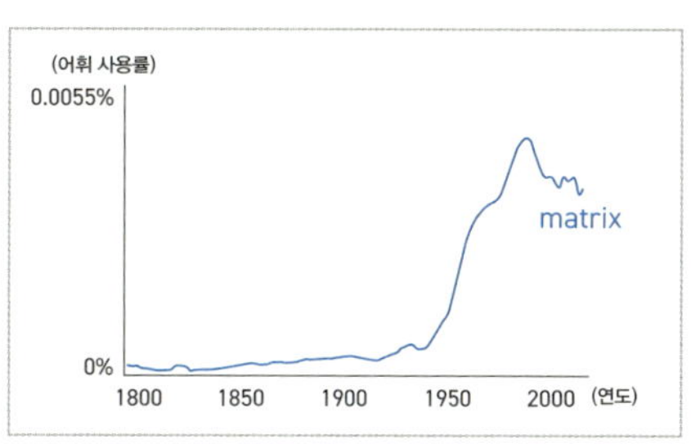

❖ 1950년대부터 사이버 공간을 의미하는 matrix의 용례가 급증했다.

두고 있다. 제우스의 경우가 맞다면, 판다바 형제의 결혼을 통해 인도·유럽인은 일처다부제의 결혼 풍습을 유지하고 있었다는 말인가? 그런데 인도·유럽인의 사회에는 일처다부제의 결혼 풍습이 존재하지 않았다. 신화가 현실의 모습을 그대로 반영하지 않는 대표적인 사례다.

영국의 왕조 계승에서 부계 혈통이 끊어지면, 왕위 상속녀는 다른 집안의 남자와 결혼한다. 이렇게 태어난 왕자가 왕위를 계승하면 왕조의 이름이 바뀐다. 노르만왕조에서 남계의 대가 끊어지자, 프랑스의 앙주 백작이 노르만왕조의 상속녀 마틸다와 결혼한다. 둘 사이에서 태어난 헨리 왕자는 플랜태저넷왕조의 첫 번째 왕이 된다.

영어로 '어머니'는 **mother**인데, 형용사로 쓰이는 어휘는 **maternal**이 된다. 후자는 '어머니'를 의미하는 라틴어 mater에서 나온 말이다. 영어의 어형과 발음이 비슷한 이유는 두 언어 모두 원시 인도·유럽어에서 갈라져 나왔기 때문이다. '모계중심사회'는 **matriarchy**라고 부른다. archy는 '통치하다'를 뜻하는 그리스어 arkhein이 어원이다. '하나'를 의미하는 mono가 붙으면 **monarchy**가 되어 '군주제'를 가리킨다. 혼자 나라를 통치한다는 말이다. 사회나 개인이 성장하는 '모체' 또는 '기반'은 **matrix**라고 부른다. 이 단어 역시 mater에서 나왔다. 오늘날에는 '가상 세계'를 가리키는 단어로도 사용된다.

Patronage 후원

러시아가 낳은 위대한 작곡가 차이콥스키는 1877년의 어느 날 편지 한 통을 받는다. 예술 후원자로 잘 알려진 폰 메크 부인이 매년 6,000루블을 지원하겠다는 내용이었다. 당시 러시아의 하급 공무원이 받는 연봉의 10배가 넘는 큰돈이었다. 덕분에 한창 음악적인 재능을 발휘하고 있던 차이콥스키는 모스크바 음악원의 교수직을 떠나 작곡에만 전념할 수 있었다. 그런데 이 제안에는 이해하기 어려운 단서가 붙어 있었다. 후원자를 절대 만날 수 없다는 조건이었다. 하지만 둘의 관계는 1890년 갑자기 끊어졌다.

❖ 차이콥스키의 후원자 폰 메크 부인

여러 설이 있지만 차이콥스키가 동성애자라는 사실이 분명한 이유 중 하나였을 것이라고 사람들은 입을 모은다. 당시는 동성애가 하나의 범죄로 여겨지던 시대였다.

'후원'을 의미하는 영어 **patronage**는 '아버지'를 뜻하는 라틴어 pater에서 나왔다. 앞서도 설명했듯이 라틴어 초성의 p-는 영어의 f-와 대응한다. father와 pater의 뿌리가 같다는 말이다. **paternal**은 '부계의'라는 뜻으로, My paternal grandparents were Irish는 '나의 친조부모는 아일랜드인이었다'라고 번역한다. '후원자'는 **patron**이라고 부른다. The Princess Royal is a well-known patron of several charities는 '프린세스 로열은 여러 자선 단체의 후원자로 잘 알려져 있다'라고 번역한다. 프린세스 로열은 영국 국왕의 장녀를 가리킨다. 사망한 아버지로 받은 '유산'은 **patrimony**라고 말한다. Machu Picchu is a Peru's cultural patrimony는 '마추픽추는 페루의 문화유산이다'라는 말이고, 여기서 patrimony는 국가나 교회 등의 '유산'을 가리킨다.

Corps 부대

"건전한 육체에 건전한 정신"이라는 표현에서 '건전한 육체에'는 in corpore sano라고 앞에서 소개했다. '육체'는 라틴어로 corpus로, 접두사 in 다음에는 corpore라는 격을 사용해야 한다. 영어에는 corpus에서 파생한 어휘가 많은데, 그 형태는 대부분 corpor-를 취한다. corpus의 소유격인 corporis에서 어형을 빌려왔기 때문이다.

❖ 영국의 장군 말버러 공작

영어 **corporal**은 '신체의'를 뜻하는 말이다. **corporal punishment**는 '체벌'이나 '태형'을 가리킨다. 하지만 이 단어는 군대 계급에 더 많이 사용되는데, 특히 '상병'이나 '일병'을 가리킨다. **corporeal**은 '형체를 가진' 또는 '신체적인'을 의미한다. 이 단어를 활용한 예로 **corporeal hereditament**는 '유형 상속 부동산'이고, **corporeal needs**는 '신체적 욕구'를 말한다.

'기업의', '법인의'를 뜻하는 **corporate**도 라틴어 corpus에서 나왔다. 15세기 영어에는 corporate에 '하나의 통합된 법인체'라는 뜻이 생긴다. 여기서 큰 규모의 '기업'을 의미하는 **corporation**이 나온다. 법인체를 '설립하다'라고 표현할 때는 **incorporate**라는 동사를 쓰면 된다.

'해병대'는 영어로 **Marine Corps**라고 한다. 영어 **marine**은 '바다'를 의미하는 라틴어 mare에서 나왔다. '부대'를 뜻하는 **corps**의 발음이 조금 어렵다. '코어'라고 발음하는 이 단어는 프랑스식 발음을 간직하고 있다. 18세기 초 영국의 유명한 장군 말버러 공작은 프랑스 군대에서 사용하던 '군단', '부대'를 의미하는 corps d'armée에서 corps라는 용어를 영어에 들여왔다. 여기서 말하는 corps 역시 '군단', '부대'를 가리킨다.

Accident 사고

1769년 니콜라 조제프 퀴뇨라는 프랑스 장교가 괴상한 장치를 발명했다. 그가 발명한 3륜 마차는 앞부분에 말 대신 큰 솥이 있었다. 바로 증기기관이었다. 당시에는 증기 마차라고 불렸다. 증기를 이용한 이 장치는 바퀴가 구르면서 전진했다. 마차의 무게는 2.5톤이었고, 시속 3.6킬로미

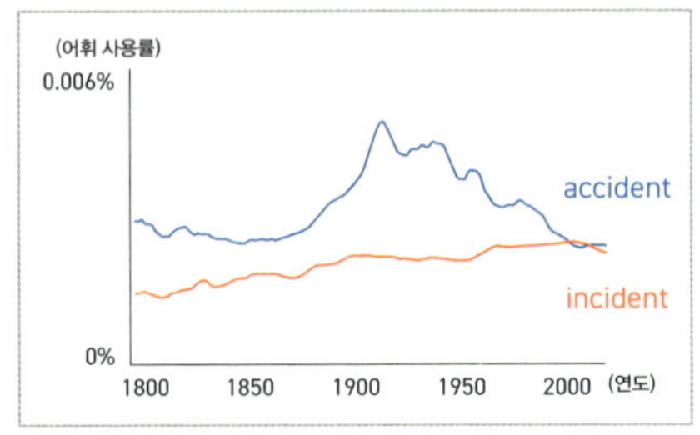

❖ accident는 급격히 줄었고, incident는 점진적으로 상승하고 있다.

터로 이동했다. 인류 최초의 자동차는 이렇게 탄생했다. 프랑스 육군은 이 장치의 시운전을 즉각 명령했다. 퀴뇨는 '자동차'를 운전했는데, 네거리 앞에서 그만 전복 사고를 내고 말았다. 역사에 기록된 최초의 자동차 사고였다.

　'사고'를 의미하는 **accident**는 ad+cident로 이루어져 있는데, ad는 영어 to에 해당하고, cident는 라틴어 동사 cadere(영어 fall에 해당)의 분사형 cadens에서 나왔다. accident의 본래 의미는 '우연히 일어난 사건'이었다. 사고는 예상할 수 없는 법이다. 교통사고는 **traffic/car accident**로 표현한다. accident와 철자가 비슷한 **incident**는 '예상치 못한 사건', 특히 '불쾌하거나 폭력적인 일'을 가리킨다. The demonstration passed off without incident는 '시위는 아무 사고 없이 끝났다'라고 번역한다. '타락'이나 '퇴폐'를 의미하는 **decadence** 역시 뿌리가 같다. 여기서 de-는 영어 apart, down에 해당한다. 그러므로 decadence는 (사회, 제도 등이) 추락했다는 말이다. the decadence of modern Western society는 '현대 서구 사회의 타락'을 의미한다. '평상복'을 뜻하는 **casual** 역시 cadere에서 파생된 말이다. 14세기 무렵 영어에 들어간 casual은 처음에는 우연히 일어나는 사건 등을 의미했지만, 점차 '틀에 박히지 않는'이라는 뜻으로 변해, 1891년에는 '격식에 얽매이지 않는'이라는 뜻이 생겼다. **informal**과 동의어다. 여기서 요즘 사용하는 '일상복'이라는 의미도 생겨났다. Everyone else was in jeans and casual gear는 '다른 사람들은 모두 청바지와 캐주얼 복장을 하고 있었다'라는 말이다. **casual manner**는 '태평스러운 태도' 혹은 '무심한 태도'를 의미한다.

APR 18 | **Creation** 창조

『에누마 엘리시』는 고대 메소포타미아 신화를 잘 보여주는 바빌로니아의 종교적 서사시다. 여기에는 천지창조의 과정이 나오는데 『구약성경』의 「창세기」 1장과 매우 흡사하다. 예를 들어, 『구약성경』에 "땅은 텅 비어 있으며 어둠이 물(테홈) 위에 있다"라는 구절이 있는데, 『에누마 엘리시』에도 "원초적인 혼돈을 나타내는 바다의 여신 티아마트는 어둠에 감싸여 있다"라는 유사한 구절이 나온다. 이 밖에도, 하늘, 마른 땅, 섬광체(해와 달)의 창조 순서가 『구약성경』과 『에누마 엘리시』가 유사하고, 마지막 날에 인간을 창조한다는 내용도 마찬가지다. 신은 이처럼 천지를 창조한 다음, 휴식을 취하고 새로운 세계를 축하했다. 『구약성경』에는 신이 휴식을 취하고 안식일을 정

❖ 에누마 엘리시 점토판

해 거룩하게 했다고 적혀 있다. 신화적인 관점에서 볼 때 『에누마 엘리시』와 『구약성경』 중 어느 하나가 다른 하나에 영향을 주었을 가능성도 생각할 수 있다.

현대 산업에서 가장 주목받는 단어를 하나 고르라고 하면 '창의적인'을 뜻하는 **creative**를 꼽을 수 있다. 애플의 창업자 스티브 잡스가 휴대전화를 만들겠다고 선언하자, 전화 제조업체는 모두 그를 비웃었다. 하지만 스티브 잡스가 만든 스마트폰은 온 세상을 바꿔놓았다. creative는 라틴어 동사 creare에서 나온 말로, '창조하다' 또는 '애를 낳다'라는 뜻을 지녔다. 위에서 언급한 '천지창조'는 **creation**이라고 부른다. 요즘 자주 언급되는 '일자리 창출'이라는 표현은 영어로 **job creation**이다. **creature**는 '생명이 있는 존재'나 '생명'을 가리킨다. The unicorn is a mythical creature라는 문장은 '유니콘은 신화에 나오는 동물(생물체)이다'로 번역할 수 있다. '앞으로'를 뜻하는 라틴어 pro-가 앞에 붙으면 **procreate**가 되는데, '출산'을 의미한다. The priests were denied the right to marry and procreate는 '사제들은 결혼과 출산의 권리가 거부되었다'라는 말이다.

Voluptuous 관능적인

그리스신화에서 사랑과 성性의 여신은 아프로디테가 맡고 있다. 고대사회에서 여성은 신비로운 존재로 숭배받았다. 생식의 기능을 담당하고 있어 풍요의 신과 동일시되었다. 아프로디테는 미의 여신답게 자유분방한 연애를 즐겼다. 물론 그녀도 할 말은 많았을 것이다. 올림포스 최고의 미를 소유한 여신의 배필이 절름발이 헤파이스토스였기 때문이다. 용기 있는 자가 미녀를 얻는 것이 아니라, 재주 많은 자가 미녀를 얻는다. 헤파이스토스는 올림포스 최고

❖ 아프로디테와 아레스의 외도

의 엔지니어였다. 하루는 아프로디테가 근육질의 아레스와 밀회를 즐기고 있었다. 아레스는 아버지 제우스도 포기한 전쟁과 파괴의 신이었다. 이 장면을 목격한 헤파이스토스는 눈에 보이지 않는 그물을 던져 두 남녀에게 던져 꼼짝 못 하게 만든다. 그러고는 제우스를 비롯한 올림포스 신들을 불러 불륜의 현장을 만천하에 공개한다. 이 장면을 그린 회화가 전해오는데, 현장을 바라보는 신들의 얼굴에는 아레스를 부러워하는 기색이 역력하다. 남자들은 모두 마찬가지라는 뜻일까?

아프로디테처럼 육감적인 여인에서 '육감적인'을 영어로는 **voluptuous**라고 한다. voluptuous woman은 '요염한 여자', voluptuous life는 '방탕한 생활'을 뜻한다. 본래 로마신화에서 볼룹타스Voluptas는 큐피드와 그를 사랑한 프시케 사이에서 태어난 딸이었다. 사랑의 신 큐피드의 자식답게 볼룹타스는 쾌락과 희열의 신이 되었다. 큐피드Cupid는 '욕망하다'를 의미하는 라틴어 동사 cupere에서 나온 말이다. 큐피드의 이름에서 나온 영어 단어로는 '탐욕'을 의미하는 **cupidity**가 있는데, 가톨릭의 7대 대죄에 해당한다. 디킨스의 『두 도시 이야기』에도 voluptuous가 사용된 예문이 나온다. "He moved from end to end of his voluptuous bedroom…." 이 문장에서는 voluptuous bedroom을 육감적인 침대보다 '화려한 침대'로 번역하는 것이 어울린다.

코호르스Cohors는 고대 로마 군대의 병력 단위를 말한다. 지금으로 치면 대대 규모의 병력인데, 500~600명의 군인으로 구성된 코호르스가 10개가 모이면 '군단'을 의미하는 레기오Legio가 된다. 각 코호르스에는 군단의 상징 깃대를 들고 다니는 병사가 있었는데, 이 병사를 시그니페

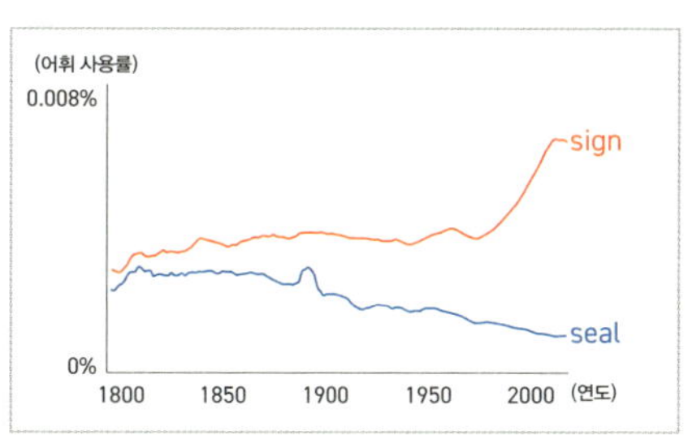

❖ sign의 용례는 급증했고, seal의 용례는 계속 감소하고 있다.

르Signifer라고 불렀고, 군단을 상징하는 깃대를 시그눔signum이라고 불렀다. 깃대에는 원반이나 메달 등이 수직으로 연결되어 있다. 맨 꼭대기에는 병사들의 충성 맹세를 나타내는 형상인 마누스Manus(펼친 손바닥)가 달려 있다.

'징후', '조짐'을 뜻하는 영어 **sign**은 라틴어 signum에서 유래했다. 본래 signum은 '표시', '신호', '암호', '구호' 등을 가리키는 단어였다. 영어 to에 해당하는 ad-가 붙으면 **assign**이 되는데, 일이나 책임 등을 '맡기다'를 뜻한다. 특별한 표시나 신호를 부여한다는 의미에서 만들어진 말이다. The case has been assigned to our most senior officer는 '이 사건은 최고 책임자에게 배정되었다'라는 말이다. 영어 with에 해당하는 con-이 붙으면 **consign**이라는 동사가 되는데, '누구에게 무엇을 보내다'라는 뜻이다. The goods have been consigned to you by air는 '상품이 항공으로 배송되었다'라고 번역한다. '뒤로 돌림'이나 '철회'를 의미하는 re-가 붙으면 **resign**이 되고, 표시를 제거하다, 즉 '사임하다'라는 뜻을 갖는다. She resigned as director는 '그녀는 이사직을 사임했다'라는 말이다. 지금은 덜 사용하지만 예전에 자주 사용하던 도장을 **seal**이라고 하는데, 중세에 사용하던 봉인에서 나왔다. 이 말도 작은 표시를 의미하는 라틴어 sigellum에서 나왔다. 요즘 자주 사용하는 단어 **signature**시그니처는 본래 '서명'이라는 뜻으로, '각별한 구별 표시'라는 의미는 17세기 초반에 생겼다. 여기서 업종이나 상품의 대표라는 의미도 생겨났다. The restaurant's signature dish is seafood paella는 '레스토랑의 대표 메뉴는 해산물 빠에야입니다'라고 번역할 수 있다.

Insect 곤충

아동 도서 중 과학 분야의 대표적인 도서를 꼽으라면 『파브르 곤충기Souvenirs entomologiques』를 들 수 있다. 이 곤충기는 프랑스의 곤충학자 장앙리 파브르가 집필한 책인데, 분량이 무려 10권이나 된다. 그런데 책 제목에 '곤충'을 의미하는 프랑스어 insecte(영어 insect에 해당)가 안 보인다. souvenirs는 '회상'을 의미하고, entomologique는 '곤충학의'를 뜻한다. entomon은 그리스어로 '잘린 것' 또는 '마디로 나뉜 것'을 뜻하는데, 신체가 마디로 구분된 곤충이 이 단어에서 나왔다.

❖ 프랑스의 곤충학자 장앙리 파브르

영어 **insect**도 그리스어와 같은 구조로 되어 있다. 라틴어 insectum이 어원인 insect는 신체가 마디로 나뉜 동물을 가리킨다. insectum에서 in-은 영어 into에 해당하고, sectum은 영어 cut에 해당하는 라틴어 secare에서 나온 말이다. 라틴어 insectum은 그리스어 entomon을 그대로 번역한 형태를 취하고 있다. '책의 절節'을 의미하는 **section** 역시 어원이 같다. section의 어원적 의미는 여러 개로 나뉜 것의 한 부분을 가리킨다. sports section of the newspaper는 신문의 스포츠 섹션을 뜻하고, 기업에서 **finance section**은 '재무 부서'를 말한다. 의학에서는 '절개하다'라는 뜻도 있다. 종교에서 **sect**는 '종파'를 의미한다. He joined a religious sect라는 문장은 '그는 한 종교 종파에 입교했다'라고 번역한다. 이때의 종파는 주류가 아닌 소수의 신자가 모인 종파를 가리킨다. 접두사 inter-가 붙으면 '교차하다'를 의미하는 **intersect**가 만들어진다. The roads intersect near the bridge는 '다리 근처에서 도로가 교차하다'로 번역할 수 있다.

Fortune 운

❖ 행운의 여신 포르투나

인간의 운은 어디에서 오는가? 고대 로마인들은 포르투나Fortuna 여신이 운과 행운을 관장한다고 믿었다. 포르투나 이름은 라틴어로 '우연'과 '운'을 의미하는 fors에서 나왔다. fors는 '가져다주다'를 뜻하는 ferre와 관련 있다. 재물과 풍요를 가져다주는 여신이라는 말이다. 본래 포르투나는 풍요의 여신이었는데, 운과 행운의 여신으로 바뀌었다. 서양 중세로 넘어오면 포르투나 여신이 운명의 바퀴Rota Fortunae/Wheel of Fortune를 돌려 인간의 운명을 결정한다.

영어에서 '운'과 '재산'을 의미하는 **fortune**은 포르투나 여신의 이름에서 왔다. **fortune-teller**는 '점쟁이', **soldier of fortune**은 '용병', **fortune hunter**는 '재산을 노리고 결혼하려는 사람'을 가리킨다. She inherited a fortune from her grandmother라는 문장은 '그녀는 할머니로부터 재산을 물려받았다'라고 번역할 수 있다. **fortunate**는 '운이 좋은'을 뜻한다. You're very fortunate to have found such a nice house는 '이렇게 좋은 집을 찾게 되어 정말 다행이다'라고 번역한다. 부사형 **fortunately**에 '반대'를 의미하는 un-이 붙으면, 회화에서 자주 사용하는 **unfortunately**가 만들어진다. Unfortunately we can't come this evening after all은 '안타깝게도 오늘 저녁에는 참석할 수 없다'로 번역하면 된다.

fortune을 제공한 라틴어 ferre(나르다)에서 나온 또 다른 영어 단어로는 '비옥하다'를 뜻하는 **fertile**이 있다. 대지가 가져다주는 풍요함에서 나온 말이다. The corn grows waist-high in these fertile fields는 '옥수수는 이 비옥한 들판에서 허리 높이까지 자란다'라는 말이다. fortune 앞에 mis-가 붙은 **misfortune**은 '불행' 또는 '불행한 사건'을 가리킨다. We became companions in misfortune은 '우리는 불행을 겪으며 동지가 되었다'라는 표현이다.

Doctor 의사

중세 유럽의 대학에서도 박사는 학생들을 가르칠 수 있는 면허를 가진 사람을 가리켰다. 학생들을 가르칠 수 있는 '교육 면허'를 licentia docendi라고 불렀다. licentia는 '면허'를 뜻하는 **license**의 어원이고, docendi는 '가르치다'를 뜻하는 라틴어 docere에서 나왔다. docere에서 '박사'를 의미하는 영어 **doctor**가 나왔다. doctor는 본래 기독교의 교부敎父를 의미했다. 특히 기독교의 교리를 가르치는 사람을 일컫는 말이었다. 이후 의학 박사로 용

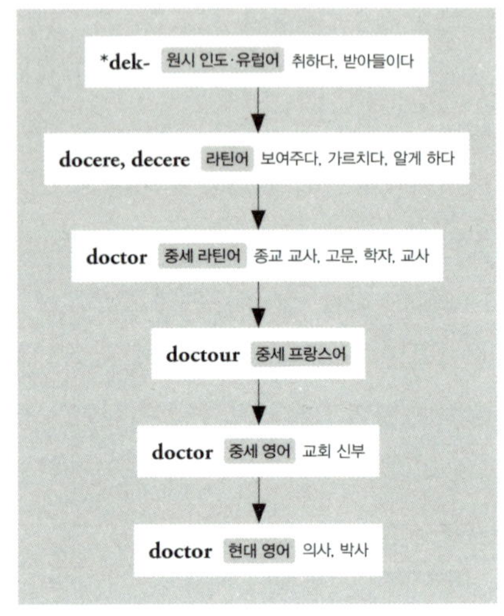

례가 확대되었다. 중세 영어에서는 프랑스어에서 유래한 medicin이 '의사'를 의미하는 말로 사용되었다. 현대 영어에서 doctor는 대개 '의사'를 의미한다.

라틴어 docere에서 나온 영어 어휘로는 doctor 외에도 여럿 있다. 박사 학위는 **doctorate**라고 부르는데, He earned a doctorate at the University of Chicago는 '그는 시카고대학교에서 박사 학위를 받았다'라는 말이다. '교리'나 '원칙', '정책'을 의미하는 **doctrine**도 어원이 같다. **christian doctrine**은 '기독교의 교리'를, **economic/legal/political doctrine**은 '경제/법률/정치적 교리'를 말한다.

'문서'를 가리키는 **document** 역시 docere가 어원이다. 본래 중세 프랑스어에서 '수업'이나 '문자로 기록된 증거'를 가리켰던 document는 '공적인 문서'라는 의미로 정착되었다. 이후 18세기에 증거를 제공하는 '서면' 또는 '인쇄된 서류'를 뜻하게 되었다. Many important historical documents were destroyed when the library was bombed라는 문장은 '도서관이 폭격당했을 때 많은 중요한 역사적 문서가 소실되었다'라고 번역할 수 있다.

Portfolio 포트폴리오

포트폴리오portfolio의 사전적 정의는 자신의 실력을 보여줄 수 있는 작품이나 관련 내용 등을 집약한 자료 수집철 또는 작품집이다. 다시 말해, 본인의 능력을 실무자에게 직접 보여줄 수 있는 자료가 포트폴리오다. 미술을 전공한 학생은 자신이 완성한 대표 작품들이 포트폴리오가 될 수 있

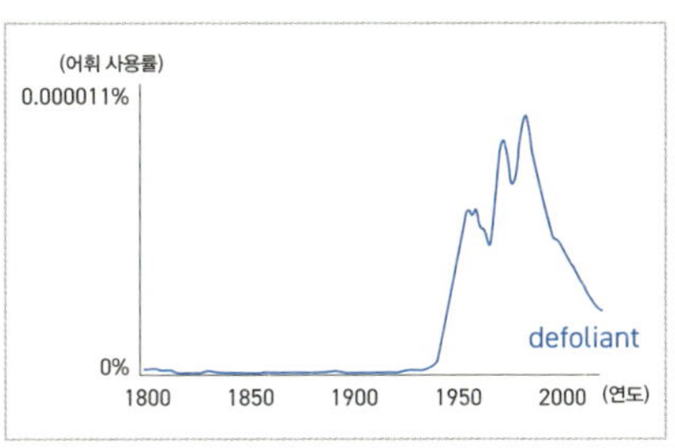

❖ 제2차세계대전과 베트남전쟁을 기점으로 defoliant의 사용 빈도수가 급증했다.

다. 경제학에도 포트폴리오의 개념이 있다. 금융기관에 개인이 보유하고 있는 금융자산의 명세표를 포트폴리오라고 부른다. 특히 주식이나 채권 같은 금융자산의 경우, 다양한 투자 대상에 분산투자를 운용하는 것을 포트폴리오이론이라고 한다. 증권시장에서 분산투자를 통해 리스크를 최소화하는 방식을 말한다.

portfolio는 '휴대하다', '옮기다'를 뜻하는 라틴어 portare에 '서류'를 의미하는 라틴어 folium(복수형 folia)이 합성된 단어다. '휴대할 수 있는'을 가리키는 portable, '물건을 나르는 사람'을 말하는 porter가 여기서 나왔다. 각각 '수출'과 '수입'을 의미하는 export와 import도 portare에서 나온 말이다. folia의 본래 뜻은 '낙엽'이다. 여기서 '서류'라는 의미가 나왔다. 영어 down에 해당하는 라틴어 접두사 de-가 붙으면 영어 defoliate가 만들어진다. 낙엽을 떨어뜨린다는 뜻에서 '고사시키다'라는 의미가 나왔다. 베트남전쟁에서 미군이 사용한 '고엽제'는 defoliant라고 한다. 고엽제에 노출된 군인들은 심한 후유증을 앓았다. suffer long-term effects of exposure to defoliants는 '고엽제 후유증을 앓다'라는 표현이다. exfoliate는 피부의 죽은 세포를 '벗겨내다', '박피하다'를 의미한다. foliage는 '나뭇잎'을 총칭하는 단어로 사용 빈도수가 꽤 높다. dense green foliage는 '울창한 녹색 나뭇잎'이라는 표현이다.

Prosecutor 검사

검사는 피의자를 법원에 기소하고 공
소 유지를 담당하는 일을 하는 공무원
이다. 검사에서 '검檢'이라는 한자어는
'검사檢査하다', '조사하다', '단속하다'를
뜻한다. 사건을 조사한다는 말이다. 영
어에서 검사는 **prosecutor**라고 부른다.
라틴어 어원인 prosecutor는 '동행하는
사람', '행동하는 사람', '호위하는 사람'

❖ 뉘른베르크재판의 검사 로버트 잭슨

을 가리킨다. 이 단어는 '앞'을 의미하는 pro-와 영어 follow에 해당하는 라틴어
동사 sequi가 합성된 말이다. 다시 말해, 무엇을 따라가는 사람인데 여기서 따라
가는 대상은 재판이다.

라틴어 sequi에서 나온 영어 단어는 제법 많다. 먼저 '소송을 제기하다'를 뜻하
는 **sue**가 여기서 나왔다. She is suing her husband for divorce는 '그녀는 남편과
이혼 소송 중이다'라는 말이다. 호텔의 **suite room**스위트룸도 거실, 침실, 욕실이 함
께 딸린 방이라는 뜻에서 나온 단어다. '두 번째'를 가리키는 **second**는 첫 번째를
따라온다는 뜻을 지녔다. 연속적인 사건들 또는 순서를 의미하는 **sequence** 역시
따라간다는 뜻이 들어 있다. 영화에서 시퀀스는 여러 개의 장면이 모여 있는 영
화 구성 단위를 말한다.

영어 out에 해당하는 접두사 ex-가 붙으면 동사 **execute**가 만들어진다. 이
동사는 '밖으로(ex-) 수행하다(segui → secutus)'라는 뜻에서 '실행하다'가 되었
고, '형을 집행하다'라는 의미로 발전했다. Charles was convicted of treason and
executed on 30 January 1649 outside the Banqueting House in Whitehall이라는
문장은 '찰스 1세는 반역죄로 유죄판결을 받고 1649년 1월 30일 화이트홀의 뱅
퀴팅하우스 밖에서 처형당했다'라고 번역한다.

Immortality 불멸

신화에서 죽음의 신은 중요한 자리를 차지한다. 죽음의 신이 제 역할을 하지 않으면 인간 세계에 큰 혼란이 오기 때문이다. 그리스신화에 등장하는 꾀돌이 시시포스는 죽음의 신 타나토스가 찾아오자, 오히려 타나토스를 잡아 족쇄를 채웠다. 그러니 한동안 지상에서는 죽는 사람이 없었다.

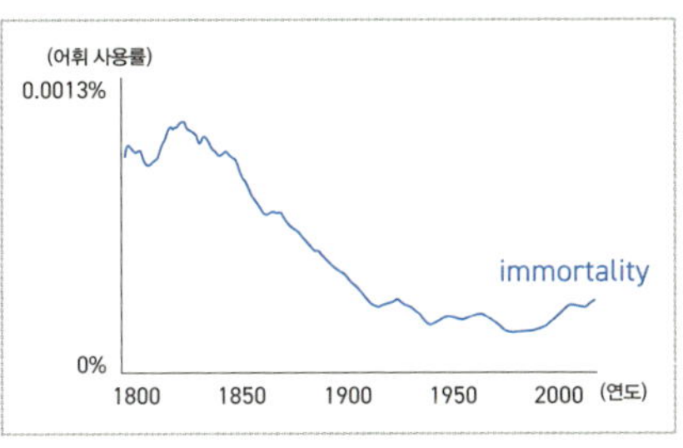

❖ immortality의 사용 빈도수를 보면 죽음은 언제나 인간의 곁에 있음을 알 수 있다.

로마신화에서 타나토스에 해당하는 신은 모르스mors다. 고대 로마의 예술에서 모르스는 대개 여성으로 묘사되었다. 문법도 마찬가지였다. mors는 여성 명사로 분류되었다. 로마의 철인 세네카가 '창백한 모르스'라는 표현을 사용하면서, 그녀가 탐욕스러운 죽음의 이빨을 드러낸다고 묘사했다.

영어에서 죽음과 관련된 형용사는 **dead**와 **mortal** 두 개가 있다. 전자는 고유 영어이고, 후자는 죽음의 여신 mors에서 나온 말이다. mors가 아니라 mort-가 된 이유는 mors의 대격(목적격)인 mortem에서 mortal이 나왔기 때문이다. 반대말을 만드는 in-이 붙으면 '불멸의'을 뜻하는 **immortal**이 만들어지고, 명사형은 **immortality**가 된다. Many Americans believe in some kind of immortality of the soul은 '많은 미국인이 영혼의 불멸을 믿는다'로 번역한다.

주택 담보 대출에 **mortgage loan**모기지론이라는 것이 있다. 이 용어에서 mort는 프랑스어로 '죽은'이라는 뜻이고, gage는 '담보'를 가리킨다. 여기에서 '죽은'의 의미는 '상환하면 담보 효력이 죽고, 상환하지 못하면 재산권이 죽는다'라는 법률적 비유다.

Party 파티

옥스퍼드 영어 사전에 따르면 **party**의 정의는 다음과 같다. "특별한 날을 축하하기 위해 여러 사람이 모여 이야기하고, 먹고, 마시고, 춤을 추는 등의 사교 행사." 한국의 전통문화와 비교해보면, 춤만 빼면 우리의 잔치와 유사하다. 한국의 전통문화에서는 춤이란 남이 추는 것을 감상하는 것이지, 본인이 추는 것이 아니기 때문이다. 영어에서 사용하는 birthday party, farewell party(송별회), diner party 등이 서양인들이 자주 즐기는 파티의 종류다.

❖ 19세기 유럽 파티의 모습

영어 party의 어원 여행은 흥미진진하다. '부분'이나 '몫'을 뜻하는 라틴어 pars에서 유래했는데, pars의 대격(=목적격)인 partem이 많은 어휘를 제공했다. 중세 프랑스어 partie에서 들어온 영어 party는 13세기에 '부분', '분할', '비율'을 의미했다. '나누다'라는 뜻이 party의 어원이었다. '부분'이나 '일부'를 의미하는 영어 **part**도 뿌리가 같다. 이후 14세기에 party는 소송이나 계약에 관련된 개인 또는 그룹을 가리켰고, 정치적으로 정책이나 대의를 지지하는 사람들의 모임이라는 뜻도 생겨났다.

apartment 역시 뿌리가 partem이다. 프랑스어 appartement는 큰 저택 내부에서 분할된 방이나 공간을 의미했다. 베르사유궁전에 수백 개의 아파트가 있었다는 말은 그만큼 건물 내부에 방이나 거실이 많다는 것이다. '참여하다'를 뜻하는 영어 **participate**의 어원도 마찬가지다. '나누다' 또는 '공유하다'를 뜻하는 라틴어 pars에 영어 take에 해당하는 cip-가 붙어 '참여하다'라는 뜻이 만들어졌다. '여행을 떠나다'를 의미하는 **depart** 역시 pars가 그 어원이다. 떠난다는 것은 곧 어디에서 떨어져 나간다는 뜻이다. He had already departed for London은 '그는 이미 런던으로 떠났다'로 번역한다.

Course 코스

프랑스 요리는 서양 요리를 대표한다. 풀코스 요리를 즐기려면 시간이 꽤 걸린다. 먼저 식사를 하기 전에 아페리티프라고 불리는 알코올음료를 한잔 마신다. 얼음을 넣은 위스키나 칵테일 한잔을 마시면서 식욕을 부른다. 첫 번째 코스는 차가운 전채 요리로, 거위 간으로 만든 푸아그라, 연어 등을 먹는다. 그다음은 따뜻한 수프를 먹고, 이어서 따뜻한 전채 요리로 달팽이 요리나 조개관자 요리 등을 먹는다. 메인 요리는 생선부터 시작해 육류로 넘어간다. 육류 요리를 먹고 잠시 쉬어가는 사이 소르베나 샤베트를 먹는다. 그리고 샐러드가 나온다. 영미식 코스 요리와의 차이

❖ 풍요로운 식사를 즐기는 중세의 프랑스 왕족들

는 샐러드가 나오는 순서다. 상큼하게 샐러드로 입가심한다고 생각하면 된다. 다음 순서에는 여러 종류의 치즈가 나온다. 그 뒤에는 디저트를 먹는다.

풀코스 요리에 들어 있는 영어 **course**는 사실 프랑스어에서 온 말이다. 코스의 사전적 의미는 여러 개가 있는데, degree course는 '학위 과정', French course는 일련의 '프랑스어과 강좌'를 뜻한다. 또한 '항로', '(강이나 역사의) 흐름'과 같은 뜻도 있다. course의 어원은 라틴어 동사 currere의 동사적 명사인 cursum이 어원이고, '뛰기', '돌진'을 뜻한다. course에 들어 있는 어원의 핵심은 영어 run이다. '현재의'를 의미하는 **current**는 달리고 있다는 말이다. 여기서 '통용되는'이라는 뜻이 15세기에 생겨났다. Who is the current editor of the Times?는 '현재 타임즈 편집자는 누구인가요?'라는 말이다. 통화通貨는 **currency**라고 하는데, 현재 통용되고 있는 화폐를 가리킨다. '일어나다', '발생하다'를 뜻하는 **occur**는 '무엇을 향해 달려가다' 또는 '불현듯 나타나다'에서 생성된 말이다. 영어 against에 해당하는 ob-에 currere가 붙어서 사건 등이 '일어나다'라는 의미가 생겼다.

Mutation 돌연변이

16세기 유럽을 호령했던 합스부르크 왕조는 신성로마제국과 스페인왕국을 통치했다. 신성로마제국의 황제였던 카를 5세의 초상화를 보면 아래턱이 돌출된 모습을 볼 수 있다. 그런데 황제의 부친이었던 펠리페 1세는 잘생긴 얼굴에 턱도 정상인과 다르지 않았다. 황제의 동생인 페르디난트 1세 역시 정상적인 턱을 가지고 있었다. 이후 스페인의 역대 국왕들은 카를 5세로부터 모두 돌출 턱을 물

❖ 신성로마제국의 황제 카를 5세

려받았다. 스페인의 합스부르크 왕조는 카를로스 2세를 마지막으로 대가 끊어진다. 카를로스 2세는 턱이 너무 나와서 음식도 제대로 씹을 수 없었다고 한다. 카를 5세의 주걱턱은 돌연변이였을까?

'돌연변이'는 영어로 **mutation**이라고 하는데, 생물학에는 다른 형질이 돌발적으로 생겨 대대로 유전된다고 말한다. 혹자는 '돌연'이라는 용어 때문에 돌발적으로 다른 형질이 생기는 일시적인 현상으로 오해하기도 한다. 카를 5세의 주걱턱이 150년 동안 유전되었다는 사실을 상기하자.

영어 mutation의 어원은 '바꾸다', '교환하다'를 뜻하는 라틴어 mutare다. 형용사는 **mutable**로 '변할 수 있는'을 뜻한다. Language is not static, it is mutable이라는 문장은 '언어는 정적이지 않고 변할 수 있다'라고 번역한다. '반대'를 의미하는 in-이 붙으면 **immutable**이 된다. 순서를 바꾸는 것을 '순열' 또는 '치환'이라고 하는데, 영어로는 **permutation**이라고 부른다. 라틴어 접두사 per-는 '완전히' 또는 '철저히'라는 뜻을 가지고 있어 permutation은 '완전히 순서를 바꾸다'라는 말이다. There are 120 permutations of the numbers 1, 2, 3, 4 and 5는 '숫자 1, 2, 3, 4, 5의 순열은 120가지가 있다'라고 번역한다. 영어 접두사 beyond에 해당하는 라틴어 접두사 trans-가 붙은 **transmutation**은 형태와 성질이 완전히 바뀐 상태를 가리킨다. 우리말로는 '변형', '변성', '변질'로 표현할 수 있다.

Tenure 테뉴어

현재 한국 대학교수의 직급은 크게 셋으로 구분되어 있다. 처음에 전임 교수로 임용되면 조교수가 되고, 이후 부교수, 정교수로 승진한다. 조교수와 부교수는 계약 기간이 정해진 데 반해, 정교수는 종신 교수의 신분을 보장받는다. 이를 테뉴어 제도라고 부른다. **tenure**는 프랑스어 tenir(잡다, 유치하다)에서 들어온 말인데, 중세에는 상급자에 대한 의무와 봉사의 대가로 받는 권리나 땅을 의미했다. 현대에는 대학교수의 종신 재직권이나 정계의 요직을 재임한 기간을 가리킨다. four-year tenure as President는 '4년간의 대통령 재임'이라는 표현이다.

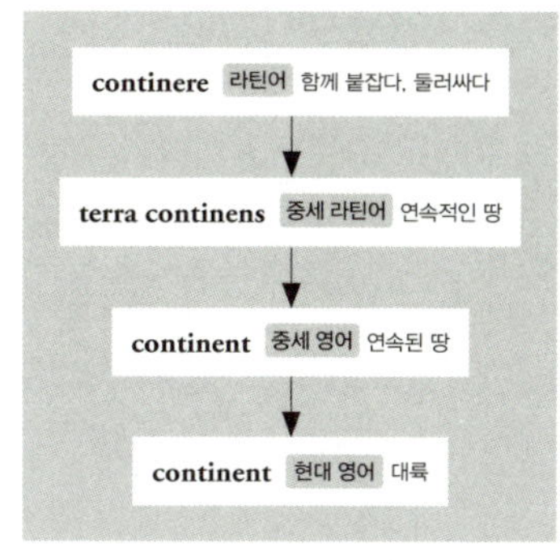

프랑스어 tenir는 라틴어 동사 tenere에서 왔고, 영어로 hold, keep, possess에 해당한다. 테뉴어는 '교수직을 유지하고 있다'라는 어원적 의미를 지닌다. 형용사 **tenable**은 '유지할 수 있는' 또는 '방어할 수 있는'을 의미한다. The fellowship is tenable for three years는 '연구비는 3년 동안 지속된다'로 번역한다. 각종 정보나 내용물을 통칭하는 **contents** 역시 프랑스어 contenir 동사에서 나왔다. con-은 영어 with에 해당하므로 '함께 가지고 있다'를 뜻하고, 여기서 '포함하고 있는 것들(내용물)'이라는 뜻도 생겨났다. 따라서 contents는 특정 분야의 내용을 포함하고 있다는 말이다. 라켓을 사용하는 스포츠 **tennis**의 어원도 프랑스어 tenez(잡으시오)로, 이 말 역시 '잡다', '쥐다'를 의미하는 동사 tenir에서 나왔다. 테니스라는 말은 서비스를 한 공을 잡으라는 뜻을 갖고 있다. '대륙'을 의미하는 **continent**도 라틴어 continere에서 나왔는데, 함께 연결된 땅을 가리킨다. 군대에서 '중위'를 의미하는 **lieutenant**은 프랑스어로 '장소'를 의미하는 lieu에 '소유자'를 가리키는 tenant이 붙어 생긴 말로, 남의 자리를 점유하고 있는 사람을 뜻한다.

ABCDEFGH · JKLMNOPQRSTUVWXYZ

5월

- Client
- Memory
- Centurion
- Intercept
- Injection
- Age
- Satire
- Vinegar
- Communion
- Facility
- Citius, Altius, Fortius
- Hostage
- Regular
- Caecum
- Convivial
- Admission
- Scroll
- Desire
- Navigation
- Plenary
- Recitation
- Fluently
- Gender
- Senator
- Prelude
- Science
- Adieu
- Legend
- Mixer
- Mobile
- Video

Client 의뢰인

고대 로마에는 인간관계를 중시하는 사회제도가 있었다. 파트로네스patrones라고 불리는 보호자 계급과, 클리엔테스clientes라고 불리는 피보호자 계급이 나뉘어 있었다. 이 제도는 로마를 건국한 로물루스 시대부터 존재했다. 로물루스는 100명의 가부장을 소집해 파트로네스로 임명했는데, 대개 귀족 출신이었다. 파트로네스는 평민들로 구성된 클리엔테스의 경제 문제나 가정 문제를 해결해주는 역할을 맡았다. 클리엔테스는 파트로네

❖ 카이사르의 부관 라비에누스

스가 정치를 할 때 든든한 후원자가 되었다. 현대 영어에서 '후원자'를 의미하는 **patron**이 파트로네스에서 나왔다. 카이사르가 루비콘강을 건넜을 때, 가장 신뢰하던 라비에누스가 폼페이우스 진영으로 간 것도, 그가 폼페이우스의 보호를 받던 클리엔테스였기 때문이다.

현대사회에서 변호인에게 소송을 의뢰한 사람이나 고객을 **client**라고 부른다. 로마 시대의 클리엔테스가 오늘날의 의뢰인이나 고객으로 변신한 것이다. Mr. Black has been a client of this firm for many years는 '블랙 씨는 수년 동안 이 회사의 고객이었다'라고 번역할 수 있다. 모든 고객을 아우르는 집단은 **clientele**이라고 부른다. The nightclub has a very fashionable clientele은 '이 나이트클럽은 매우 세련된 고객층을 보유하고 있다'라고 번역한다. 한편, 컴퓨터 용어에서 여러 대의 컴퓨터가 중앙 서버에 연결된 구조를 **client-server** 시스템이라고 부른다. **client state**는 더 크고 강력한 다른 국가의 통제나 보호를 받는 '종속국' 또는 '의존국'을 가리킨다. 잉글랜드 왕국의 보호를 받던 아일랜드 왕국이나, 20세기에 일본의 지배 아래 있던 만주국이 이에 해당한다.

Memory 기억

고대 로마에는 '담나티오 메모리아이damnatio memoriae'라는 형벌이 있었는데, 특정 인물에 대한 기록을 말살하는 형벌이었다. 로마제국의 제21대 황제 카라칼라는 동생 게타와 함께 공동 황제의 자리에 오른다. 폭군의 대명사로 잘 알려진 카라칼라는 한 살 차이의 동생 게타를 살

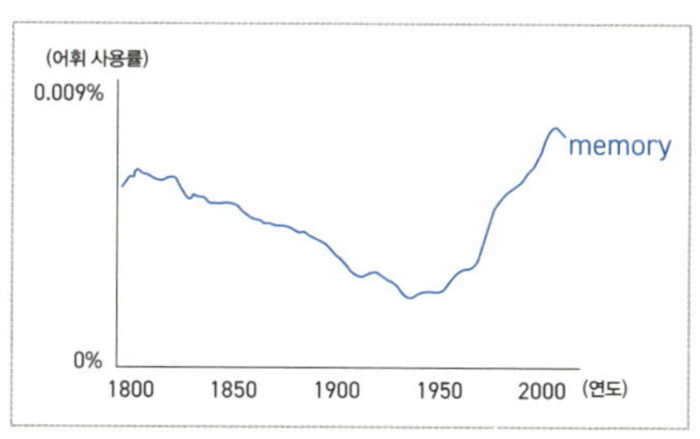

❖ memory의 용례는 1950년대에 컴퓨터가 빠르게 발전하면서 급증했다.

해하고 그에 관한 기록을 말살하라는 명령을 내린다. 이 형벌은 본래 원로원이 반역자나 로마에 불명예를 끼친 자들에게 내리는 형벌이었다. 로마에 남겨진 게타의 역사 기록, 조각상에 새겨진 이름, 벽화에 그려진 게타의 모습이 모두 지워졌다. 하지만 카라칼라는 재위 6년 만에 암살당하고 만다. 폭군의 최후였다.

라틴어에서 '기억', '추억'을 의미하는 memoria는 영어에 **memory**를 제공했다. After the accident he suffered from loss of memory는 '사고 후 그는 기억상실로 고통받았다'라는 말이다. memoria와 뿌리가 같은 영어 **memorandum**은 라틴어로 '기억된 것'이라는 말이었다. 지금은 비즈니스에서 특정 사안에 대한 짧은 '서면 보고서'를 가리킨다. detailed memorandum은 '상세한 보고서'를 의미한다. The three countries have signed a memorandum은 '세 나라는 각서에 서명했다'로 번역한다. memorandum이 자주 쓰이는 곳은 전문 분야인데, 약어로는 **memo**라고 부른다. 일반적으로 쉽고 빠르게 이해할 수 있도록 작성한 짧은 메모라고 생각하면 된다. I want this memo to go to all managers는 '이 메모를 모든 관리자에게 전달하길 바란다'라는 말이다.

commemorate는 '함께'를 뜻하는 con-이 있으므로 '함께 기억하다', 즉 중요한 인물이나 사건을 '기념하다'라는 말이다. The ceremonies commemorated the 20th anniversary of the founding of the school은 '이 기념식은 학교 설립 20주년을 기념하는 행사였다'라고 번역할 수 있다.

Centurion 백부장

로마 군대 조직에서 '군단'에 해당하는 lcgio레기오의 중추 단위는 백인부대였다. 100명으로 조직된 '백인부대'는 라틴어로 centurio켄투리오라고 불렸고, 백인부대의 지휘관은 '백부장百夫長'으로 알려진 **centurion**이었다. 모두 라틴어로 '100'을 의미하는 centum에서 나온 말이다. 백부장은 군대에서 복무한 경험이 보통 15년 이상 된 노련하고 용감무쌍한 병사들 중에 선발되었다. 백부장은 장교가 되는 지름길이었고 혜택도 상당했다. 그래서 사병들에게는 그들이 꿈꿀 수 있는 가장 명

❖ 백인부대의 지휘관 백부장

예로운 직책이었다. 로마 사회에서 백부장은 매우 높은 사회적 지위와 명성을 얻었지만, 그에 따른 책임도 컸다. 가장 최전선에서 전투를 수행하는 임무를 맡고 있었기에 로마 군단에서 사망률이 가장 높았다.

영어에는 centum에서 파생한 어휘들이 많다. '한 세기'를 의미하는 **century**는 '백인부대'를 의미하는 centurio에서 나온 말이다. 100명의 부대에서 100년의 세월로 그 의미가 바뀐 셈이다. The city centre has scarcely changed in over a century는 '도심은 한 세기가 넘도록 거의 변하지 않았다'라는 말이다. **centennial**은 '100년이 되는 해'라는 말인데, '둘'을 의미하는 bi-가 앞에 붙으면 **bicentennial**이 되어 '200주년'을 가리킨다. 1989 was the bicentennial of the French Revolution이라는 문장은 '1989년은 프랑스혁명 200주년이 되는 해였다'라고 번역한다. 마찬가지로 **tercentennial**은 '셋'을 의미하는 ter-가 붙어 '300주년'이 된다.

절지동물 중에 다리가 많은 지네가 있는데, 영어로는 **centipede**라고 부른다. pede는 '발'을 가리킨다. 자전거의 **pedal**을 생각하면 그 의미를 알 수 있다. 지네의 다리가 실제로 100개는 아니지만 그만큼 많다는 표현이다.

Intercept 가로막다

2024년 4월 15일 이란이 수백 기의 미사일을 이스라엘 영공으로 발사했다. 이스라엘 정부는 이란의 공습이 끝난 후 이렇게 밝혔다. 이란은 이스라엘을 향해 300여 기의 미사일과 무인기(드론)를 발사한 것으로 전해졌지만, 대부분은 상공에서 격추됐다는 것이다. 이스라엘군의 대공 방어 시스템의 핵심인 아이언 돔이 이란의 미사일과 드론을 요격했다는 내용이었다.

❖ 미국의 요격미사일

영어에서 '요격미사일'은 **interceptor missile**이라고 부른다. 영어 between에 해당하는 라틴어 접두사 inter-와 '잡는 사람'을 의미하는 ceptor(영어로 catcher에 해당)가 합쳐 만들어진 말이다. **intercept**는 본래 '가로막다', '가로채다'를 뜻하는데, 스포츠 경기에서 상대방의 공을 가로챌 때 사용한다. 따라서 interceptor missile은 상대방의 미사일을 가로막는 미사일을 말한다.

inter-가 들어간 영어 단어 중에는 '심문하다'를 뜻하는 **interrogate**가 있다. 'inter+rogare'로 구성된 이 단어에서 라틴어 rogare는 '질문하다'를 의미한다. interrogate는 '~ 사이에서 질문을 하다', 즉 '~ 사이에서 질문을 던져 캐묻다'에서 '심문하다'라는 의미를 갖게 된다. The detective interrogated the suspect for hours는 '형사가 용의자를 몇 시간 동안 심문했다'라는 말이다. inter- 다음에 '행동하다'를 뜻하는 act가 붙으면 누군가와 '소통하다' 또는 '상호작용하다'를 의미하는 **interact**가 만들어진다. We are studying how these two chemicals interact는 '우리는 이 두 가지 화학물질이 어떻게 상호작용하는지 연구하고 있다'라고 번역한다. **interdict**는 '말하다'를 뜻하는 라틴어 동사 dicere가 붙어 있는데, 교회법을 근거로 개입한다는 뜻을 지니고 있었다. 이후 '금지하다'라는 의미가 생겼다. 법원에서는 '금지', 교회에서는 '파문' 등을 가리킨다. interdict friendly forces는 '우군 부대를 차단하다'라는 표현이다.

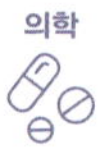

코로나가 유행할 무렵, 국민 1인낭 백신 접종 횟수는 2~3회를 넘었다. 어린 시절 병원에서 맞던 주사에 대한 공포는 나이가 들면서 다소 줄었지만, 그 기억은 여전히 포비아 수준이다. 주사기는 영어로 **syringe**라고 하는데, 라틴어로 '관'이나 '구멍'을 의미하던 syringa에서

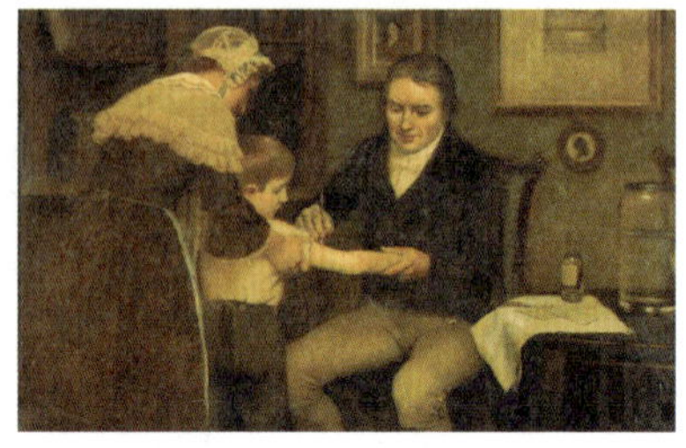

❖ 제너의 천연두 백신 주사

나왔다. 영어에서 철자 y가 들어간 단어는 대개 그 어원이 그리스어인데, syringa 역시 그리스어에서 나왔다.

　이번 글의 주제어는 '주사'를 의미하는 **injection**으로, 그 뿌리가 같은 단어들을 소개한다. 주사는 약액을 주사기에 넣어 생물체의 조직이나 혈관 속에 직접 주입하는 일이나 그 기구를 가리킨다. injection에서 in-은 '안'을 의미하고, jection이 '주입하다'를 뜻한다. 이 단어는 라틴어 iacere의 동사적 명사 iactum에서 나온 말인데, 영어 throw에 해당한다. '밖'을 의미하는 접두사 ex-가 붙은 **ejection**은 '방출', '탈출'을 뜻한다. **eject**는 '탈출하다'를 의미하고, eject the CD는 '시디를 꺼내다'라는 뜻이다. **ejection seat**는 전투 조종사가 조종석에서 탈출할 수 있는 '사출 좌석'을 말한다. '뒤'를 의미하는 re-가 붙은 **reject**는 '뒤로 던지다', 즉 '반대로 던져 밀어내다'에서 '거부하다'라는 뜻이 나왔다. The appeal was rejected by the court는 '항소는 법원에서 기각되었다'로 번역한다. ob-는 영어로 in front of, towards, against를 의미하므로, **object**는 앞으로 던져진 것, 놓은 것, 즉 '물건'이나 '물체'를 가리킨다. '반대하다'를 뜻하는 object는 against에 방점이 찍혔다고 보면 된다. 다시 말해, 무엇에 반대해 던지다는 의미에서 '반대하다'라는 뜻이 나온 것이다.

Age 나이

그리스 로마 시대 시민들의 평균수명은 20~30세였다. 농업혁명이 일어나 식량 생산량과 인구가 늘어났던 중세에도 성인의 평균수명은 30세 정도에 불과했다. 신생아 출생률은 높았지만 영유아 사망률이 높았고, 14세기 창궐한 흑사병이 유럽 인구의 30~60퍼센트를 앗아 갔기 때문이다. 수시로 벌어지는 전쟁으로 청장년 남성의 인구는

❖ 렘브란트의 〈지혜로운 노인〉

늘 부족했고, 의료 시설 부족으로 사소한 사고나 부상은 죽음으로 이어졌다. 그렇다고 고대 로마나 중세 유럽에서 노인의 수가 적었던 것은 아니다. 로마에서 63~98세의 노인을 senex라고 불렀던 것으로 보아, 유년 시절을 무사히 넘긴 사람 중 장수하는 사람도 적지 않았다는 것을 알 수 있다.

영어에서 '나이'를 가리키는 **age**는 중세 프랑스어 aage 또는 eage에서 온 말이다. 현대 프랑스어로는 âge가 된다. 이 말도 라틴어 어원을 따라가면 aetas에 이른다. 중세 영어 age의 의미는 '나이', '인생', '생애의 시기', '수명' 등이었다. Wine improves with age는 '와인은 오래될수록 맛이 깊어진다'라는 말이고, **middle age**는 '중년'을 뜻한다. with age comes wisdom이라는 속담은 '나이를 먹으면 지혜가 따라온다'라는 말이다.

'영원'을 의미하는 **eternity** 역시 라틴어 aetas에서 나온 말이다. 라틴어에 있던 첫소리 a가 탈락해 eternity가 되었고, 형용사는 **eternal**이다. They swore eternal loyalty to each other라는 문장은 '그들은 서로에게 영원한 충성을 맹세했다'로 번역할 수 있다. the eternal struggle between good and evil은 '선과 악의 영원한 다툼'이라는 표현이다.

Satire 풍자

로마제국 초창기에 유베날리스라는 풍자 시인이 있었다. 당대 꽤 유명했던 그는 16편의 풍자시를 통해 당시 풍속을 비꼬았다. 그가 풍자한 문구 중에는 그 유명한 '빵과 서커스'가 있다. 권력자들이 로마 시민의 표를 얻으려고 값싼 빵과 볼거리를 제공하는 일을 비꼰 것이다. 오늘날 포퓰리즘의 원조다. 유베날리스가 말하길, 인간은 미루기를 잘하는데 행복을 누릴 때도 마찬가지라고 풍자했다. 필요한 곳에 쓰라고 있는 돈, 적절한 곳에 활용하기 위해 얻은 지혜 등을 아끼지 말고 현명하게 사용하라고 역설했다. 이 밖에도 "늘 운이 좋은 사람은 흰 까마귀보다 드물다", "감시자는 누가 감시할 것인가?", "누구도 갑자기 타락하는 법은 없다"라는 문구를 남겼다.

❖ 로마의 풍자 시인 유베날리스

　'풍자'를 의미하는 영어 **satire**는 라틴어 satura에서 나왔고, 15세기 영어에는 '풍자'와 '시적 메들리'라는 의미로 들어왔다. 본래 라틴어 satura는 다양한 음식이 담긴 '풍성한 접시medley of dishes'를 가리켰다. 이후 로마의 한 작가가 다양한 주제를 여러 방식으로 표현하면서 '풍자'라는 의미가 생겨났다. **political satire**는 현대인에게 익숙한 '정치 풍자'를 말한다. 정치 풍자는 그림을 통해 잘 표현된다. draw a satirical cartoon은 '풍자만화를 그리다'라는 말이다. 동사형은 **satirize**인데 satirize human vanity는 '인간의 허영심을 풍자하다'라는 뜻이다. 제2차세계대전의 영웅 처칠이 한 여성 정치인과 공개 토론을 하고 있었다. "처칠 경, 만약 제가 당신의 아내였다면, 당신의 커피에 독약을 넣었을 거예요!"라고 쏘아붙이자, 처칠은 다음과 같이 응수했다. "만약 제가 당신의 남편이었다면, 그 커피를 기꺼이 마셨을 겁니다." 처칠은 정적에게 모욕을 당하면서도 유쾌하고 품위 있는 말로 응수했다.

Vinegar 식초

식초의 역사는 유구하다. 인류 문명의 모태인 메소포타미아 지방에서 식초를 처음으로 사용했다는 기록이 전해온다. 지금으로부터 5,000년 전이다. 대추야자 열매를 발효시켜 만든 식초는 지금처럼 액체 조미료로 사용하기도 하고 음식을 보관할 때 사용하기도 했다. 심지어 히포크

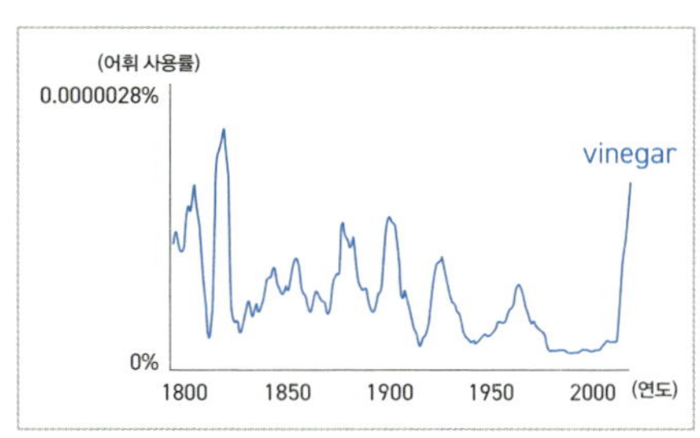

❖ 건강식품 vineger의 용례 빈도수는 2000년을 기점으로 폭발했다.

라테스는 질병을 치료할 때 식초를 약으로 사용했다고 한다. 고대 로마에서는 귀족들이 건강과 미용을 위해 식초를 즐겨 마셨다고 한다. 현대에도 식초의 효능은 여전하다. 실제로 식초와 관련된 연구로 노벨상을 받은 횟수가 세 번이나 된다.

최초의 식초는 대추야자를 발효시켜 만들었지만, 고대 로마인들은 와인을 발효시켜 식초를 만들었다. 그래서 식초의 이름도 '시큼한 와인'을 뜻하는 vinum acetum이었다. 여기서 acetum은 '시큼한 맛'이나 '톡 쏘는 맛'이라는 뜻을 지닌 말이다. vinum acetum은 중세 프랑스어에서 **vinegar**로 어형이 변하고, 이 단어가 현대 영어에 그대로 남았다. '매캐하다'라는 뜻을 지닌 영어 **acrid**도 어원이 라틴어 acer(소유격 acris의 주격)이다. Clouds of acrid smoke issued from the building은 '건물에서 매캐한 연기구름이 피어올랐다'라고 번역한다. acer에서 파생된 **acrimony**는 '악감정'을 의미한다. There is no acrimony between the two라는 문장은 '두 사람 사이에 악감정(불화)이 없다'라고 번역할 수 있다.

acer의 두 번째 의미는 영어 **eager**에 해당하는데, '열렬한' 또는 '간절히 바라는'이다. 중세 프랑스어 aigre를 통해 들어온 말이다. She sounded very eager to meet you는 '그녀는 당신을 꼭 만나고 싶어 하는 것 같다'라는 말이다.

Communion 영성체

가톨릭 미사에서 가장 중요한 의식은 영성체領聖體라고 할 수 있다. 여기서 '영領'은 한자로 수령한다는 것이다. 영성체에서 사제는 신자들에게 둥글고 얇은 빵 같은 제병祭餅을 준다. 제병은 예수가 주관했던 성찬식을 상징한다. 가톨릭에서는 제병이 예수의 몸이라면 포도주는 예수의 피라고 말한다. 하지만 개신교의 성찬식은 다르다. 빵과 포도주가 예수의 몸과 피 그 자체가 아니라, 예수의 몸과 피를 상징하는 것으로 믿기 때문이다.

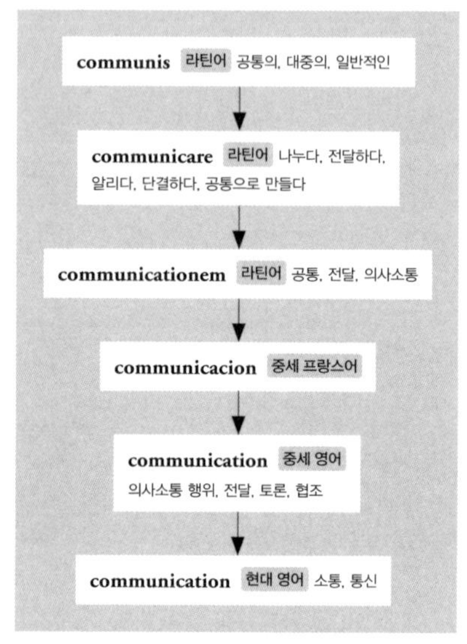

영성체는 영어로 **communion**이라고 부른다. '공동'이나 '공통'을 의미하는 라틴어 communis에서 나온 말이다. '의사소통하다'를 뜻하는 **communicate** 역시 어원이 동일하다. '소통', '통신'을 뜻하는 **communication**은 '공동의 것으로 만들다'를 의미하는 라틴어 communicationem에서 나온 말로, 현대사회에서 중요한 용어로 사용되고 있다. We are in direct communication with the leaders of the rebellion이라는 문장은 '우리는 반란군의 지도자들과 직접 교신 중이다'라는 말이다. 냉전 시대를 대표하는 공산주의도 '공동'을 의미하는 communis에서 나왔다. **communism**을 어원적으로 설명하면 공동의 것을 추구하는 정치 이념이라는 뜻이다.

communis에서 나온 말 중 사용 빈도수가 높은 단어로는 **common**이 있다. '흔한', '공동의'라는 말이다. Jackson is a common English name은 '잭슨은 흔한 영어 이름이다'라는 문장이다. **common sense**는 다수가 가진 공동의 생각, 즉 '상식'이나 '양식'을 의미한다.

고대 로마의 귀족들은 도무스domus라
는 저택에 살았지만, 대부분의 시민은
아파트 같은 연립주택에 살았다. 인술
라insula라는 다세대주택의 주거 환경은
최악이었다. 1층은 석재로 지었지만,
위층으로 올라갈수록 목재와 흙을 사
용해 건물을 지었다. 그러다 보니 인술
라는 항상 붕괴의 위험을 안고 있었다.

❖ 고대 로마의 다세대주택인 인술라

그나마 로마 시민들의 생활은 대규모 공중 목욕장이나 콜로세움 같은 공공시설
에서 보상받을 수 있었다.

'시설'을 의미하는 영어 **facility**는 '쉬운'을 뜻하는 라틴어 형용사 facilis에서 나
왔다. facility의 정의를 옥스퍼드 영어 사전에서 찾으면 특정 활동이 이루어지는
장소, 특히 건물이라고 나온다. nuclear research facility는 '원자력 연구 시설'이고,
military facility는 '군사 시설', sports facility는 '스포츠 시설'을 가리킨다. 15세기
초에 프랑스어 facilité에서 영어로 들어온 facility는 '부드러움'이나 '가벼움'을 뜻
하는 단어였다. 라틴어 어원의 '쉬운', '유쾌한'에서 나온 의미였다. 이후 영어에
는 '적성', '용이함', '쉽게 할 수 있는 특징' 등의 의미가 생겨났고, 어떤 것을 할
수 있는 장소라는 뜻을 가지면서 지금의 '시설'이 되었다.

영어 facility의 어원은 라틴어 facilis인데, 영어로 easy 또는 agreeable에 해당
한다. facilis에서 나온 영어 **facile**의 사전적 의미는 힘 안 들이고 '술술 하는', '안
이한', '손쉬운'이다. facile victory는 '손쉬운 승리'를 뜻하고, He is a wonderfully
facile writer는 '그는 놀랍도록 능숙한 작가다'라는 말이다. easy와 facile의 차이
점을 살펴보면, 우선 사용 빈도수는 easy가 더 많다. 의미적으로 easy는 별 노력
이 필요 없이 쉬운 경우이고, facile은 특정 능력을 힘 안 들이고 사용하는 경우다.
easy examination은 '별 노력이 필요 없는 시험'이지만, facile examination은 능력
을 가진 사람이 '어렵지 않게 풀 수 있는 시험'이라는 말이다.

Citius, Altius, Fortius
더 빨리, 더 높이, 더 강하게

올림픽경기의 모토는 '더 빨리, 더 높이, 더 강하게'이다. 달리기, 높이뛰기, 역도 같은 종목이 이 모토를 대표한다. 모토는 라틴어로 되어 있다. Citius, Altius, Fortius. 라틴어에는 영어처럼 형용사의 비교급이 있다. fortis^{강한}의 비교급은 영어처럼 -or이 붙어 fortior가 되고, 최상급은 fortissimus(남성), fortissima(여성), fortissimum(중성)이 된다. 음악에서 '가장 여리게'는 **pianissimo**라고

❖ 올림픽경기의 모토가 새겨진 주화

하는데, 라틴어에서 유래한 용어다. fortis의 부사는 fortiter로, 라틴어에는 부사에도 비교급이 있다. 올림픽의 모토에 나오는 fortius가 부사 fortiter의 비교급이다. 즉 '더 강하게'라는 말이다.

영어에서 '힘'이나 '무력'을 의미하는 **force**가 라틴어 fortis에서 나왔다. 군대에서 '진지'나 '요새'를 뜻하는 **fort** 역시 뿌리가 같다. fort의 유사어로는 **fortress**가 있는데, fort는 방어 목적으로 임시로 건설한 요새를 말하고, fortress는 항구적인 목적으로 만든 요새를 가리킨다.

fortis가 만든 영어의 동사형은 **fortify**다. '강하게 만들다'라는 뜻을 지닌 fortify는 특히 마을이나 도시의 방어를 위해 요새를 만든다는 말이다. They hurriedly fortified the village with barricades of carts는 '그들은 서둘러 수레 바리케이드로 마을을 요새화했다'라는 말이다.

'안락'과 '편안'을 뜻하는 **comfort**도 fortis에서 나왔다. '함께'를 의미하는 con-이 붙어 '강하게 하다'를 뜻하는 라틴어 동사 confortare가 되었다. 이후 중세 프랑스어에 들어가서 comfort가 되었는데, '위안'이나 '위로'를 의미했다. She evidently dresses for comfort는 '그녀는 확실히 편안함을 중시해 옷을 입는다'로 번역한다.

Hostage 인질

내전이 빈번했던 일본에서는 특정인을 인질로 삼는 일이 비교적 흔했다. 일본의 쇼군 도쿠가와 이에야스는 불과 5살이었던 1547년에 유력 영주인 이마가와 집안에 인질로 가는 도중에, 오다 노부나가의 집안에 붙잡혀 인질 생활을 했고, 2년 후에는 다시 이마가와 집안의 인질이 되었다. 그리고 13년 만에 자신의 영지인 오카자키로 돌아올 수 있었다. 로마제국도 적대국인 카르타고나 게르만 부족에게 인질을 요구했고, 오스만제국도 속국들로부터 인질을 받았으며, 중앙아시아의 부족들도 서로 인질을 교환하며 외교 관계를 유지했다.

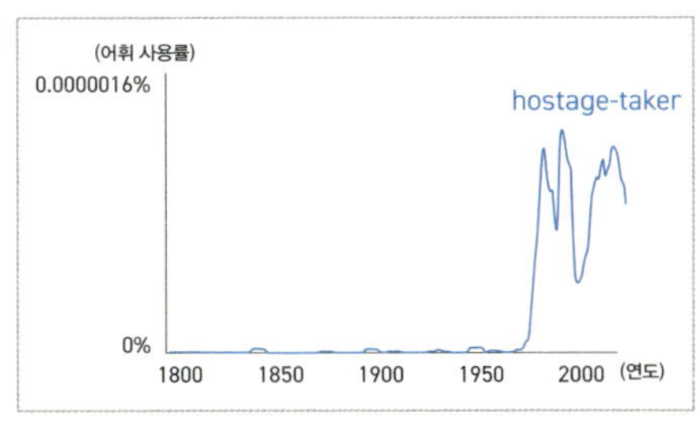

❖ 1972년 뮌헨 올림픽에서 팔레스타인 무장 단체가 이스라엘 선수들을 인질로 삼은 테러 이후, hostage의 용례가 급증했다.

'인질'을 의미하는 **hostage**는 중세 프랑스어 ostage에서 온 말인데, '친절', '환대', '거처', '임대', '공물'을 뜻했다. 여기서 '보상'과 '담보'라는 의미도 생겨난다. 중세 유럽의 전쟁에서는 승리한 쪽에서 많은 포로를 잡았다. 금전적인 보상이 목적이었다. hostage의 어원은 라틴어 obses에 닿는데, ob-는 '~의 면전'이라는 말이고, ses는 '앉아 있다'라는 말이다. 라틴어의 어원적 의미는 '서약으로 구속된 사람'을 가리킨다. 이후 중세 프랑스어에서는 '약속이나 조약의 이행을 위해 담보로 잡혀 있는 사람'을 가리켰다. 여기서 '인질'이라는 의미가 생겨난 것이다. 현대 영어에서 **hostage-taker**는 '인질을 잡은 사람'이고, **hostage-taking**은 '인질극'이다. The lord delivered his son as hostage to the king은 '영주는 아들을 인질로 왕에게 넘겼다'라고 번역한다.

'주인'을 의미하는 **host**도 hostage와 의미적인 공집합을 가지고 있다. 비록 두 단어의 어원적 계통은 다르지만, hostage는 정치적인 목적 등으로 상대를 붙잡아 두는 것이고, host는 손님이나 상대방을 환대하는 사람을 가리킨다.

Regular 규칙적인

고대사회의 통치자는 왕이었다. 왕의 통치 행위는 절대적이었으며, 언어도 왕과 관련된 어휘들을 많이 포함하고 있다. 라틴어에서 '왕'은 rex라고 불렀는데, 여기서 파생한 어휘들은 앞에서 이미 살펴보았다. 이번 글의 주제어는 '규칙적인'을 의미하는 영어 **regular**인데, 이 말도 왕에서 나왔다.

영어에서 어근 reg-는 라틴어 regem(rex의 대격)에서 나왔고, 동사형은 regere이다. 이 동사의 뜻은 '통치하다', '안내하다', '방향을 잡다'였다. 이는 한 나라의 왕이 수행하는 역할을 잘 보

❖ 루이 13세 대신 섭정한 마리 드 메디시스

여준다. 14세기에 영어에 들어온 regular는 '종교나 수도원 규칙에 적용을 받는다'라는 뜻을 지녔다. 라틴어 어원은 regula였는데, '곧게 뻗은 나무 자' 혹은 '규칙'을 의미했다. 이후 '규칙적인', '정기적인' 또는 '단골손님'으로 사용 범위가 확대되었다. I couldn't see my regular dentist는 '나는 단골 치과 의사를 만나지 못했다'라고 번역한다. '방향'을 의미하는 **direction**도 라틴어 regere에서 나온 말이다. '~에서 떨어진'이라는 dis-와 regere의 동사적 명사 rectum이 합쳐져 만들어진 direction은 옆에서 안내한다는 의미를 갖는다. The project was under the direction of a well-known academic이라는 문장은 '이 프로젝트는 저명한 학자의 지휘 아래 진행되었다'라고 번역할 수 있다.

즉위한 왕이 어린 경우 통치권을 임시로 맡은 사람을 '섭정'이라고 한다. 영어로는 **regent**라고 부르는데, 이 말도 regere에서 나왔다. 섭정이란 통치권을 행사하지만, 통치 기한이 정해져 있다. 대개 왕이 성년이 되면 섭정의 자리에서 내려온다. 프랑스혁명 이전의 구체제를 '앙시앵레짐'이라고 부르는데, 영어로는 ancient regime으로 표현한다. **ancient**은 '옛날', **regime**은 '체제' 혹은 '정권'을 가리킨다. regime의 어원 역시 regere에 닿아 있다.

Caecum 맹장

필자가 실제로 겪은 일이다. 십수 년 전에 부산에서 기차를 타고 가족 여행을 하던 중이었다. 갑자기 아내가 복통을 일으켰다. 서울에 도착하자마자 병원 응급실로 달려갔다. 그런데 의사들은 복통의 원인을 바로 찾아내지 못했다. 하루 만에 겨우 그 원인을 찾았는데, 알고 보니 맹장염

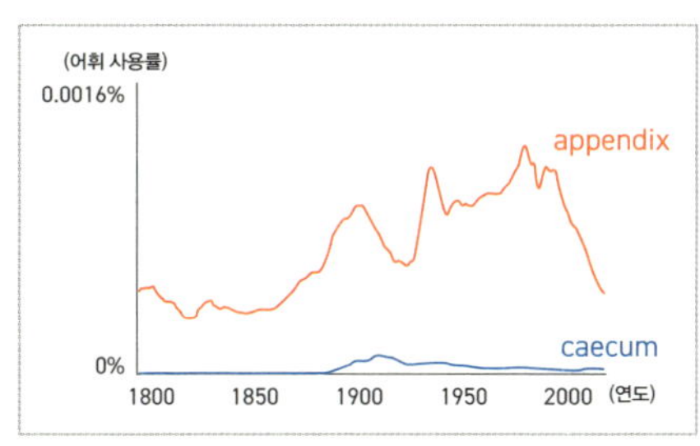

❖ appendix의 용례 빈도수가 caecum보다 월등히 높다. caecum은 해부학 용어다.

이었다. 의사들 사이에는 이런 말이 있다고 한다. "외과는 맹장 수술로 시작해 맹장 수술로 끝난다." 맹장 수술이 외과 의사에게는 아주 흔한 수술이지만, 절대 만만하지 않다는 말이다.

흔히 오른쪽 아랫배에 있는 맹장은 대장의 끝에 위치한 주머니 모양의 기관을 가리킨다. 맹장을 한자 사전에서 찾아보면 盲腸이라고 나와 있다. 영어로는 **caecum/cecum**이라고 부른다. 이 용어의 어원은 라틴어로 '눈이 멀다'를 뜻하는 caecus이다. '사랑에 눈이 멀다'를 라틴어로 옮기면 Amor caecus est라고 한다. amor는 영어 love, caecus는 blind, est는 is에 해당한다.

맹장은 라틴어로 눈먼 창자를 의미하는 '(intestinum) caecus'가 어원이다. 맹장을 눈먼 창자라고 부르는 이유는 그 구조가 한쪽이 막힌 작은 주머니와 비슷하기 때문이다. 맹장염의 정확한 의학 용어는 **appendicitis**인데, 우리말로 번역하면 '충수염'이다. '충수'를 의미하는 **appendix**는 맹장에 붙어 있는 긴 자루 모양의 돌기를 가리킨다. 여기에 염증이 생기면 충수염, 즉 흔히 말하는 맹장염이 발생한다. She had her appendix out last summer라는 문장은 '그녀는 지난여름 맹장 수술을 받았다'라는 말이다.

Convivial 유쾌한

아리스토텔레스는 "인간은 사회적 동물이다"라고 정의했다. 인간은 다른 사람들과 관계를 맺고 사회생활을 하며 살아가는 존재라는 말이다. 언어 습득의 측면에서도 사회성은 결정적인 역할을 한다. 실제로 사고로 정글에 버려진 한 아기가 몇 년 뒤 소년이 되어 구조된 적이 있었

❖ 정글에 버려진 아이를 모티브로 한 소설 『정글북』

다. 그런데 이 소년은 문명 세계에 귀환한 뒤에도 결코 언어를 습득하지 못했다. 인간이 사회를 이루면서 배우는 것이 얼마나 중요한지 잘 보여주는 사례다. 게다가 인간이 언어를 배우는 시기는 사춘기 전후이기 때문에, 이 시기를 놓치면 언어 습득에 어려움을 겪는다고 한다.

영어 **convivial**은 '사회성 좋은', '유쾌한'을 의미한다. con-은 영어 together에 해당하고 vivial은 '살다'를 의미하는 라틴어 동사 vivere에서 나온 말이다. a convivial atmosphere는 '유쾌한 분위기'라는 표현이다. vivere에서 viv(e)-는 여러 어휘의 뿌리가 되었다. **revive**는 '활기를 되찾다', '회복시키다'라는 말인데, re-는 '다시'를 의미한다. A hot shower and a cup of tea will revive you는 '따뜻한 샤워와 차 한 잔이면 기운을 되찾을 수 있다'라고 번역한다. **survive**는 라틴어 supervivere에서 나온 말로, super-는 영어 beyond에 해당하므로, survive는 생명을 뛰어넘다, 즉 '생존하다'라는 뜻을 갖는다. **vivid**는 '살아 있는', '생생한'을 의미한다. He's one of those people with a very vivid imagination은 '그는 상상력이 매우 풍부한 사람 중 한 명이다'라는 말이다.

Admission 입학

미국 대학 입학에서 어드미션 에세이admission essay는 일반적으로 자기 소개서와 유사한 역할을 한다. 에세이는 다음과 같은 구성을 요구한다. 의미 있는 주제를 선택할 것과, 지원자가 기억에 남고 공감할 수 있는 이야기를 전달해야 한다. 자신을 드러내는 주제를 선택하고, 세부 사항과 예시를 사용하되, 자신의 독특한 특징을 보여주어야 한다. 그리고 그것을 이야기로 만든다.

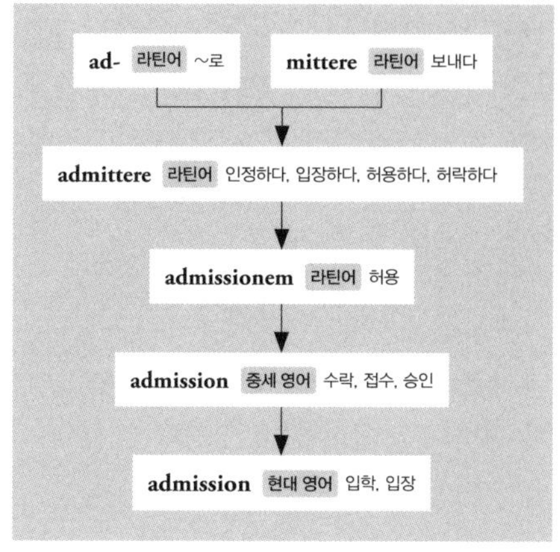

admission은 대학 입학이나, 단체 가입, 특히 범행이나 잘못에 대한 인정을 말한다. Her silence was taken as an admission of guilt는 '그녀의 침묵은 유죄를 인정하는 것으로 받아들여졌다'라고 번역한다.

admission은 '임무'나 '파견'을 뜻하는 mission과 유사해 보인다. 사실 admission은 영어 to에 해당하는 라틴어 접두사 ad-가 mittere(영어 send에 해당)에 붙어 만들어진 말이다. 라틴어 admittere는 '들여보내다', '허락하다'가 기본 의미이며, 어떤 행위를 '완수하다'라는 확장 의미도 있었다. 이후 admission에는 '승낙', '동의' 등의 의미가 생겨났다. The admission charge is €5는 '입장료는 5유로다'라는 표현이다. Her confession was ruled inadmissible as evidence는 '그녀의 자백은 증거로 인정할 수 없다는 판결을 받았다'라고 번역한다. **inadmissible**은 **admissible**의 반의어다. '인정하다'를 뜻하는 **admit**에서 파생된 부사로는 **admittedly**가 있다. She is very clever, admittedly, but do you think she has the right personality for the job?은 '그녀가 매우 영리한 건 인정하지만, 이 일에 적합한 성격을 가졌다고 생각하는가?'로 번역할 수 있다. 여기서 admittedly는 '인정은 하지만'으로 번역한다.

베이비부머 세대는 컴퓨터 진화의 산증인이다. 그들은 1990년대 초에 286 컴퓨터와 흑백 모니터를 처음으로 사용했고, 지금은 최신 CPU가 장착된 윈도우나 맥을 사용하는 시대에 살고 있다. 당시 컴퓨터의 OS 체계는 DOS였는데, 흑백 화면에 여러 명령어를 입력했다. 그러나 당시

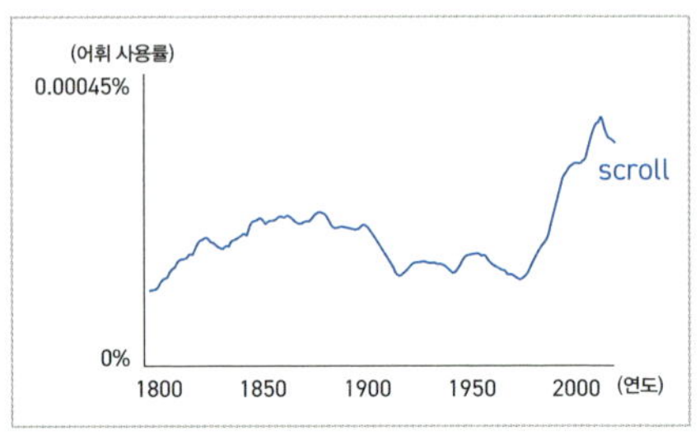

❖ 20세기 후반 컴퓨터의 상용화와 더불어 scroll의 용례가 폭증했다.

에는 마우스 휠이 없어, 화면을 스크롤하는 일이 여간 불편한 게 아니었다. 그래서 키보드에는 ScrLK라는 키가 있었다. 물론 이 키는 현재 키보드에도 있지만, 사용하는 방법을 아는 이는 거의 없을 것이다. Scroll Lock이라 불리는 이 키는 본래 화면을 스크롤하기 위한 기능이었다. 지금은 마우스 휠을 움직여 화면을 스크롤하지만, DOS 시절에는 이 키를 활성화해 화면을 스크롤했다. 마치 맹장의 충수돌기처럼 기능이 퇴화된 키다. ScrLK 키가 작동하는 프로그램이 지금도 있다. 액셀에서 이 키를 이용하면 편리하다.

중세 유럽에서 **scroll**은 말아놓은 종이나 두루마리를 가리키는 말이었다. 어원을 따라 올라가면 프랑크어(게르만어의 한 갈래)의 *skroda에 닿는다. 이후 앵글로노르만어를 통해 영어에 들어간 skroda은 지금처럼 scroll로 바뀌었다. 컴퓨터 모니터의 **scroll bar**는 현대인에게 친숙한 단어다. 한편, 라틴어에서는 두루마리 책을 volumen이라고 불렀다. 이 말이 오늘날 책의 단위를 나타내는 **volume**의 어원이 되었다. 밀턴의 『실낙원』에는 "The unfolding of events, as from a scroll, Unrolls the fate of man"이라는 구절이 나오는데, '두루마리를 펼치듯 사건이 전개되며, 인간의 운명이 펼쳐진다.'라는 말이다.

Desire 욕망하다

성 데시데리우스Desiderius는 기원 후 7세기 중반 프랑스 알비에서 귀족의 아들로 태어났다. 주교에 선출된 데시데리우스는 교구에서 발생하는 영적인 일과 현실적인 일을 잘 처리해 신자들의 존경을 받았다. 카오르에 있는 데시데리우스의 무덤에는 기적이 끊이지 않았다고 한다.

데시데리우스는 라틴어 동사 desiderare에서 나온 이름인데, 이 동사는 '갈망하다', '원하다', '요구하다'를 뜻한다. 여기서 '욕망하

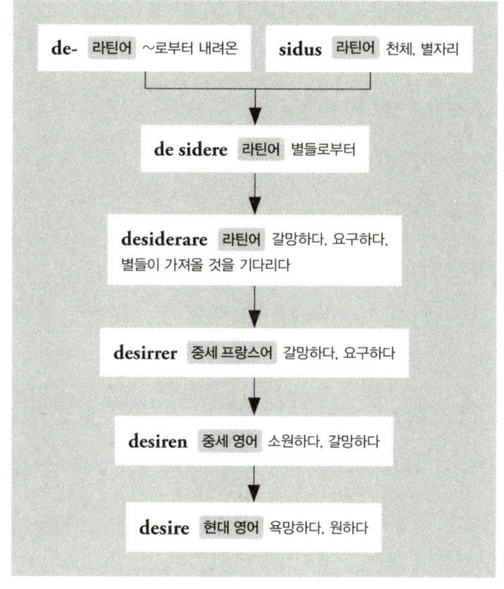

다', '원하다'를 의미하는 영어 동사 **desire**가 나왔다. 명사의 형태도 동일하다. 라틴어 desiderare의 뜻은 '신성한 육체', '별', '성단'을 의미하는 sidus 앞에 '떨어짐'을 의미하는 de-가 붙어 만들어졌다. 여기에서 '별이 가져다주는 것을 기다린다'라는 뜻이 되고, 이후에 '갈망하다', '기대하다'라는 뜻이 생겨났다. I desire only to be left in peace는 '나는 평화롭게 지내고 싶을 뿐이다'라고 번역한다. '고려하다', '숙고하다'를 뜻하는 **consider** 역시 sidus에서 파생되었다. 영어 with에 해당하는 con-이 붙어 주의 깊게 함께 별을 본다는 의미가 생겼고, 이후 '숙고하다', '고려하다'라는 뜻이 만들어졌다.

감정의 강도에 따라 구분하면 desire 〉 hope 〉 wish 순이며, 현실성의 기준으로 보면 hope가 현실성이 있고, wish는 그보다 적으며, disire는 가장 낮다. 예문을 보면 더 명확하게 구분할 수 있다. I desire freedom은 '나는 자유를 간절히 갈망한다'라는 말이고, I hope to be free someday는 '언젠가 자유로워지기를 기대한다'라는 말이다. I wish I were free는 '지금은 자유롭지 않지만 자유롭기를 바란다'를 의미한다.

MAY 19 · Navigation 항해

대항해시대는 15~17세기 포르투갈, 스페인, 영국, 프랑스, 네덜란드 등 유럽 열강이 신대륙의 영토를 탐험한 시기를 말한다. 유럽인들은 식민지를 개척하기 위해 지도를 만들고, 광범위한 해양 탐험을 벌였다. 이 시기는 현대의 시작을 알렸으며, 세계를 상호 연결된 글로벌 시스템으로

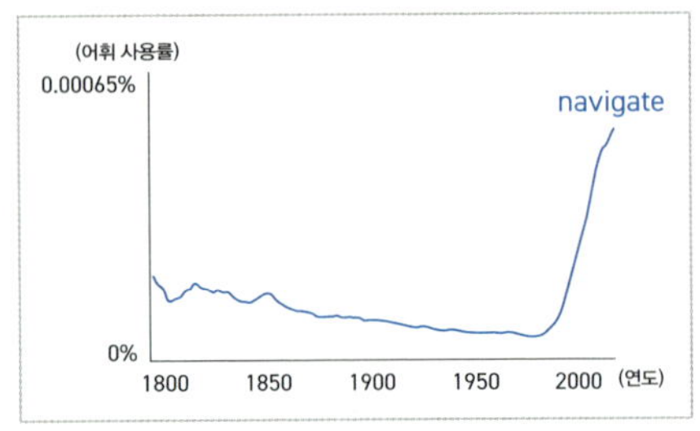

❖ 인터넷의 보급으로 navigate의 용례가 급증했다.

변화시켰다. 유럽이 중국의 총생산을 추월하는 데 발판이 되었던 역사적인 시대였다. 이후 세계의 정치 헤게모니는 동양에서 서양으로 넘어갔다.

'항해'와 관련된 영어 단어 중에는 navi-로 시작하는 단어들이 많다. 자동차를 운전할 때 꼭 켜놓는 **navigation**내비게이션은 본래 '항해'를 가리키는 말이다. 형용사형은 **navigable**이다. That stretch of river is too shallow to be navigable이라는 문장은 '그 강은 너무 얕아서 항해할 수 없다'라는 말이다.

navigation의 어원은 '배'를 의미하는 라틴어 navis에 닿아 있다. 원시 인도·유럽어에서 *nau-는 '배'를 가리키고, 라틴어에서 '선원'은 nauta라고 한다. 여기서 나온 영어 단어로는 선박과 관련 있는 **nautical**이 있다. nautical equipment는 '해상 장비'를 뜻한다. 선박의 속도를 가리키는 해리海里는 1,852m의 거리를 말하는데, 영어로는 **nautical mile**이라고 한다. 과학소설 분야를 개척한 쥘 베른의 『해저 2만리』에 등장하는 잠수함 이름이 노틸러스Nautilus다.

navigate는 원래 '항해하다'를 의미하지만, 인터넷에서는 '웹사이트를 탐색하다'라는 뜻을 갖는다. Their website is fairly plain, but very easy to navigate는 '웹사이트는 상당히 평범하지만 탐색하기가 매우 쉽다'라고 번역한다. '해군'을 뜻하는 **navy** 역시 같은 어원에서 나왔다.

MAY 20 | **Plenary** 총회

라틴어 격언 중에 "배가 부르면 공부가 되지 않는다"라는 말이 있다. 라틴어로 "Plenus venter non studet libenter"라고 표현하는 이 격언에서 '가득한 배'는 plenus venter라고 한다. plenus는 영어에서 많은 양을 나타내는 **plenty**의 어원이고, venter는 라틴어로 사람의 '배'를 가리킨다. '공부하다'를 뜻하는 동사 studet도 보인다. 이 라틴어 격언은 포만감이 든 상태에서는 책을 읽거나 공부하는 데 집중하기가 어렵다는 말이다.

❖ 코르누코피아가 그려진 루벤스의 〈풍요〉

plenus에서 나온 말 중 '풍요'를 뜻하는 영어 **plenitude**가 있다. 고대 그리스인들은 풍요의 상징으로 뿔 모양의 나팔을 꼽았다. 뿔을 가진 소유자가 손을 넣으면 끝도 없이 음식과 재물이 나왔다고 한다. 이 뿔의 이름은 라틴어로 cornucopia코르누코피아라고 불렸다. '뿔'을 의미하는 cornu-와 '풍성함'을 의미하는 라틴어 copia가 합쳐진 말이다. '복사물'을 의미하는 영어 **copy**는 '많은 양'을 의미하는 라틴어 copia에서 나왔다. 본래 이 뿔은 제우스의 유모였던 요정 아말테이아가 가지고 있던 것을 제우스가 땅에 떨어뜨린 것이라는 설이 있다. 정확히 말하면 아말테이아는 염소였고, 염소의 뿔이 뽑혀 땅에 떨어진 것이 풍요의 뿔이 되었다는 것이다. '풍성함'을 뜻하는 copy가 '복사하다'라는 의미를 갖게 된 시기는 15세기로 확인된다. 소설 『1984』에서 조지 오웰은 **original copy**를 '원본'이라는 의미로 사용하고 있다. "(…) the original copy destroyed, and the corrected copy placed on the files in its stead." (원본은 파기되어 정정본이 원본의 자리를 대신하게 되었다.)

plenus에서 나온 다른 말로는 '총회'를 의미하는 **plenary**가 있다. '충만하다'라는 plenus와 가까운 의미를 지닌 말이다. plenary session of the UN General Assembly는 '유엔 총회의 본회의'를 말한다.

Recitation 암송

서양 문학의 백미로 꼽히는 호메로스의 『일리아스』는 트로이의 왕자 파리스가 스파르타의 공주 헬레나를 납치해 일어난 전쟁을 그린 그리스 최고最古의 영웅 서사시다. 모두 24권으로 되어 있는 서사시의 분량은 자그마치 1만 5,693행에 이른다. 전쟁 기계 아킬레우스가 트

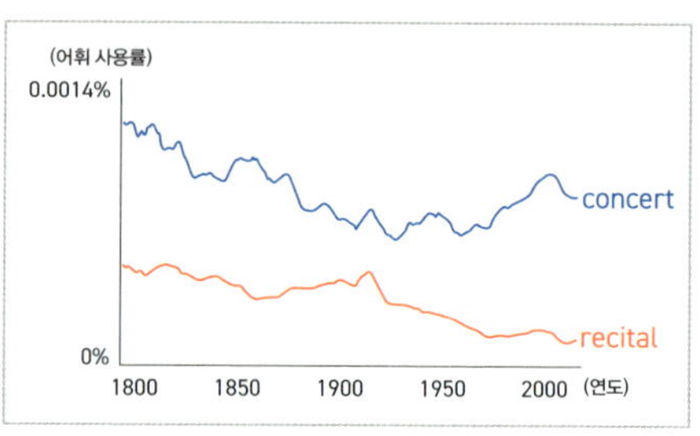

❖ concert의 사용 범주가 더 넓기 때문에 recital보다 용례 빈도수가 우위에 있다.

로이 왕 프리아모스의 아들 헥토르를 죽이고 시체를 유린하자, 노왕老王은 아킬레우스에게 아들의 시신을 돌려달라고 간청한다. 그러자 젊은 영웅 아킬레우스는 전쟁에 대한 회의와 고통을 토로하며 시신을 프리아모스에게 돌려준다. 마지막 권의 이 부분은 카타르시스를 불러올 정도로 압도적이다. 기원전 5세기만 해도 그리스 교양인의 가장 큰 척도는 호메로스의 시구를 암송할 수 있느냐 없느냐였다. 그런데 엄청난 분량의 서사시를 암송한다는 것이 정말 가능했을까?

　recitation은 '암송'을 뜻하는 단어다. 중세 수도사들은 엄청난 기도문을 암송할 수 있었고, 대학에서도 대부분의 과목에서 암기는 가장 중요한 학습 방법이었다. recitation의 동사형은 **recite**인데, 라틴어 어원의 의미는 '크게 읽는다'였다. The opposition party recited a long list of the government's failings라는 문장은 '야당은 정부의 실정에 대한 긴 목록을 낭독했다'라고 번역한다. 한국어의 '낭독'은 소리 내어 읽는다는 뜻인데, 라틴어 어원에 있는 '크게'라는 의미는 없다.

　젊은이들에게 잘 알려진 **recital**도 어원이 같다. 16세기 초반 영어에 들어온 recital은 처음에는 낭송하는 행위, 이야기하는 행위를 가리키던 말이었다. 지금은 발표회, 연주회가 recital의 첫 번째 뜻이지만, 두 번째 뜻으로는 어떤 상황에 대한 장황한 설명도 있다. He is giving a recital of Bach's sonatas는 '그는 바흐의 소나타를 연주하고 있다'라는 말이고, She gave us a long, boring recital of all her troubles는 '그녀는 자신의 모든 고민을 길고 지루하게 들려주었다'라고 번역할 수 있다.

Fluently　유창하게

지난 2024년 파리 하계올림픽대회의 개막식은 특이했다. 대회 사상 처음으로 센강에서 배를 타고 각국의 선수단이 입장한 것이다. 파리 시의 문장紋章에는 물결치는 파도 위에 배가 한 척 흔들리고 있는데, 밑에는 라틴어로 "흔들리지만 가라앉지 않는다"라고 적혀 있다. 라틴어로는 Fluctuat nec mergitur라고 한다. fluctuat는 '흔들리다'라는 뜻이다. 이 문장은 중세 파리 시의 수

❖ 파리 시의 문장

상인 조합이 사용하던 문장이다. 지난 올림픽 개회식에서 선수단이 센강에서 배를 타고 입장한 이유가 여기에 있다. 이 모토의 뜻은 시련 속에서도 결코 좌절하지 않는다는 것이다.

　라틴어에서 강江을 의미하는 flumen(소유격은 fluminis)은 영어에 많은 어휘를 남겼다. flumen은 '강이 흐르다'라는 뜻을 지닌 fluere(현재분사의 주격은 fluens)를 만들었고, 영어에서 '유창한'을 의미하는 형용사 **fluent**가 여기서 나왔다. 한자어 유창流暢에 '흐를 유流'가 들어간 이유이기도 하다. 부사형은 **fluently**가 된다. I'd like to speak English fluently는 '영어를 유창하게 말하고 싶다'라는 말이다. 유체流體나 유동체를 의미하는 **fluid** 역시 그 뿌리가 fluere에 닿는다. If you have a fever you should drink plenty of fluids는 '열이 나면 수분을 충분히 섭취해야 한다'라는 말이다. '끊임없는 변화'는 **flux**라고 한다. 전문 용어로는 유동流動이다. The situation remains in flux라는 문장은 '상황은 여전히 유동적이다'라고 번역한다. '변동이나 등락을 거듭하다'는 **fluctuate**라고 말한다. Vegetable prices fluctuate according to the season은 '채소 가격은 계절에 따라 변동한다'라는 말이다.

　14세기 후반에 영어에 들어온 **influence**는 본래 자신의 성격과 운명에 영향을 미치는 별에서 발산하는 에너지를 의미했다. 이후에는 '영향'이라는 뜻으로 한정된다. 안으로 흘러들어온다는 뜻에서 '영향을 주다'라는 의미로 전이되었다. '독감'을 가리키는 **influenza**(약어는 flu) 역시 그 뿌리가 같다.

Gender 사회적 성

옥스퍼드 영어 사전에서 **gender**젠더는 "성별의 생물학적 차이가 아닌, 사회적 또는 문화적 차이의 성별을 뜻하는 완곡어"로 정의하며, 1950년대 중반에 첫 용례가 등장한다고 보고했다. gender는 라틴어 genus에서 왔으며 '종류'라는 의미를 지니고 있었다. 20세기에 들어서는 낡은 뜻이

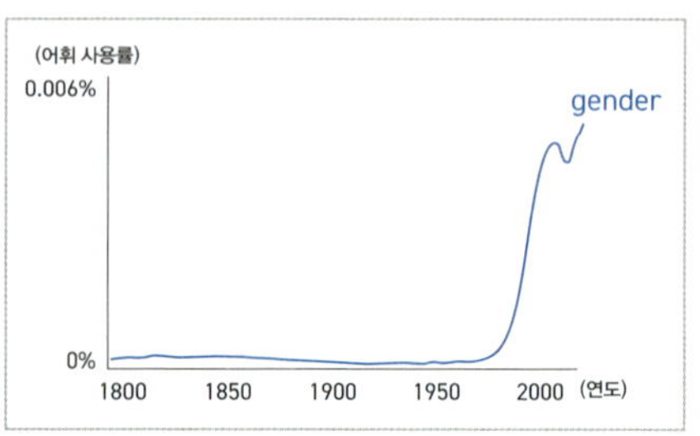

❖ 페미니즘 이론가들에 의해 수용된 gender의 용례는 1980년 이후 급상승했다.

되었고, 문법적 성을 뜻하는 용어로만 공식적으로 쓰이다가, 1970년대 이후 페미니즘 이론가들에 의해 수용되었다. 젠더는 이제 사회과학에서 일상적인 개념이 되어, sex를 포함하거나 대체한다.

라틴어 genus는 많은 어휘를 영어에 제공했는데, '종류' 외에도 '기원', '유형', '계급'이라는 뜻이 있었다. 영어에서 **genus**는 생물을 분류할 때 속屬에 해당한다. 인간이 속한 사람속의 상위 구분에는 사람아족이 있으며, 그 옆에는 침팬지아족이 있다. 형용사 **generic**은 '포괄적인'이나 '총칭의'라는 뜻을 갖고 있다. Jazz is a generic term for a wide range of different styles of music이라는 문장은 '재즈는 다양한 스타일의 음악을 통칭하는 용어다'라는 말이다. **general**도 genus에서 나온 말로, 특별한 것이 아닌 '일반적인'이라는 의미로 사용된다. '관대한'을 뜻하는 **generous**의 어원도 '고귀한 출생'을 의미하는 라틴어 generosus에서 나왔다. '진품'이나 '진짜'를 가리키는 **genuine** 역시 타고났다는 의미에서 만들어진 말이다. genuine leather는 인조가죽이 아닌 '진짜 가죽'을 가리킨다. genus에서 나온 동사형으로는 '발생시키다', '만들다'를 뜻하는 **generate**가 있다. 발전기의 **generator** 역시 여기서 나온 단어다.

양원제를 실시하는 국가에서 상원은 하원에 비해 권력이 약한 것이 일반적이다. 영국이나 일본처럼 입헌군주국이거나 의원내각제를 채택한 나라들이 이에 해당한다. 그런데 미국의 상원은 그렇지 않다. 하원의원들이 인구 비례에 따라 국민을 대표한다면, 상원은 각 주에서 2명

❖ 미국 상원 회의장

씩 선출해 주를 대표한다. 연방제 국가에서 각 주를 국가라고 본다면 상원 의원이 국가를 대표하는 셈이다.

미국은 '상원 의원'을 **senator**라고 부른다. 로마공화정에서 '원로원'을 뜻하는 senatus에서 나온 말이다. 각 주에는 두 명의 상원 의원이 있는데, 먼저 당선된 쪽을 senior senator, 나중에 당선된 의원은 junior senator라고 부른다. 고대 로마인들은 30~45세의 남자를 junior로, 그보다 나이를 더 먹으면 senior라고 불렀다. 오늘날 영어에서 **junior**는 하급자, 아랫사람을 뜻하고, **senior**는 성인, 연장자를 가리킨다. 한편, 7~14세의 소년과 소녀는 puer/puella라고 불렀다. 영어에서 '유치하다'를 뜻하는 **puerile**이 여기서 나왔다.

라틴어 senatus는 '나이를 많이 먹다'를 의미하는 senex가 어원이다. 원로원元老院을 의미하는 senatus와 뿌리가 같다. 미국에서는 상원을 **senate**라고 부른다. 나이가 들면 동서고금을 막론하고 노망이 나기 마련이다. 영어의 **senile**도 senex에서 나온 말인데, **go senile**은 '노망이 나다'라는 뜻을 갖는다. I'm always losing my keys these days. I think I must be going senile은 '요즘 열쇠를 자주 잃어버려. 노망이 난 것 같아'라고 번역한다. 한편, 왕의 경칭인 **sire**는 senoir에서 유래한 말이다. I will serve you always, sire는 '영원히 폐하를 섬기겠습니다'라고 번역한다.

Prelude 서곡

인간의 특성을 규정하는 말 중 Homo Ludens호모 루덴스가 있다. 라틴어로 '놀이'를 뜻하는 ludus에서 나온 ludens는 '놀이를 좋아하다'라는 뜻이다. 네덜란드의 역사가 요한 하위징아는 인간의 본질을 '유희'라고 보았다. 여기서 유희라는 용어는 단순히 논다는 뜻이 아니라, 정신적인 창조 활동을 가리킨다. 하위징아

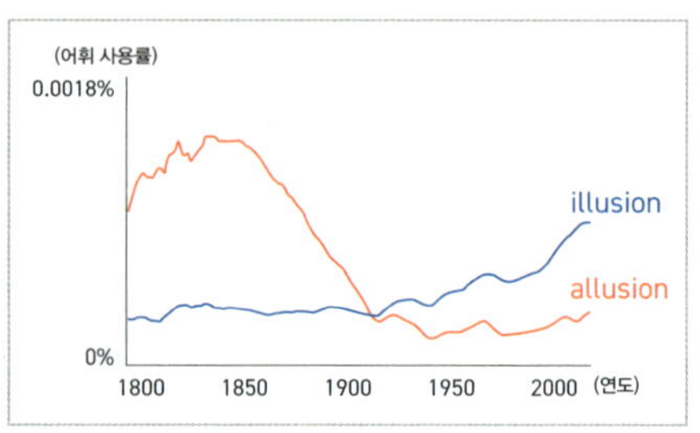

❖ allusion은 문학적 글쓰기 감소에 따라 용례가 감소했고, illusion은 인지과학의 발전과 함께 용례가 증가했다.

는 문학과 예술의 뿌리도 이 창조 활동에서 나왔다고 보았다.

라틴어 pre-는 영어 before에 해당한다. 그러므로 **prelude**에 들어 있는 lude를 '놀이'로 보면, prelude의 뜻은 '맨 앞에서 놀이하다'가 된다. 음악에서 '서곡序曲'을 prelude라고 부르는데, 도입적 성격을 지닌 자유로운 형식의 기악곡을 말한다. ludus에서 나온 영어 동사 중에 **delude**가 있는데, 여기서 de-는 '아래'라는 의미도 있지만 여기에서는 '강조(완전히)'를 의미하는 접두사로, delude는 '완전히 가지고 놀다'에서 '속이다'라는 뜻을 갖게 되었다. She has deluded the public into believing she is something that she is not은 '그녀는 대중을 속여 자신이 그렇지 않은 사람이라고 믿게 만들었다'라는 말이다. 영어 out에 해당하는 ex-가 앞에 붙으면 '원하는 것을 놓치다'를 뜻하는 **elude**가 된다. They had minor breakthroughs but real success eluded them은 '사소한 돌파구는 있었지만, 진정한 성공은 얻지 못했다'라는 말이다.

illusion 역시 ludus에서 나온 말이다. 라틴어 illusionem에서 나온 이 말은 본래 '조롱', '농담', '아이러니'를 뜻하다가, 여기서 '오해', '환상'이라는 의미가 나왔다. I'm under no illusions about the man I married라는 문장은 '저는 제가 결혼한 사람에 대한 환상을 가지고 있지 않다'라는 뜻이다. 비슷한 어형을 가진 **allusion**은 라틴어 allusionem에서 나왔는데, '무엇을 가지고 놀다' 혹은 '관련이 있다'를 뜻했다. 여기서 '암시'라는 뜻이 나왔다.

622년은 이슬람 기원의 해로 기록되어 있다. 이후 마호메트는 아라비아반도를 통일하고 주변을 무섭게 정복해나갔다. 이렇게 탄생한 이슬람 제국은 그리스 문명권도 세력에 편입시켰고, 그 결과 헬레니즘 문명의 수많은 지식과 정보가 이슬람권으로 유입되었다. 로마제국이 멸망한 뒤 혼돈의 세계로 빠져 있던 서유럽과는 극명한 대조를 보였다. 특히 이슬람 세계의 과학은 서유럽을 압도

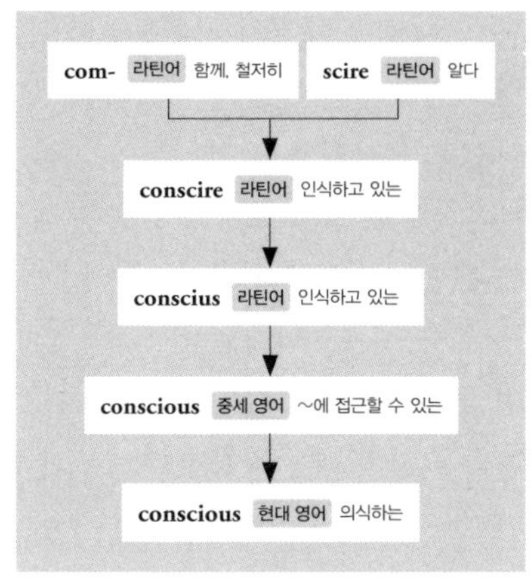

했다. '화학'을 뜻하는 영어 **chemistry**는 '연금술'을 의미하는 영어 **alchemy**에서 나왔고, alchemy는 아랍어 al-kimiya에서 나왔다. 이슬람 문명이 그리스 문명의 영향을 받았듯이, al-kimiya의 뿌리 역시 그리스어로 '연금술'을 뜻하는 khemeia 이다.

'과학'을 의미하는 **science**는 '알다'를 뜻하는 라틴어 동사 scire의 명사형 scientia에서 나왔다. 그런데 과학科學이라는 한자어의 의미는 '알다'와는 거리가 있다. 과科는 벼의 품종을 나누어 분류한다는 뜻이다. 다시 말해, 과학은 여러 학문을 구분한다는 것이지, 무언가를 안다는 것과는 관련이 없다. 서구 문명을 동양에서 가장 먼저 수입한 일본인들이 만든 한자가 지금도 이렇게 사용되고 있다.

conscious는 영어 with에 해당하는 con-과 scire가 합성되어, '의식이 있는' 혹은 '자각하는'이라는 뜻으로 사용된다. He is still conscious but he is very badly injured는 '그는 아직 의식이 있지만 매우 심하게 다쳤다'라는 말이다. 반대말은 '의식이 없는'을 뜻하는 **unconscious**다. 영어 all에 해당하는 라틴어 omni-가 붙은 **omniscient**는 '전지적인'이라는 뜻이다.

Adieu 아듀

콘스탄티누스대제가 기원후 313년 밀라노칙령을 공포해 기독교를 공인할 때까지 로마는 다신교 국가였다. 로마인들이 그리스 문화를 벤치마킹한 결과 로마의 신들은 대부분 그리스 신들과 대응했다. 제우스는 유피테르, 헤라는 유노, 아프로디테는 베누스가 되었다. 하지만 로마신화에만 존재하는 신들도 있었다. 공간과 시간의 이동을 관장하는 문의 신 야누스가 그런 신이다. 퀴리누스도 그리스 신 중 동

❖ 로마 은화에 새겨진 퀴리누스

격을 찾을 수 없다. 본래 이 신은 로마의 이웃 부족인 사비니족이 섬겼는데 두 나라가 통합되면서 로마에 들어왔다. 훗날 로마의 초대 왕 로물루스가 사후에 신격화되어 퀴리누스로 섬김을 받았다.

로마인들은 '신'을 deus라고 부르고 '여신'을 dea라고 불렀다. 라틴어의 남성형 명사와 여성형 명사의 차이를 그대로 보여준다. dea에서 '신'을 의미하는 영어 **deity**가 나왔다. Ares and Aphrodite were the ancient Greek deities of war and love라는 문장은 '아레스와 아프로디테는 고대 그리스의 전쟁과 사랑의 신이다'로 번역할 수 있다. deus에 '행위를 하다'를 뜻하는 -fy가 붙으면 '신격화하다'를 의미하는 **deify**가 만들어진다. **deiform**은 '신의 모습을 한', '신 같은'이라는 말이다. 뒤에 붙은 -form이 '모습'을 의미한다.

새로운 해를 맞이하면서 묵은해를 보낼 때 "아듀!"라는 말을 한다. **Adieu**는 'a+dieu'로 구성되어 있고, 영어로 'to god'에 해당한다. 즉, (당신을) 하느님께 맡긴다는 말이다. dieu는 라틴어 deus에서 나온 프랑스 단어다. 본래 이 표현은 일행에게 작별을 고할 때 사용하던 인사였다가, 영어에 들어와서는 이별 인사로 쓰이게 되었다. 프랑스어에서도 adieu는 '영원한 이별'을 뜻한다.

Legend 전설

러시아 캅카스 지방(흑해 북쪽)에 사는 오세트족의 전설에는 '나르트 서사시'가 전해 내려온다. 전설 속에 세 개의 가문이 등장하는데, 주술과 주연酒宴을 담당하는 알래태 가문, 전사들로 이루어진 액새르택가태 가문, 부를 소유한 보라태 가문이 그 주인공이다. 오세트족은 서양인의 조상인 인도·유럽

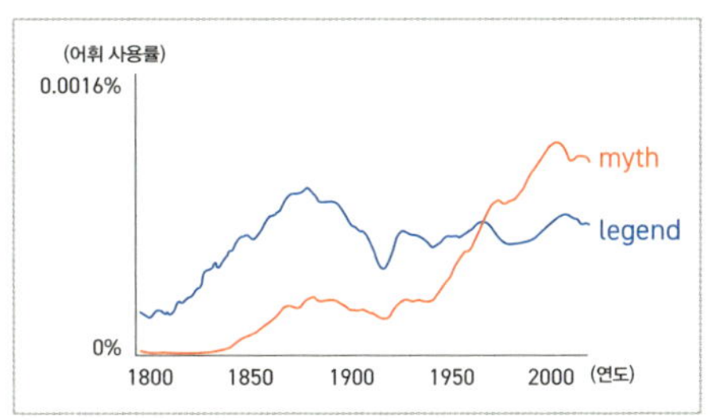

❖ 20세기 후반에 myth가 legend를 역전했다. 신화의 사용 영역이 정치학, 사회학, 미디어까지 확대되었기 때문이다.

인의 후손이다. 그래서 프랑스의 비교신화학자 뒤메질은 나르트 세 가문을 그리스신화와 비교했다. 제우스같이 성聖을 지배하는 가문은 알래태 가문이고, 아테나나 아레스 같은 전사의 가문은 액새르택가태 가문, 아프로디테처럼 생산을 담당하는 가문은 보라태 가문이라고 주장했다. 전설과 신화는 이렇게 오랜 시간이 지나도 그 흔적을 각 민족의 서사에 남긴다.

'전설'을 의미하는 영어 **legend**의 어원은 라틴어 legere다. 이 동사는 영어 choose, gather, read에 해당한다. '읽다'와 '선택하다'가 동일한 동사에서 나왔다는 것은, 읽기 위해서는 무언가를 선택해야 하기 때문일 것이다. 전설 역시 읽을 만한 이야기라는 말이다. legend는 지도나 도표의 '범례'라는 뜻도 갖고 있다. 범례의 기호도 무언가를 설명하고 있다. legere의 의미 중 영어 choose가 들어 있는 영어 어휘로는 **elect**가 있다. legere의 동사형 명사가 lectum인데, '밖으로'를 의미하는 ex-가 붙어 누구를 '선출하다'라는 뜻을 가졌다. 명사형은 **election**으로, 프랑스어 élection이 영어로 들어왔다. elect의 형용사형인 **eligible**은 필요한 '자격을 가질 수 있는'이라는 의미다. '강의'를 가리키는 **lecture** 역시 어원이 동일하다. 강의의 본질은 책을 읽는 것이기 때문이다. **legible**은 '읽을 수 있는'이라는 뜻을 갖는다. Her handwriting is barely legible은 '그녀의 손 글씨는 거의 읽을 수 없다'로 번역한다.

Mixer 믹서

스웨덴 신화에는 맷돌이 하나 등장한다. 어느 날 미신그르라고 불리는 바다의 왕이 갑자기 출현해 태평성대를 누리던 스웨덴 왕 프로디를 살해하고 많은 백성을 포로로 잡는다. 미신그르는 여자 하인 두 명도 포로로 잡아갔다. 그러고는 그들에게 소금을 빻으라고 명령한다. 한밤중에 두 하녀는 미신그르에게 소금이 충분하지 않느냐고 물어보았다. 그런데 미신그르는 계속해서 맷돌을 돌리라고 명령한다. 명령에 따라 그들은 배가 가라앉을 때까지 맷돌을 계속 돌렸다. 그러다가 바다 한가운데 소용돌이가 생겼고, 거기에 맷돌의 눈이 빠져버렸다. 이후 바닷물은 지금처럼 짠맛이 나게 되었다.

❖ 스웨덴 신화에 등장하는 맷돌

지금은 **mixer**가 식재료를 쉽게 갈아주지만, 예전에는 집집마다 갈돌로 만든 맷돌이 있었다. mixer의 어원은 라틴어 동사 miscere인데, 동사적 명사인 mixtum에서도 다음과 같이 많은 단어가 만들어졌다. **miscible**은 '혼합의'라는 의미를 갖는다. Alcohol is miscible with/in water는 '알코올은 물과 섞일 수 있다'라는 말이다. **meddle**은 '간섭하다', '끼어들다'를 의미한다. My sister's always meddling in other people's affairs라는 문장은 '언니는 항상 남의 일에 참견한다'라고 번역한다. '접속곡'이라는 뜻을 지닌 **medley**는 여러 가지가 뒤섞인 것을 가리키는 경우에도 사용한다. The menu described the dessert as a medley of exotic fruits는 '메뉴에는 디저트가 이국적인 과일들의 모둠이라고 설명되어 있다'라고 번역할 수 있다. 프랑스어를 통해 들어온 **melee**는 '아수라장'을 의미한다. A melee erupted in the stands near the end of the game은 '경기가 끝날 무렵 관중석에서 난투극이 벌어졌다'라는 말이다. 파티 등에서 사람들과 잘 어울리는 사람은 **good mixer**라는 재미있는 표현으로 부른다.

Mobile 모바일

현대 문명을 한 단어로 요약하라고 하면 **mobile**이라 할 수 있다. **mobile phone(=smartphone)**은 현대인의 생활을 송두리째 바꿔놓았다. 전화 기능 외에도 카메라, 컴퓨터, 은행 업무, 오디오, 캠코더, 심지어는 헬스케어 기능까지 모두 스마트폰에 들어왔다. 물론 순기능만 있는 것은 아

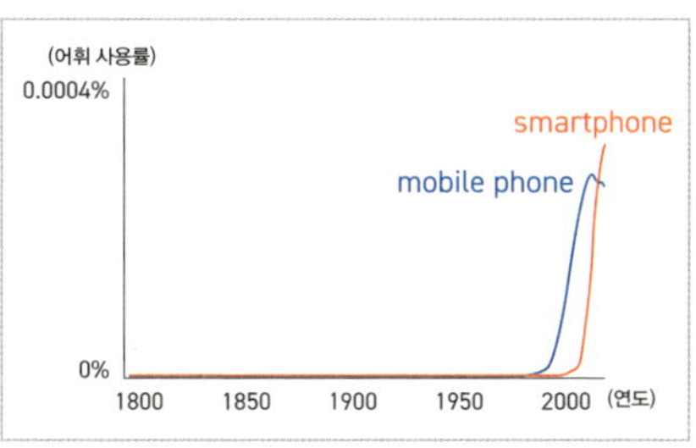

❖ 완전히 새로운 기술의 smartphone의 용례가 기존의 mobile phone를 추월했다.

니다. 인간의 두뇌를 녹슬게 만든 것도 스마트폰이다. 만약 스마트폰을 분실하면 결과는 거의 패닉 수준에 이른다. 여기저기 데이터를 백업하는 것도 편리함 속에 숨어 있는 귀찮은 숙제가 되었다.

mobile은 라틴어 동사 movere에서 나왔다. 동사적 명사 motum에서는 움직임을 뜻하는 **motion**이 나왔다. 영어 동사형은 '움직이다' 또는 '위치를 옮기다'를 뜻하는 **move**다. Will you help me move this table to the back room?은 '이 테이블을 뒷방으로 옮기는 걸 도와주시겠어요?'라는 말이다. 동기나 이유를 의미하는 **motive** 역시 같은 어원에서 나왔다. 동기에 '움직일 동動'이 들어가는 이유가 여기 있다. **motor** 역시 마찬가지다.

추상적인 단어로 넘어가면, '감정'이나 '정서'를 뜻하는 **emotion**이 있다. '밖으로'라는 뜻을 지닌 ex-가 붙어 만들어진 emotion은 '마음이 흔들려 밖으로 분출된 감정'을 나타낸다. 옥스퍼드 영어 사전은 emotion을 "a strong feeling such as love or anger, or strong feelings in general"이라고 표현한다. 우리말로 옮기면 '사랑이나 분노와 같은 강한 감정 또는 일반적으로 강한 감정'이다. 현대인이 매일 사용하는 **remote control** 역시 back이나 away를 뜻하는 re-가 붙은 말로, 일정 거리가 떨어진 상태에서 조작하는 기계 장치를 가리킨다.

Video 비디오

베이비부머 세대는 비디오 시대의 산증인이라고 불러도 손색이 없다. 그들이 국민학생 시절인 1960년대 흑백 TV가 처음으로 보급되었다. 당시 TV 수상기의 가격은 쌀 25가마에 해당하는 고가의 상품이었다. 이후 1980년대 초에는 컬러 TV가 등장

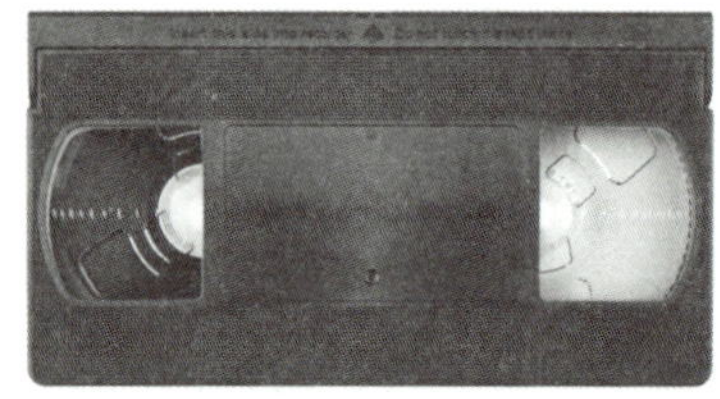

❖ VHS 비디오테이프

했다. 비디오카세트videocassette가 보급되어 가정에서도 영화를 감상할 수 있었다. 1990년대는 CD와 DVD가 나왔는데, 최근 OTT 서비스의 등장으로 자취를 감췄다.

video는 '보다'를 뜻하는 라틴어 동사 videre에서 나왔다. videre의 동사적 명사인 visum도 영어에 많은 어휘를 제공했다. video는 영어로 'I see'를 의미하는 1인칭 단수형이다. '관점'이나 '견해'를 나타내는 **view**는 프랑스어를 통해 영어로 들어왔다. 프랑스어 vue뷔의 발음을 영어식으로 옮긴 단어다. In my view, her criticisms were completely justified는 '제 생각에 그녀의 비판은 전적으로 정당한 것이었다'라는 말이다. 영어 between에 해당하는 라틴어 접두사 inter-가 앞에 붙으면 **interview**가 된다. 서로 마주 보고 나누는 '대담'을 뜻한다. **visible**은 '보이는', '가시적인'이라는 단어이고, 반대말은 invisible이다.

'구경하다' 혹은 '방문하다'를 뜻하는 **visit**는 '와서 보다'를 의미하는 라틴어 visitare에서 나왔다. 구경이나 방문에서 제일 중요한 것은 보는 것이다. '아름다운 경치'와 '전망'을 나타내는 **vista** 역시 같은 뿌리에서 나온 말이다. picture-postcard vista는 '그림엽서에 나올 법한 아름다운 경치'라는 표현이다.

'앞으로'를 뜻하는 pro-가 videre 앞에 붙으면 '제공하다'를 의미하는 **provide**가 되는데, '미리 보다', '대비하다'라는 뜻에서 '제공하다'라는 의미를 갖게 되었다. All meals are provided at no additional cost는 '모든 식사는 추가 비용 없이 제공된다'라는 말이다.

6월

- Argument
- Success
- Judgement
- Gravity
- Verdict
- Delivery
- Parasol
- Conspiracy
- Emancipation
- Fruit
- Amount
- Sensation
- Accelerator
- Dexter
- Sinister
- Defense
- Prohibition
- Denunciation
- Accuse
- Finance
- Gentleman
- Salute
- Desperado
- Asperity
- Contact
- Dial
- Fidelity
- Model
- Equator
- Mediterranean Sea

Argument 논증

귀납 논증inductive argument은 전제가 결론을 개연적으로 뒷받침하는 논증이다. 그러므로 전제가 참일 경우 결론 또한 참일 가능성이 있지만 100퍼센트 참은 아니다. 이것이 귀납 논증의 한계다. 대표적인 예로 영국의 철학자 버트런드 러셀의 예시가 있다. 칠면조를 기르는 어떤

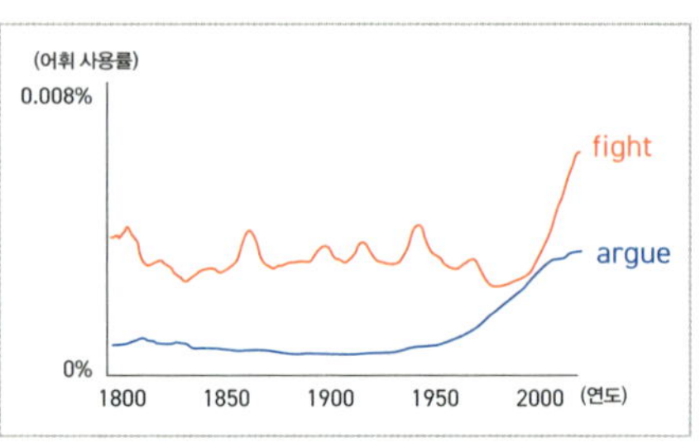

❖ 2000년 이후 말로 싸우는 argue보다 몸으로 싸우는 fight의 용례가 급증하는 추세다.

사람이 1월 1일 아침 9시에 먹이를 준다. 그는 12월 24일까지 그런 행동을 반복한다. 이 경우 칠면조의 입장에서 추론해본다면, 12월 25일에도 먹이를 줄 것이라고 예측할 수 있다. 그런데 주인은 크리스마스에 식구들과 칠면조 요리를 먹기 위해 12월 25일 칠면조를 도살했다. 칠면조의 귀납적 추론은 비극적인 실패로 끝났다.

 '논증'을 의미하는 영어 **argument**는 '증거'나 '논증'을 의미하는 라틴어 argumentum에서 유래했다. **inductive**는 '귀납적인'이라는 뜻으로, 귀납 논증은 개별적인 사례들에서 일반적인 결론에 도달하는 방법을 말한다. inductive의 반대말은 '연역적인'을 뜻하는 deductive인데, 연역 논증은 이미 알고 있는 판단을 근거로 새로운 판단을 유도하는 추론을 말한다. **deductive**에서 de-는 영어 away나 off에 해당하고, ductive는 '이끌어 가다'라는 뜻을 지닌다. 따라서 주어진 전제에서 결론으로 이끌어간다는 의미가 있다.

 형용사 **argumentative**는 '따지기 좋아하는'이라는 뜻을 지닌 단어다. Don't be so argumentative는 '너무 따지지 마세요'라는 말이다. **argue**는 '언쟁하다', '입증하다'를 뜻하는 동사다. They were arguing over which film to go and see라는 문장은 '그들은 어떤 영화를 보러 갈까 언쟁을 벌이고 있었다'라고 번역한다.

Success 성공

19세기 미국의 시인 랄프 왈도 에머슨은 성공을 다음과 같이 노래했다. "자주 그리고 많이 웃는 것. 현명한 사람에게 존경을 받고, 아이들에게 사랑을 받는 것. 정직한 비평가의 찬사를 듣고, 거짓 친구의 배반을 참아내는 것. … 세상을 조금이라도 살기 좋은 곳으로 만들어놓고 떠나는 것. 자신이 한때 이곳에 살았다는 사실로 단 한 사람의 인생이라도 행복해지는 것. 이것이 진정한 성공이다."

❖ 미국의 시인 랄프 왈도 에머슨

'성공'을 가리키는 영어 **success**는 '성공하다', '계승하다'를 뜻하는 **succeed**에서 나온 말로, 어원은 라틴어 동사 succedere이다. 라틴어 접두사 sub-와 영어 go에 해당하는 라틴어 cedere가 합성되었다. 그런데 이 말에서 sub-는 under가 아니라 after, next to에 해당해, 누구의 뒤를 따라간다, 즉 누구의 자리를 '이어받다'라는 뜻이다. 여기서 라틴어 명사 successus가 만들어지는데, 곧 다가올 것, 좋은 결과, 즉 '성공'이라는 의미가 만들어졌다. 영어의 success와 동일하다. 성공이란 앞 사람의 지위를 잘 계승했다는 것이다.

'교외'를 뜻하는 **suburb**에서 sub-는 '가깝다'를 의미하고, urbs는 라틴어로 '도시'를 뜻한다. sub-는 뒤에 오는 자음에 따라 다양한 자음으로 동화되었다. 필요한 것을 제공해 '살아가게 하다'를 뜻하는 **sustain**은 라틴어 동사 sustinere에서 나온 말이다. sus-는 sub-의 동화 형태고, tenere는 '잡아주다', '지탱하다'를 의미한다. 다시 말해, 영어 sustain의 어원적 뜻은 '밑에서 지탱하다'가 된다. **support** 역시 sub-가 port의 첫소리 p로 인해 sup-로 동화되었고, port는 '짐을 나르다'를 뜻하는 라틴어 portare에서 나왔다. 따라서 support에는 밑에서 무언가를 나르다, 즉 '지원하다'라는 의미가 생겨났다. My father supported the Labour Party all his life는 '아버지는 평생 노동당을 지지했다'로 번역할 수 있다.

Judgement 심판

로마의 바티칸대성당에 가면 시스티나성당을 꼭 찾는다. 엄밀히 말하면 시스티나는 성당이 아니고 예배당을 뜻하는 **chapel**이 맞다. 여기에는 르네상스의 거장 미켈란젤로의 벽화가 그려져 있는데, 벽과 천장에 그려진 수많은 인물 중에는 최초의 인간 아담부터 최후의 심판을 하기 위해 하늘에서 내려온 예수도 있다. 시스티나라는 명칭은 벽화를 주문한 교황의 이름 식스투스에서 유래했다. 미켈란젤로의 〈천지창조〉는 이렇게 탄생했다.

❖ 미켈란젤로의 〈최후의 심판〉

한 가지 흥미로운 사실은 미켈란젤로가 자신의 얼굴을 수많은 군상 중에 넣었다는 것이다. 교황의 부탁에 마지못해 천장 벽화를 그렸던 예술가의 고된 얼굴을 넣고 싶었기 때문이다. 미켈란젤로는 성인 바르톨로메오가 들고 있는 인피人皮에 자기 얼굴을 그려 넣었다. 고통받는 예술가의 자화상이었다.

〈최후의 심판〉은 영어로 **The Last Judgement**라고 한다. ‘심판’을 의미하는 라틴어 명사 iudicium에서 나온 말이 영어 **judgement**다. **judicious**는 ‘신중한’, ‘판단력 있는’을 의미한다. We should make judicious use of the resources available to us라는 문장은 ‘사용 가능한 자원을 신중하게 활용해야 한다’라는 말이다. 영어 toward(~쪽으로)에 해당하는 ad-가 붙으면 ‘~쪽으로 판단을 내리다’를 뜻하는 **adjudge**가 되고, **adjudicate**는 ‘분쟁에서 판결하다’를 의미한다. He was adjudged bankrupt by the court는 ‘그는 법원으로부터 파산 판결을 받았다’라는 말이고, He was asked to adjudicate on the dispute는 ‘그는 분쟁에 대한 판결을 내려달라는 요청을 받았다’라는 말이다. 영어 before에 해당하는 pre-가 붙으면 **prejudice**가 만들어진다. 앞선 판단이라는 말에서 ‘편견’이라는 의미가 만들어졌다. Laws against racial prejudice must be strictly enforced는 ‘인종적 편견에 반대하는 법은 엄격하게 시행되어야 한다’로 번역한다.

Gravity 중력

초기 로마공화정 시대의 로마인들은 gravitas그라비타스를 매우 중시했는데, 이 단어는 '장중함'을 의미했다. 로마인들은 장중함이 책임감과 의무감에서 나온다고 생각했다. gravitas는 '무겁다'를 의미하는 라틴어 gravis에서 나왔는데, '무거움'이 첫 번째 뜻이고, 여기서 '엄숙함'과 '장중함'이라는 의미가 생겼다. 로마인들은 장중함의 미덕을 통해 섬세함보다 지속적인 힘을, 아름다움보다 육중함을, 상상보다 현실을 택했다. 귀족들의 정복正服에 해당하는 토가는 로마 남성들의 장중함을 잘 보여준다. 토가는 길이가 3.5~6미터에 이르는 반원형 옷감을 왼쪽 어깨와 몸 주변에 걸치는 방식으로 입었다.

❖ 토가를 입고 있는 아우구스투스

gravis에서 나온 말 중에는 '중력'을 의미하는 영어 **gravity**가 있다. 뉴턴이 사과가 떨어지는 것을 보고 중력의 법칙을 발견했다고 하는데, 바로 그 중력이다. 서양에는 세 개의 유명한 사과가 있다. 인류 최초의 여자인 이브의 사과, 현대 미술의 선구자 세잔의 사과, 그리고 뉴턴의 사과다. 만유인력의 법칙은 **the laws of gravity**라고 부른다. 한편, **gravity of the situation**은 상황의 심각성으로 표현한다.

라틴어 gravis에서는 '심각하다'를 뜻하는 영어 **grave**가 나왔다. 하지만 '무덤'을 가리키는 영어 grave는 라틴어 어원이 다르다. 이 단어는 '무덤'을 의미하던 고대 영어 græf에서 나왔다. 동사형은 **aggravate**로 '악화시키다'를 뜻한다. The treatment only aggravated the condition은 '치료는 증상을 악화시켰을 뿐이다'라는 말이다. '슬픔'이나 '비탄'을 의미하는 **grief**도 라틴어 gravare(무겁게 하다)에서 발전했다. 동사형은 **grieve**다. He is still grieving for his wife라는 문장은 '그는 여전히 아내를 슬퍼하고 있다'라고 번역한다.

Verdict 평결

역사적인 재판 중 갈릴레이의 종교재판은 과학과 종교의 대립으로 특히 유명하다. 지동설을 주장하던 갈릴레이가 로마교황청의 종교재판을 받고, 고문의 압력에 밀려 자신의 주장을 접었다고 알려진 재판이다. 그런데 다른 관점으로 이 재판을 보는 이들도 있다. 만약 과학과 종교의 갈등으로 이 재판이 야기되었다면, 지동설

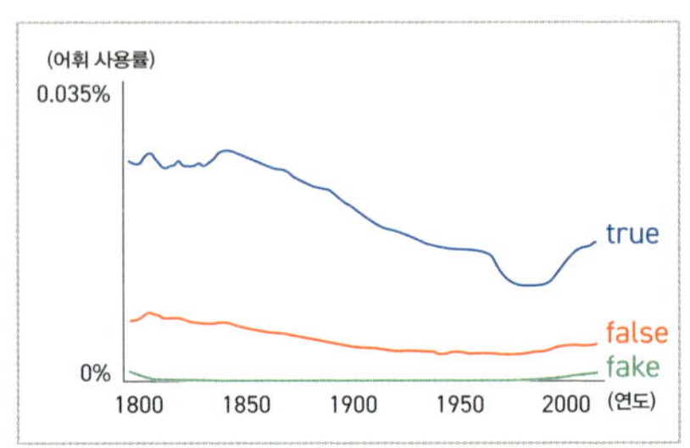

❖ true는 false와 fake에 비해 다소 급격한 하향 추세를 보이다가 2000년부터 다시 상승 추세로 돌아섰다.

을 주장했던 코페르니쿠스도 재판에 회부되어야 했다. 심지어 교회 내부에는 갈릴레이의 생각에 동조하는 사람들도 많이 있었다. 그런 이유에서 갈릴레이에 대한 탄압에는 다른 이유가 있다고 말할 수 있다. 역사적 추론에 따르면 그의 저서에 그려진 돌고래dolphin가 예수회의 음모를 부추겼다고 한다. 돌고래는 프랑스어로 dauphin이라고 하는데, 프랑스 왕국의 왕세자라는 의미도 담겨 있었다. 그런데 당시 프랑스는 신교를 지원하고 있었다. 따라서 신교의 지지를 받는 갈릴레이가 예수회의 탄압 대상이 되었다는 설이다.

'평결'을 의미하는 영어 **verdict**는 라틴어에서 '진실'을 뜻하는 verus에 '말하다'를 뜻하는 dicere가 합쳐진 말이다. 즉, '진리를 말하다'를 의미한다. verus에 -fy가 붙으면 '진실인지 확인하다'를 의미하는 **verify**가 만들어진다. We have no way of verifying his story는 '우리는 그의 이야기를 확인할 방법이 없다'라는 말이다. '진리', '사실성', '진실'은 **verity**라고 한다. '진리'를 뜻하는 라틴어 veritas에서 왔다. the eternal verities of life는 '삶의 영원한 진리'라는 표현이다. 라틴어 금언 중에 veritas in vino는 '취중진담'이라는 표현이다. 영어에서 자주 사용하는 **very**도 어원이 라틴어 verus에 닿는데, 그 뜻은 '진실'이다.

Delivery 배달

❖ 20세기 초 미국의 우유 배달 마차

코로나는 음식 문화의 지도를 송두리째 바꿔놓았다. 음식 배달 서비스가 엄청난 규모로 성장한 것이다. 인터넷을 찾아보면 세계 최초의 음식 배달 기록은 1768년 조선 한양의 양반들이 배달해서 먹은 냉면이라고 한다. 유럽에서는 1962년 스코틀랜드의 에딘버러에서 영국의 국민 음식인 피시 앤드 칩스를 배달해 먹었다는 기록이 있다. '배달'을 의미하는 **delivery**의 역사는 자못 흥미롭다. '자유'를 뜻하는 liberty와 형제간이라는 점에서 특히 그러하다.

'자유로운'을 뜻하는 라틴어는 liber였고, '자유롭게 하다', '해방하다'를 의미하는 동사는 liberare였다. 영어 동사 **liberate**와 명사 **liberation, liberty**가 모두 여기서 나왔다. delivery의 어원은 중세 프랑스어 delivrer인데, 이 단어 역시 라틴어 liberare(해방시키다)에서 나온 말이다. 영어에서는 물품, 편지, 소포 등을 다른 사람의 집이나 직장으로 가져간다는 뜻도 있지만, '출산'이라는 뜻도 포함하고 있다. Her husband was with her for the delivery는 '남편은 아내가 분만할 때 함께 있었다'라는 말이다. **delivery room**은 '분만실'을 가리킨다. delivery에 들어 있는 의미들의 공통분모는 어떤 물건이나 아이를 인도한다는 것이다. 본래의 의미인 자유롭게 한다는 의미와 닿아 있다.

delivery와 어형이 비슷한 단어 중에 **deliverance**가 있는데 '구원'이라는 뜻을 갖고 있다. 이때는 고통이나 나쁜 경험으로부터의 구원을 말한다. We pray for deliverance from our sins는 '우리는 죄로부터의 구원을 위해 기도한다'라고 번역한다.

Parasol 양산

라틴어 명구 중에 "평화를 원한다면, 전쟁에 대비하라"라는 말이 있다. 라틴어 원전은 "Si vis pacem, para bellum"이다. si는 영어 if에 해당하고, pacem은 pax(평화)의 대격(=목적격)이고, bellum은 '전쟁'을 의미한다. 유비무환의 로마 버전이다. 여기서 동사는 para인데, '준비하다', '대비하다', '지탱하다'를 뜻하는 동사 parare의 2인칭 단수 명령형이다. 즉 '대비하라'라는 말이다.

❖ 모네의 〈양산을 든 여인〉

'앞'을 의미하는 pre-가 parare 앞에 붙으면 '미리 준비하다'를 뜻하는 영어 동사 **prepare**가 된다. '함께'를 의미하는 com-이 붙으면 두 사람이 함께 준비하므로, 서로 필적하는 사이, 즉 비교할 수 있는 관계가 된다. '비교하다'를 뜻하는 **compare**는 이렇게 만들어졌다. 이전 상태로 되돌리는 re-가 접두사로 붙으면 '수리하다'를 뜻하는 영어 **repair**가 된다. 원래 준비된 상태로 되돌려놓는 것을 말한다.

'분리하다'를 뜻하는 **separate** 역시 parare에서 나왔다. '따로 떼어놓다'를 뜻하는 se-가 붙은 separate는 원래의 상태에서 물체를 '분리하다'라는 말이다. **several**도 separate와 어원이 같다. 몇 개로 분리된 상태라는 의미에서 '몇몇의'라는 표현이 나왔다.

그리스어 접두사 para-는 무엇을 '막다'를 의미하는 접두사로 몇 가지 파생어를 만들었다. 동사 para와는 뜻이 다르다. '태양'을 의미하는 sol 앞에 붙으면, 햇빛을 막는 '양산'인 **parasol**이 된다. 건물이나 옥상의 '난간'을 **parapet**이라고 하는데, pet는 '가슴'을 뜻하는 라틴어 pectus에서 나왔다. 따라서 사람의 가슴 높이 정도의 구조물을 parapet이라 하고, 그 기능은 추락을 방지하는 데 있다. '낙하산'을 의미하는 **parachute**는 프랑스어에서 왔는데, 여기서 chute는 '추락'을 의미한다. 즉, 낙하산은 추락을 막는 기구다.

Conspiracy 음모

기원전 65년, 로마의 집정관 선거에 카틸리나가 출마했다. 그는 몰락한 귀족 가문 출신의 유명한 장군이었다. 전前 집정관 술라의 신뢰를 바탕으로 카틸리나는 출세 가도를 달렸다. 그런데 성격에 문제가 있는 사람이었다. 돈이 없던 몰락한 귀족이 많은 빚을 내서 자신의 욕구를 채웠기 때문이다. 결국 그는 부자들을 원망하게 되었고, 성격도 점점 어두워졌다.

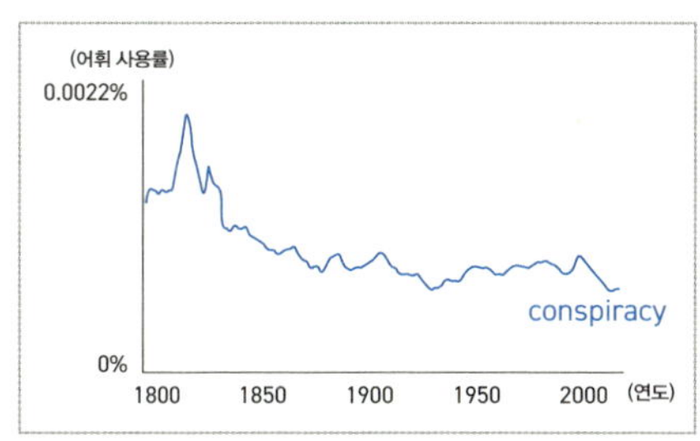

❖ 19세기 초 제국주의 시대를 정점으로 conspiracy는 하락 추세를 보인다. 정치적 음모가 급감했기 때문이다.

집정관에 출마한 카틸리나는 로마 시민들의 부채를 탕감한다는 공약을 발표한다. 빚이란 져본 자만이 그 고통을 아는 법이다. 하지만 원로원은 이런 카틸리나의 출마를 막았다. 그러자 카틸리나는 음모를 꾸몄다. 쿠데타를 일으켜 공화정을 전복하려는 계획을 세웠고, 반란에 참여할 인물들도 확보했다. 그런데 카틸리나는 음모를 사방에 떠들고 다니는 바람에 곧 발각되었고, 갈리아로 도주하던 카틸리나의 반란군 3,000명은 모두 몰살당했다.

‘음모陰謀’는 영어로 **conspiracy**라고 말한다. 이 단어는 라틴어 conspirationem에서 나왔는데, 사악한 계획이나 나쁜 목적을 가지고 사람들을 규합해 정치적 목적을 이루려는 행위를 가리킨다. 라틴어 어원으로 더 거슬러 올라가면 동사 conspirare에서 만나는데, con-은 ‘함께’, spirare는 ‘호흡하다’라는 뜻이다. 따라서 음모는 서로 호흡이 잘 맞는 사람들이 꾸미는 일이다.

spirare에서 나온 영어 단어로는 ‘영감을 주다’를 뜻하는 **inspire**가 있다. 안으로 공기를 불어 넣는다는 의미에서 ‘자극하다’, ‘영감을 주다’라는 뜻이 생겼다. 반대말은 밖으로 호흡이 나간다는 의미에서 **expire**가 있는데, ‘만료되다’, ‘끝나다’, ‘이승을 하직하다’라는 뜻을 가졌다. My passport expires next month는 ‘내 여권은 다음 달에 만료된다’라는 말이다. ‘정신’을 뜻하는 **spirit**도 어원이 같다. 정신이란 숨이 붙어 있는 상태를 말한다.

Emancipation 해방

14세기 유럽을 덮친 흑사병은 최대 2억 명의 목숨을 앗아갔다. 당시 전 유럽 인구의 60퍼센트에 해당하는 수치다. 그런데 인구가 줄자 농업의 전문화가 일어났다. 그 결과 식량 생산량은 점차 회복되었고, 곡물 가격도 저렴해졌다. 농업이 전문화되자 곡물 가격이 하락했고, 농노들의 생계가 위협을 받기 시작했다. 영주들은 농

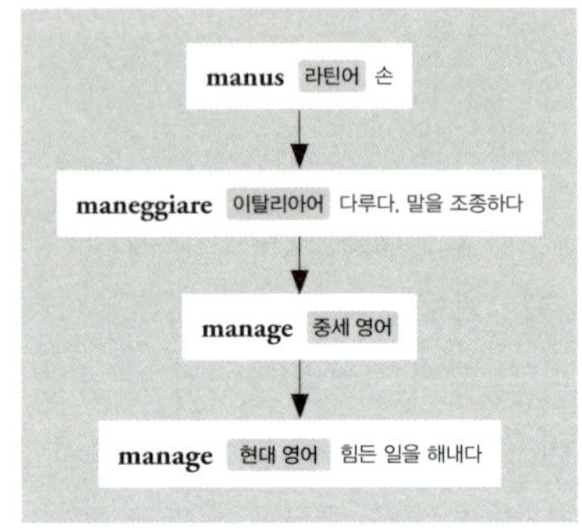

노들을 억압했지만, 농노들은 장원을 이탈해 부당한 대우에 반발하기 시작한다. 영국의 와트 타일러의 난(1381)과 프랑스의 자크리의 난(1358)이 대표적인 농민 반란이었다. 영국의 리처드 2세는 농노들의 요구를 수용했고, 장기적으로 농노제가 붕괴하는 계기가 되었다.

영어에서 '농노 해방'을 **emancipation of serfs**라고 부른다. **emancipation**은 '해방'을 뜻하는데, 라틴어 emancipare에서 나왔다. '밖'을 의미하는 ex-에 소유권을 뜻하는 mancipum이 합성된 말이다. 다시 말해, 소유권을 내려놓는다는 것이므로, 소유하고 있던 '재산을 포기하다'라는 뜻이다. 따라서 '농노 해방'에서 해방은 소유권을 포기한다는 말이다.

'수갑'이나 '족쇄'를 의미하는 **manacle** 역시 '작은 손'을 뜻하는 라틴어 manicula에서 나왔다. They had manacled her legs together는 '그들은 그녀의 다리에 족쇄를 채웠다'라는 말이다. '힘든 일을 해내다' 혹은 '살아나가다'를 뜻하는 **manage**도 manus에서 나왔다. 라틴어 manus는 이탈리아어에 maneggiare를 남겼는데, 그 뜻은 '(손으로) 다루다', '말[馬]을 다루다'였다. I only just managed to finish on time은 '제시간에 겨우 마칠 수 있었다'라고 번역할 수 있다.

사과는 '과일의 왕'이라고 불릴 만큼 인간에게 친숙한 과일이었다. 실제로 중세 유럽에서는 사과를 제외한 과일은 거의 재배되지 않았다. 프랑스어에서 '사과'를 가리키는 pomme는 라틴어에서 나왔는데, 이 말은 일반적인 과일을 지칭하는 것이었다. 프랑스어로 감자는 pomme de terre(=땅)라고 부른다. 이 말은

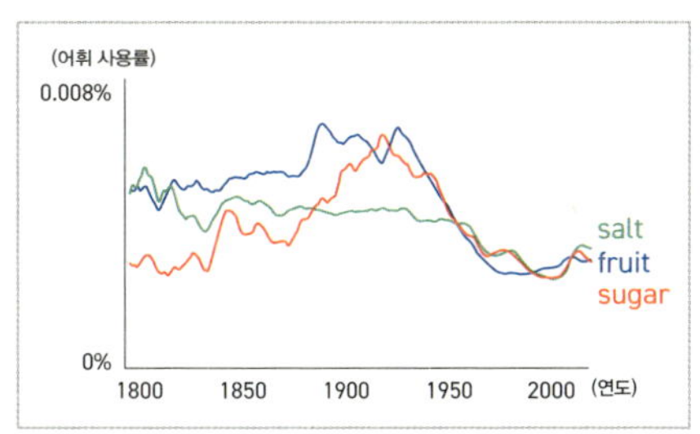

❖ 1800년부터 1940년까지 fruit의 용례가 sugar나 salt보다 많았는데, 1950년 이후에 세 식품의 어휘 사용률은 비슷해졌다.

'땅의 사과'가 아니라 '땅에서 나는 열매'를 가리킨다. 영어 **apple**도 마찬가지다. 고대 영어 æppel은 과일의 총칭이었다. 독일어 apfel, 러시아어 jabloko, 켈트어 aballo도 동일한 의미를 갖는다. 영어 속담 "An apple a day keeps the doctor away"는 '하루에 사과 한 개면 의사가 필요 없다'라는 말이다. 이 속담은 사과가 건강에 좋다는 의미보다, 병에 걸린 뒤에 병을 고치는 것보다 예방이 중요하다는 의미를 품고 있다.

'과일'을 뜻하는 영어 **fruit**는 라틴어 fructus에서 나왔는데, 어원의 형태가 다소 변했다. fruit가 중세 프랑스어를 거쳐 영어로 들어갔기 때문이다. 따라서 fruit 속에 들어 있는 ui- 모음의 영어 발음이 어렵다. 현대 프랑스어에서 fruit의 발음을 옮기면 '프뤼이'가 되지만(프랑스어에서 종성의 자음은 대부분 묵음이다), 영어는 단순하게 '프루트'라고 말한다. fruit에는 '결실'이라는 뜻도 있다. The fruits of economic growth는 '경제 성장의 결실'이라는 표현이다. 동사형은 **fructify**로, '열매를 맺다' 외에 '결실을 맺다', '구체화하다'라는 뜻도 있다. I let the idea sit in the back of my mind to fructify라는 문장은 '나는 그 아이디어를 마음 한구석에 담아두었다가 구체화했다'라고 번역할 수 있다. 꿀이나 과일 속에 들어 있는 단당류를 '과당'이라고 하는데, 영어로는 **fructose**라고 부른다.

Amount 총액

기원전 218년에 일어난 제2차 포에니전쟁은 지중해의 패권을 놓고 아프리카의 맹주 카르타고와 신흥 강국으로 떠오른 로마가 정면으로 충돌한 전쟁이었다. 카르타고는 시칠리아에서 바다를 건너 로마를 공격할 수도 있었지만, 스페인으로 우회해 북동진했다. 그리고 남프랑스의 해안 지방을 통과하지 않고 알프스산맥

❖ 제2차 포에니전쟁 당시 벌어진 자마전투

을 넘어 로마의 코앞까지 병력을 이동시켰다. 물론 로마가 카르타고 본국을 공격하자 카르타고의 총사령관 한니발은 서둘러 본국으로 돌아갔다. 결과는 역사에 잘 알려진 바와 같이 로마의 완승이었고, 한니발은 절망스러운 조국을 포기하고 자살로 생을 마감한다.

이탈리아반도의 북쪽은 알프스산맥이 병풍처럼 둘러싸고 있다. 로마인들은 '산'을 mons라고 불렀다. 소유격 montis에서 영어 어휘가 많이 나왔다. 먼저 '산'을 뜻하는 **mountain**이 있다. 형용사는 **mountainous**로, '산과 관련 있는'이라는 의미 외에도 '산더미처럼 엄청나게 많은'이라는 뜻도 지닌다.

amount 역시 그 뿌리가 같다. 영어 to에 해당하는 ad가 붙어 만들어진 이 말은 중세 프랑스어 amonter를 거쳐 영어로 들어왔다. 본래의 뜻은 '산으로 올라가다'였고, 지금처럼 영어에 '총액'이라는 의미가 생긴 것은 1710년경이다. 산더미처럼 많은 양, 즉 '총액'이라는 말이다.

paramount는 '~에 의해', '~을 통해'라는 프랑스어 par가 amount 앞에 붙어 생겨난 단어다. 산을 통해 혹은 산 위에서 굽어본다는 뜻을 가졌는데, 여기서 '무엇보다 중요한'이라는 의미가 생겼다. This matter is of paramount importance는 '이 문제는 다른 무엇보다 중요하다'라는 말이다. 야구에서 투수가 올라가는 **mound** 역시 '흙더미', '언덕'을 의미한다.

Sensation 센세이션

1874년 인상파 전람회에 출품된 모네의 〈해돋이〉는 당시 파리 미술계에 센세이션을 일으켰다. 이 작품이 센세이션을 넘어 혹독한 비난을 받은 이유는 해돋이를 사실적으로 묘사하지 않고 느낌만 주는 방식으로 그렸기 때문이다. 모네는 해돋이의 풍경을 보고 자신이 받은 영감과 인상을

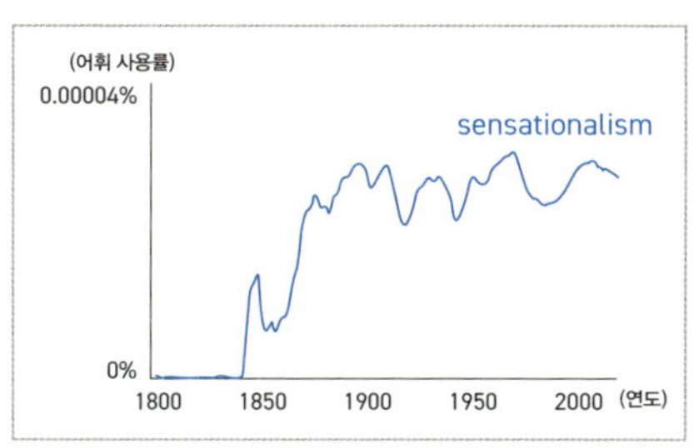

❖ 1840년부터 언론의 sensationalism은 급증했고, 지금도 현재 진행형이다.

캔버스에 자유롭게 표현했다. 모네의 작품을 본 신문기자 루이 르루아는 "이건 그림이라기보다는 하나의 인상에 지나지 않는다"라고 말했는데, 여기서 '인상주의'라는 용어가 생겨났다.

sensation은 앞에서도 소개한 sense와 유사한 어원에서 나온 말이다. '느낌'이나 '감각'을 의미하는 라틴어 명사 sensus에서 나왔다. sensus에는 자극에 대한 느낌 외에도, '설명하기 힘든 느낌'이라는 뜻도 있다. I had the odd sensation (that) someone was following me는 '누군가 나를 미행하고 있다는 이상한 느낌이 들었다'라는 말이다. '선정주의'를 의미하는 **sensationalism**도 이 단어에서 나왔다. 선정주의란 대중의 원시적 본능을 자극하고 호기심에 호소해 흥미 본위로 보는 경향을 말한다.

'관능적인'을 뜻하는 **sensual**, '무의미한'을 의미하는 **senseless**도 어원이 동일하다. senseless argument는 '무의미한 논쟁'이라는 표현이다. **sensory**는 '감각의'을 뜻하는 형용사인데, sensory temperature는 '체감온도'를 가리키고, **sensible**은 '분별 있는', '합리적인'을 의미한다. sensible person은 '분별력이 있거나 현명한 사람'을 가리킨다. 한편, **sensitive**는 '세심한', '민감한', '예술적 감성이 있는'을 뜻한다. She was very sensitive to criticism은 '그녀는 비판에 매우 민감했다'로 번역한다.

Accelerator 액셀러레이터

지난 2023년 2월 27일, 중소기업창업 지원법이 국회를 통과했다. 이 법은 일명 액셀러레이터Accelerator 법으로 불리는데, 액셀러레이터란 초기 창업자의 선발 및 사업의 투자를 맡고, 동시에 해당 분야의 전문 보육을 주된 업무로 삼는 자를 가리킨

❖ 액셀러레이터를 통해 창업한 스타트업 에어비앤비

다. 자동차의 속도를 올려주는 가속기처럼, 중소기업의 창업을 지원하고 독려하는 자를 말한다. 액셀러레이터의 한글 명칭은 창업기획자로 정했다. 액셀러레이터라는 개념은 미국의 실리콘밸리에서 시작되어 발전했다. 시가총액이 30조 원에 이르는 에어비앤비 같은 기업도 초기에는 액셀러레이터를 통해 창업한 스타트업 회사였다.

자동차의 '가속기'를 의미하는 **accelerator**는 '빠르다'를 의미하는 라틴어 celer에 라틴어 접두사 ad-가 붙어 만들어진 말이다. 여기서 나온 동사가 '가속하다'를 뜻하는 **accelerate**이고, '행위자'를 의미하는 -or가 첨가되었다. Inflation is likely to accelerate this year는 '올해는 인플레이션이 가속화될 전망이다'라는 말이다.

accelerator가 자동차의 가속기라고 해서 단어의 역사가 짧은 것은 아니다. 엔진의 속도를 높이는 장치라는 의미는 1900년에 확인되었지만, accelerator는 17세기 초에 이미 사용되기 시작한 단어였다. The Second World War is said to have been a great accelerator for many scientific findings는 '제2차세계대전은 많은 과학적 발견을 촉진하는 데 큰 역할을 했다고 한다'라고 번역한다. '신속함'이나 '민첩함'을 의미하는 **celerity**의 어원도 라틴어 celer에 닿아 있다. **speed**로 대체할 수 있는 말이다. 한편, 반대를 뜻하는 de-를 붙이면 '속도를 줄이다'를 의미하는 **decelerate**가 만들어진다.

Dexter 오른쪽의

인류의 90퍼센트는 오른손잡이라고 한다. 한쪽 손을 더 선호하는 특징은 다른 영장류에서는 발견되지 않는 특징이다. 그렇다면 왜 인간은 오른손을 선호하게 되었을까? 인간의 뇌는 좌뇌와 우뇌로 되어 있다. 좌뇌는 주로 언어와 운동 능력을 조절하고, 우뇌는 시공간적인 주의력을 담당한다. 한쪽 뇌의 발달, 즉 편측화는 두 개의 손 중 하나의 손을 많이 사용하게 했다. 인류의 조상이 제작한 최초의 석제 도구를 연구한 학자들은, 좌뇌가 도구를 만드는 데

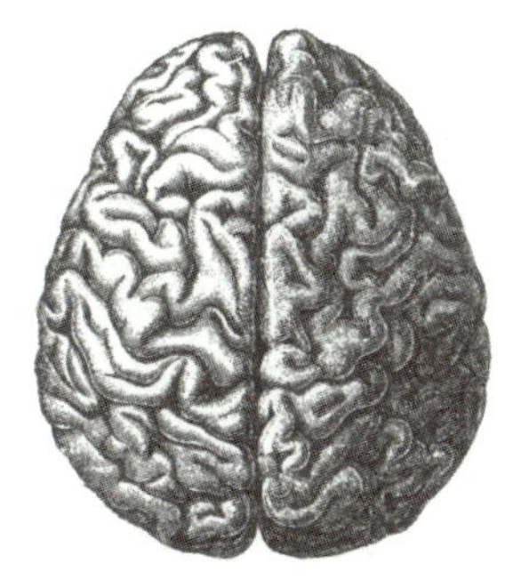

❖ 좌뇌와 우뇌로 이루어진 인간의 뇌

활성화되었다는 사실을 알아냈다. 좌뇌의 활성화가 오른손잡이를 만들어냈다는 것이 학자들의 견해다. 좌뇌는 우측 신체를 제어하기 때문이다.

언어에도 오른손은 왼손에 비해 특별한 대접을 받는다. 한국어에서 오른손은 바른손, 영어로 바꾸면 right hand가 되는 것처럼, 라틴어로 '오른쪽', '우측의'를 의미하는 dexter에는 '유능한', '노련한'이라는 뜻도 있다.

라틴어 dexter에서 나온 영어 **dexterous**는 '손재주가 비상한'을 의미한다. Baseball players have to be fast and dexterous는 '야구 선수는 빠르고 민첩해야 한다'라는 말이다. **dexterity**는 손이나 머리를 쓰는 '재주'를 뜻한다. The duo's vocal dexterity is something to behold는 '이 듀오의 보컬 솜씨는 볼만한 가치가 있다'라는 말이다. '양쪽'을 뜻하는 ambi-가 붙으면 **ambidextrous**라는 단어가 만들어지는데, '양손잡이의'를 가리킨다. 참고로 라틴어의 dexter는 원시 인도·유럽어의 *deks-에서 나왔고, '올바른' 혹은 '남쪽의'라는 뜻을 지녔다. 태양의 움직임을 정면에서 지켜보면, 태양은 오른쪽으로 돌고, 그 방향은 남쪽이다.

Sinister 불길한

베르길리우스의 『아이네이아스』에서 불타는 트로이를 탈출하는 안키세우스(아이네이아스의 아버지)는 유피테르에게 다음과 같이 기도를 올렸다. "전지전능한 유피테르 신이여, 이 기도가 당신 마음을 움직일 수 있다면, 우리를 한번 쳐다봐주십시오. 우리의 경애심이 그럴 가치가 있다면 우리를 도와주십시오. 오 아버지, 이 전조를 확인해주소서!" 그의 말이 끝나자마자 '왼쪽'에서 번개가 내리쳤다. 유피테르가 응답한 것이

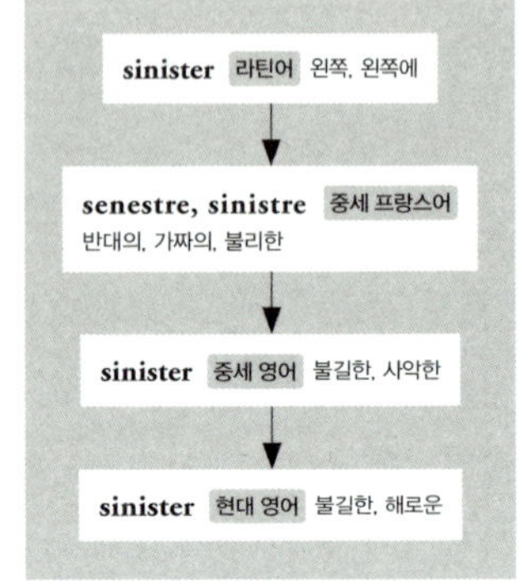

다. 여기서 왼쪽에서 번개가 내리쳤다는 사실에 주목하자. 고대 로마에서는 왼쪽을 길한 전조를 알려주는 방향으로 여겼다. 그리스에서 오른쪽을 길한 방향이라고 여겼던 것과 반대였다. 로마에서는 관찰자가 남쪽을 향하므로 왼쪽(빛과 신의 영역)이 길조를 의미했다.

'왼쪽'을 뜻하는 라틴어 sinister에는 원래 좋은 징조라는 의미가 들어 있었다. 그러다가 중세 프랑스어 sinistre로 넘어오면서 '반대의', '가짜의', '불길한' 같은 의미가 생겨났다. 영어에 남은 **sinister**의 파생어들이 그런 의미를 그대로 물려받았다. The ruined house had a sinister appearance는 '폐허가 된 집은 불길한 모습을 하고 있었다'라는 말이다. **sinisterly**는 '불길하게', '사악하게'를 뜻한다. He smiled sinisterly at her chosen song은 '그는 그녀가 선택한 노래를 듣고 사악하게 미소를 지었다'라고 번역한다. **sinistrodextral**은 sinistro+dexter의 합성어로 '왼쪽에서 오른쪽으로 움직이는'을 의미하는 단어다. 찰스 디킨스의 『올리버 트위스트』에는 "turned-up sinister-looking nose"라는 표현이 나오는데, 우리말로 번역하면 '사악한(불길한) 인상을 주는 들창코'라고 할 수 있다.

Defense 방어

인류 문명의 역사는 전쟁의 역사라고 말할 수 있다. 고대 유럽 세계를 바꾼 대표적인 전쟁을 하나 꼽으라면 기원전 52년 로마의 장군 카이사르가 갈리아 지방(지금의 프랑스와 벨기에)에서 켈트족의 연합군을 복속시킨 알레시아전투를 들 수 있다. 이 전쟁을 승리로 이끈 카이사르는 공화정의 제일

❖ 카이사르에게 항복하는 베르킨게토릭스

인자가 되었다. 이 전투는 알레시아 요새를 방어하려던 켈트족 연합군과 요새를 함락하려는 로마군의 공방전이었다.

카이사르는 12개 군단으로 알레시아 요새를 포위했다. 그런데 이 소식을 들은 다른 켈트족 연합은 무려 26만 명의 원정대를 파견한다. 카이사르의 군대는 알레시아의 농성군과 켈트족 증원군에 포위당하는 형국이 되었다. 하지만 천재적인 전략가 카이사르는 포위하고 있던 적군을 격파하고, 마침내 켈트족 연합군을 괴멸시켰다. 로마로 압송된 베르킨게토릭스는 거기에서 죽었다.

전쟁에서 공격이 최고의 전략일 수도 있지만, 베르킨게토릭스는 방어가 최선이라고 믿고 증원군을 기다렸다. 물론 결과는 참패였다. 영어에서 '방어'를 의미하는 **defense**는 라틴어 defendere가 어원이고, 영어처럼 '방어하다'를 뜻한다. 프랑스어의 현재분사형에서 나온 영어 **defendant**는 재판에서 검사의 논고를 방어하는 '피고'를 가리킨다. The judge directed the defendant to remain silent는 '판사는 피고에게 묵비권을 행사하라고 지시했다'라는 말이다. '울타리'를 의미하는 **fence** 역시 defense가 축약된 단어다. 올림픽 종목에서 검으로 승부를 겨루는 **fencing** 역시 어원이 같다. 15세기에 fencing의 의미는 방어 기술이었다. **self-defense**는 '정당 방위'를 가리킨다.

Prohibition 금주법

필자가 1980년대 말 미국의 중부 지방에 있는 도시에서 겪은 일이다. 어느 일요일 마트에 장을 보러 갔다. 그런데 주류 코너만 천으로 차단되어 있었다. 나중에 알고 보니 내가 갔던 캔자스주의 법에 따르면 주일主日인 일요일에는 주류를 팔 수 없었다. 청교도들이 세운 나라다웠다.

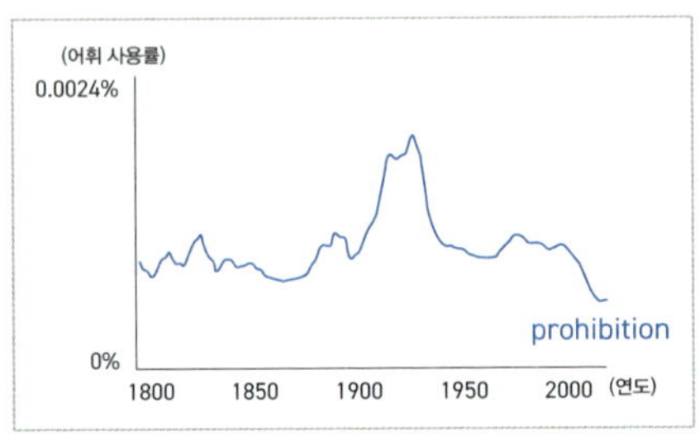

❖ prohibition의 용례 빈도수는 금주법이 폐지된 1930년대에 정점을 찍었다.

20세기 현대사에서 가장 충격적인 법을 하나 꼽으라면 1919년에 비준된 미국의 금주법일 것이다. 영어로 '금지'를 의미하는 **prohibition**은 주류의 생산과 유통을 금지하던 법이다. 금주법을 제정한 이유는 여러 가지가 있었다. 술로 인한 범죄를 줄이자는 의도가 있었지만, 오히려 갱단이 밀주 사업을 통해 시카고 같은 도시는 범죄의 온상이 되었다. 혹자는 독일 출신의 양조업자들에게 타격을 주기 위해 금주법을 만들었다고 말한다. 어쨌든 금주법은 1933년 유타주가 마지막으로 폐지를 비준하면서 역사 속으로 사라졌다.

prohibition은 라틴어 동사 prohibere에서 나온 말인데, 라틴어의 뜻은 '억제하다', '방해하다', '금지하다' 등이다. pro-는 '멀리', '앞으로'를 의미하고, hibere는 '쥐고 있다'를 뜻하는 habere(영어 have에 해당)가 변형된 것이다. '앞에서 붙잡아 막다'라는 의미에서 출발해 '억제하다', '쥐고 있다'라는 뜻을 갖게 되었고, 중세 프랑스어에 들어와 '금지하다'를 의미하게 되었다. 동사형은 **prohibit**이다. Motor vehicles are prohibited from driving in the town centre는 '시내 중심가에서는 자동차 운행이 금지된다'라는 말이다. **prohibitive**는 '너무 비싼'이라는 의미로 사용된다. Hotel prices in the major cities are high but not prohibitive는 '주요 도시의 호텔 가격은 비싸지만 부담스럽지는 않다'라는 말이다.

Denunciation 비난

로마의 황제 중 폭군의 대명사는 단연코 네로지만, 그 이전에도 악행을 일삼던 황제가 여럿 있었다. 초대 황제 아우구스투스의 양자였던 티베리우스가 그런 황제였다. 그는 소렌토 앞바다에 있는 카프리섬에 머물면서 원로원에 서한을 보내 제국을 통치했다. 당대 최고의 실력자는 세야누스였는데, 날아가는 새도 떨어뜨릴 정도로 막강한 권력을 쥐고 있었다. 그런데 세야누스가 반란을 꾸미고 있다는 소식이 티베리우스의 귀에 들어갔다. 얼마 후 카프리섬에서 황제의 서한을 가진 메신저가 원로원에 왔다.

❖ 로마의 황제 티베리우스

세야누스는 자신을 황제로 지명한다는 서한일 것이라고 생각했다. 다음 날 집정관 레굴루스는 세야누스가 출석한 원로원에서 황제의 서한을 낭독했다. 황제는 세야누스에게 국가 반역죄를 선고하고 세야누스를 즉시 처형하라는 명령을 내렸다.

'전령'을 의미하는 라틴어는 nuntius였다. 여기서 영어의 여러 파생어가 만들어지는데, '비난'을 뜻하는 **denunciation**이 나왔다. nuntius와 어원이 같은 nuntio는 전령이 하는 일, 즉 '발표하다', '알리다'라는 뜻이었다. denunciation의 de-는 '강하게', '완전히'라는 의미로 쓰여 '강하게 알리다'에서 '공개적으로 비난하다'라는 뜻이 나왔다. 그러므로 동사형인 **denounce**에는 '강력하게 발표하다'라는 의미에서 '비난하다', '고발하다'라는 뜻이 생겨났다. We must denounce injustice and oppression은 '우리는 불의와 억압을 비난해야 한다'라는 말이다. **announce**는 영어 to에 해당하는 ad-가 붙어 '발표하다', '알리다'를 의미하고, **pronounce**는 '~의 앞'을 뜻하는 pro-가 붙어서 '공식적으로 표명하다'를 뜻한다. The jury pronounced him guilty는 '배심원단은 그에게 유죄를 선고했다'라는 말이다. 물론 pronounce의 첫 번째 의미는 '발음하다'이다.

Accuse 고발하다

1898년 1월 13일 프랑스의 신문 『로로르L'Aurore』에 에밀 졸라의 격문이 전면에 실렸다. 당시 프랑스 대통령 펠릭스 포르에게 보내는 글이었다. 글의 제목은 「J'accuse」, 영어로는 'I accuse', 한국어로는 '나는 고발한다'였다. 당시 프랑스 사회는 유대인 출신 드레퓌스 대위의 유무죄를 놓고 둘로 쪼개져 있었다. 군국주의와 반유대주의가 광풍처럼 프랑스를 휩쓸고 있을 무렵에 터진 이 사건은 드레퓌스 대위를 스파이 혐의로 기소한 것이 발단이 되었고, 진범이 드러났음에도 재판부는 재

❖ 에밀 졸라의 격문

심을 거부했다. 그러자 졸라는 대통령에게 보내는 서한을 통해 재판과 관련해 불의를 저지른 자들을 대중에게 고발하며 사건의 진실을 알리려 했다.

'고발하다'를 뜻하는 **accuse**와, 앞서 소개한 '비난하다'를 뜻하는 **denounce**는 그 뜻이 조금 다르다. 먼저 accuse는 누군가의 범죄나 잘못을 알리는 행위이며, 직접 그 범죄를 언급한다. 반면, denounce는 누군가의 잘못이나 악행을 공개적으로 폭로하는 행위로, 일반적으로 상대의 신용을 떨어뜨리거나 그를 비난하는 데 목적이 있다. She accused him of stealing her wallet은 '그녀는 그가 자신의 지갑을 훔쳤다고 고소했다'라고 번역할 수 있고, The leader denounced the corruption within the government는 '지도자는 정부 내 부패를 비난했다'라고 번역할 수 있다.

accuse는 '원인'을 뜻하는 라틴어 causa에 ad-(에게)가 붙어 만들어진 단어다. 누구에게 사건의 원인을 따진다는 말이다. **excuse**는 비난이나 법적 행위로부터 벗어났으므로, '용서하다' 혹은 용서를 받을 수 있게 해준 '변명'이나 '구실'을 뜻한다. Nothing can excuse that sort of behaviour는 '그런 행동은 어떤 것으로도 변명할 수 없다'라는 말이다. '~때문에'를 의미하는 영어 **because**(by+cause)도 causa에서 나온 단어다.

Finance 재정

중세 유럽에서 부유한 나라는 어디였을까? 먼저 잉글랜드 왕국을 들 수 있다. 잉글랜드는 북해와 대서양을 잇는 무역 네트워크와 양모 산업의 발전, 에드워드 3세와 헨리 7세 같은 강력한 군주들 덕분에 상당히 번영했다. 두 번째는 베네치아공화국이다. 특히 베네치아는 11~15세기에 경제 강국이었고, 동서양을 연결하는 상업, 은행업, 무역의 중심지였다. 전통의 강국 프랑스도 빠지지 않는다. 특히 필리프 4세와 같은 강력한 군주가 통치하던 프랑스는 대규모 토지 보유, 파리를 중심으로

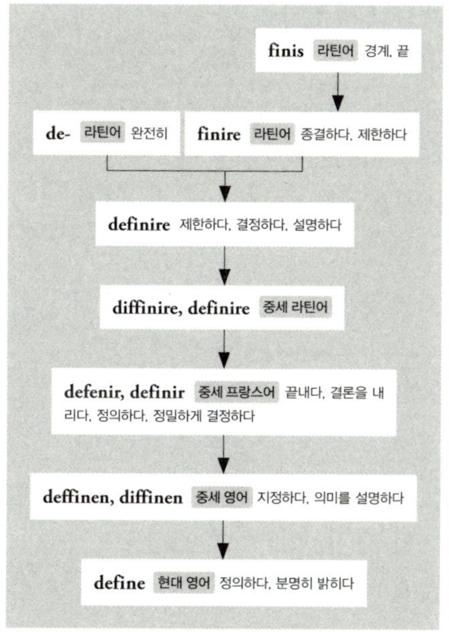

급성장한 경제와 무역 활동으로 상당한 부를 축적했다. 하지만 유럽의 왕국 재정이 그리 건전하지는 않았다. 잦은 전쟁으로 국고가 바닥나는 경우가 흔했기 때문이다. 특히 십자군전쟁은 일부 유럽 왕국의 재정을 파탄으로 몰아갔다.

　'재정'을 의미하는 영어 **finance**가 '끝'을 뜻하는 라틴어 finis에서 나왔다는 사실은 자못 흥미롭다. 중세 프랑스어 finance에는 '끝', '종결', '채무의 정산'이라는 뜻이 있었는데, 여기서 현대 영어에 '재정'이라는 의미가 만들어졌다. 라틴어 finis에 있던 '경계', '한계'라는 의미에서 여러 영어 어휘가 나왔다. '국한하다'를 뜻하는 **confine**은 경계를 긋다라는 의미에서 나왔다. '정의하다', '분명히 밝히다'를 의미하는 **define**은 '완전히'를 뜻하는 de-와 '종결하다'를 뜻하는 finire가 합쳐진 말이다. Your role in the project will be strictly defined는 '프로젝트에서 여러분의 역할은 명확히 한정된다'라는 말이다. '부정'을 의미하는 in-이 붙으면 '끝이 없는'을 의미하는 **infinite**가 만들어진다.

Gentleman 신사

젠틀맨의 역사는 서양 역사의 변천과 궤를 함께한다. 프랑스어 gentilhomme장티옴므에서 유래한 영어 **gentleman**은 같은 혈통과 가문 출신을 의미했으며, 고귀한 집안 출신 남성, 즉 '신사'를 지칭했다. 특히 영국에서 젠틀맨은 귀족 집안 사람이나 **gentry**젠트리를 가리켰다. 젠트리는 귀족은 아니지만 가문의 휘장을 사용할 수 있는 유산계급을

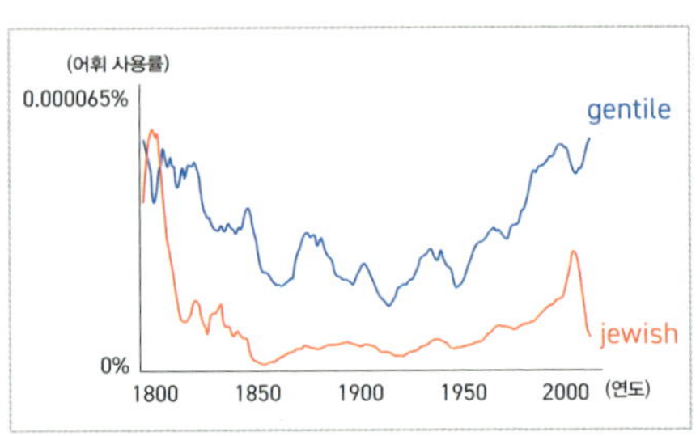

❖ 19세기 초를 기점으로 gentile의 용례 빈도수는 우상향하고, jewish는 21세기에 급증했다가 다시 급락했다. 9·11 테러 이후 중동, 종교와 관련된 담론이 급증하면서 jewish의 용례가 급증하다가, 다시 급락했다.

말한다. 그들은 귀족에 준하는 권력과 학식과 재산을 가진 계층으로 관료, 판사, 기업가 들이었다. 이후 르네상스 시대의 젠틀맨은 고귀한 출생뿐만 아니라, 품격 높은 매너를 가진 사람을 가리키게 되었다.

영어 **gentle**은 라틴어 gens에서 나왔는데, 대격 gentem이 어형을 제공했다. gens는 '씨족', '종족', '국가', '민중'을 의미했다. 여기서 나온 흥미로운 단어로는 비非유대인을 가리키는 **gentile**이 있다. 중세 초기에 생겨난 이 말은 기독교 시대에는 '유대인이 아닌 사람' 또는 '이방인'을 의미했다. The war memorial was dedicated to both Jews and Gentiles는 '이 전쟁기념관은 유대인과 이방인 모두에게 헌정되었다'라고 번역한다. gentle과 유사한 의미를 지닌 단어 중에는 **genteel**이 있는데, '고상한' 또는 '고상한 체하는'을 뜻한다. **genteel manner**는 '고상한 태도'라는 말이고, **genteel society**는 '상류층' 혹은 '상류층을 흉내 내는 사회'라는 표현이다. 프랑스혁명 전후를 배경으로 하는 『두 도시 이야기』에는 gentleman 이라는 단어가 자주 등장한다. "The gentleman then beckoned to the young lady, and they, too, went out."(신사는 어린 숙녀를 불러 함께 밖으로 나갔다.)

Salute 경례

❖ 황제에게 경배하는 검투사들

고대 로마에서 시민들은 검투 경기에 열광했다. 원형경기장에 입장한 검투사들은 그날 경기장의 귀빈 중 가장 높은 사람에게 경배를 올린다. 황제나 지방 총독이 그런 사람이었다. "Ave Caesar, morituri te salutant!" 이 말을 우리말로 옮기면, "황제 폐하 만세, 죽어갈 자들이 경배드립니다"였다. ave는 '만세' 또는 '하례'를 뜻한다. 우리가 흔히 듣는 "아베 마리아"는 '성모마리아에게 하례를 드립니다'라는 말이다. 마지막에 있는 salutant는 '경배하다'를 의미한다.

프랑스어에서 가장 많이 사용하는 인사말은 bonjour봉주르이지만, 젊은 층에서는 salut살뤼라는 인사말도 많이 사용한다. '경배'를 뜻하는 영어 salute와 어원이 같다. 존귀한 윗사람에게 사용하던 경배라는 말이 젊은이들의 흔한 인사말이 된 것이다.

영어 **salute**의 어원은 '인사하다'를 뜻하는 라틴어 salutare이다. 같은 뿌리에서 나온 라틴어 salus는 '건강', '안전', '인사'를 의미한다. 영어 salute는 특히 군대에서 군인들이 하는 '거수경례'를 가리킨다. The soldiers saluted the colonel은 '병사들이 대령에게 경례를 했다'로 번역할 수 있다. 여기서 나온 명사로는 '인사말'을 의미하는 **salutation**이 있다. Start your letter with the salutation 'Dear Friends'라는 문장은 '친애하는 친구 여러분이라는 인사말로 편지를 시작하라'를 뜻한다. **salutatory address**는 내빈에게 하는 '개회식 인사말'을 가리킨다.

'무법자', '악당'을 뜻하는 영어 **desperado**는 미국 서부 개척 시대에 생긴 말이다. 스페인어로 '절망적인'이라는 뜻을 지닌 이 단어는 무법자나 산적 같은 사람을 가리킬 때 사용했다. 서부 개척 초창기에 절망에 빠져 무모하게 폭력을 행사하는 사람을 이렇게 불렀다. 이후 영어에 차용된 desperado는 대담한

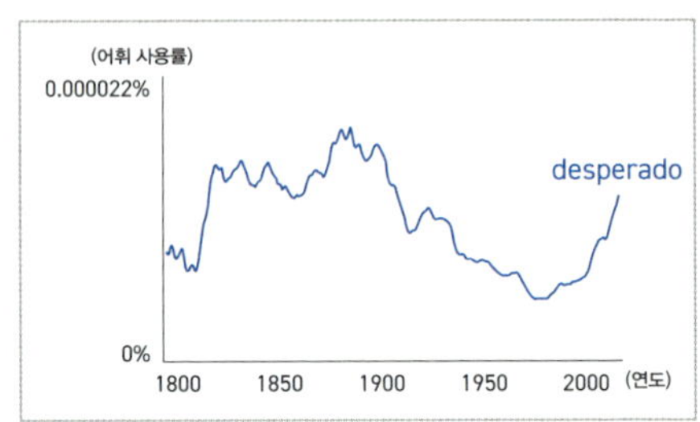

❖ 서부 개척 시대에 빈번하게 사용되던 desperado의 용례가 급감하다가 복고풍 문화에 대한 향수로 다시 상승 중이다.

범죄자, 특히 '도적'이나 '무법자'를 지칭하게 되었다. 더 이상 잃을 것이 없고 극단적인 위험도 기꺼이 감수하는 사람이라는 말이다. 할리우드 서부 영화에서도 desperado는 단골 주연이었다. 특히 마카로니 웨스턴(1960~70년대에 양산된 이탈리아산 미국 서부 영화)의 대표작《석양의 무법자》에 나오는 클린트 이스트우드 같은 주인공이 desperado의 전형이다.

desperado의 어원은 라틴어로 '희망하다'를 뜻하는 sperare에서 나왔다. '절망하다'를 뜻하는 영어 동사 **despair**는 sperare에 de-가 붙어 만들어졌다. 여기서 de-는 '결여'나 '부정'을 의미한다. Hope began to fade, leaving a mood of despair는 '희망은 사라지고 절망의 분위기가 감돌기 시작했다'라는 말이다. **desperate**는 '자포자기한' 또는 역으로 '간절히 필요로 하는'을 의미한다. He has a desperate desire to succeed는 '그는 성공에 대한 간절한 열망을 가지고 있다'라고 번역한다.

prosper는 라틴어 prosperare(잘되게 하다)에서 왔으며, pro-는 '앞으로'를 뜻하므로 '희망을 향해 나아가다'에서 '번영하다'라는 의미가 생겼다. 명사형 **prosperity**는 '번영', '번창'을 뜻한다. 영어 속담 중에 The wicked fall and the good prosper는 '악한 사람은 망하고 선한 사람은 흥한다'라는 말이다.

Asperity 거침

기원후 9년, 지금의 독일 북서부 지방인 니더작센 주(州) 근방에 있는 토이토부르크숲에서 로마의 바루스 총독이 지휘하는 로마 군단과 아르마니우스가 통합한 게르만족 연합군 사이에 전투가 벌어졌다. 전투 결과, 세 개의 로마 군단이 숲에서 전멸당했다. 로마의 전쟁사에서 가장 치욕적인 패배 중 하나였다. 이후 로마는 게르마니아를 거들떠보지도 않았고, 제국의 국경을 라인강과 도나우강으로 확정했다. 게르마니아는 이렇게 로마의 관심에서 사라져갔다.

❖ 토이토부르크숲전투

사실 로마인에게 게르마니아는 매력적인 땅이 아니었다. 걸어도 걸어도 하늘이 보이지 않는 광활한 삼림이나 춥고 음습한 기후는 로마인들이 질겁을 할 정도였다. 바지를 입지 않는 로마인들에게 게르마니아의 혹독한 겨울은 견디기 힘든 계절이었을지도 모른다.

로마인들은 '거친'을 뜻하는 형용사 asper를 다양하게 사용했다. 시큼한 와인, 나쁜 날씨, 고된 시간 등을 표현할 때도 asper를 활용했다. 여기서 말투나 태도가 '거침', '가혹함'을 뜻하는 **asperity**가 나왔다. the asperity of her manner는 '그녀의 거친 매너'를 말한다. **aspersion**은 '비방', '중상'을 의미한다. His opponents cast aspersions on his patriotism은 '그의 반대자들은 그의 애국심을 비난했다'라는 말이다.

exasperate는 '몹시 화나게 하다'를 의미한다. 이때 ex-는 '철저히'를 뜻하는 영어 thoroughly에 해당한다. She was clearly exasperated by all my questions는 '그녀는 내 질문 공세에 몹시 짜증이 났다'라고 번역할 수 있다.

Contact 접촉

문화권을 접촉의 차원에서 분류한다면, 접촉의 정도가 비교적 높은 high-contact culture와 접촉의 정도가 비교적 낮은 low-contact culture로 나눌 수 있다. 남유럽이나 라틴아메리카에서는 접촉의 빈도가 다른 곳보다 높은 편이다. 접촉의 정도가 높은 문화권에서는 대인 간의 거리도 가깝다. 이

❖ 아이 콘택트를 하는 두 사람

문화권의 사람들은 서로 눈을 더 많이 마주치고 큰 소리로 말하는 경향이 있다. 그중에서도 아이 콘택트eye contact는 의사소통에서 적지 않은 의미를 전달한다. 적절한 아이 콘택트는 의사소통에 적극적으로 참여하고 있다는 모습으로 비치지만, 지나치게 눈을 피하면 상대와 거리를 두려 한다는 인상을 준다.

contact에서 라틴어 접두사 con-은 이미 앞에서 여러 번 나왔다. 영어 with에 해당한다. contact의 의미가 '접촉하다'라면 tact는 무언가가 '닿다'라는 뜻일 것이다. 라틴어 동사 tangere의 1인칭 형태가 tango이고, 동사적 명사가 tactum이다. 아르헨티나의 국민 댄스 tango를 생각하면 그 의미를 유추할 수 있다. tact- 어근에서는 많은 영어 어휘가 나왔다.

먼저 '만질 수 있는'을 의미하는 tangible이 있다. 만질 수 있다면 실재하는 것이므로 '유형有形'이라는 뜻도 지니고 있다. tangible evidence는 '구체적 증거'를 말하고, tangible assets는 '유형의 자산'을 뜻한다. tactile은 '촉각'을 의미한다. tactile fabric은 감촉이 좋은 직물을 가리킨다. tact는 촉감이 아니라 '눈치'나 '요령'을 의미한다. 한국어에서도 '촉이 좋다'는 말을 사용하지 않는가. He's never had much tact는 '그는 눈치(요령)가 전혀 없었다'라는 말이다. 접촉이 많으면 병이 전염되는데, contagious는 '전염되는'을 뜻한다. 명사형은 contagion(전염)이다.

Dial 다이얼

이제 전화기는 거의 스마트폰을 가리키는 시대가 되었다. 유선 전화기를 집 안에서 사용하는 가구는 점점 더 줄어드는 추세다. 유선 전화기는 전화를 거는 방식도 바뀌었다. 과거 아날로그 시대에는 버튼식이 아니고 다이얼dial을 시계 방향으로 돌려서 전화를 걸었다. '다이얼을 돌리다'가 전화를 건다는 의미였다.

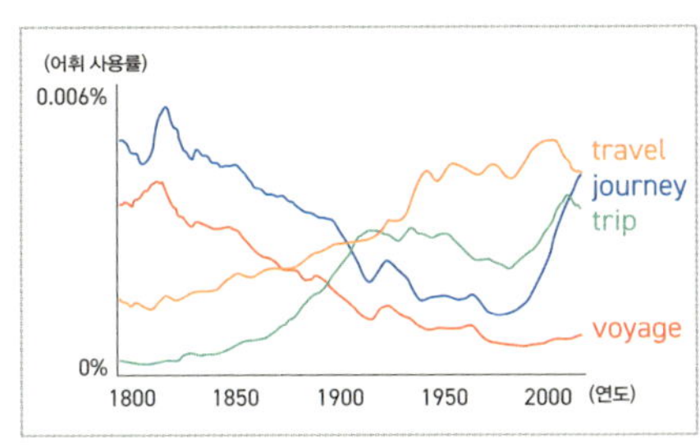

❖ '여행'을 의미하는 travel, journey, trip, voyage 의 용례 빈도수를 비교했다. '항해'를 의미하는 voyage의 용례가 가장 많이 감소했다.

영어 **dial**은 '하루'를 뜻하는 라틴어 dies에서 나왔다. 라틴어 dies는 영어 day와 일치한다. 그 이유는 해시계와 관련 있다. 고대사회에서 시간은 해시계를 통해 측정했다. 해시계의 판에 눈금을 새기고 금속으로 만든 막대기를 가운데에 세우면 해의 움직임에 따라 막대기의 그림자가 시간을 가리켰다. 이렇게 숫자가 새겨진 문자판을 dial이라고 불렀다.

매일매일 일어나는 사건을 기록하는 '수첩'이나 '일기장'을 **diary**라고 부른다. 그런데 인간의 하루는 매일 좋은 일만 일어나지 않는다. 영어 **dismal**은 라틴어 dies mali에서 나왔는데, mali는 '나쁘다'를 뜻한다. 일진이 안 좋은 날이 dismal 이다.

라틴어 dies가 프랑스어에 들어가면 jour-로 바뀌어, 여기에서 파생된 단어들이 영어에 들어왔다. **journal**은 매일 발행되는 '신문'이나 '저널', '일기'를 뜻한다. 접두사 ad-가 붙으면 **adjourn**이 만들어지는데, '해당하는 날에 배치하다'라는 의미에서 재판 등을 특정일에 배당하다, 즉 '재판을 연기하다'라는 뜻이 만들어졌다. The meeting was adjourned until Tuesday는 '회의는 화요일까지 연기되었다'라는 말이다. '여행'을 뜻하는 **journey**는 중세 프랑스어에서 하루 동안의 여행을 가리켰다.

Fidelity 충실함

서양 중세 사회는 봉건제가 핵심이었다. 장차 봉신封臣이 될 사람은 무릎을 꿇고 주군의 손 사이에 자신의 두 손을 포갠 뒤, 주군主君의 신하가 되기 위해 선서를 한다. 그러면 주군은 봉신을 일으킨 뒤에, 때로는 그에게 충성의 의미로 입맞춤하기도 했다. 그다음에 봉신은 충성의 서약을 하고 오른손을 신성한 물체에 놓는다. 이러한 상징적인 의식은 곧이어 봉신에게 서품을 내리는 절차로 이어진다. 그리고 주군은 홀笏, 군기軍旗, 막대기, 잔디가 심어진 작은 흙덩이(봉토를 상징한다), 혹은 다른 물건 등을 하사한다. 이 물건들은 신하의 맹세와 충성에 대한 물질적인 보상을 의미했다.

❖ 주군에게 충성을 맹세하는 중세의 기사들

‘충실함’을 의미하는 영어 **fidelity**의 어원은 라틴어 fides다. ‘믿음’, ‘신뢰’, ‘충성’을 뜻하는 fides는 로마인들이 아끼는 중요한 덕목이었다. 영어에서 남의 능력이나 지식에 대한 ‘믿음’을 의미하는 영어 **faith**의 어원이다. She has no faith in modern medicine은 ‘그녀는 현대 의학에 대한 믿음이 없다’라는 말이다.

영어 with에 해당하는 con-이 fides 앞에 붙으면 ‘비밀을 털어놓다’를 의미하는 **confide**가 만들어진다. He confided to her that his hair was not his own은 ‘그는 그녀에게 자신의 머리카락이 자기 것이 아니라고 털어놓았다’라고 번역한다. **confident**는 ‘확신하는’을 뜻하고, **confidential**은 ‘은밀한’을 의미한다. All information will be treated as strictly confidential이라는 문장은 ‘모든 정보는 엄격하게 기밀로 취급된다’라는 말이다. **diffident**는 ‘부족함’을 뜻하는 dis-가 들어 있는데, 여기에서 부족한 것은 자신감이다. 따라서 ‘조심스러운’ 또는 ‘소심한’을 의미한다.

라틴어 관용구 중에 modus vivendi라는 말이 있다. modus는 '방법', '측정', '한계'를 뜻하고, vivendi는 '살다'를 뜻하는 동사 vivere에서 나온 말이다.

따라서 modus vivendi는 삶의 방식, 즉 영어로 lifestyle이다. 옥스퍼드 영어 사전에는 modus vivendi가 서로 다른 의견이나 신념을 가진 사람 또는 집단이 함께 일하거나 생활할 수 있도록 허용하는 제도라고 설명한다. Our two countries must put aside the memory of war and seek a modus vivendi라는 문장은 '양국은 전쟁의 기억을 뒤로하고 평화로운 공존의 방식을 모색해야 한다'라고 번역할 수 있다.

❖ 19세기에 등장한 최초의 패션 모델

라틴어 modus는 많은 어휘를 영어에 제공했는데, model 역시 이 단어에서 나왔다. 라틴어의 modus는 '측정'이라는 뜻을 갖고 있었고, 여기서 '작은 측정 기구'를 의미하는 modulus가 나왔다. 따라서 영어 사전에서 **model**을 찾으면 '실물보다 작게 만든 모형'이라는 뜻이 가장 먼저 나오고, 뒤이어 잘 알려진 '상품의 모델' 혹은 '모델로 일하다'라는 의미가 나온다.

모델은 '표준'을 뜻하므로 '중간' 혹은 '보통'을 의미하는 **moderate**와 어원이 같다. He's a moderate drinker는 '그는 술을 적당히 마시는 편이다'라는 말이다. 동사로는 '완화하다'라는 뜻을 갖는다. 다시 말해, 한쪽으로 치우치지 않게 한다는 말이다. The president may have to moderate his stance on tax cuts는 '대통령은 감세에 대한 입장을 완화해야 할 수도 있다'라고 번역한다. '현대의'나 '최신의'를 의미하는 **modern**도 그 뿌리가 modus다. 본래는 '측정한 값'을 뜻했는데, 지금 측정한 값, 즉 '현대'라는 의미를 갖게 되었다. '절제된', '과장되지 않은'이라는 의미에서 나온 **modest**는 '겸손한'이라는 뜻을 갖는다. 적당하게 '수정하다'를 뜻하는 **modify**도 어원이 modus다. modus(방식)에 facere(만들다)가 결합되어 '방식을 바꾸다', 즉 '수정하다'라는 뜻을 갖게 되었다.

Equator 적도

일 년 중 낮과 밤의 길이가 같은 '춘분'을 영어로는 **vernal equinox**라고 한다. vernal은 '봄'을, equ-는 '같다', nox는 '밤'을 의미하는 라틴어다. 낮과 밤의 길이가 같다는 말이다. 동양에서도 마찬가지다. 한자

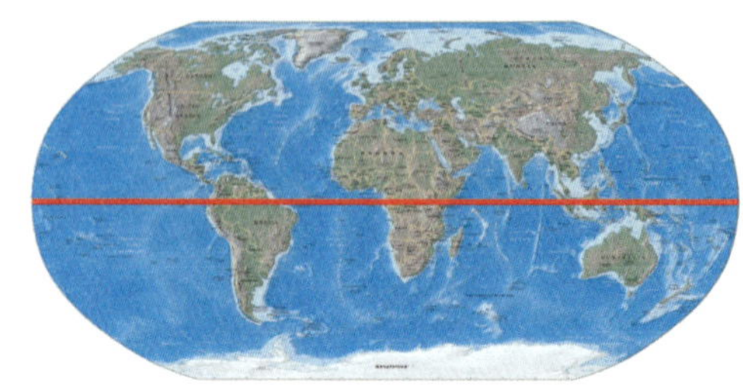

❖ 지구의 정중앙을 지나는 적도

로 옮기면 춘분春分이 된다. 여기서 분分은 '반반'을 뜻한다. 낮과 밤의 길이가 같다는 것이다. 하지만 동양과 서양의 용어가 일치하지 않는 경우도 있다. 지구의 정중앙을 지나가는 적도赤道의 한자를 풀면 '붉은 선'이다. 고대 중국의 천문학자들이 붙인 이름으로, 붉은 태양이 지나가는 길이라는 뜻이다.

영어에서 '적도'를 의미하는 **equator**는 라틴어 aequator (diei et noctis)에서 나온 말이다. diei는 '낮', noctis는 '밤'을 뜻하고, aequator는 '평등하게 하는 자', 즉 **equalizer**를 의미하므로, 낮과 밤의 길이가 같다는 말이다. 그렇다면 춘분이나 추분을 가리켜야 하지 않을까? 사실은 이러하다. 적도는 북반구에서 90도, 남반구에서 90도를 이루는 점들의 연장선이다. 이 지점에서 태양이 가장 높이 떠오른다. 춘분과 추분이 되는 날 태양이 머리 위로 떠오르면, 적도에서 낮과 밤의 길이는 모두 12시간이다.

적도를 제공한 라틴어 aequator에서 aequus는 equ-라는 어형으로 영어에 많은 어휘를 제공했다. '동일한'을 뜻하는 영어 **equal**, '방정식'을 의미하는 영어 **equation**이 여기서 나왔다. 방정식이란 어떤 문자가 특정한 값을 취할 때 성립하는 등식이다. 등식에서 '등等'이 바로 equal이다. equation에는 '동일시'라는 뜻도 있다. The equation of wealth with happiness can be dangerous는 '부와 행복의 동일시는 위험할 수 있다'라는 말이다. **equivalent**는 '(가치나 의미가) 동일한'을 뜻하고, 목소리가 같다는 **equivocal**은 '여러 뜻으로 들리는 말'에서 '모호한'이라는 뜻이 생겼다.

Mediterranean Sea 지중해

고대 그리스인들은 지중해 도처에 식민지를 건설하고 무역을 통해 부를 축적했다. 그리스의 패권을 이어받은 로마는 지중해를 둘러싸고 있는 모든 육지를 로마의 속주로 만들었다. 로마인들은 지중해를 '우리 바다Mare Nostrum' 혹은 '내해內海, Mare Internum'라고 불렀다. 현재의 지중해 명칭인 **Mediterranean Sea**

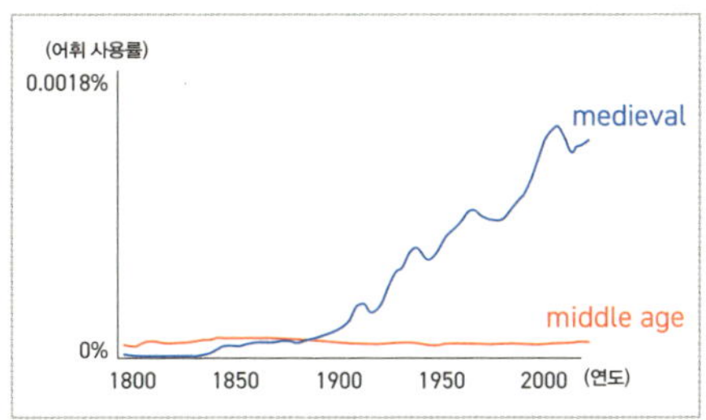

❖ medieval은 1890년대 이후 중세학(Medieval Studies)의 학문화·제도화가 진행되면서 용례가 폭증했다.

에서 Mediterranean은 '중간'을 의미하는 라틴어 medius와 '땅'을 나타내는 terra가 합쳐진 말이다. 이후 대항해시대가 도래하자, 유럽의 헤게모니는 대서양으로 옮겨 갔고, 그 주인공은 스페인과 포르투갈이 되었다.

지중해를 제공한 라틴어 medium은 '중간'을 뜻하는 남성 형용사인데, 여성은 media, 중성은 medium이다. 영어 단어에서 많이 만나는 어휘들이 모두 여기서 나왔다. 먼저 '중간'이나 '매체'를 의미하는 **medium**이 있다. 스테이크의 중간 굽기 정도를 가리키는 medium도 마찬가지다. '중세의'를 뜻하는 medieval도 medium+aevum(=age)으로 이루어진 합성어다.

지구에서 남극과 북극을 남북으로 이은 선을 자오선子午線이라고 하는데, 영어로는 **meridian**이라 부른다. 동양에서는 낮과 밤을 구분하는 수직의 선이지만, 라틴어 meridian의 의미는 다르다. meri-는 '가운데'를 뜻하고, dian는 '낮을' 뜻하므로 meridian는 해가 한 가운데 떠 있는 '정오'를 의미한다. 영국의 그리니치를 지나는 자오선을 본초本初자오선이라 부르고, 0도의 자오선은 시간대의 기준이 되었다. 예를 들어, 경도 0도의 본초자오선을 기준으로 할 때, 지구가 자전하면서 햇빛을 받는 쪽이 낮으로 바뀐다.

immediate는 중간에 어떤 것도 개입하지 않은 '즉각적인', '당면한'을 의미한다. We must make an immediate response는 '우리는 즉각적인 대응을 해야 한다'라는 말이다.

7월

- Ultraviolet
- Innocent
- Duke
- Equitation
- Genius
- Ostentation
- Focus
- Depression
- Conversion
- Fable
- Imperialism
- Vulnerable
- Dormitory
- Propeller
- Conquest
- Solatium
- Affiliation
- Language
- Ultimatum
- Sanitary
- Maestro
- Compute
- Vulgar
- Legal
- Threshold
- Lucid
- Nocturne
- Insomnia
- Impudent
- Delicious
- Solarium

Ultraviolet 자외선

코로나가 한창 유행하던 시절에는 어디를 가도 체온을 측정했다. 그런데 예전처럼 체온계를 사용하는 것이 아니라, 적외선 체온계를 사용해 사람의 열을 감지하는 방식으로 체온을 측정했다. 적외선赤外線은 말 그대로 빛의 스펙트럼 중 한쪽 끝인 붉은색 바깥쪽에 있는 빛을 말한다. 영어로는 **infrared**라고 하는데, 여기서 라틴어 infra는 '~의 아래'라는 말이다. 즉 붉은색 아래의 보이지 않는 빛인데, 이 영역의 빛은 열로 감지된다. 붉은색 밖에 적외선이 있다면, 빛의 스펙트럼의 또 다른 끝인 보라색 바깥쪽에는 자외선紫外線이 있다. 영어로 **ultraviolet**이라고 불리는 '자외선'은, '보라색'을 의미하는 **violet**에 '~을 너머'를 뜻하는 라틴어 ultra가 합성된 용어다.

❖ 휴대용 자외선 손전등

영어 beyond에 해당하는 라틴어 ultra는 '초超'라는 의미가 붙는 단어들을 제공했다. sound 앞에 붙으면 '초음파'를 뜻하는 **ultrasound**가 된다. 초음파는 인간이 들을 수 없는 가청 최대 한계 범위를 넘어서는 소리를 말한다. 개, 고양이, 돌고래, 박쥐 등은 초음파를 들을 수 있다고 한다. 색상 중에는 '군청색'을 **ultramarine**이라고 한다. '바다'를 의미하는 **marine** 앞에 ultra가 붙었다. '지나친 애국주의자', 즉 민족주의에 대한 극단적인 신념을 가진 사람은 **ultranationalist**라고 부른다.

라틴어 ultra가 프랑스어로 넘어가면 outre가 되는데, 여기서 나온 영어 단어로는 **outrage**가 있다. 이 단어는 '강한 분노'나 '잔학한 행위'를 가리킨다. Many politicians and members of the public expressed outrage at the verdict는 '많은 정치인과 일반 국민이 판결에 분노를 표했다'라는 말이다.

Innocent 무죄의

로마가톨릭교회의 수장은 '교황'이다. 초대 교황은 예수의 수석 제자 베드로였고, 지금의 레오 14세는 제267대 교황이다. 중세 교황 중 세속 군주들을 제압하고 막강한 권력을 소유한 교황으로는 이노첸시오 3세 Innocent III를 꼽을 수 있다. "교황은 태양, 황제는 달"이라고 말할 정도로

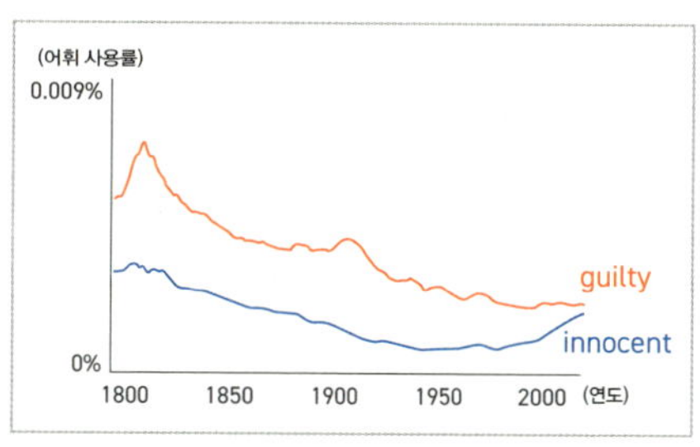

❖ innocent는 인권 담론과 억울한 피해자의 서사와 윤리를 강조한다는 점에서 용례가 상승 중이다.

교황권의 전성기를 이끈 인물이다. 그는 유럽 제국諸國에 큰 영향력을 행사했다. 교황에 반기를 들었던 영국의 존왕을 파문했고, 신성로마제국의 하인리히 6세가 사망하자 황제 선출 선거에 개입했다.

역대 교황 중에는 이노첸시오라는 이름을 사용한 교황이 13명이나 있다. 라틴어로 innocentius에서 나온 이 말은 영어 not에 해당하는 in- 뒤에, '해를 끼치다'를 의미하는 nocere에서 나온 nocens(nocere의 현재분사)를 붙여 만든 말이다. 이노첸시오라는 이름은 '죄가 없고 순수하다'라는 뜻을 지녔다. 영어 **innocent**는 '무죄의' 혹은 '순결한'을 뜻한다. 교황들이 이 이름을 선호한 것은 자신이 순수성과 공정성의 화신이라는 열망에서 비롯되었다.

라틴어 동사 nocere에서는 **innocuous**라는 형용사도 나왔는데, '악의가 없는' 또는 '무해한'이라는 뜻을 갖는다. It seemed a perfectly innocuous remark는 '지극히 악의가 없는 발언처럼 보였다'라고 번역한다. **nuisance**는 '성가신 사람'이나 '골칫거리'를 가리킨다. He was charged with causing a public nuisance는 '그는 공공 소란죄로 기소되었다'라는 말이다. **obnoxious**는 '아주 불쾌한' 또는 '몹시 기분 나쁜'을 의미한다. ob-는 영어 toward에 해당하지만, 여기서는 '강조'의 의미를 갖는다.

Duke 공작

❖ 초대 노르망디 공작 롤로

중세 유럽 사회는 철저한 위계질서의 사회였다. 영적 세계의 최고 지도자는 로마의 바티칸궁전에 있는 교황이었고, 세속 군주 중에는 신성로마제국의 황제를 비롯해 많은 왕이 제후를 거느리고 있었다. 제후들은 서열에 따라 공작, 후작, 백작, 자작, 남작 순으로 자리를 잡았다. 그중에서도 백작은 왕권의 대표자였는데, 점차 독자적인 권력을 확보하면서 자신들이 왕권의 대리인이라는 사실을 잊고 있었다. 일부 지방에서는 백작보다 높은 공작duke이 있었다.

영어에서 '공작'을 의미하는 **duke**는 라틴어 dux에서 나왔다. 여성형은 **duchess**다. 본래의 뜻은 '지도자', '사령관', '장군'이었다. 공작이 다스리는 나라는 '공작령'이라고 부르는데, 영어로 **duchy**라고 한다. 중세 프랑스 왕국에서 가장 강력한 공작령을 꼽으라면 노르망디 공작령을 들 수 있다. 1066년 노르망디 공작 윌리엄이 잉글랜드 왕국을 정복할 정도로 노르망디 공국의 국력은 막강했다.

'백작'은 영어로 **count**라고 하는데, 고유 영어에서는 **earl**이라고 부른다. 영어에서 프랑스어로 온 count를 사용하는 이유는, 1066년 프랑스어를 사용하는 윌리엄 공이 잉글랜드를 정복했기 때문이다. count의 어원은 라틴어 comitem인데, '동반자' 또는 '수행원'을 뜻했다. 왕의 수행원이라는 말이다. '후작'은 **marquis**라고 부른다. 라틴어로 '국경'을 뜻하는 marca에서 나왔다. 후작은 변방의 방어를 책임지는 제후를 가리킨다. '자작'은 부副를 뜻하는 vis-가 붙어 **viscount**라 하고, '남작'은 **baron**이라고 부른다. 본래 남작은 중세 초기에는 모든 종류의 대영주, 즉 공작이나 백작 또는 자작을 총칭하는 표현이었으나, 봉건 체제가 확립된 이후에는 백작보다는 낮고 기사보다는 높은 제후를 지칭하게 되었다. 참고로 중세 베네치아공화국의 '총독'은 **doge**도제라고 부르는데, 이 말 역시 라틴어 dux에서 나왔다.

Equitation 마술

인류의 역사는 말[馬]의 역사라고 불러도 손색이 없다. 서양인의 조상인 인도·유럽인은 기마민족이었다. 이들의 호전성은 말을 잘 부렸던 전술에서 비롯되었다. 이후 중세의 세계지도를 바꾼 몽골족은 기마 부대를 이끌고 유례없는 대제국을 건설했다. 유목민에 불과했던 몽골족이 이처럼 전대

❖ 말을 타고 활을 쏘는 몽골족

미문의 강력한 군대로 변모한 데는 등자鐙子의 발명이 크게 기여했다. 등자란 말을 타고 앉아 두 발로 디딜 수 있는 기구로, 말안장에 달아 말의 옆구리에 늘어뜨린다. 등자 덕분에 말을 탄 사람은 엉덩이를 들 수 있었고, 병사는 마상에서 활이나 창을 던질 수 있었다. 몽골족은 이렇게 말을 타고 활을 쏘며 중국, 중앙아시아, 러시아를 정복했다.

그런데 '말'을 의미하는 영어 **horse**는 서양인의 조상인 인도·유럽인의 언어에서 유래하지 않았다. 게르만족의 언어에서만 통용되던 말이다. 인도·유럽인은 말을 *ekwo-라고 불렀는데, 여기서 나온 라틴어가 equus다. 올림픽 스포츠에서 기수가 말을 타고 장애물을 뛰어넘는 경기를 '마술馬術 경기'라고 하는데, 영어로는 **equitation**이라고 부른다. 말과 관련된 또 다른 단어로는 '말의', '말과 같은'을 의미하는 **equine**이 있다. The portraits showed an aristocratic family with long equine faces는 '초상화에는 말처럼 긴 얼굴의 귀족 가족이 그려져 있다'라는 말이다. **equestrian**은 '승마의'를 뜻하는 단어다. They plan to hold the Olympics' equestrian events는 '올림픽 승마 종목을 개최할 계획이다'라고 번역한다.

Genius 천재

천재는 타고나는가? 반은 맞고 반은 틀리다. 천재성은 유전된다. 어떤 사람은 지능, 창의성, 특정 재능의 유전적 자질을 가지고 태어난다. 연구에 따르면, 기억력, 문제 해결 능력, 처리 속도와 같은 특정 인지 능력은 어느 정도 유전될 수 있다고 한다. 하지만 타고난 선천적 재능이 그 진가를 발휘하려면 몇 가지 조건이 필요하다.

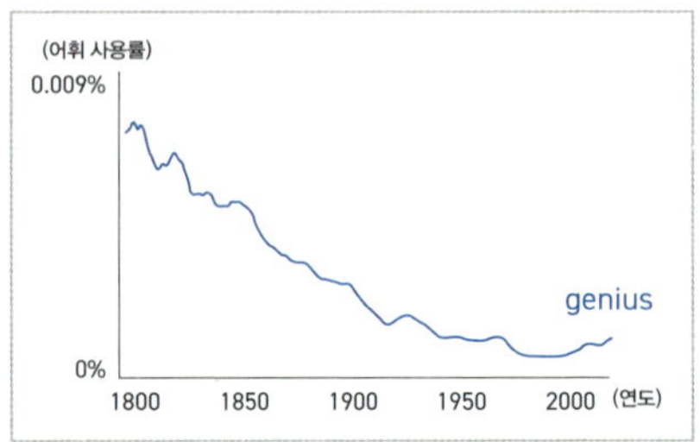

❖ 정보의 홍수, 눈부신 기술 발전, 대중의 관심 변화 등이 genius의 출현을 가로막는 것처럼 보인다.

먼저 지능이 높은 사람도 자신의 능력을 키울 환경이 필요하다. 신동이었던 모차르트의 경우, 음악가 집안의 혜택이 없었다면, 그의 천재성은 발휘되지 않았을 것이다. 특히 모차르트의 아버지 레오폴트 모차르트는 평생 신동의 아버지로 살기로 결심한 사람이었다. 그다음은 끝없는 노력이 필요하다. 1993년 미국 콜로라도대학교의 앤더스 에릭슨이 발표한 논문에 따르면, 어떤 분야의 전문가가 되려면 최소 1만 시간 정도의 훈련이 필요하다고 한다. 매일 3시간 훈련할 경우 10년, 하루 10시간씩 투자하면 3년이 걸린다. 천재는 타고나기도 하지만, 노력을 통해 완성된다는 말이다.

'천재'를 의미하는 영어 **genius**는 라틴어 어형을 그대로 물려받은 단어다. 라틴어 genius는 한 인간이 태어날 때 그와 함께하는 신神이며, 그 인간이 소멸할 때 사라진다. genius는 이렇게 의인화된 정령을 가리킨다. 한 사람이 태어나서 죽을 때까지 곁을 지키는 가톨릭 수호천사의 개념도 genius에서 왔다는 설이 있다. 이후 16세기 후반에는 지금처럼 타고난 지능이나 재능을 가진 사람을 가리키게 되었다. **ingenuity**는 영리하고 새로운 방식으로 물건을 발명하거나 문제를 해결하는 '재주'를 말한다. The problem tested the ingenuity of even the most imaginative students는 '이 문제는 가장 상상력이 풍부한 학생들의 창의력까지 시험했다'라고 번역한다.

Ostentation 과시

『탈무드』에는 이런 말이 나온다. "자신에게 적당하다고 생각하는 자리보다 조금 낮은 자리를 잡아라." 남으로부터 내려가라는 말을 듣는 것보다 올라가라는 말을 듣는 편이 더 낫다는 말이다. 하지만 현실은 반대다. 특히 세계사에 등장하는 군주들은 자신의 치세를 과시하기 위해 수많은 전쟁이나 대규모 토목 사업을 벌였다. 태양왕 루이 14세가 대표적인 인물이다. 그는 파리의 루브르궁에 만족하지 못하고 베르사유에 엄청난 규모의 궁전을 지었다. 700개의 방, 2,500개의 창문, 47개의

❖ 태양왕 루이 14세

분수, 여의도의 약 세 배에 이르는 250만 평의 정원 등 세계에서 가장 큰 궁전과 정원을 건설했다. 루이 14세는 베르사유궁전의 완성을 빨리 보고 싶었다. 그러다 보니 밤낮으로 공사가 이어졌고 그 과정에서 많은 인부가 목숨을 잃었다. 산이 높으면 골이 깊은 법이다.

자기 능력의 '과시'를 의미하는 **ostentation**은 라틴어 동사 ostendere에서 나온 말이다. 본래의 뜻은 과시보다는 드러내거나 보이는 것이었다. 그러다가 지나치게 자신을 드러낸다는 의미로 전환되었다. Her luxurious lifestyle and personal ostentation were both hated and envied는 '그녀의 호화로운 라이프스타일과 개인적인 과시욕은 미움과 부러움을 동시에 샀다'라는 말이다. 형용사 **ostensible**은 조금 다른 뜻이다. 실제로는 그렇지 않지만, 표면적으로는 그렇다는 뜻이다. The ostensible reason for his absence was illness는 '그가 불참한 표면상의 이유는 병이었다'라고 번역하는데, 그가 불참한 진짜 이유는 다른 데 있다는 말이다. **ostensive**는 '명시적인'이라는 의미를 갖는다. 단어나 사물의 예를 들어 그것이 무엇인지를 보여준다는 것이다. **ostensive naming**은 대상을 가리키며 '해당 단어를 설명하는 방식'을 뜻하는 표현이다. 예를 들어 유치원 선생님이 사과를 들고 "이건 사과야"라고 말하며 이름을 알려주는 방식이다.

1604년 독일의 수학자이자 천문학자인 케플러는 저서 『천문학의 광학적 부분』에서 빛이 렌즈를 통과할 때 모이는 지점을 설명하기 위해 라틴어 **focus**를 수학적·광학적 용어로 처음 사용했다. 본래 focus는 라틴어로 '화로'를 가리키는 단어였다. 케플러는 화로가 가정의 중심이라는 의미에서 이 단어를 채택했다. 오늘날 사진을 찍을 때 자주 사용하는 초점, 즉 focus는 이렇게 탄생했다.

❖ 독일의 수학자이자 과학자인 요하네스 케플러

고대 로마에서 화로의 신은 베스타라고 불렸다. 그리스신화에서는 헤스티아로 불린다. 베스타는 가정의 수호신이자 불의 여신이었다. 그녀는 신성한 불을 통해 가정을 지키고 화목을 유지하는 중요한 신이었다. 로마의 포룸 한가운데는 베스타 신전이 있었는데, 이곳에는 로마 전체를 상징하는 신성한 불이 타고 있었다. 베스타 신전의 여사제는 이 신성한 불을 지켜야 했고, 30년 동안 절대 금욕을 해야 하는 처녀 사제였다.

라틴어에서 화로는 가정의 중심이었고, 가족들이 모여 따뜻한 정을 나누는 공간이었다. 여기에서 focus에 '초점', '중심', '주목'이라는 의미가 생겼다. '관심이나 노력을 집중하다'라는 뜻도 있다. You need to focus on what you can control은 '너는 네가 통제할 수 있는 것에 집중해야 한다'라는 말이다. 반대의 의미를 지닌 단어는 **defocus**다. Strong lights can defocus your vision은 '강한 빛은 시야의 초점을 흐리게 할 수 있다'로 해석한다. 하지만 일상 영어에서는 defocus보다 lose focus를 더 자주 쓴다. **focal point**는 중심점이다. 관용 표현 **out of focus**는 '초점이 흐릿한', '집중이 안 되는'이라는 뜻이다. He seemed out of focus during the meeting은 '그는 회의 동안 집중하지 못하는 듯했다'라고 번역한다.

Depression 우울증

화가 빈센트 반 고흐, 음악가 슈베르트와 말러, 소설가 헤밍웨이. 이들의 공통점은 무엇일까? 모두 우울증을 앓았던 예술가들이다. 실제로 반 고흐는 권총으로 자살했고, 헤밍웨이는 엽총으로 생을 마감했다. 반 고흐의 자살 과정은 그의 작품을 통해서도 확인된다. 프랑스의 아를로 이주한 고흐는 고갱을 초대한다. 그러던 중 고갱이 고흐의 작품에 대해 혹평하자, 고흐는 왼쪽 귀를 잘라 자해한다. 이후 고흐는 정신병원으로 보내진다. 마지막으로 머물렀던

❖ 우울증에 시달리던 반 고흐

파리 북쪽의 오베르쉬르우아즈에서 고흐는 작가의 생을 마감한다. 〈까마귀가 나는 밀밭〉은 그의 마지막 인생 여정을 잘 보여준다. 전문가들의 연구에 따르면, 우울증에 빠지는 이유로 불안정한 수입과 미래에 대한 불안감 등을 꼽았다. 평생 수백 점의 작품을 그렸지만 생애 불과 두세 점의 작품만 팔렸던 고흐에게 경제적 압박은 그를 자살로 몰아가기에 충분한 이유였을지 모른다.

'우울증'을 의미하는 **depression**은 '누르다'를 뜻하는 라틴어 premere의 동사적 명사 pressum에서 나왔다. 영어 down에 해당하는 de-가 앞에 붙어 **depress**가 만들어졌고, 아래로 내리누른다는 의미에서 '우울하게 만들다', '떨어뜨리다'라는 뜻이 나왔다. This weather depresses me는 '날씨는 나를 우울하게 만든다'라는 말이고, Slower economic growth could depress profits는 '경제성장 둔화가 수익을 감소시킬 수 있다'라는 말이다. **compression**은 '압축'을 뜻한다. **express**는 밖으로 눌러 무언가를 표출한다는 표현이므로, 의사나 감정 등을 '표현하다'라는 뜻을 갖는다. 영어 down에 해당하는 라틴어 접두사 sub-가 붙으면 **suppress**가 만들어지는데, 아래로 누르다, 즉 폭동 등을 '진압하다'라는 뜻이다. The Hungarian uprising in 1956 was suppressed by the Soviet Union은 '1956년 헝가리 봉기는 소련에 의해 진압되었다'라고 번역한다.

Conversion 개종

초기 기독교의 교부로 칭송받는 성 아우구스티누스는 파란만장한 젊은 시절을 보냈다. 그가 저술한 『고백록』에는 젊은 시절의 방황이 잘 나타나 있다. 신앙심이 독실한 어머니 모니카와는 달리 그는 애초에 기독교 신자가 아니었다. 게다가 17세부터 이미 한 여인과 동거를 시작하고 사생아까지 낳았다. 그는 당시 지중해 연안 지방을 휩쓸던 마니교에 빠져 있었다. 마침내 30세가 되던

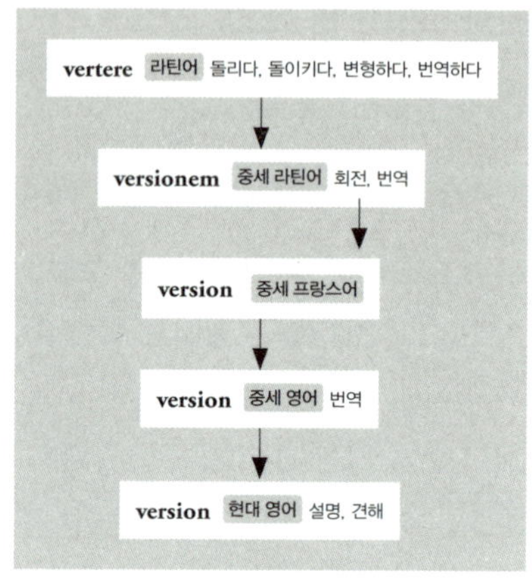

해 밀라노로 이주한 아우구스티누스는 암브로시우스의 설교를 듣고 회심을 결정한다. 그의 회심은 오랜 신앙적·육체적 방황의 종식을 의미했다.

  '개종'을 뜻하는 **conversion**의 핵심 어형은 –ver이다. 영어 turn에 해당하는 라틴어 동사 vertere에서 나온 –ver는 영어에 많은 어휘를 제공했다. conversion은 함께 돈다는 의미에서 '종교를 바꾸는 것' 곧 '개종'이라는 뜻이 나왔다. '광고하다'를 의미하는 영어 **advertise**는 ad+vertere라는 구조로 되어 있는데. 영어 to, toward에 해당하는 라틴어 ad에 vertere가 붙어 있다. 이 말은 '어디를 향해 돌린다'라는 의미에서 '주위를 기울이다'라는 뜻을 갖게 되었다. We advertised our car in the local newspaper는 '우리는 지역신문에 자동차 광고를 냈다'라는 말이다. **invert**는 안으로 돌린다는 데서 '뒤집다', '도치하다'라는 뜻을 지니게 되었다. the inversion of the truth는 '진실의 전도'라는 표현이다. 텍스트의 '판版'이나 특정 사건에 대한 '설명' 및 '견해'를 의미하는 **version**은 옮겨놓기, 즉 번역이라는 의미에서 나온 말이다. She gave us her version of what had happened that day를 번역하면 '그녀는 그날 있었던 일에 대해 자신의 생각을 우리에게 들려주었다'가 된다.

이솝 우화 중에 「여우와 나무꾼」이라는 이야기가 있다. 어느 날, 여우가 사냥꾼을 피해 달아나다가 나무꾼에게 숨겨달라고 애원했다. 나무꾼은 자기 오두막에 숨으라고 말했다. 잠시 뒤 사냥꾼이 나타나 나무꾼에게 여우를 봤는지 물었다. 그러자 나무꾼은 보지 못했다고 대답하면서 손짓으로 여

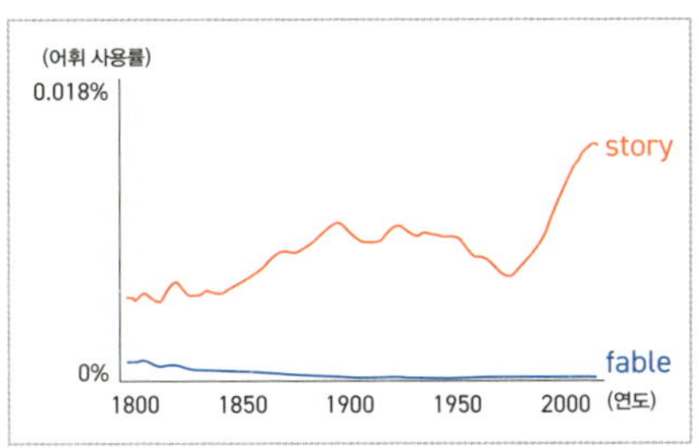

❖ 고전 장르인 fable과 사용 범주가 넓은 story의 격차는 시간이 갈수록 점점 더 벌어지고 있다.

우가 숨어 있는 곳을 가리켰다. 하지만 사냥꾼은 그 의미를 이해하지 못하고 그냥 가버렸다. 잠시 뒤 여우가 오두막에서 나와 한마디 말도 없이 길을 떠났다. 그러자 사냥꾼은 목숨을 구해준 사람에게 인사도 하지 않느냐고 여우에게 따져 물었다. 그러자 여우가 말했다. "당신의 손짓과 말이 일치했더라면 나도 당신에게 고맙다고 인사를 했겠지요."

흔히 이솝 우화는 어린이들에게 교훈을 주는 이야기라고 알려져 있지만, 사실은 사악함에 찌든 어른들을 위한 이야기다. 여우 이야기는 겉으로는 착한 척하지만, 뒤에서는 못된 짓을 하는 사람들에 대한 경고 메시지를 던지고 있다.

'우화'는 라틴어로 fabula라고 하고, 영어로는 **fable**이라고 한다. 라틴어 fabula는 이야기를 말하는데, 영어로는 **story**나 **tale**로 번역한다. story는 일반적인 이야기를 가리키고, tale은 민담, 전설, 판타지 같은 허구적인 이야기를 가리킨다.

fabula에서 나온 영어 단어 중 빈도수가 높은 단어로는 형용사 **fabulous**가 있다. 15세기에는 '신비한', '전설적인'이라는 의미를 갖다가, 지금은 very good 혹은 excellent의 뜻을 갖게 되었다. They've got a fabulous apartment in the centre of Paris는 '파리 중심부에 멋진 아파트가 있다'라는 말이다. **confabulate**는 '이야기를 만들어내다'라는 뜻을 갖는다. He came to believe that these patients were confabulating은 '그는 이 환자들이 있지도 않은 이야기를 지어낸다고 믿게 되었다'라고 번역할 수 있다.

Imperialism 제국주의

제국주의의 역사는 빛과 그림자의 역사다. 고대에 역사상 유례없는 제국을 건설한 로마, 페르시아, 몽골제국은 정복을 통해 주변 영토를 제국에 편입시켰다. 승리한 입장에서는 새로운 영토와 많은 자원을 얻었지만, 정복당한 민족의 대가는 가혹했다. 15세기부터 스페인, 포르투갈, 이후 영국과 프랑스 등 유럽 열강이 아메리카, 아프리카, 아시아에 식민지를 건설하기 시작하면서 본격적인 제국주의 시대를 열었다. 19세기에는 유럽 열강, 미국, 일본이 특히 아프리카와 아시아에서 공격적으로 제국을 확장했

❖ 중국을 노리는 제국주의 열강들

다. 이 시기는 아프리카 쟁탈전으로 알려져 있으며, 유럽 국가들은 거의 모든 대륙을 차지했다. 우리 민족의 경우, 한 가지 아쉬운 점은 제국주의의 몰락 시점인 20세기 초에 일본의 식민지가 되었다는 사실이다. 국제 정세에 밝고 슬기롭게 대처했다면 조선의 역사는 아마 달라졌을 것이다.

'제국주의'를 뜻하는 **imperialism**은 라틴어 imperium에서 나왔다. 본래는 로마의 행정관에게 부여된 권위를 상징하는 말이었다. '명령하다'를 뜻하는 라틴어 동사 imperare에서 나온 imperium은 제2차 포에니전쟁 이후, 속주의 총독들에게 수여되는 군사 지휘권이라는 의미까지 생겼다. 이후 공화정에서 제정으로 바뀌자, 군사 지휘권인 imperium은 황제에게 넘어갔다. 그리고 황제는 'imperium을 보유한 자'라는 의미에서 imperator로 불렸다. 이것이 영어에서 '황제'를 뜻하는 **emperor**의 어원이다.

형용사 **imperious**는 황제의 기질을 잘 보여주는 말로 '고압적인'이라는 뜻을 지닌다. She sent them away with an imperious wave of the hand는 '그녀는 거만하게 손을 흔들며 그들을 돌려보냈다'라고 번역한다.

JUL 12 Vulnerable 취약한

❖ 스틱스강에 아들 아킬레우스를 담그는 어머니 테티스

신화는 인간이 사는 세계를 그리기도 하고, 꿈꾸는 비현실의 세계를 그리기도 한다. 그리스신화 속에 등장하는 신들은 인간적인 매력도 있는데, 주신主神 제우스의 여성 편력이 대표적이다. 그리스신화에 등장하는 수많은 영웅은 신처럼 완벽한 존재가 아니다. 트로이전쟁의 영웅 아킬레우스가 그런 영웅이다. 잘 알려진 것처럼 아킬레우스의 어머니 테티스 여신은 아들을 불멸의 존재로 만들기 위해 저승의 강 스틱스에 몸을 담갔지만, 발목을 잡은 채 거꾸로 담그는 바람에 발목은 그의 치명적인 약점이 되었다. '아킬레스건'이라는 말이 여기서 나왔다. 실제로 트로이전쟁에서 아킬레우스는 트로이 왕자 파리스가 쏜 화살에 발목을 맞아 절명한다. His lack of patience is his Achilles' heel in negotiations라는 문장은 '협상에서 그의 인내심 부족은 아킬레스건이다'라는 말이다.

아킬레우스처럼 치명적인 약점을 가진 경우는, '취약한'을 뜻하는 영어 **vulnerable**로 표현할 수 있다. 라틴어로 '상처'를 의미하는 vulnus에서 나온 말이다. It is on economic policy that the government is most vulnerable은 '정부가 가장 취약한 분야는 경제 정책이다'라는 말이다. 반대말은 in-을 붙여 **invulnerable**이 되고 '안전한'이라는 뜻을 갖는다. The command bunker is virtually invulnerable, even to a nuclear attack이라는 문장은 '지휘 벙커는 핵 공격에도 사실상 안전한 상태입니다'라는 말이다.

Dormitory 기숙사

중세 유럽에서 대학이 교육을 맡기 전까지는 수도원이 그 자리를 대신했다. 신앙의 덕성을 키우기 위해 공동체 생활을 서약한 수도사들이 모이는 수도원은, 지금으로 치면 일종의 복합 문화 센터 같은 장소였다. 수도사들은 끊임없이 라틴어 원전을 현지어로 번역했고, 노동을

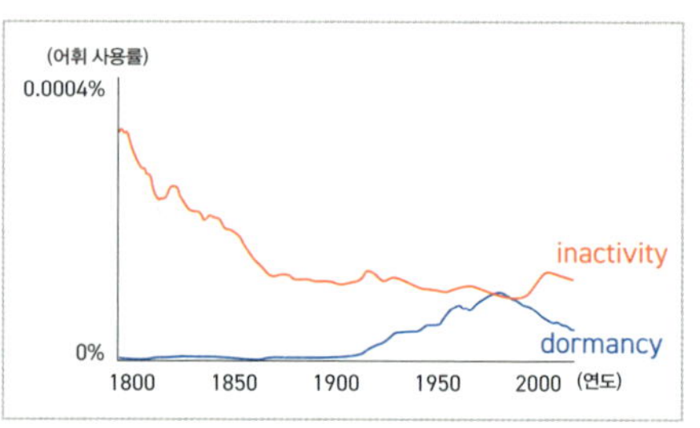

❖ dormancy는 생물학 덕분에 상승하다가 연구 분야의 세분화로 사용 빈도수가 감소 중이다.

통해 심신을 단련하며 신앙생활에 매진했다. 수도사들은 지금의 기숙사 같은 공동 침실 공간을 사용했다. 큰 홀에 긴 침상을 설치해 함께 생활했다. 그들은 공동 취침 공간에서 생활했고, 이런 방식은 단순함, 겸손, 공동생활이라는 가치를 반영한 결과였다. 수도원 기숙사에서 일어난 유명한 에피소드가 하나 있다. 성 베네딕트가 수도사였던 시절, 몽유병으로 작은 문제를 일으켰던 일화다. 본래 수도사는 새벽 2시경에 일어나 성무 기도를 올려야 하는데, 베네딕트 수도사는 깜빡 알람을 놓치고 말았다. 다른 수도사들은 성무 기도를 마치고 기숙사로 돌아왔지만, 베네딕트 수도사는 자면서 기도를 올리고 있었다. 결국 그는 수도원장의 소환과 주의를 받았다고 한다. 너무 신앙심이 깊었던 예비 성인聖人의 젊은 시절 모습이다.

'기숙사'를 의미하는 **dormitory**는 잠과 관련 있다. '잠자다'를 뜻하는 라틴어 동사 dormire의 동사적 명사 dormitum이 그 어원이다. 고대 영어 slæpern도 '기숙사'를 의미하는 단어였지만 지금은 사라지고 없다. 서양 주택의 2층 지붕에 튀어나온 지붕창을 **dormer**라고 부른다. 지붕창은 침실 위에 자리를 잡고 있으므로 잠과 관련 있는 단어다.

동식물의 '휴면 상태'는 **dormancy**라고 한다. Warm temperatures bring the seeds out of dormancy는 '따뜻한 기온은 씨앗을 휴면 상태에서 깨운다'라는 말이다. computer going dormant는 '절전 모드로 들어간 컴퓨터'라는 표현이다.

Propeller 프로펠러

프로펠러는 날개가 회전하면서 공기나 물을 밀어 추진력을 만들어낸다. 선박이나 비행기 등의 이동 수단을 추진하는 장치를 말한다. 프로펠러의 역사는 멀리 고대까지 거슬러 올라간다. 고대 그리스의 수학자 아르키메데스는 물을 움직이는 데 사용하는 장치인

❖ 첫 동력 비행에 성공한 라이트형제

아르키메데스 스크루를 발명했다. 이 초기 형태의 나선형 디자인은 현대 선박에 사용되는 스크루의 추진 개념의 토대를 마련했다. 중세 유럽 곳곳에 설치된 풍차 역시 같은 원리를 응용했다. 다빈치는 1485년에 훗날 비행기 프로펠러의 초기 형태인 에어 스크루의 개념을 스케치했다. 그리고 마침내 1903년 12월 17일, 미국의 라이트형제는 프로펠러를 이용해 역사적인 첫 동력 비행에 성공했다.

영어 동사 **propel**은 물체를 밀어서 '나아가게 하다'라는 뜻을 갖는다. 이 동사는 라틴어 propellere에서 나왔는데, pro-는 '앞으로'를, pellere는 '밀다', '치다'를 의미한다. 그러므로 **propeller**는 '공기를 치고 나아가게 하는 장치'를 가리킨다. propel에는 사람이나 상황을 몰고 간다는 뜻도 담겨 있다. The film propelled him to international stardom은 '이 영화로 그는 세계적인 스타덤에 올라섰다'라는 말이다. **compel**은 함께 민다는 의미에서 누구를 '강제하다'라는 뜻을 갖고 있다. 명사형인 **compulsion**은 '강요'를 의미한다. **expel**은 밖으로 밀어낸다는 의미에서 '축출하다'라는 뜻을 갖게 되었다. The new government has expelled all foreign diplomats는 '새 정부는 모든 외국 외교관을 추방했다'라는 말이다. 영어 apart의 의미를 지닌 dis-가 앞에 붙으면 **dispel**이 되는데, '떨어지게 밀쳐내다', 즉 '떨쳐 없애다'를 뜻한다. His speech dispelled any fears about his health는 '그의 연설은 그의 건강에 대한 모든 우려를 없앴다'라는 말이다.

Conquest 정복

1066년 10월 14일 오후 4시경, 잉글랜드 남부의 헤이스팅스에 위치한 센락 언덕에서 잉글랜드군과 노르만군의 전투가 벌어지고 있었다. 양 진영의 군사가 뒤엉켜 치열한 백병전이 벌어지고 있던 순간, 노르만군 궁수가 쏜 화살이 잉글랜드의 왕 해럴드의 눈에 박혔다. 해럴드는 말에서 떨어져 절명하고 만다. 영국의 역사가들이 가장 중요한

❖ 헤이스팅스전투에서 해럴드가 전사하는 모습

역사적인 사건으로 꼽는 헤이스팅스전투의 한 장면이다. 이 전투에서 승리한 윌리엄 공은 1066년 12월 25일 성탄절에 웨스트민스터 사원에서 잉글랜드의 왕에 오른다. 영국 역사에서는 그를 정복왕 윌리엄 1세라고 부른다. 이 정복을 영어로는 '노르만 정복Norman Conquest'이라고 부른다. 이 전투 이후, 잉글랜드는 앵글로색슨 문화권에서 프랑스 문화권으로 편입된다. 이후 영어에는 수많은 프랑스어가 들어가 지금의 모습이 되었다.

 '정복'을 의미하는 **conquest**는 '완전히 얻다', '획득하다'를 뜻하는 라틴어 동사 conquirere에서 나온 말이다. 이후 프랑스어 conqueste를 통해 영어로 들어온 conquest에는 '획득', '정복'이라는 의미가 생겼다. 한편, 어형이 비슷한 라틴어 동사 quaerere는 '찾다', '문의하다'를 뜻하는데, 여기에서 영어 파생어들이 나왔다. **inquire**는 '문의하다'라는 의미를 갖고, 형용사 **inquisitive**는 '꼬치꼬치 캐묻는'을 뜻한다. Don't be so inquisitive는 '그렇게 꼬치꼬치 캐묻지 말라'라는 말이다. 영어 명사형인 **question**은 '질문'을 의미하고, **query**는 '문의'라는 뜻을 갖는다. What was their response to your query?는 '문의에 대한 답변은 어땠는가?'라는 말이다. **request**는 '무엇에 대해 묻다'에서 '요청하다'라는 뜻이 생겼다. The boss refused our request to leave work early는 '사장이 우리의 조기 퇴근 요청을 거부했다'라는 말이다.

Solatium 위로금

기쁨은 나누면 배가 되고 슬픔은 나누면 반이 된다. 고대 로마에서는 개인의 상해나 손실, 정서적 고통이나 정신적 고통에 대한 '보상'을 solatium솔라티움이라고 불렀다. 우리말로 옮기면 '위로금' 정도가 될 것이다. 중세 유럽에서도 비슷한 제도가 있었다. 게르만 관습법에 따라 범죄 가해자는 신체적 피

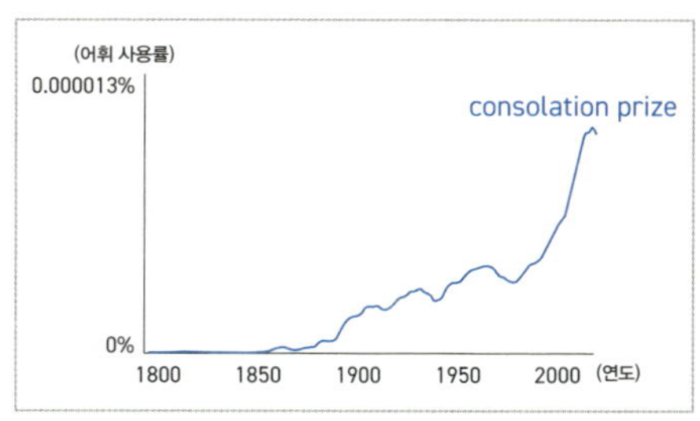

❖ '아차상'을 의미하는 consolation prize의 용례가 가파르게 상승 중이다. '위로상' 문화의 정착으로 풀이된다.

해나 사망에 대한 보상 외에도 피해자 가족이 겪는 슬픔이나 정신적 고통에 대한 보상으로 solatium을 지불하는 경우가 있었다. 일종의 위자료인 셈이다. 19세기 영국의 빅토리아 시대의 법률 시스템에서 solatium의 개념이 비로소 뿌리를 내리기 시작한다.

라틴어 **solatium**은 영어에서도 그대로 사용된다. A solatium in the form of an apology was offered to the Prime Minister는 '총리에게 사과의 의미로 위로금을 제공했다'라는 말이다. 라틴어 solatium은 본래 '위로' 혹은 '보상'을 의미하는 단어였다. 여기서 나온 영어의 **solace**는 '위안', '위로'라는 뜻을 갖게 되었다. Music was a great solace to me는 '음악은 나에게 큰 위안이 되었다'라는 말이다.

이 단어 앞에 '함께'를 뜻하는 con-이 붙으면 '위로하다'를 뜻하는 영어 **console**이 만들어진다. He tried to console his friend after the accident는 '그는 사고 뒤에 친구를 위로하려 애썼다'라는 말이다. 명사형은 **consolation**이 된다. '위로상'이나 '아차상'은 **consolation prize**라고 부른다. 반대로 in-이 붙으면 '슬픔을 가눌 수 없는'을 의미하는 **inconsolable**이 된다. They were inconsolable after the death of their young son은 '어린 아들의 죽음 이후 부부는 가눌 수 없는 슬픔에 잠겼다'라고 번역한다.

Affiliation 제휴

고대 로마 사회에서 여성의 지위는 고대 그리스와 큰 차이가 없었다. 고대 그리스 여성들은 가정에 갇혀 도시국가에서 일어나는 일에 관여할 수 없었고 법률상으로는 결혼 전에는 아버지에게, 결혼 후에는 남편에게 예속되었다. 고대 로마도 마찬가지였다. 이름만 봐도 여성의 지위를 짐작할 수 있다. 예컨대, 귀족 집안의 남성은 '가이우스 율리우스 카이사르'처럼 이름이 세 개나 있지만, 율리우스 집안에서

❖ 놀이를 하고 있는 로마의 소녀들

태어난 여성은 율리우스의 여성형인 '율리아'라는 이름 하나밖에 없었다.

라틴어에서 '아들'은 filius라 하고 '딸'은 filia라고 부른다. 아마 라틴어를 잘 모르는 독자들도 라틴어에서 −us는 남성 어미고, −a는 여성 어미라는 사실을 짐작할 수 있을 것이다. 영어 **filiation**은 라틴어 filius/filia(아들, 딸)에서 유래한 말로, 본래 '부모와 자식의 계통 관계'를 의미한다. filiation의 두 번째 뜻으로 언어와 문화의 '계통', '분파', '파생' 같은 말도 생겨난다. The filiation of modern European tongues is known to everyone이라는 문장은 '현대 유럽 언어의 계통은 모든 사람에게 알려져 있다'라는 말이다.

filiation에 영어 to, near, at에 해당하는 ad− 또는 a−가 붙으면 '제휴'를 의미하는 **affiliation**이 만들어진다. The radio station has maintained a longtime affiliation with the concert hall이라는 문장은 '라디오 방송국은 콘서트홀과 오랫동안 제휴 관계를 유지해왔다'라고 번역한다. 영어로 '효도'는 **filial piety(duty)**라고 하는데, 자식이 부모에게 가지는 경건함piety 혹은 의무duty를 뜻한다.

Language 언어

인간의 지적 능력 중 언어 능력은 다른 동물과 구별되는 특별한 영역에 속한다. 인간의 언어에는 몇 가지 공통점이 있다. 첫째, 사용하는 자음과 모음의 수는 수십 개에 지나지 않는다. 만약 그렇지 않으면 평생 자음과 모음을 배워야 할지도 모른다. 둘째, 자음과 모음의 소리를 갖지 않는 언어는 거의 존재하지 않는다. 셋째, 대부분의 언어에는 명사나 동사 같은 주요 품사가 있다. 넷째, 인간 언어에는 부정否定법이 존재한다. 마지막으로 다섯째, 모든 언어에는 서술형에 대한 의문형과 명령형이 존재한다.

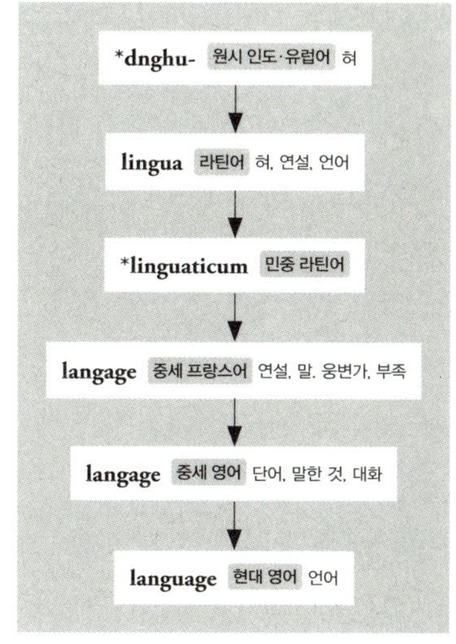

언어 구사에서 가장 중요한 신체 기관은 당연히 혀다. 따라서 많은 언어에서 혀는 '말하다' 혹은 '언어'라는 의미로 진화했다. 몽골어에서 kele는 '혀'와 '말'이라는 뜻을 동시에 지니고 있다. 하지만 한국어에서 '혀'는 '핥다'라는 동사에 남아 있을 뿐, '말하다' 혹은 '언어'라는 뜻은 가지고 있지 않다.

라틴어에서 '혀'를 의미하는 lingua는 '언어', '연설'이라는 뜻도 있다. 이후 중세 프랑스어에 들어간 lingua는 langue를 거쳐 langage의 형태로 어형이 변하고, '단어', '웅변', '(같은 언어를 쓰는) 부족'이라는 뜻이 생겨난다. 영어에 들어온 프랑스어 langage는 **language**로 철자가 바뀌었다.

언어를 연구하는 '언어학'은 **linguistics**라고 하고, 여기서 '언어학자'는 **linguist**가 된다. '두 개의 언어를 구사하는'을 뜻하는 단어는 **bilingual**이다. bi-는 '둘'을 가리킨다. '여러 언어를 구사하는'은 **multilingual**이다.

Ultimatum 최후통첩

1914년 6월 28일, 지금의 보스니아 헤르체고비나의 수도인 사라예보에 오스트리아–헝가리 제국의 황태자인 페르디난트 대공과 황태자비 조피 일행이 도착했다. 이날은 황태자 부부의 결혼 14주년 기념일이었다. 하지만 황태자 부부는 날을 잘못 선택했다. 세르비아인들에게는 오스만 제국에게 정복당한 치욕의 날이었기 때문

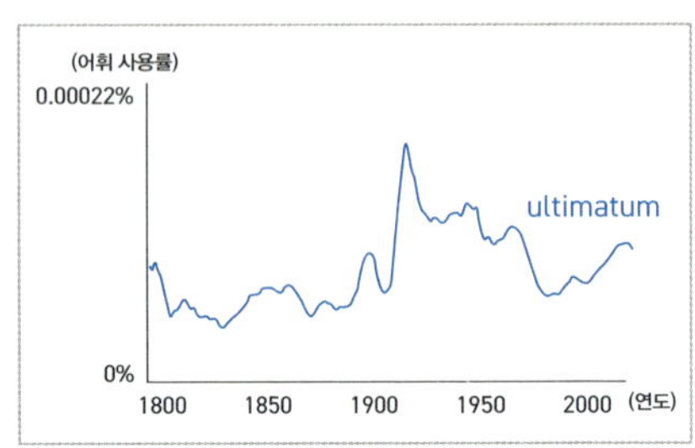

❖ 1914년 제1차세계대전이 발발할 무렵 가파르게 상승하던 ultimatum은 이후 하락세를 보이다가, 다시 증가 추세로 돌아섰다.

이다. 결국 황태자 부부는 세르비아의 민족주의자인 프린치프가 쏜 탄환에 목숨을 잃었다. 이후 오스트리아–헝가리 제국은 세르비아에 최후통첩을 보낸다. 최후통첩의 내용은 반反오스트리아적 선전의 억제, 세르비아 민족주의 단체의 해산, 그리고 암살 사건의 수사와 기소에 대한 오스트리아–헝가리 제국의 참여 허용을 요구하는 것이었다. 세르비아 측은 모든 요구 사항을 수용했지만, 범인의 수사권만은 양보하지 않았다. 결국 오스트리아–헝가리 제국은 한 달 뒤에 전쟁을 선포한다. 제1차세계대전은 이렇게 시작되었다.

'최후통첩'을 의미하는 **ultimatum**은 라틴어로 '마지막의' 또는 '가장 먼'을 뜻하는 ultimus에서 나왔다. On Wednesday night the UN issued its toughest ultimatum to date라는 문장은 '수요일 밤, 유엔은 역사상 가장 강력한 최후통첩을 발표했다'라는 말이다. 형용사형은 '궁극적인'을 뜻하는 **ultimate**다. '궁극적인'이라는 말에는 최상과 최악의 의미가 모두 담겨 있다. My manager will make the ultimate decision about who to employ는 '채용 여부는 관리자가 최종 결정한다'라는 말이다.

Sanitary 위생

❖ 고대 로마의 공중 목욕장

전 세계를 공포에 몰아넣은 코로나19로 인해 사람들은 위생에 각별한 관심을 갖게 되었다. 그렇다면 고대 로마의 위생 수준은 어떠했을까? 이미 수세식 공중화장실이 구비되어 있던 로마에는 엄청난 규모의 공중 목욕장이 있었다. 목욕탕이 아니고 '목욕장'이다. 카라칼라 황제의 명령으로 지은 대욕장은 건물만 7,260평, 정원을 포함한 부지는 2만 7,225평에 달했다고 한다. 하루 수용할 수 있는 최대 인원은 1만 명이었다. 여기에는 수영장, 온탕, 미온탕, 냉탕 등 모든 욕탕이 구비되어 있었다. 이렇게 목욕 문화에 심취한 유럽 문화는 중세에 페스트가 창궐하면서 급속히 사라졌다. 쥐벼룩이 옮겼던 페스트의 원인을 목욕 문화라고 생각했기 때문이다.

라틴어 명구 중에 "건전한 육체에 건전한 정신"이라는 말이 있다. "Animus Sanus In Corpore Sano"라고 한다. 여기서 Sanus는 '건전한'을 뜻하는 단어고, animus는 '정신'을 가리킨다. sanus에서 나온 영어 어휘로는 '정신이 온전한'을 의미하는 **sane**이 있다. 반대말은 '정신이 이상한'을 뜻하는 **insane**이다. I must have been insane to agree to the idea는 '그 생각에 동의하다니 내가 제정신이 아니었던 모양이다'라는 말이다. corpore는 '신체'를 의미하는 corpore에서 나왔다. 코로나 시절 그렇게 강조하던 위생은 **sanitary**라고 한다. **sanitary science**는 '공중 위생학'을 가리킨다. 참고로 '건전한'을 의미하는 영어 **sound**는 라틴어 sanus에서 나온 말이 아니라 고유 영어 어원에서 비롯되었다.

역대 로마 황제 중에는 제정신이 아닌 폭군이 여럿 있었다. 카프리섬에서 원격 정치를 하며 수많은 사람을 죽였던 티베리우스 황제, 로마시를 불태웠던 네로 황제, 희대의 기행을 일삼았던 칼리굴라 황제 등이 대표적인 정신 이상자다.

Maestro 마에스트로

❖ 20세기 최고의 지휘자 카라얀

"나쁜 오케스트라는 없다. 그저 나쁜 지휘자만 있을 뿐." 독일 출신의 지휘자 한스 폰 뷜로가 한 말이다. 지휘자에게는 곧 오케스트라 자체가 악기다. 지휘자의 손끝에 따라 오케스트라의 연주는 최고가 될 수도 있고, 최악이 될 수도 있다. 음악가들이 꼽는 20세기 최고의 지휘자는 베를린 필하모니를 지휘한 오스트리아 출신 카라얀이다. 그의 지휘법은 독특했다. 곡이 끝날 때까지 눈을 감은 채 지휘를 한 것이다. 아무리 곡이 길어도 악보를 보지 않았다. 악보 전체를 통째로 외우고 있었다. **maestro** 마에스트로는 이탈리아어에서 영어로 들어온 말인데, 특히 지휘의 거장을 가리킨다. 카라얀 같은 지휘자가 대표적인 마에스트로다.

이탈리아어의 부모가 라틴어이므로, 마에스트로의 어원 역시 라틴어 magister 마기스테르다. magister는 '우두머리', '관리자', '교사'라는 의미를 지니고 있었다. 이 단어의 첫음절에 있는 ma-는 인도·유럽어에서 '크다'를 뜻하는 *meg-에서 나왔다. 영어에서 '엄청나게 큰'을 의미하는 영어 **mega**와 뿌리가 같다. '치안판사'를 의미하는 영어 **magistrate** 역시 magister에서 나왔다. '주인'을 뜻하는 **master**, '지배력'을 의미하는 **mastery** 역시 같은 단어에서 나왔다.

남성의 성 앞에 붙는 **Mr.(mister)** 역시 역사적으로 magister와 같은 계열에서 발전했다. mister는 대개 공식 석상에서 성인 남성에 대한 존경의 호칭으로, 영국·미국 어디서나 쓰인다. 다만 용법이 조금 다른데, Mr.는 보통 성 또는 이름과 함께 쓰이고(예를 들면, Mr. Smith), **sir**는 이름 없이 직접 상대를 부를 때 사용한다. 기혼 여성에 대한 정중한 호칭인 **Mrs.**와, 미혼 여성에 대한 **Miss**는 mister의 여성형 **mistress**에 영향을 받았지만, 단순한 축약형은 아니다. 시간이 흐르면서 각각 독립된 호칭으로 굳어져 현대 영어에서는 별개의 단어로 취급한다.

Compute 계산하다

우리가 매일 사용하는 PC는 누가 발명했을까? 계산기에서 시작된 PC의 역사는 멀리 고대 메소포타미아 문명까지 거슬러 올라간다. '주판'이라고 알려진 **abacus**는 고대 중동 지방에서 널리 사용되던 계산용 도구였는데, 이후 중국에 전해졌다. 조선에는 15세기 초에 들어왔다. 본격적인

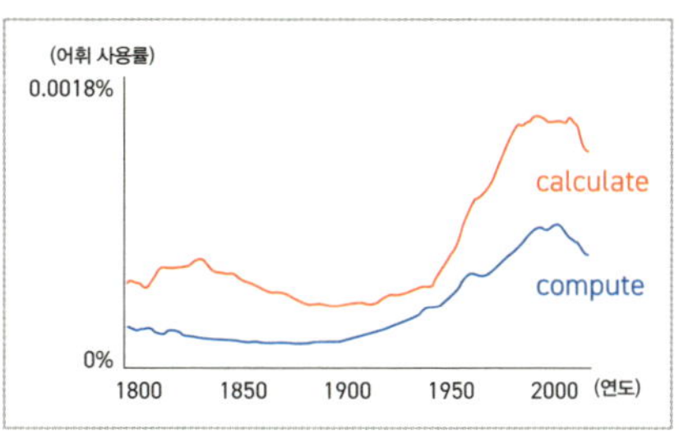

❖ calculate는 일상적인 계산이므로 '연산'을 의미하는 compute보다 더 많이 사용된다.

계산기는 17세기에 유럽에서 발명되었다. 프랑스의 수학자이자 철학자인 파스칼은 덧셈과 뺄셈을 할 수 있는 계산기를 고안했고, 독일의 수학자 라이프니츠가 발명한 계산기는 곱셈과 나눗셈도 할 수 있었다. 한편, 지금 우리가 사용하는 컴퓨터의 직접적인 원조는 1946년 2월 14일 미국 펜실베이니아대학교의 존 모클리와 프레스퍼 에커트가 함께 발명했는데, 높이가 무려 2.5m에 길이는 25m에 달했다.

computer라는 단어는 '셈하다'를 뜻하는 라틴어 computare에서 나왔는데, com-은 영어 with에 해당하고, putare는 '생각하다', '판단하다'라는 의미를 지녔다. 로마인들은 computare가 훗날 인공지능을 뜻하는 단어의 어원이 될 줄은 상상도 못했을 것이다. 영어 동사 **compute**는 '계산하다'라는 의미를 가지고 있다. 여기에 '따로 떨어져 있다'를 뜻하는 라틴어 접두사 dis-가 앞에 붙으면 **dispute**가 된다. 여기서 따로 떨어져 생각하다 보니 '분쟁하다'라는 의미가 생겨났다. The unions are in dispute with management over pay는 '노조는 임금 문제로 경영진과 분쟁 중이다'라는 말이다. 라틴어 putare에서는 영어 **putative**도 나왔는데, '추정되는'을 의미한다. '평판'을 뜻하는 **reputation** 역시 putare에서 나왔다. 즉 어떤 인물의 됨됨이에 대한 판단이 곧 '평판'이다.

Vulgar 저속한

서양 문명의 저수지였던 로마 문명은 라틴어라는 언어를 통해 하나로 묶여 있었다. 유럽, 소아시아, 북부 아프리카의 로마 속주에서는 라틴어가 공용어로 사용되었다. 그런데 라틴어의 문법은 상당히 복잡해 속주의 민중이 습득하기는 어려웠다. 키케로나 세네카 같은 지식층이 사용하는 라틴어는 고전 라틴어classical latin라고 부르던 문어文語였고, 속주 인구의 대부분을 차지한 군인, 노예, 상인 등 일반 민중은 민중 라틴어vulgar latin라는 구어口語를 사용하고 있었다. 민중 라틴어는 문법이 훨씬 단순해 일반 민중이 쉽게 배울 수 있었다. 실제로 문어인 고전 라틴어의 문법은 상상을 초월할 만큼 복잡했기 때문에 일반 민중이 구어로 사용하기에는 거의 불가능했다.

❖ 불가타 성경을 번역한 성 제롬

현재 영어의 **vulgar**에는 '저속하다'라는 부정적인 의미만 들어 있지만, 어원인 라틴어 vulgus에는 '일반 민중', '군중'이라는 뜻이 더 우선되었다. 물론 '폭도'라는 의미도 있었다. 라틴어의 부정적인 의미만 현대 영어에 남은 셈이다. vulgar의 동사형인 **vulgarize**는 '품격을 떨어뜨리다'를 뜻한다. Please don't let the mention of money vulgarize a little friendly act는 '돈 이야기가 나왔다고 해서 작고 친절한 행동이 천박하게 느껴지지 않도록 주의하라'라는 말이다. 여러 버전이 있는 텍스트 중 '일반적으로 통용되고 있는 텍스트'를 **vulgate**라고 부른다. 널리 퍼진 (공인된) 판본이라는 말이다. 특히 성 제롬이 기원후 405년에 라틴어로 번역한 가톨릭교회의 공인 성경을 '불가타vulgata 성경'이라고 부른다.

Legal 합법적인

라틴어에는 "Dura lex, sed lex"라는 경구가 있다. dura는 '가혹하다'를 뜻하며 영어 harsh에 해당한다. lex는 law, sed는 but에 해당한다. 영어로 옮기면 The law is harsh, but it is the law로, '법은 가혹하지만, 그래도 법이다'라는 말이다. 철학자 소크라테스는 젊은이들을 타락시켰다는 죄목

❖ 독배를 받는 소크라테스

과 아테네의 신들을 모독했다는 이유로 재판을 받고 사형이 선고되었다. 재판 중은 물론 재판 후에 많은 아테네 시민이 그의 혐의가 부당하다고 여겼지만, 법은 그를 처형하도록 요구했다. 소크라테스는 "악법도 법이다"라는 말을 하고 독배를 받았다고 하지만 실상은 그렇지 않다. 그가 마지막으로 한 말은 "어이 크리톤, 아스클레피오스에게 닭 한 마리를 빚졌네. 대신 갚아주게"였다.

'법'을 의미하는 라틴어 lex는 영어에 여러 어휘를 남겼는데, '합법적인'을 뜻하는 **legal**이 여기서 나왔다. lex의 소유격이 legis이기 때문이다. '반대'를 의미하는 in-이 붙으면 '불법적인'을 의미하는 **illegal**이 된다. It is illegal to drive a car that is not registered and insured는 '등록 및 보험에 가입하지 않은 차량을 운전하는 것은 불법이다'라는 말이다. **legitimate**는 '정당한', '타당한'을 뜻한다. 이 단어는 '합법적으로 만들다'를 의미하는 라틴어 legitimare에서 나왔다. 프랑스어를 경유해 영어로 들어온 **loyal**은 충실한, 충성스럽다는 뜻이다. "Jack has been a loyal worker in this company for almost 50 years"는 "잭은 거의 50년 동안 이 회사에서 충성스러운 직원으로 일해왔다"는 말이다. 라틴어에서 '개인 소유의'를 의미하는 privus(영어 private에 해당)가 앞에 붙으면 **privilege**가 되는데, 이 말은 특정 개인에게 부여된 합법적 권리, 즉 '특권'이나 '특전'을 의미한다.

Threshold 문지방

문지방은 집 안과 밖을 가르는 경계선이다. 집 안에서 문지방을 넘으면 밖으로 나가고, 반대로 밖에서는 문지방을 넘어 집 안으로 들어온다. 영어에서는 문지방을 **threshold**라고 부르는데, 고대 영어에서는 '문턱'이나 '집 안의 진입 지점'을 가리켰다. 라틴어

❖ 고대 로마의 문지방

에서는 '문지방'을 limen(소유격은 liminis)이라고 불렀다. 고대 로마에서 limen은 신전, 집, 공공건물의 '출입구'나 '입구'를 가리키는 말이었다. 외부 세계에서 내부 성소 또는 공간으로 들어가는 통로였기 때문에 그 중요성이 매우 컸다. 로마의 결혼식 전통에서 신부가 문지방에 걸려 넘어지면 불길한 징조로 여겼다. 그래서 신랑은 신부를 업고 문지방을 넘었다. 이 관습은 신부가 새로운 가정에 공식적으로 입성하는 것을 상징했다.

라틴어 limen에서 파생된 영어 단어 가운데는 **eliminate**가 있다. 이 단어는 '밖으로'를 의미하는 ex-가 limen 앞에 붙어 '문지방 밖으로 내보내다'에서 '제거하다', '제외하다'라는 의미가 되었다. The police eliminated him from their enquiries는 '경찰은 그를 수사 대상에서 제외했다'라는 말이다. 반면, '한계', '제한'을 뜻하는 **limit**은 종종 limen과 혼동되지만, 실제 어원은 라틴어 limes(경계, 경계선)이다. Is there a limit on the amount of money you can claim?은 '청구할 수 있는 금액에 제한이 있는가?'라는 말이다. 또 다른 관련 단어로 **preliminary**가 있다. 이 단어는 '앞'을 의미하는 pre-와 limen(문턱)이 결합된 것으로, '문턱에서', '본격적인 것에 앞선', 즉 '예비의', '사전의'라는 뜻을 갖는다. **preliminary matches**는 본선(문턱) 이전에 치르는 경기, 즉 '예선 경기'를 의미한다. The preliminary results are very positive는 '예비 결과는 매우 긍정적이다'라는 말이다.

Lucid 명쾌한

역사상 가장 유명하고 명쾌한 답변 중 하나는 고대 그리스 철학자 디오게네스가 알렉산드로스대왕에게 한 말이다. 어느 날 대왕은 디오게네스를 길에서 만났는데, 그는 통 속에서 극단적인 금욕주의 생활을 하고 있었다. 당시 세계 최고의 권력자였던 알렉산드로스대왕이 철인에게 말했다. "내게 무엇이든 소원을 빌면 들어주겠다." 그러자 철인은 명쾌하고 날카로운 대답을 내놓았다. "내 햇빛을 막지 마시오".

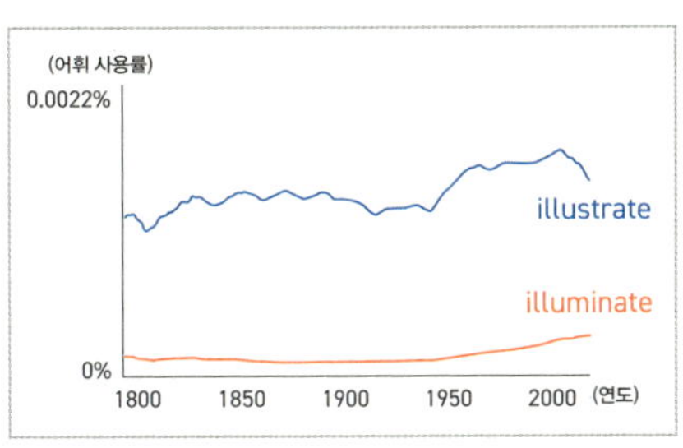

❖ illustrate는 일반적 설명 동사이고, illuminate는 전문화된 맥락에서 주로 사용되므로, 용례 빈도수가 큰 차이를 보이다가 최근 차이가 다소 줄어들고 있다.

이 대답이 명료한 이유는 단순성에 있다. 매우 직설적이고 꾸밈이 없었다. 자신의 미니멀한 생활 방식, 물질적 부나 권력에 대한 무관심이 잘 표현되어 있다. 그는 왕의 선물이 아니라 자연과 자유만 누리면 된다며, 과잉에 대한 인간의 욕망을 비판했다.

'명쾌한', '명료한'을 뜻하는 영어 **lucid**는 '빛'을 의미하는 라틴어 lux(소유격은 lucis)에서 나왔다. 빛처럼 분명한 것이 어디 있으랴. She gave a clear and lucid account of her plans는 '그녀는 자신의 계획을 명확하고 명쾌하게 설명했다'라는 말이다. 현대인이 인쇄 매체를 통해 자주 만나는 '삽화'는 **illustration**이라고 부른다. '삽화가'는 **illustrator**가 된다. **illustrate**는 본래 밝게 빛을 낸다는 의미였다가, 지금은 '삽화를 그리다', '분명하게 보여주다'라는 의미로 사용한다. The lecturer illustrated his point with a diagram은 '강사는 도표를 통해 자신의 요점을 설명했다'라고 번역한다. 같은 어원에서 나온 **illuminate**는 '불을 비추다', '분명하게 밝히다'라는 뜻을 지녔다. The streets were illuminated with strings of coloured lights는 '거리에는 형형색색의 조명으로 환희 켜져 있었다'라고 번역한다.

Nocturne 야상곡

피아노의 시인 쇼팽은 폴란드가 낳은 위대한 음악가다. 그런데 그의 이름은 슬라브 계통의 이름처럼 보이지 않고, 오히려 프랑스풍의 이름처럼 보인다. 그 이유는 아버지 니콜라 쇼팽이 폴란드에 정착한 프랑스인이었기 때문이다. 평생 거의 피아노곡만 작곡한 쇼팽의 작품 중에 야상곡夜想曲이라는 작품이 있다. 밤

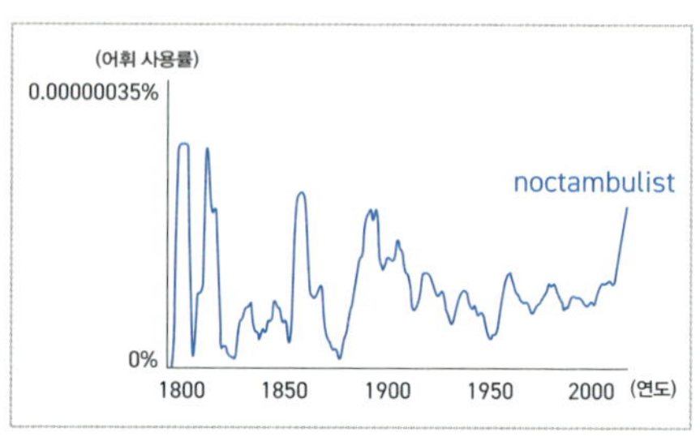

❖ 1950년대까지 감소 추세에 있던 noctambulist의 용례는 최근에 급상승하고 있다. 불면증에 시달리는 현대인이 많아서일까?

의 정서에서 영감을 받아 탄생한 음악 장르를 가리킨다. 쇼팽의 야상곡은 시적이고 노래 같은 멜로디로 유명하다. 각각의 곡은 고요한 평온함, 깊은 우울함 같은 다양한 감정을 통해, 연주자와 청중 모두에게 깊은 정서적 공감을 불러일으킨다.

'야상곡'을 의미하는 영어 **nocturne**은 당연히 밤과 관련 있고, 밤을 의미하는 라틴어 nox에서 나왔다. 본래 nocturne은 수도원에서 성직자들이 밤에 드리는 기도를 의미했다. '밤'을 의미하는 라틴어 nox와 그리스신화에 나오는 '밤의 여신' 뉙스Nyx는 그 어원이 같다. 여기서 나온 영어 어휘로는 먼저 **nocturnal**이 있다. '야행성의', '야간의'라는 의미를 지닌다. He spends the nocturnal hours in his observatory는 '그는 야간에 천문대에서 시간을 보낸다'라는 말이다. '동일하다'는 뜻을 지닌 equi-가 앞에 붙으면 낮과 밤이 같은 춘분이나 추분을 가리키는 **equinox**가 된다. '소변'을 뜻하는 uria가 뒤에 붙으면 '야뇨증'을 의미하는 **nocturia**가 된다.

'구급차'를 가리키는 ambulance는 '걷다', '이동하다'를 뜻하는 라틴어 ambulare에서 나왔으며, 원래는 '이동식 야전 병원'을 의미했다. 여기에 '밤'을 의미하는 noct-가 결합하면 **noctambulist**가 만들어진다. 독자들도 이 단어의 뜻을 짐작해보시라. 밤에 이리저리 오가는 사람, 즉 몽유병 환자를 가리킨다. 참고로 몽유병은 영어로 **sleepwalking**, 의학적으로는 **somnambulism**이라고 한다.

JUL 28 | Insomnia 불면증

인간은 인생의 3분의 1을 잠을 자며 보낸다. 그런데 역사 속에 등장하는 인물 중에는 불면증에 시달렸던 사람들이 많다. 발명왕 에디슨은 수면이 시간 낭비라고 생각하고 하루에 네 시간 정도만 잤다. 어떤 때는 밤을 새워 발명품과 아이디어를 구상했다. 르네상스의 천재 레오나르도 다빈치는 긴 잠 대신에 토막잠을

❖ 로마신화에 등장하는 잠의 신 솜누스

자는 특이한 패턴의 소유자였다. 오늘날 전기차 브랜드로도 잘 알려진 인물 테슬라는 에디슨의 운명적 라이벌이었는데, 그 역시 불면증에 시달렸다. 하루에 두 시간만 자면서 밤늦게까지 일을 했다. 『크리스마스 캐럴』의 저자 찰스 디킨스는 종종 밤늦도록 런던 시내를 산책하며 작품의 영감을 얻었다고 한다.

로마신화에 등장하는 솜누스Somnus는 잠의 신이다. 보통 남성으로 묘사된다. **somnambulate**는 앞서 소개한 라틴어 동사 ambulare(이리저리 다니다)가 붙었으므로, '잠결에 걸어 다니다'를 뜻한다. These patients may somnambulate while apparently sleeping이라는 문장은 '이러한 환자는 겉으로는 잠을 자고 있는 것처럼 보이지만 몽유 상태로 걸어 다닐 수 있다'라는 말이다. somnus에 '부정'을 뜻하는 in-이 붙으면 '불면증'을 의미하는 **insomnia**가 된다. **somnolent**는 '거의 잠든' 또는 '나른하게 만드는'을 뜻한다. somnolent summer's afternoon은 '나른한 여름 오후'라는 표현이다.

somniferous는 somnus에 영어 carry(나르다)에 해당하는 ferre가 붙어 잠을 불러온다는 의미에서 '최면의', '졸리게 하는'을 뜻하고, '지루한'이라는 의미도 갖는다. The professor's somniferous lecture had half the class nodding off before the halfway point는 '교수님의 지루한 강의에 학생의 절반이 수업 시간 중반이 되기도 전에 졸았다'라고 번역한다.

Impudent 무례한

역사상 가장 무례한 인물로는 그리스의 알키비아데스를 꼽을 수 있다. 고대 그리스의 정치가, 웅변가, 장군이었던 알키비아데스는 화려한 경력만큼이나 타인들에게 지탄받은 인물이다. 그는 정치적 입지가 약해지자, 조국 아테네를 배신하고 스파르타로 망명해 전략 조언자로 활약했고, 마침내 스파르타의 승리에 일조했다. 하지만 배신의 행적은 여기서 멈추지 않았다. 이후 아테네로 돌아와서 사모스섬의 지휘관이 되어 스파르타군을 물리쳤다. 하지만 다른 전투에서 패하고 이번에는 이웃

❖ 그리스의 장군 알키비아데스

트라키아로 망명한다. 결국 스파르타의 요청으로 알키비아데스는 암살되었다. 배신자의 쓸쓸한 최후였다. 그는 총명했지만, 전통을 무시하고 무모한 행동을 일삼은 뻔뻔한 인물로 알려져 있다. 그래서 그는 서양사에서 '무례함과 배신'의 상징처럼 남았다.

라틴어 pudicus는 '겸손한', '순수한'이라는 의미를 지녔다. 고대 로마에서 여성의 정숙함과 남성의 절제나 품위를 뜻하는 중요한 윤리 개념이었다. 알키비아데스 같은 사람에게서는 전혀 찾아볼 수 없는 덕목이다. pudicus에서 '무례하다'를 뜻하는 영어 **impudent**가 나왔다. 접두사 im-은 '부정', '반대'를 의미하는 in-의 음운 동화형이다. He is not stupid but also arrogant and impudent는 '그 남자는 멍청하지는 않지만 오만하고 건방지다'라는 말이다. 명사형은 **impudence**로 With a hint of impudence she told him not to talk는 '그녀는 뻔뻔스럽게도 그에게 말하지 말라고 말했다'라고 번역할 수 있다.

Delicious 아주 맛있는

바티칸 박물관에는 고대 로마의 저택 바닥을 장식했던 모자이크 타일이 전시되어 있다. 이 모자이크는 연회를 즐긴 귀족들이 먹고 사방에 던진 음식들이 묘사되어 있다. 후대의 사람들은 이 모자이크 그림을 〈청소되지 않은 바닥〉이라고 불렀다. 그림에는 먹다 남은 포도, 체리, 랍스터의 발, 연체동물 껍데기, 새의 뼈, 견과류 등 다양한 식재료가 나온다. 심지어 음식 찌꺼기를 먹는 쥐의 모습도 보인다. 그런데 왜 온전한 음식이 아니라 음식 찌꺼기를 소재로 삼았을까? 로마인들은 식사

❖ 폼페이에서 발굴된 가룸 항아리

후에 음식을 바닥에 던져 죽은 자의 영혼에게 바치는 풍습을 가지고 있었다. 그리고 식사가 끝날 때까지 바닥에 던진 음식의 일부를 그대로 두었다. 하지만 진실은 이러하다. 부유한 집주인이 자신의 부를 과시하기 위해서 음식물을 바닥에 내던졌던 것이다.

고대 로마에서 가장 인기 있는 조미료는 가룸garum이었는데, 지금의 간장과 비슷하게 거의 모든 요리에 풍미를 더하고자 첨가되었다. 로마인들은 고품질 가룸을 진미로 여겼으며 감칠맛이 뛰어난 조미료로 평가했다고 한다.

'아주 맛있는'을 뜻하는 영어 **delicious**는 '기쁘게 하다'를 의미하는 delectare에서 유래했다. '즐거움', '기쁨'을 뜻하는 영어 **delectation**도 여기서 나왔다. '큰 기쁨'을 의미하는 **delight** 역시 delectatio에서 파생되었는데, Her face had a look of pure delight라는 문장은 '그녀의 얼굴에는 순수한 기쁨의 표정이 드러났다'라고 번역할 수 있다. 한편, 어떤 주제에 관심이 큰 것 같지만, 그 주제에 대한 이해가 깊지 않은 사람을 **dilettante**라고 부른다. He's a bit of a dilettante as far as wine is concerned는 '그는 와인에 관해서 애호가 정도의 수준이다'라는 말이다.

Solarium 일광욕실

서울의 연간 일조량은 2,143시간이라고 한다. 중동 지방이나 아프리카를 제외하고 유럽과 비교하면 서울의 일조량은 중간 정도다. 스페인은 3,000~3,200시간, 그리스는 2,800~3,000시간, 미국(사막 제외)은 2,500~3,000시간이다. 반면, 북유럽의 일조량은 상대적으로 짧다. 스웨덴은

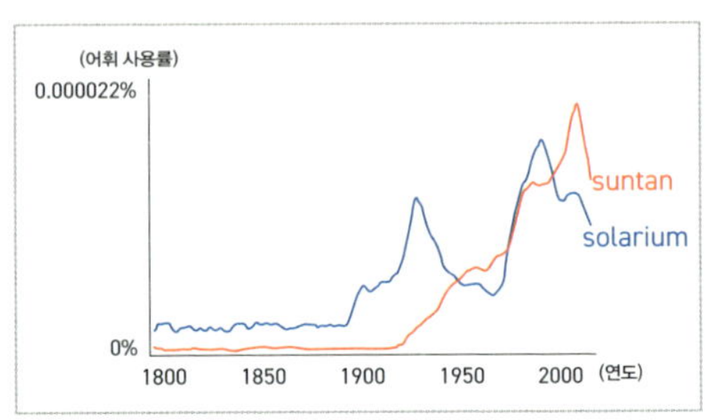

❖ 한때는 solarium의 용례가 우위에 있었으나, suntan이 역전했다. 사람들이 인공적인 일광욕보다 자연적인 일광욕을 선호한 결과다.

1,800~2,000시간이고 독일은 1,500~1,700시간에 불과하다. 그러다 보니 북유럽의 공원에서는 해만 뜨면 일광욕을 즐기는 사람들로 넘쳐난다. 카페도 마찬가지다. 파리 시민들은 카페의 실내보다 테라스 자리를 선호한다. 그래서 에스프레소 커피 가격도 테라스에서 마시는 것이 제일 비싸다.

태양숭배는 선사시대부터 시작되었다. 영국의 스톤헨지 거석이 동지선과 하지선의 축 선상에 건설되었다는 주장이 있고, 고대 이집트 문명의 오벨리스크 같은 거석문화는 태양신 숭배의 상징으로 여겨진다. 고대 로마에서도 태양을 숭배했다. 특히 태양이 가장 낮게 떠오르고 밤의 길이가 가장 긴 동지는 태양숭배 의식의 정점이었다. 훗날 기독교는 동지와 근접한 12월 25일에 예수의 탄생일을 정했다. 밤이 가장 긴 날에 세상을 비추라는 의미였다.

'동지'는 영어로 **solstice**라고 부르는데, 하지 역시 같은 용어를 사용한다. sol은 라틴어로 '태양'을 의미하고, stice는 '멈추다'라는 뜻이다. 태양이 가장 오래 머무는 날이 하지이고, 그 반대는 동지다. **solarium**은 '일광욕실'을 가리킨다. '수족관'을 의미하는 **aquarium**에서 aqua-는 '물'이고, -rium은 '장소'에 해당한다. 한편, 단순히 햇빛을 받는 양을 일조량이라고 한다면, 태양의 복사 에너지가 땅에 닿은 양은 '일사량日射量'이라고 하는데, 영어로는 **insolation**이라고 부른다.

ABCDEFGH · JKLMNOPQRSTUVWXYZ

8월

- Diligence
- Fax
- Major
- Premier
- Nepotism
- Utilitarianism
- Bonanza
- Nutrition
- Multilingualism
- Minority
- Armada
- Proof
- Postpone
- Cursor
- Lunacy
- Occidentalism
- Interstellar
- Pugilism
- Expletive
- Prestige
- Reticent
- Consul
- Peninsula
- Noel
- Dignity
- Durable
- Contrast
- Condiment
- Dedication
- Mollusc
- Responsibility

Diligence 근면

유대 속담 중에 히브리어로 이런 말이 있다. "Im Ein Ani Li, Mi Li?" 이 속담을 우리말로 옮기면 이렇다. "내가 나 자신을 돕지 않으면 누가 나를 도와주겠는가?" 이 문구는 자신의 발전을 위해 책임감을 갖고 꾸준히 노력하는 것이 중요하다는 말이다. 이 말에는 유대인의 근면성과 자기 책임 의식이 담겨 있다. 유대인의 전통은 특히 학습, 일, 도덕적 행동의 맥락에서 근면성을 중시한다. 역사적으로 유대인 공동체는『토라』나『탈무드』공부와 같은 종교 교

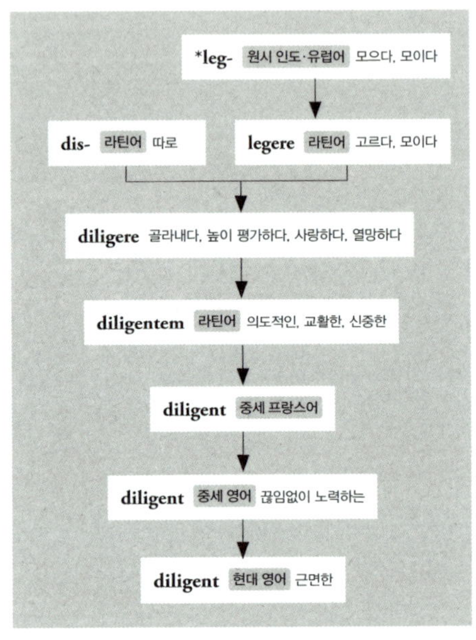

육은 물론, 직업적·개인적 노력에서 근면, 공부, 인내의 중요성을 강조해왔다. 1901년부터 2023년까지 노벨상을 받은 965명 중 214명이 유대인이거나, 유대인 부모를 둔 사람이었다. 노벨상 전체 수상자의 약 22퍼센트를 차지한다. 유대인이 전 세계 인구 중 0.2퍼센트에 불과하지만, 노벨상 수상자의 비율은 100배나 높다.

 '근면한'을 의미하는 영어 **diligent**는 '주의 깊은', '꼼꼼한', '정확한'을 뜻하는 라틴어 diligere의 현재분사형인 diligens에서 왔다. 이 단어에는 근면한 사람이 가진 특징이 모두 들어 있다. Their lawyer was extremely diligent in preparing their case는 '그들의 변호사는 매우 성실하게 소송을 준비했다'라는 말이다. 명사형 **diligence**가 들어간 속담으로는 "Diligence is the mother of good fortune"이 있다. '근면은 행운의 어머니다'라는 말로, 열심히 성실하게 일한 사람에게는 행운이 찾아온다는 것이다.

지금은 휴대폰의 앱을 통해 팩스를 보내는 시대가 되었지만, 예전만 해도 팩스는 아무나 보낼 수 없었다. 집마다 전화와 연결된 팩스가 없었기 때문이다. 눈앞의 문서를 멀리 떨어진 상대방에게 보낼 수 있었던 팩스는 한때 공간 이동에 비견되는 신기한 기술이었다.

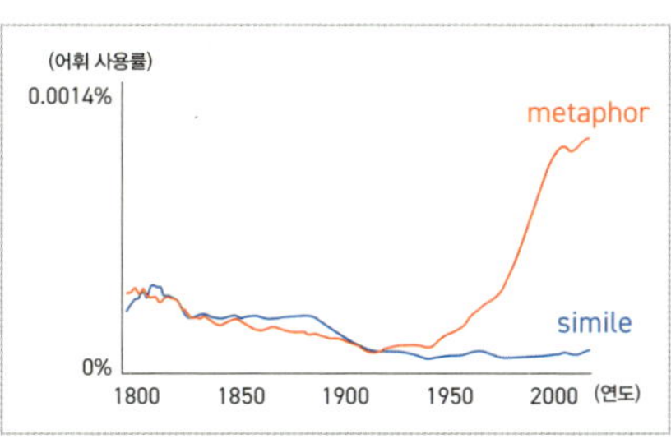

❖ metaphor와 simile의 차이는 20세기에 들어와 완전히 역전되었다. 현대인은 있는 그대로 말하는 것보다 돌려 말하는 것을 선호한다.

흔히 **fax**로 표기하는 '팩스'의 온전한 어형은 라틴어 facsimile다. 라틴어로 읽으면 팍스밀레가 된다. 이 말은 '만들다'를 뜻하는 facere와 '비슷하다'를 뜻하는 similis의 합성어다. 즉, 팩스의 어원은 유사하게 만든다는 뜻을 갖고 있다. facere는 영어 **fact**를 비롯해 많은 어휘를 남겼다.

similis에서 나온 영어 어휘로는 형태가 거의 유사한 **similar**가 있는데, '유사한', '비슷한'을 의미한다. My father and I have similar views on politics는 '아버지와 나는 비슷한 정치적 견해를 가지고 있다'라는 말이다. 문학에서는 '직유'를 영어로 **simile**이라고 한다. '은유'를 의미하는 **metaphor**와 대비되는 표현법이다. 영국의 시인 바이런은 "She walks in beauty, like the night"라고 표현했는데, '그녀는 밤처럼 아름답게 걷는다'라고 번역되고, 여기서 '밤처럼'이 직유적인 표현이다.

similar의 반대말은 **dissimilar**인데, 여기서 dis-는 영어 not에 해당한다. The new house is not dissimilar to our old one은 '새집은 이전 집과 다르지 않다'라고 번역할 수 있다. 명사형은 **dissimilarity**이다. 『위대한 개츠비』에는 다음과 같은 구절이 나온다. "To the wingless a more arresting phenomenon is their dissimilarity in every particular except shape and size."(날개가 없는 피조물들에게 가장 흥미로운 현상은 모양과 크기를 제외하고는 그 두 개의 섬이 모든 면에서 서로 다르다는 사실이다.)

Major 전공

한국의 대학은 백화점과 같다. 전공이 많은 것은 물론이거니와, 도대체 이 학과에서는 무엇을 배우는지 짐작할 수 없는 전공도 많다. 대학은 중세 유럽에 기원을 두고 있는데, 중세 대학에서는 산수, 기하, 음악, 천문학, 문법, 수사학, 논리학을 가르쳤다. 오늘날 수많은 전공은 이 7과목에서 뻗어 나왔다.

❖ 중세 대학의 수업 모습

현대 대학에서 '전공'을 의미하는 영어는 **major**인데, '크다'는 뜻을 지닌 라틴어 형용사 magnus의 비교급이다. What is your major, English or French?는 '전공이 영어인가요, 프랑스어인가요?'라는 말이다. 라틴어에는 영어처럼 비교급이 있었는데, 원급에 –or를 붙이면 영어처럼 비교급이 된다. 하지만 빈도수가 많은 magnus의 비교급은 불규칙 형태다. 마치 영어 good의 비교급 better가 불규칙한 것과 같다. major의 라틴어식 철자는 maior다. 라틴어에는 철자 j가 없었기 때문이다.

major-가 포함된 영어 단어는 그 의미에 가중치가 붙는다. **majority**는 '과반수'나 특정 집단의 '가장 많은 수'를 의미한다. A large majority of people approve of the death sentence는 '대다수의 사람이 사형선고에 찬성한다'라는 말이다. **majority shareholder**는 기업에서 '과반수 지배 주주'를 가리킨다.

majestic은 '장엄한', '위풍당당한'을 뜻하고, **majesty**는 majestic의 명사형으로 '장엄함', '왕권', '폐하'를 의미한다. 이 단어들은 모두 magnus(큰)와 어원을 공유하는 majestas(위엄)에서 파생되었다. I was invited to tea with Her Majesty the Queen은 '여왕 폐하와 함께 차를 마시는 자리에 초대받았다'라고 번역할 수 있다.

Premier 최고의

❖ 콜로세움에서 열린 검투극

로마의 콜로세움에서 열리는 검투극 시합은 시민들의 인기를 독차지했다. 5만 명이 들어갈 수 있는 타원형의 경기장에는 무려 76개의 출입구가 있어 많은 관중이 15분 정도면 빠져나갈 수 있었다고 한다. 콜로세움에는 로마의 각 속주에서 이름을 떨치던 검투사들이 모여들었다. 갈리아(프랑스), 브리타니아(영국), 히스파니아(스페인)에서 불패의 신화를 남기던 검투사들이 로마로 왔다. 마치 현대인이 열광하는 영국의 프리미어premier 리그에서 각국의 축구 스타들이 뛰는 것과 유사하다.

영어 **premier**는 '첫 번째'를 의미하는 라틴어 primus에서 나온 말이다. 첫 번째는 다른 것보다 우선하므로 '상위의', '우월한'이라는 의미가 생겨났다. 미국 대통령 선거에서 '예비선거'를 **primary**라고 부르는데, 이때는 선거 절차상 '최초의'라는 뜻을 갖는다. 예비선거에서 민주당과 공화당은 각 당의 대통령 후보를 선출한다. **prime**은 '주요한', '뛰어난'을 의미한다. **prime minister**는 '수상'을, **prime number**는 1과 그 수 자신만을 약수로 가지는 '소수素數'를 가리킨다. 한자에서 소素는 '희다'가 아니라 '바탕'을 뜻한다. 소수는 바탕이 되는 수, 즉 근본적인 수라는 말이다.

primitive는 '원시原始의'를 뜻한다. 여기에도 '첫 번째'라는 의미가 들어 있다. Twelve thousand years ago, our ancestors were primitive savages living in caves는 '1만 2,000년 전, 우리 조상들은 동굴에 살던 원시 야만인이었다'라고 번역한다.

프랑스어에서 온 **premiere**는 영화의 '개봉', '초연'을 뜻한다. Avatar had its world premiere in London in 2009는 《아바타》는 2009년 런던에서 세계 최초로 개봉했다'라고 번역한다.

Nepotism 족벌주의

유럽 왕실의 역사는 결혼의 역사라고 해도 과언이 아니다. 외부적으로는 결혼을 통해 동맹을 맺었고, 사돈 국가를 전쟁에 끌어들였으며, 내부적으로는 근친혼으로 자멸했다. 결혼을 통해 왕권을 강화하려던 왕조는 신성로마제국과 스페인 왕국을 차지한 합스부르크 왕가를

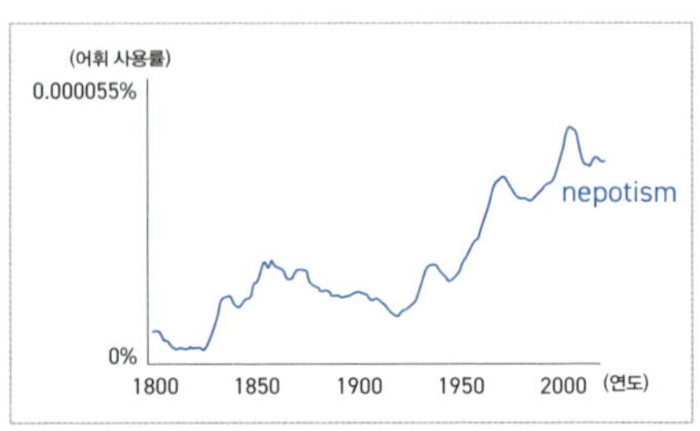

❖ nepotism는 현대사회에서 꾸준히 상승 중이다.

들 수 있다. 작은 백작령에서 출발한 합스부르크 왕조가 유럽의 대부분을 접수할 수 있었던 것은 근친혼 덕분이었다. 당시 유럽에서는 결혼을 통해 왕국의 모든 권리를 상속받을 수 있었기 때문이다. 근친혼 같은 족벌주의는 왕권을 강화한다는 긍정적인 면도 있었으나, 유전적으로 심각한 문제가 발생했다. 결국 스페인 합스부르크 왕조의 마지막 왕 카를로스 2세는 근친혼의 치명적인 희생양이 되었고, 왕조의 종말을 초래했다. 스페인 합스부르크 왕조의 근친혼 중에는 숙부와 질녀姪女의 결혼도 있었다. 펠리페 4세의 왕비는 마리아 안나였는데, 그녀는 펠리페 4세의 조카딸이자 신성로마제국의 황제인 페르디난트 3세의 딸이었다. 당연히 이 결혼은 이 왕조의 유대를 강화하기 위한 정략결혼이었다.

 '족벌주의' 혹은 '정실 인사'로 번역되는 영어 **nepotism**은 '손자'나 '후손', 특히 '누이의 아들'을 뜻하는 라틴어 nepos에서 나왔다. 아들에 방점이 찍힌 이유는, nepos에서 나온 영어 **nephew**가 '남자 조카'를 가리키기 때문이다. 여자 조카인 '질녀'는 **niece**로 어형이 다르다. niece의 어원 역시 nepos의 여성형인 neptis에서 나왔고, '손녀딸'이 본래의 의미였다. 정리하자면, nephew와 niece는 '손자', '손녀'에서 '남자 조카', '여자 조카'로 그 의미가 전이되었다.

Utilitarianism 공리주의

❖ 공리주의 철학자 제러미 벤담

19세기 영국을 중심으로 발전한 공리주의功利主義는 인간 행위의 윤리적 기초를 개인의 이익과 쾌락의 추구에 두고, 도덕은 최대 다수의 최대 행복을 목적으로 한다고 주장한다. 예를 하나 들어보자. 폭주하는 전차가 다섯 명의 사람을 향해 가고 있다. 전차를 멈출 수 있는 레버를 당겨 선로를 바꾸면 한 명은 목숨을 잃지만, 나머지 네 명은 생명을 구할 수 있다. 공리주의에서는 레버를 당겨 인명 손실을 최소화하는 것이 나머지 사람들의 생명을 구하는 것이므로 전체적인 행복을 극대화할 수 있다고 주장한다. 요약하자면, 공리주의는 실용적이고 결과 지향적인 윤리 접근법으로, 가장 많은 사람에게 가장 큰 행복을 주는 행동이 올바르다고 판단한다. 하지만 공리주의에 대한 반발론도 만만치 않다. 행복이나 웰빙을 정량화하기는 어렵고, 권리와 정의를 희생하면서까지 행복을 추구하는 것은 받아들이기 어렵다고 반박한다. 참고로 공리주의의 공리는 공공의 이익을 뜻하는 '공리公利'가 아니라, 유용성utility을 뜻하는 '공리功利'이므로 주의하자.

'공리주의'를 의미하는 **utilitarianism**은 '유용한', '이득이 되는'을 뜻하는 라틴어 utilis에서 나왔다. utilis에서 나온 영어 **utility**는 특히 컴퓨터 분야에서 사용자의 편리성을 향상하는 '유용하고 실용적인 소프트웨어'를 말한다. 파일 압축 프로그램 같은 소프트웨어가 대표적인 유틸리티에 속한다. 수도, 전기 등의 '공익사업'도 utility라고 부른다. the administration of public utilities는 '공익사업의 운영'으로 번역한다. 형용사 **utilizable**은 '사용할 수 있는', '활용 가능한'을 의미하지만, 일상 영어에서는 **usable**이나 **available**이 더 흔히 쓰인다. Utilizable land in residential areas is becoming scant and expensive는 '주거 지역의 가용 토지는 부족하고 비용이 많이 든다'라는 말이다.

Bonanza 보난자

스페인어에서 영어로 들어온 **bonanza**는 본래 '번영'이나 '좋은 날씨'를 의미하는 말이었다. '좋다'를 뜻하는 bonus가 어원이다. 현대 직장인들에게 가뭄에 단비 같은 '보너스'의 어원이기도 하다. 대양의 시대를 열었던 스페인 사람들에게 좋은 날씨는 유리한 항해 조건이었으며, 부를 가져다주는 화수분이었다. 그러다가 1848년에 캘리포니아에서 금광이 터졌다. 본래 이 지방은 스페인의 식민지에서 멕시코로 영유권이 넘어간 상태였다. 이후 스페인 사람들은 bonanza를 '노다지'라는 의미로 사용하기 시작했다.

❖ 미국 드라마 《보난자》의 출연진

이후 《보난자》는 1959년부터 1973년까지 방영된 미국의 TV 드라마 시리즈로 큰 인기를 끌었다. 한국에서도 방영되어 많은 사랑을 받았다. 이 드라마에는 네바다주의 부유한 목장을 배경으로 한 가장과 아들들이 등장하는데, 이들이 가진 부富에 대한 생각을 엿볼 수 있다. 오늘날 bonanza는 '이익, 성공 또는 행운을 가져다주는 모든 상황'을 지칭한다. 요즘으로 치면 가상 화폐로 얻은 돈벼락을 bonanza라고 할 수 있겠다. April was a bonanza month for car sales는 '4월은 자동차 판매 호황의 달이었다'라는 말이다. 스코틀랜드 영어 **bonny**(예쁜, 아리따운)는 bon(좋은)과 관련된 프랑스어에서 영향을 받은 말로, bonanza와 직접적인 어원적 연결은 없다. 다만, 둘 다 결국 라틴어 bonus(좋은)에서 출발한 어휘군에 속한다는 점에서는 공통점이 있다.

'포상금'을 뜻하는 **bounty**도 bonus에서 나왔다. A bounty of $10,000 has been offered for the capture of his murderer는 '살인범을 잡는 데 현상금 1만 달러가 걸렸다'라고 번역할 수 있다. bounty에는 그 밖에도 '너그러움', '풍부함'이라는 뜻도 있다. bounty of food는 '풍성한 먹거리'라는 표현이다.

Nutrition 영양

파리에서 179킬로미터 남쪽에 위치한 샹보르성城은 프랑스 르네상스 양식을 보여주는 대표적인 성이다. 이 성은 프랑스 르네상스의 아버지로 불리는 프랑수아 1세가 건설하기 시작했는데, 당시 프랑수아 1세의 초청으로 프랑스에서 말년을 보내던 레오나르도 다빈치가 성의 설계에 참여했을 것

❖ 프랑수아 1세의 상징인 불도마뱀

으로 추측한다. 성의 중앙 현관을 통해 들어가면 정면에는 이중 나선 구조의 계단이 보이고, 천장에는 프랑수아 1세의 이니셜인 'F'와 그의 상징 동물인 수많은 불도마뱀이 조각되어 있다. 불도마뱀 위에는 리본이 휘감겨 있는데 라틴어로 NUTRISCO ET EXTINGO라고 적혀 있다. 라틴어 nutrisco는 '먹을 것을 주다'를 의미하고, extinguo는 '불을 끄다'를 뜻한다. 불도마뱀이 인간에게 좋은 불은 키우고 나쁜 불은 끈다는 의미를 지닌다. 본래 불이란 따뜻함과 에너지를 제공하지만, 반대로 모든 것을 파괴할 수도 있다. 비유적으로 풀어보면 지식이나 권력은 사람들을 계몽할 수도 있지만, 잘못 사용하면 인간을 타락시키거나 해를 끼칠 수도 있다는 것이다.

라틴어 nutrisco에서 '영양'을 뜻하는 영어 **nutrition**이 나왔다. 동사형 **nourish**는 프랑스어를 통해 영어로 들어왔다. 영어 동사 중에 –sh로 끝나는 동사들, 가령 finish, push, establish는 각각 프랑스 동사 finir, pousser, établir에서 나왔다. Children need plenty of good fresh food to nourish them은 '신선하고 좋은 음식을 충분히 먹어야 건강하게 자란다'라고 번역한다. **nutritious**는 '영양분이 많은'을 뜻하고, **nurture**는 잘 자라도록 '양육하다'를 의미한다. '간호사'를 가리키는 **nurse** 역시 프랑스어를 통해 영어로 들어온 단어인데, 본래 프랑스어에서는 '가정교사', '후견인' 등을 의미했다.

Multilingualism 여러 언어의 사용

엘리자베스 1세는 영국을 유럽의 열강에 올려놓은 군주로 칭송받는다. 한때 서녀庶女 취급을 받았던 그녀는 이복언니인 메리 1세의 급사急死로 왕위에 오를 수 있었다. 그녀는 평생 결혼을 하지 않고 영국을 다스렸다. 스페인의 무적함대 아르마다를 격파한 것도 여왕의 치세다. 여왕은 여러 외국어에도 능통했다고 한다. 프랑

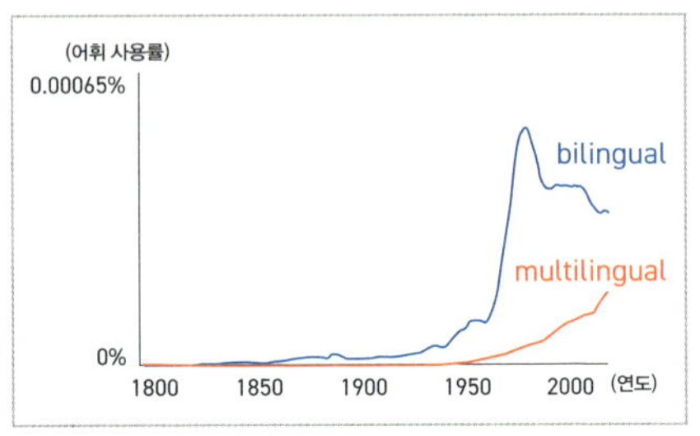

❖ 최근에 bilingual(이중 언어 사용자)의 수는 감소 추세이고, multilingual(다중 언어의 사용자)의 수는 증가 추세이다.

스어, 이탈리아어, 라틴어, 그리스어를 이해하고 구사할 수 있었고, 통역 없이 외교 사절과 대화를 나눌 정도였다.

그렇다면 여러 언어를 구사하는 사람은 지적 능력이 남보다 뛰어날까? 엘리자베스 여왕의 총명함을 보면 그렇다고 말할 수도 있겠다. 물론 학자들의 연구에 따르면, 다국어를 구사한다고 꼭 IQ가 높은 것은 아니지만, 기억력, 주의력, 문제 해결력 등 특정 인지 기능이 우수한 것이 사실이라고 한다.

'여러 언어의 사용'을 영어로는 **multilingualism**이라고 표현한다. 영어 multi-는 '많은'이라는 의미로 잘 알려져 있다. '많은'을 뜻하는 라틴어 형용사 multus에서 나왔다. **multiplayer game**은 '여러 명이 하는 게임'을 말한다. **multiple**은 '많은', '다양한'을 뜻하며, We offer multiple payment options는 '우리는 다양한 결제 옵션을 제공한다'라는 말이다. **multimedia**는 '다중 매체'를 의미하는 단어로, 문자, 그림, 애니메이션 등 여러 정보 유형의 미디어를 이용하는 것을 말한다.

라틴어 multus의 비교급 형태는 plus로 '더 많은'을 뜻한다. 문법에서 '복수형'을 의미하는 **plural**이 여기서 나왔고, '다원적인'이라는 뜻도 가지고 있다. We are now living in a plural society는 '우리는 이제 다원화된 사회에서 살고 있다'라는 말이다. 영어 over에 해당하는 라틴어 super에 plus가 붙으면 '초과'를 의미하는 **surplus**가 만들어진다. The world is now producing large food surpluses는 '현재 세계의 식량 생산은 과잉 상태다'라고 번역한다.

Minority 소수

기원후 132년 유대인들은 로마제국에 맞서 반란을 일으켰다. 하지만 반란은 처절하게 진압되었고, 이후 유대인들은 영원히 예루살렘에서 쫓겨났다. 유대인들은 선민의식이 강해 타민족에게 배타적이었다. 막대한 부를 축적해 항상 시기와 약탈의 대상이 되었으며, 특히 예수를 죽게 만든 장본인이었다. 게다가 기독교가 금지한 대부업에 종사했다. 유럽에서 유대인 학살은 아이러니하게도 프랑스 왕 중 유일하게 사후에 성인聖人이 된 루이 9세 때 일어났다. 성왕 루이에게 유대인들은 하느님의 왕국을 건설하는 데 최대의 걸림돌

❖ 유대인을 탄압한 성왕 루이 9세

이었다. 그는 "유대인과 토론하는 가장 좋은 방법은 그들에게 칼을 휘두르는 일이다"라고 말할 정도였다. 유대인들에게 노란색 별을 옷에 붙일 것을 강요한 사람도 루이 9세였다.

'소수 집단'을 의미하는 영어 **minority**는 영어 small에 해당하는 라틴어 parvus의 비교급 minor에서 나왔다. parvus는 영어에 의학 용어 몇 개만 남겼지만, minor는 수많은 어휘를 제공했다. 먼저 plus의 반대말 **minus**가 있다. minor problem은 '사소한 문제'라는 뜻이고, She suffered only minor injuries는 '그녀는 경미한 부상만 입었다'라고 번역할 수 있다. **major**가 '주전공'이라면 **minor**는 '부전공'이다. 시간에서 '분'을 의미하는 **minute**도 어원이 같다. 한 시간을 잘게 쪼갠 시간의 단위가 minute이다. '장관'을 의미하는 **minister**도 라틴어 minor에서 나왔다. 군주에 종속된 '하위 관료'가 minister의 어원이다. minor의 최상급은 minimus다. 영어 **minimum**은 '최소'라는 뜻을 갖는다.

역사에는 변곡점이 있다. 기원전 202년, 지중해의 패권을 차지하고자 로마와 카르타고가 맞붙은 전쟁은 카르타고의 남서 지방에서 벌어진 자마전투에서 결판이 났다. 로마의 승리로 결국 카르타고는 역사 속으로 사라졌다. 유럽 근대사의 흐름을 바꾼 변곡점도 있다. 새롭게 떠오르는 영국이 당대

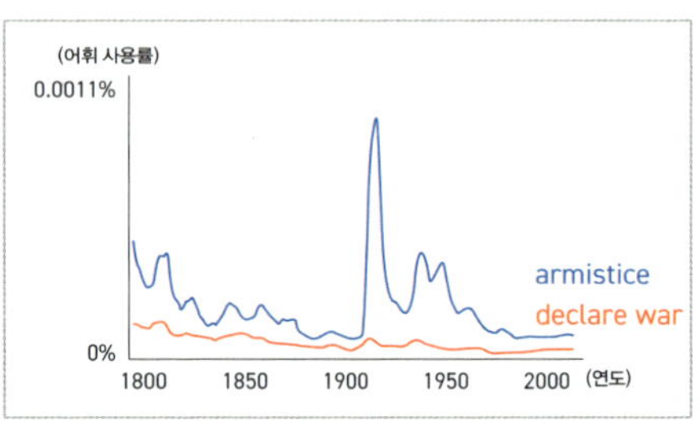

❖ declare war의 용례는 armistice보다 상대적으로 그 빈도수가 낮다. 제1차세계대전의 종전 무렵에 armistice의 용례가 급증했다.

최강이던 스페인의 아르마다Armada 함대를 격파했다. 이 전투에서 스페인 함대 130척 중 67척만 스페인으로 돌아갔다. 이후 스페인은 여전히 강력한 제국으로 남았지만, 제해권制海權을 영국에 넘겨주고 말았다. 가톨릭을 복원하려는 펠리페 2세의 시도는 이렇게 물거품이 되었고, 엘리자베스 1세의 통치는 견고해졌다. 이후 유럽의 패권은 스페인에서 영국으로 넘어갔다.

'대규모 함대'를 의미하는 **armada**는 '무기'를 의미하는 라틴어 arma에서 나왔다. '군대'를 뜻하는 **army**도 마찬가지다. 중세 기사들의 '갑옷'도 **armor**라고 한다. 흥미로운 단어 중에는 '경보'를 뜻하는 **alarm**이 있다. 중세 프랑스어에서 나온 이 단어는 이탈리아어 all'arme가 어원인데, 영어로 옮기면 to arms! 즉 '무기를 들어!'이다. 현대인이 아침에 일어나기 위해 맞추는 알람이 이렇게나 무서운 뜻이었다.

무기를 내려놓고 전쟁을 잠시 멈추는 것을 '휴전'이라고 하는데, 영어로는 **armistice**라고 한다. 이 말은 프랑스어에서 유래했다. '무기'를 뜻하는 arma에 '서 있다'를 뜻하는 라틴어 stare(서다)에서 파생된 –stitium이 결합된 말이다. 무기가 서 있다는 말은 무기를 상대에게 겨누지 않고 세워놓았다는 것이다. 여기서 '휴전'이라는 의미가 나왔다. The armistice of the Korean War was signed on July 27, 1953라는 문장은 '한국전쟁의 휴전협정은 1953년 7월 27일에 체결되었다'라고 번역한다.

Proof 증명

❖ 백년전쟁의 영웅 잔 다르크

1431년 1월 9일은 잔 다르크의 종교재판이 시작된 날이다. 잉글랜드에 동조한 프랑스의 부르고뉴 군대에 생포된 잔 다르크는 노르망디의 수도 루앙에서 재판에 넘겨졌다. 잉글랜드는 잔 다르크를 이단으로 몰아, 그녀가 왕으로 인정한 샤를 7세의 즉위 정당성을 무너뜨릴 계획이었다. 첫 번째 재판은 공개로 열렸다. 무려 70명의 신학 전문가들이 잔 다르크에게 신의 계시를 받았다는 사실을 증명하라고 추궁했지만, 자백을 받아내지는 못했다. 결국 두 번째 재판부터는 비공개로 진행되었다. 심문단이 화형과 고문으로 잔 다르크를 압박했고, 그녀는 결국 굴복하고 만다. 하지만 신앙심을 되찾은 그녀는 유명한 말을 남긴다. "내가 주님의 세계에 있지 않다면 주님께서는 나를 그곳으로 보내실 것이고, 반대로 주님의 세계에 있다면 나를 지켜줄 것이다." 하지만 잔 다르크는 화형의 공포에 떠밀려 서명한 서류 탓에 이단 판결을 받았고, 결국 화형에 처했다. 그녀의 나이 향년 불과 19세였다.

영어에서 '증명'을 가리키는 **proof**는 라틴어 동사 probare가 그 어원이다. '동의하다', '추천하다', '시험하다', '증명하다'를 뜻하는 동사 **prove**가 여기서 나왔다. 기하에서 '피타고라스 정리의 증명'을 Proof of the Pythagorean Theorem이라고 표현한다. 영어 접두사 to에 해당하는 라틴어 ad-가 붙으면 '찬성하다'를 의미하는 **approve**가 만들어진다. 어느 한쪽의 입장을 확인한 후에 '동의하다', '인정하다'라는 뜻을 지녔다. He doesn't approve of smoking은 '그는 흡연을 찬성하지 않는다'라는 말이다. prove와 어형이 유사한 **probe**도 여기서 나왔고, 이 단어는 '조사하다', '캐묻다'를 뜻한다. The interviewer probed deep into her private life는 "면접관은 그녀의 사생활을 꼬치꼬치 캐물었다"라고 번역한다. '있을 것 같은'을 뜻하는 **probable**도 어원이 같다.

Postpone 연기하다

2024년 파리 올림픽이 개최되었다. 바로 전 대회였던 도쿄 올림픽은 본래 2020년에 개최될 예정이었지만 코로나19로 인해 1년 늦은 2021년에 열렸다. 이런 사례가 또 있다. 1936년 히틀러는 베를린 올림픽을 나치 정권의 선전장으로 이용했다. 그리고 4년 뒤에 1940년 올림픽은 도쿄에서 열릴 예정이었고, 1944년 올림픽은 런던이 개최 도시였다. 하지만 제2차세계대전으로 올림픽 경기는 열리지 못했다. 1948년 올림픽은 런던에서 열렸지만, 1952년 올림픽은 애초부터 헬싱키

❖ 1948 런던 올림픽 포스터

로 지정되었으며, 전범국 일본은 1964년에 도쿄에서 처음 올림픽을 개최하게 되었다.

영어 **postpone**은 라틴어 동사 ponere에서 왔다. 여기서 상당히 많은 영어 어휘가 파생된다. 라틴어 동사 ponere는 영어 동사 put에 해당한다. '~ 이후'를 의미하는 라틴어 접두사 post-가 붙어 '뒤에 놓다', 즉 '연기하다'라는 뜻을 갖게 되었다. '앞'을 의미하는 pro-가 붙으면 '앞에 놓다'라는 의미에서 '제안하다'를 뜻하는 **propose**가 만들어진다. 명사형은 **proposition**이다. 한편, '제안'을 의미하는 **proposal**도 있다. 두 단어에는 차이가 있다. proposition은 일반적인 아이디어나 제안인 경우가 많고, 반면에 proposal은 비즈니스, 학술, 법적 환경에서 사용되는 상세하고 공식적인 계획이나 제안을 가리킨다. The company submitted a proposal for a new marketing campaign은 '이 회사는 새로운 마케팅 캠페인에 대한 제안서를 제출했다'라고 번역하고, He presented a proposition to merge the two companies는 '그는 두 회사를 합병하자고 제안했다'라고 번역할 수 있다. **exposition**은 밖에 놓는다는 뜻에서 원래 '설명', '해설'을 가리키고, '전시회'라는 의미도 있다. **deposit**도 away에 해당하는 de-가 붙어 '다른 곳에 놓다'라는 의미가 만들어졌다. I deposited my luggage in a locker at the station은 '역에 있는 사물함에 짐을 맡겼다'라는 말이다.

Cursor 커서

마우스가 없는 컴퓨터를 상상해본 적 있는가? MS-DOS 시절에는 검은 바탕의 모니터에서 깜빡이는 작은 밑줄밖에 볼 수 없었다. 컴퓨터 커서cursor의 최초 형태다. 이후 마우스가 발명되면서 오늘날처럼 편리한 화면 이동이 가능해졌다. 커서는 마우스의 움직임에 따라 화면을 따라다니는데, 대개 화살표 모양의 '마우스 포인터'로 표시된다.

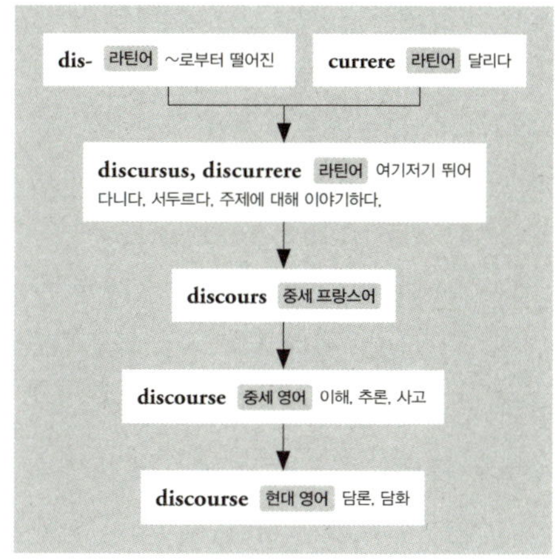

영어 **cursor**는 '뛰는 사람'을 의미하는 라틴어 cursor에서 나왔다. 13세기 영어에서는 '달리는 전령傳令'이라는 뜻으로 변했다. **cursory**는 '피상적인'을 뜻하는데, 한자 숙어 주마간산走馬看山을 떠오르게 한다. 뛰면서 보니 제대로 보지 못한다는 말이다. cursory examination은 '피상적인 검사'라는 표현이다. **cursive**는 흘려 쓰는 '필기체'를 말한다. 필기의 속도에 방점이 찍힌 말이다.

앞서 소개한 course 앞에 '따로', '여기저기'를 의미하는 dis-가 붙으면 '담론'을 의미하는 **discourse**가 만들어진다. 말이나 글로 의사소통하기 위한 언어의 사용, 또는 그 예시들을 담론으로 정의하면, 어원적 의미인 '여기저기 뛰어다니다'라는 말이다. discourse는 '토론'이나 '논쟁'을 뜻하기도 한다. These ideas have been part of the public discourse for years는 '이러한 아이디어는 수년 동안 대중 담론의 일부가 되었다'로 번역한다.

'앞'을 의미하는 pre-가 붙으면 앞에서 달리는 사람, 즉 '선도자'가 된다. 영어에서는 **precursor**라고 부른다. precursor of reformation은 '개혁의 선구자'다. '밖'을 의미하는 ex-가 cursus 앞에서 붙으면 잠시 일상에서 벗어난 여행인 **excursion**이 되고, 우리말로는 '소풍'으로 번역할 수 있다.

Lunacy 미친 짓

달의 위상 변화 주기는 29.5일이다. 따라서 보통은 한 달에 한 번 보름달이 뜬다. 그런데 2.75년에 한 번씩 한 달에 두 번 보름달이 뜨는 때가 있다. 여기서 두 번째 뜨는 보름달은 영어로 **blue moon**이라고 부른다. 동양에서는 보름달이 풍요의 상징이지만, 서양에서는 그렇지 않다. 보름달에는 귀신들이 돌아다닌다고 생각

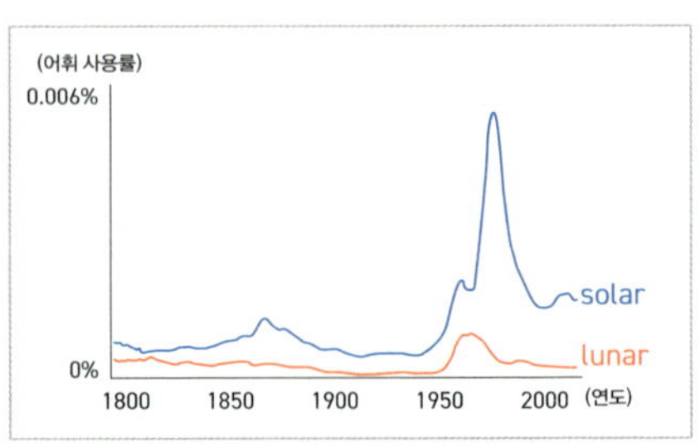

❖ 1970년대 태양에 관심이 폭발한 이유 중에는 태양 탐사, 석유 파동 이후 태양 에너지에 대한 관심의 급증으로 해석할 수 있다.

하기 때문이다. 만약 서양인들이 가장 싫어하는 13일에, 예수가 십자가에 못 박힌 금요일에, 거기에 보름달까지 뜨면 가장 불길한 날이 된다.

'달'을 의미하는 라틴어 luna에서 나온 영어 **lunacy**는 '광기'를 의미한다. 고대와 중세에는 달, 특히 달의 위상이 정신 건강에 영향을 미칠 수 있다고 널리 믿었다. 이는 천체가 지상의 사건과 인간 행동에 영향을 미친다는 생각에서 나왔다. 16세기에는 이 믿음이 더 일반화되기 시작한다. 과학적으로는 아무 근거가 없지만, 한번 굳어진 달의 상징성은 이처럼 언어에 정착했다. It was sheer lunacy to spend all that money는 '그 많은 돈을 쓰는 것은 정말 미친 짓이었다'라고 번역한다.

초승달이 뜨고 다음 초승달이 뜰 때까지의 기간, 즉 달의 위상이 이전의 모양을 되찾는 기한을 '삭망월'이라고 하는데, 영어로는 **lunation**이라고 말한다. eight lunations는 달의 모양이 여덟 번 바뀌는 운행 주기를 가리킨다. 한편, 하현달이 기울고 그믐달이 된 이후, 초승달이 뜰 때까지 1~3일 정도 달이 보이지 않을 때가 있는데, 그믐 이후 완전히 보이지 않는 달은 dark moon, 새로 떠오르기 직전의 달은 **new moon**이라고 한다.

Occidentalism 옥시덴탈리즘

대학에 갓 들어간 새내기들은 오리엔테이션 프로그램에 참여한다. **orientation**의 본래 의미는 '방향 설정' 또는 '지향점'이다. 대학 생활의 바른 방향을 제시하는 것이 오리엔테이션이라는 말이다. 그렇다면 중세 기독교에서 방향은 어떤 의미가 있었을까? 유럽 도시에 산재하는 성당의 방향을 보면 그 답을 알 수 있다. 기독교 전통에서 동쪽은 그리스도의 부활과 천국의 도래와 연관되어 있기 때문에 특별한 의미를 지녔다. 동쪽은 떠오르는 태양과 연결되어 새로운 생명, 희망, 영적 쇄신을 상징한다. 성당의 정

❖ 오리엔탈리즘의 저자 에드워드 사이드

문으로 들어가면 멀리 제대가 보이고, 그 뒤에 십자가에 매달린 예수상이 있다. 신자들이 제대와 십자가상을 바라보는 방향이 바로 동쪽이다. 따라서 성당의 정면은 서쪽을 향하고 있다. 한국 건축은 대체로 남향을 선호하지만, 중세 유럽 성당은 제대를 동쪽에 두는 전통 때문에 정면이 서향인 경우가 많다. orientation과 뿌리가 같은 영어 **oriental**은 라틴어에서 '동쪽'을 의미하는 orientalis에서 유래했다. 떠오르는 동쪽은 생명이 탄생하는 방향이기도 하다. 반대로 서쪽은 태양이 지는 곳, 즉 생명이 소멸하는 곳이다. '서양의'를 의미하는 **occidental**을 제공한 라틴어 occidere는 영어 cut down에 해당한다. 즉, '쓰러뜨리다', '죽이다'를 의미한다. 여기서 쓰러지는 주체는 태양이다.

　occidentalism은 반서구적 태도나 서구에 대한 부정적인 시각을 지칭하는 개념이다. 자본주의, 세속주의, 개인주의와 같은 서구 이데올로기에 대해 문화적으로 비판하거나 정치적으로 반대하는 맥락에서 자주 사용된다. 반대로, 동양에 대한 서구의 왜곡과 편견을 나타내는 단어로는 **orientalism**이 있다.

Interstellar 인터스텔라

2014년 미국의 크리스토퍼 놀란 감독이 만든 영화 《인터스텔라》에는 주인공들이 탑승한 우주선이 초거대 블랙홀 가르강튀아를 공전하는 밀러 행성에 착륙한다. 영화 속의 주인공 일행은 파도 행성이라 불리는 밀러 행성에서 세 시간 넘게 머물렀다. 그런데 우주선에 남아 있던 일행의 시간은 무려 4개월 8일 23시간이 지나고 있었다. 그 이유는 행성에 머물렀던 일행에게, 시간은 우주선에 머물렀던 일행의 시

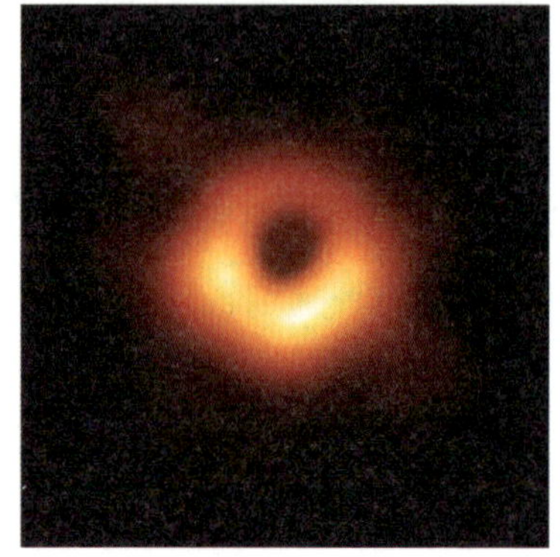

❖ 블랙홀의 중심부

간보다 더 느리게 흘렀기 때문이다. 블랙홀의 중력이 시간을 잡고 있었던 것이다. 그런데 실제로 중력의 차이가 시간의 차이로 이어질까? 도쿄대학교에서 실험 하나를 진행했다. 도쿄 도심과 사이타마현은 고도의 차이로 3일에 100억 분의 4초 시간차가 난다는 사실을 확인했다. 즉, 중력이 시간의 흐름에 영향을 미친다는 것이다.

영어 **interstellar**에는 낯익은 라틴어 접두사 inter(~의 사이의)가 보인다. stellar는 라틴어로 '별'을 의미하는 stella에서 왔다. 따라서 이 단어는 '별 사이의', '행성 사이의'를 뜻한다. 그런데 라틴어 stella는 영어 **star**와 유사해 보인다. 사실 이 두 말은 서양인의 조상인 인도·유럽인의 언어에서 나왔기 때문에 비슷하다. 원시 인도·유럽어로 '별'은 *ster-였다.

별이 함께 모여 있는 것을 영어로는 **constellation**이라 부르고, 우리말로는 '별자리'라고 번역한다. 라틴어에서 '함께'를 뜻하는 con-이 붙은 말이다. 우리에게 잘 알려진 북두칠성 같은 별자리는 일곱 개의 별이 평면에 놓인 것 같지만, 각각의 별과 지구의 거리는 상이하다. 가장 가까운 삼중성인 미자르는 지구에서 78광년 떨어져 있지만, 북두칠성에서 가장 먼 별은 124광년이나 떨어져 있다. **stellar**에는 '별의'라는 뜻 외에도 '뛰어난'이라는 의미도 있다. stellar player는 '뛰어난 선수'를 말한다.

Pugilism 권투

권투의 역사는 유구하다. 권투는 기원전 688년, 제23회 고대 그리스 올림픽에서 처음으로 정식 종목으로 채택되었다. 그 역사를 더 거슬러 올라가면 고대 메소포타미아의 부조에서 권투의 흔적을 찾을 수 있다. 고대 그리스인들은 '권투'를 pygmachia라고 불렀다.

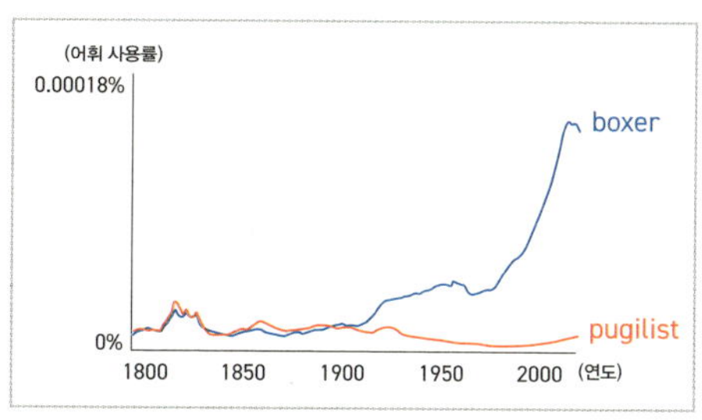

❖ 1910년대까지 pugilist와 boxer의 용례 빈도는 엇비슷했지만, 그 이후 격차는 크게 벌어졌다.

그리스어로 pyg는 '주먹'을 가리키고, machia는 '싸움'을 뜻한다. 당시 권투는 규칙이 거의 없는 잔인한 경기로, 종종 심각한 부상이나 사망으로 이어지는 경우가 많았다. 선수들은 소가죽으로 만든 끈으로 손을 감아 주먹과 손목을 보호했다. 고대 로마에서 권투는 검투사 경기의 일부가 되어 더욱더 잔인해졌다. 선수들은 금속을 덧댄 가죽 장갑을 끼고 권투 경기를 했다고 한다.

영어에서 권투를 가리키는 단어는 두 개가 있다. **boxing**은 더 일반적인 단어고, **pugilism**은 다소 낯선 단어다. 이 말은 '복서'를 뜻하는 라틴어 pugil에서 나왔고, '주먹'을 뜻하는 라틴어 pugnus에 이른다. 위에서 소개한 그리스어 pygmachia에서 pyg 역시 라틴어와 형제 관계다. 싸움의 전형은 주먹싸움이다. **pugnacious**는 '싸우기 좋아하는', '호전적인'을 의미한다. I found him pugnacious and arrogant는 '나는 그가 싸우기 좋아하고 오만하다는 것을 알았다'라는 말이다. 접두사 in-이 앞에 붙으면 **impugn**이라는 동사가 되는데, '의문을 제기하다'라는 뜻을 갖는다. 무언가를 공격한다는 의미에서 나왔다. There were no real grounds for impugning the decision은 '이 결정에 이의를 제기할 만한 실질적인 근거가 없었다'라는 말이다. 권투 선수는 보통 영어로 **boxer**라고 하는데, 예전에는 조금 더 **pugilist**를 많이 사용했다.

Expletive 비속어

영어 **expletive**는 '맹세'나 '욕설', 또는 '의미 없는 삽입어'를 뜻한다. 흔히 '비속어'로 번역되기도 한다. 비속어는 문장을 채우거나 강한 감정을 표현하는 데 사용되는 단어나 구문으로, 실질적인 의미를 더하지 않는 경우가 많다. 많은 비속어가 욕설이지만, 모든 비속어가 모욕적이거나 저속한 것은 아니다. expletive의 예로는 damn(제기랄), oh, wow, heck(젠장), you know, I mean 같은 표현이 있다. 이 중에는 비속어에 해당하지 않는 것들도 있다. Oh heck, I'm going to be late!는 '젠장, 늦겠어!'라고 번역한다. 반면에 **swearing**은 '욕설'을 뜻한다. 일반적으로 분노, 좌절, 놀라움과 같은 강한 감정

❖ 모든 비속어가 욕설은 아니다

을 수반하면, 불경스럽거나 저속하거나 모욕적인 표현을 말한다. F-word나 shit과 같은 말이 대표적인 swearing이다.

expletive는 '채우다'를 뜻하는 라틴어 explere에서 나왔다. 따라서 expletive는 말 중간에 특정 의도를 채우는 표현을 가리킨다. Oh, damn, that hurt!는 '젠장, 아프다!'라는 말인데, 여기서 damn이 expletive가 된다. The transcript contained several instances of expletive deleted는 '녹취록에는 비속어 삭제가 여러 차례 등장했다.

'~에서 떨어진'을 뜻하는 접두사 de-가 붙으면 '고갈시키다'를 뜻하는 **deplete**가 된다. Food supplies were severely depleted는 '식량 공급이 심각하게 고갈되었다'라는 말이다. 영어 again에 해당하는 re-가 붙으면 '다시 채우다'를 뜻하는 **replete**가 된다. literature replete with drama and excitement는 '극적 긴장과 흥분으로 가득한 문학 작품'이라는 말이다.

Prestige 명성

❖ 미국의 명문 대학인 하버드대학교

하버드대학교, 노벨상, 페라리 자동차…. 각 분야에서 최고의 명성을 자랑하고 있는 이름들이다. Harvard University is known for its prestige as one of the top educational institutions in the world는 '하버드대학교는 세계 최고의 교육 기관 중 하나로 명성이 드높다'라는 말이다. '명성'을 뜻하는 **prestige**는 위대한 과학자에게도 적용된다. 물리학자 아인슈타인은 상대성이론과 양자역학 발전에 기여한 공로로 유명하다. 그는 획기적인 연구로 1921년 노벨 물리학상을 수상했으며, 역사상 가장 영향력 있는 과학자 중 한 명으로 자리매김했다.

prestige는 본래 '환상', '착각', '속임수'를 의미하는 라틴어 praestigium에서 나왔다. 그런데 '명성', '명망'과 같은 의미가 생기게 된 이유는 라틴어 동사 praestare에 '탁월하다', '눈에 띄다'와 같은 의미가 있었기 때문이다. prae-는 '앞'을 뜻하고, stare는 '서 있다'를 의미하므로 앞에서 무언가를 과시해 눈에 띈다는 뜻을 갖게 되었다. 이후 17세기 프랑스어에서 prestige는 지금처럼 명성이라는 의미가 생겼다. 명성은 '위대함'이나 '중요함'에 대한 착각에서 비롯될 수 있다. 영어도 비슷한 과정을 거쳐 지금의 의미를 갖게 되었다. 형용사 **prestigious** 역시 '명망 있는', '일류의'를 뜻한다. prestigious award는 '명망 있는 상'이라는 표현이고, most prestigious and exclusive hotel은 '가장 명성이 있고 고급스러운 호텔'을 말한다. **prestidigitation**은 속임수, 눈속임, 마술이라는 의미다. 라틴어 어원 praestigium의 뜻을 잘 간직하고 있다.

Reticent 과묵한

2010년에 개봉한 영국 영화《킹스 스피치》의 주인공은 조지 6세인데, 현재 영국 왕 찰스 3세의 조부가 된다. 본래 조지 6세는 왕세자가 아니었다. 하지만 형인 에드워드 8세가 미국 출신의 이혼녀 심슨 부인과 결혼하려고 왕위를 포기한다. 이렇게 해서 조지 6세는

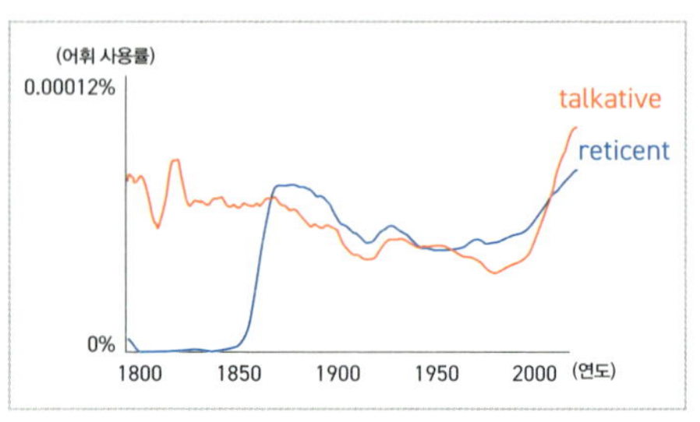

❖ 영어권 사회가 말하기·표현·개방성을 중시하는 문화로 바뀌면서 talkative가 reticent를 추월했다.

하루아침에 왕위에 올랐다. 그런데 조지 6세는 어린 시절부터 말더듬증이 있었다고 한다. 국왕직을 수행하는 데 치명적인 약점이었다. 하지만 조지 6세는 불굴의 의지로 역경을 극복해냈다.

영어에서 '말이 없는', '과묵한'을 뜻하는 단어는 reticent다. She was shy and reticent는 '그녀는 수줍음이 많고 과묵했다'라고 번역한다. **reticent**의 어원은 '입을 다물고 있다', '말을 삼가다'를 의미하는 라틴어 reticere에 닿는다. re-는 '뒤로/다시'를 의미하고, ticere는 '조용하다'를 뜻한다. ticere에서 만들어진 라틴어 tacitus는 프랑스어를 거쳐 tacit라는 형태로 영어에 들어간다. **tacit**는 말로 표현하지 않고 간접적으로 암시하는 '암묵적인'이라는 뜻을 갖는다. By tacit agreement, the subject was never mentioned again은 '암묵적인 합의에 따라 이 주제는 다시 언급되지 않았다'라는 말이다. **taciturn**은 성격이 '뚱한'을 의미한다. 상대방에게 비우호적인 방식으로 말하는 사람을 가리킬 때 이런 표현을 사용한다. taciturn and serious young man은 '무뚝뚝하고 진지한 청년'이라는 표현이다.

Consul 영사

왕정을 폐지하고 들어선 로마공화정의 권력은 원로원이 장악하고 있었다. 공화정은 라틴어로 res publica인데, 이 말은 '공공의 것'이라는 뜻을 담고 있다. 영어 republic의 어원이다. 로마의 정치 구조는 소수 귀족이 권력을 나눠 갖는 과두정을 취했다. 로마 시민들은 정무관을 선출해 그에게 권력을 위임했다. 최고의 정무관은 '집정관'이라고 불렀는데 라틴어로 consul이라고 한다. 로마 정부의 수반인 집정관은 두 명이었고, 임기는 1년, 연임은 원칙적으로 금지되었다. 집정관이 국가 통치에 필요한 모든 권한을 부여받았고, 그중 가장 중요한 권한은 군

❖ 일곱 번이나 집정관을 지낸 가이우스 마리우스

대를 지휘하는 총지휘권, 즉 임페리움Imperium이었다. 한편, 국가가 위기 상황에 놓일 때는 한 명의 독재관이 공화국의 전권을 가졌는데, 이때는 '독재관'이라고 불렀다. 영어와 철자가 동일한 독재관 **dictator**의 임기는 6개월이었다. 오늘날 말하는 독재자와는 개념이 다르다.

현대 영어에서 **consul**은 대사관의 영사領事를 가리킨다. 로마의 consul은 보통 통령統領으로 번역하는데, 여기서 나온 용어가 바로 영사다. 영사는 자국의 통상을 촉진하고 자국민을 보호하는 임무를 수행하는 공무원이다. 로마제국의 최고 정무관의 위상이 이렇게 축소되었다. consul은 '자문하다'를 뜻하는 라틴어 consulare와 관련 있다. 영사가 주재하는 곳을 '영사관'이라고 부르고, 영어로는 **consulate**라고 한다. 고대 로마에서는 집정관의 정부를 가리켰다. 영사 중 가장 상위의 영사인 '총영사'는 **consul general**이라고 한다. 이때의 **general**은 전체를 거느린다는 의미에서 '총總'으로 번역한다. UN 사무총장은 영어로 Secretary-General of the United Nations, 총지배인은 **general manager**라고 표현한다.

Peninsula 반도

역사적으로 볼 때 반도半島라는 지형은 대륙과 해양으로 진출할 수 있는 유리한 지정학적 위치를 차지하고 있다. 이탈리아반도의 작은 도시국가에서 출발한 로마는 지중해의 패권을 차지한 다음, 북쪽 대륙으로 진출해 갈리아(프랑스)와 브리타니아(영국)까지 제국의 속주로 삼았다. 하지만 한반도는 지리적 이점을 크게 살리지 못했다. 삼면이 바다에 둘러싸인 반도인데도 바다를 교두보로 삼아 해외로 진출한 적이 거의 없다.

❖ 이탈리아반도의 인공위성 사진

한반도의 영어명은 **Korean Peninsula**다. 반도라는 명칭을 두고 혹자는 일제가 이 땅을 일본 열도에 편입시키기 위해 부른 것이라고 주장하기도 한다. 조선을 깎아내리기 위한 명칭이라는 것이다. 하지만 영어의 어원인 peninsula를 풀어보면, 근대 일본 학자들이 번역한 '반도'의 의미가 라틴어의 원뜻과 정확히 일치한다.

peninsula의 어원을 라틴어로 풀어보면 영어 almost에 해당하는 pæne와 '섬'을 의미하는 insula의 합성어다. 거의 섬과 같은 육지라는 말이다. 따라서 반도의 의미와 정확히 일치한다. insula에서 나온 영어 단어로는 **insularity**가 있는데 '고립주의'나 '편협성'을 뜻한다. Their actions have led to accusations of insularity or arrogance는 '그들의 행동은 고립주의 또는 오만함이라는 비난을 불러일으켰다'라는 말이다.

'고립하다'를 뜻하는 영어 **isolate** 역시 insula에서 나왔다. 라틴어 insulatus에서 나온 이 동사는 '섬에 가두다', 즉 '고립하다'라는 뜻을 지녔다. 여기서 따로 떼어내어 '파악하다', '발견하다'라는 뜻도 나왔다. They tried to isolate the cause of the problem이라는 문장은 '문제의 원인을 규명하기 위해 노력했다'라는 말이다.

Noel 노엘

혹시 사료를 통해 예수의 탄생 연도를 알 수 없을까? 먼저 헤롯이 죽기 직전에 무고한 영아 학살(베들레헴에서 남자 영아를 살해한 사건)을 명령했기 때문에, 예수는 헤롯이 사망한 기원전 4년 이전에 태어났을 가능성이 크다. 또 다른 근거는 「누가복음」에 나오는 퀴리니우스의 인구조사다. 이 조사 때문에 요셉과 마리아는 베들레헴으로 이주하게 되었다. 다만 이 조사는 기원후 6년경에 실시된 것으로 알려져 있어, 실제 출생 연도에 관해서는 학자들 사이에 이견이 존재한다.

프랑스어에서 '크리스마스'를 가리키는 noël은 영어에 들어가 **noel**이 되었다. 본래 프랑스어 noël은 '출생'을 뜻하는 라틴어 natalis에서 왔다. 이후 natalis라는 단어에 '생일'이라는 의미가 생겼다. 여기서 말하는 생일은 예수의 생일이고, 영어의 **Christmas**와 동일하다. natalis에서 나온 영어 단어에는 '출생'을 의미하는 **natal**, '예수 탄생'을 의미하는 **nativity**가 있다. '이전以前'을 뜻하는 pre-가 붙으면 **prenatal**이 되는데, '출산 전'이라는 뜻을 갖고 있다. prenatal care는 '출산 전 건강 관리'를 말한다. 반대말인 '출산 후'는 **postnatal**이다.

'국가'나 '민족'을 가리키는 **nation**도 그 뿌리가 라틴어 natus다. 여기서 만들어진 라틴어 nationem은 '출생', '기원', '민족' 등을 가리키는 말이 되었다. 옥스퍼드 영어 사전에는 nation이 "하나의 정부 아래 특정 지역에 거주하는 동일한 언어, 문화 및 역사를 가진 사람들로 구성된 집단으로 간주할 수 있는 국가"라고 정의되어 있다. 반면, **country**는 문화적 구성과 관계없이 국경과 정부가 정해진 정치 국가를 의미한다. 예를 들어, 일본은 nation과 country의 개념이 동일하지만, 캐나다는 country에 해당한다. 그 속에는 여러 nation(민족)이 존재한다. 문화가 다른 이누이트족은 별개의 nation으로 분류할 수 있다.

Dignity 위엄

역사 속 인물 중에는 위엄 있게 처신해 훌륭한 자취를 남긴 이들이 있다. 미국의 제16대 대통령 링컨도 그런 사람이었다. 그는 내전에 빠진 미국을 겸손하고 품위 있는 방식으로 이끌어 갔다. 특히 1865년 3월 4일 두 번째로 대통령에 취임하는 자리에서 다음과 같은 연설로 미국 국민을 감동시켰다. "누구에게도 원한을 갖지 말고, 모든 이를 사랑하는 마음으로, 신께서 우리로 하여금 보게 하신 그 정의로움에 대한 굳은 확신을 갖고, 지금 우리에게 안겨진 일을 끝내기 위해, 그리고 모든 나라와 정의롭고 영원한 평화를 이루는 데 도움이 될 모든 일에 최선을 다하기 위해 매진합시다." 이 연설은 남북전쟁으로 분열된 국민의 마음을 어루만지려는 링컨의 진정성을 그대로 담고 있다.

❖ 미국 제16대 대통령 에이브러햄 링컨

　'위엄', '존엄'으로 번역되는 영어 **dignity**는 '가치가 있는'을 의미하는 라틴어 dignus에서 나온 말이다. She accepted the criticism with quiet dignity는 "그녀는 조용히 품위 있게 비판을 받아들였다"라는 말이다. **dignify**는 라틴어 어미 -fy가 '만들다(make)'의 의미를 지녀 '품위 있어 보이게 만들다'를 뜻한다. The mayor was there to dignify the celebrations라는 문장은 '시장님이 참석해 축하 자리를 빛내주었다'로 번역한다. '고위 관리'를 **dignitary**라고 하는데 **VIP**와 유사한 의미의 단어다. The Prime Minister will be meeting local dignitaries and visiting places of work는 '총리는 현지 고위 관리들을 만나고 사업장을 방문할 예정이다'라는 말이다. '부정'을 의미하는 in-이 앞에 붙으면 **indignant**가 되는데, 부당한 것에 대해 '분개하는'을 뜻한다. **angry**와 비슷한 말이다. 디킨스의 『두 도시 이야기』에는 다음과 같은 문장이 나온다. "President, I indignantly protest to you that this is a forgery and a fraud."(재판장님, 저는 이것이 위조이자 사기라는 점에 대해 분개하며 항의합니다.)

Durable 내구성이 좋은

로마에는 고대의 건축물들이 여전히 남아 있다. 콜로세움은 본래의 모습과 다르게 다소 파괴되었지만, 그 규모만으로도 보는 이들을 압도한다. 로마 건축물의 백미는 단연 판테온이다. 만신전萬神殿으로 불리는 판테온은 화재로 인해 여러 번 재건되었으며, 지금의 모습

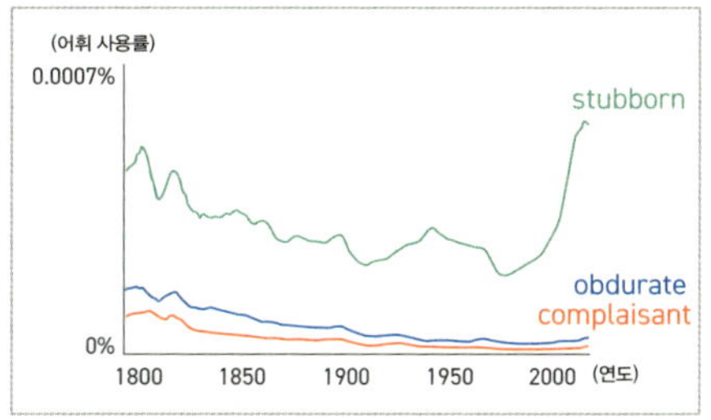

❖ 남의 말을 잘 듣는 사람(complaisant)보다 고집이 센 사람(obdurate, stubborn)이 항상 더 많다.

은 2세기 초 트라야누스 또는 하드리아누스 황제 때 재건한 것이라고 한다. 무려 1,900년 동안 원형을 보존하고 있는 셈이다. 판테온의 정수는 둥근 돔인데, 이 돔은 석재로 만든 것이 아니라 콘크리트를 사용해 올렸다. 로마인들은 화산재와 석회, 바닷물을 섞어 모르타르 반죽을 만들고, 여기에 골재인 화산암 덩어리를 넣어 콘크리트를 만들었다. 과학자들은 로마 콘크리트의 내구성이 높은 이유를 화산재에서 찾았다. 이렇게 섞인 콘크리트는 물과 서서히 반응해 물에 녹지 않는 화합물을 만들고, 이후 콘크리트의 조직은 더욱 치밀하게 변한다고 한다.

라틴어 durus는 '단단한'이라는 뜻을 갖는다. 영어로 hard에 해당한다. 여기서 나온 영어 **durable**은 '내구성이 좋은'을 의미한다. 성격이 너무 딱딱하면 시무룩해진다. **dour**는 '시무룩한', '재미없는'을 뜻한다. He was a dour middle-aged man은 '그는 무뚝뚝하고 음울한 중년 남성이었다'라는 말이다. 라틴어 접두사 in-이 붙으면 동사형 endure가 된다. 프랑스어에서는 in-이 en-으로 변형되어 '참다', '오래가다'를 의미하는 **endure**가 되어 영어로 들어온다. The pain was almost too great to endure는 '고통이 너무 커서 견디기 힘들 정도였다'라고 번역한다. 영어 against에 해당하는 라틴어 ob-가 앞에 붙으면 **obdurate**가 만들어지는데, '고집이 센'을 말한다. 무언가에 맞서 굳게 버틴다는 의미에서 이런 뜻이 나왔다. obdurate attitude는 우리말로 '완고한 태도'로 표현할 수 있다.

Contrast 대조

사진에서 콘트라스트 contrast가 강하다는 말은 무슨 말일까? 콘트라스트는 밝음과 어둠의 차이다. 밝음과 어둠의 차이가 크면 콘트라스트가 높다고 말하고, 차이가 적으면 콘트라스트가 낮다고 말한다. 예를 들어, 검은색 종이와 흰색 종이를 나란히 옆에 붙여보면, 검은색과 흰색의 대비가 분명하게 드러난다. 여기서 말하는 대비對比가 곧 contrast다.

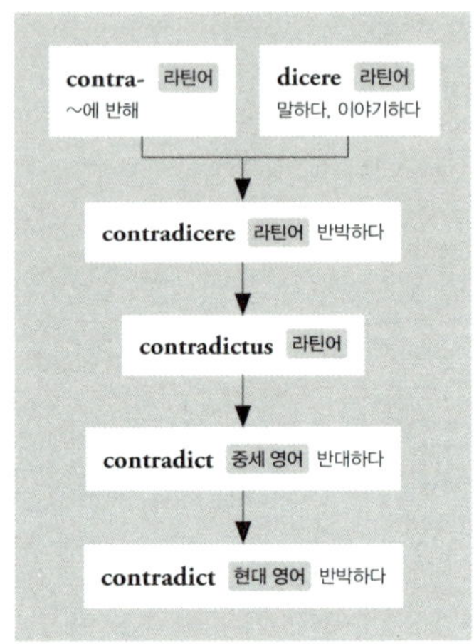

contrast는 영어 against에 해당하는 라틴어 contra-에 영어 stand에 해당하는 라틴어 stare가 합성된 말이다. 두 개의 사물이 서로 맞서 존재한다는 의미다. contradict는 맞서는 말을 하다, 즉 '반박하다', '부정하다'를 의미한다. 여기서 -dic는 '말하다'를 뜻하는 라틴어 dicere에서 왔다. contradiction은 '모순'을 뜻한다. contrary는 '반대되는 것'을 의미하는데, 이와 관련해 on the contrary와 to the contrary는 의미가 미묘하게 다르다. 전자는 앞의 진술과 직접적으로 모순되거나 그에 반박하는 내용을 담고 있다(주관적인 반대). 예를 들어, You think me idle. But on the contrary, I am very busy는 '당신은 내가 게으르다고 생각하지만, 반대로 나는 무척 바쁘다'라는 말이다. 반면, 후자는 앞에서 언급한 내용과 정반대되는 내용이 나온다(객관적인 반대). Show me some evidence to the contrary는 "그 반대를 증명하는 증거를 보여달라"라고 번역할 수 있다.

반갑지 않은 일에 '맞닥뜨리다' 또는 그런 '만남'을 의미하는 encounter는 본래 적과 마주치는 것을 뜻했다. We encountered a number of difficulties in the first week는 '우리는 첫째 주에 몇 가지 어려움에 부딪혔다'라고 번역할 수 있다.

Condiment 조미료

육류를 즐겨 먹는 서양인들의 식단에서 신선도 유지는 필수였다. 조미료는 이런 이유로 중세 유럽인의 식탁을 신선하게 지켜주었다. 소금은 매우 귀중하고 때로는 비쌌다. 염전은 지방 당국이나 귀족이 통제했기 때문에 부와 권력의 상징이었다. 겨자는 중세 유럽, 특히 프랑스와 영국에서 인기 있는 조미료였다. 그런데 후추, 생강, 계피, 사프란 같은 향신료는 부유층만이 정기적으로 사용할 수 있었으며, 지위의 상징으로 여겨졌다.

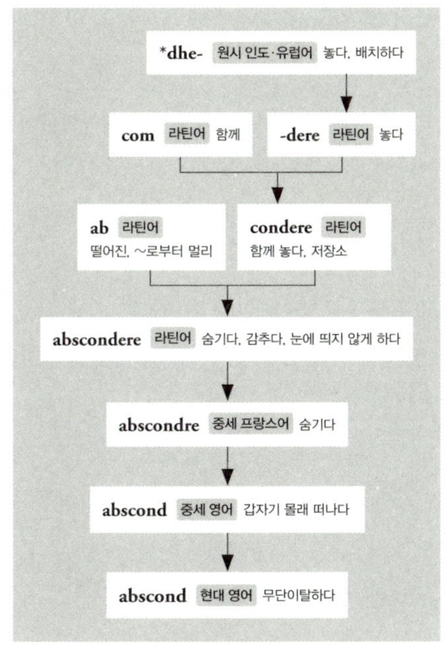

'조미료'를 뜻하는 영어 단어 **condiment**는 라틴어 condīre(조미하다, 양념하다)에서 나온 condīmentum에서 유래했다. 음식에 무언가를 첨가한다는 뜻이다. 음식을 만들 때 함께 들어간다는 의미에서 조미료라는 뜻이 생겼다. 영어 off, away에 해당하는 ab-가 붙으면 영어 동사 **abscond**가 되는데, '따로 놓다'에서 '무단이탈하다'라는 뜻이 나왔다. Two prisoners absconded last night는 '어젯밤 두 명의 죄수가 탈옥했다'라는 말이다. 라틴어 동사 recondire(뒤로 두다)에서 나온 영어 단어에는 **recondite**가 있는데, 뒤로 떨어져 놓는다는 데서 '많이 알려져 있지 않은'이라는 뜻이 만들어졌다. recondite subject는 '난해한 주제'라는 표현이다. 『올리버 트위스트』에 abscond가 사용된 문장이 나온다. "Whereas a young boy, named Oliver Twist, absconded, or was enticed, on Thursday evening last, from his home, at Pentonville…"(올리버 트위스트라는 사내아이가 지난 목요일 저녁, 펜턴빌의 집에서 실종 내지는 유괴를 당한 뒤 아직 행방이 묘연함…)

Dedication 봉헌

영어 **dedicate**는 시간과 노력을 '바치다', 혹은 작품을 '헌정하다'라는 뜻으로 사용된다. She dedicated her life to helping others는 '그녀는 평생을 다른 사람들을 돕는 데 헌신했다'라는 말이다. 종교에서는 '봉헌하다'라는 뜻으로 이 동사를 사용한다. 봉헌은 신에게 가장 소중한 것

❖ 파리의 노트르담대성당

을 바치는 행위를 말한다. 금전적인 것이 될 수도 있고, 건물 전체를 가리킬 수도 있다.

파리를 대표하는 명소 중에 노트르담대성당이 있다. 성당의 건축은 1163년 루이 7세 때 초석을 놓았다. 1182년 제대가 있는 후진後陣(제단 뒤편)과 성가대석이 완공되었고, 1250년에 두 탑이 완공되었다. 1345년에 마침내 대성당의 공사가 끝났다. 대성당을 완공하기까지 무려 182년이나 걸렸다. Notre Dame을 영어로 옮기면 Our Lady로 '성모마리아'를 가리킨다. 노트르담 대성당은 성모마리아에게 헌정된 성당이다. 현재 프랑스에는 성모마리아에게 봉헌된 성당만 1,000개가 넘는다고 한다. 한편, 로마의 바티칸에 있는 성베드로대성당은 예수의 수석 제자 베드로에게 헌정된 성당이다.

dedicate의 어원은 라틴어 dedicare인데, de-는 '완전히'를 뜻하고, dicare는 '선언하다'라는 의미다. 즉, 옆에서 무언가를 완전히, 즉 '공식적으로 선언한다'는 것인데, 지금은 무언가를 '헌정하다'로 의미가 바뀌었다. The book was dedicated to the author's husband는 '이 책은 저자의 남편에게 헌정되었다'라고 번역한다. 명사형은 **dedication**이고, She thanked the staff for their dedication and enthusiasm은 '그녀는 직원들의 헌신과 열정에 감사를 표했다'라고 번역할 수 있다.

Mollusc 연체동물

서양 요리를 대표하는 프랑스 요리 중 특별한 식자재를 사용한 요리도 있다. 대표적으로 부르고뉴 지방의 달팽이 요리가 있다. 식용 달팽이에 소스를 발라 오븐에 구운 이 요리는 미식가들의 사랑을 받고 있다. 물론 비위가 약한 사람은 예외겠지만. 프랑스인의 조상 중 하나인 고대 로

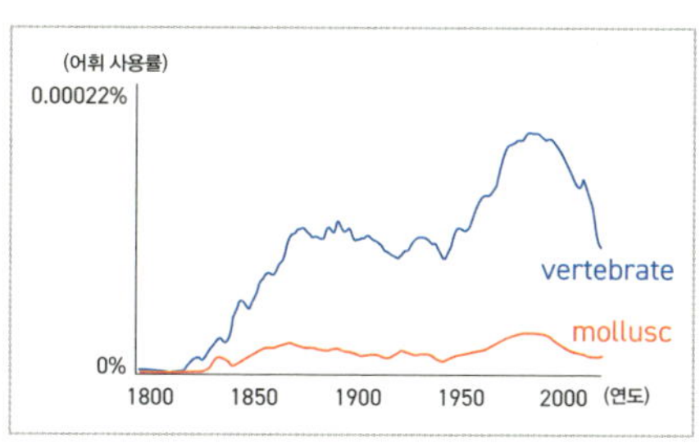

❖ vertebrate(척추동물)와 mollusc의 사용 빈도수가 많이 근접했다.

마인은 달팽이 요리를 즐겨 먹었다고 한다. 그것도 상류층만 먹는 특별한 요리였고, 호화로운 잔치에서나 볼 수 있었다. 아피키우스의 유명한 로마 요리책인 『De Re Coquinaria』에는 달팽이 손질과 요리에 관한 레시피가 소개되어 있다. 달팽이는 삶아서 허브, 식초, 기름으로 만든 소스와 함께 제공하거나, 더 큰 식사의 일부로 구워서 먹기도 했다. 로마인의 후손인 프랑스인도 오래전부터 달팽이를 즐겨 먹었다. 동부에 있는 부르고뉴 지방의 달팽이 요리가 특히 유명하다. 특히 야생 달팽이를 구할 수 있는 시골 지역에서 즐겨 먹었다. 로마처럼 특권층만 먹던 음식이 아니었다.

달팽이 같은 '연체동물'을 영어로는 **mollusc**라고 하는데, '부드러운'을 뜻하는 라틴어 mollis에서 나온 말이다. 영어 **mild**도 라틴어와 어원이 같은데, 원시 인도·유럽어 *mel-에서 나왔기 때문이다. -fy가 붙으면 '부드럽게 만들다'를 의미하는 **mollify**가 만들어진다. His explanation failed to mollify her는 '그의 설명은 그녀를 달래는 데 실패했다'로 번역한다. **emollient**는 '진정시키는'을 의미하는 단어다. emollient reply는 '마음을 놓이게 하는 대답'이라는 말이고, emollient cream은 '피부를 부드럽게 하는 크림'을 가리킨다.

Responsibility 책임

사랑에도 책임이 따른다. 셰익스피어의 비극『로미오와 줄리엣』이 이런 사랑을 잘 보여준다. 이 작품에서 두 주인공의 사랑은 가족에 대한 책임이 발목을 잡고 있다. 그들의 사랑은 가족에 대한 충성심을 저버리고, 비극적인 결말을 초래한다. 로미오와 줄리엣은 서로를 위해 자신의 모든 것을 바친다. 심지어 목숨까지 기꺼이 희생하는 모습을 통해 사랑에 대한 궁극적인 책임감을 보여준

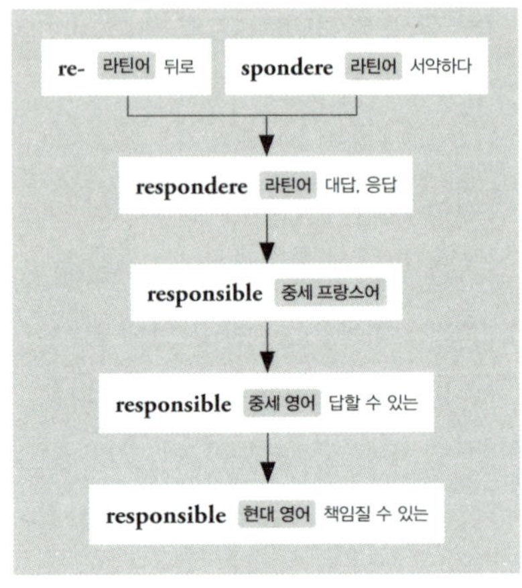

다. 하지만 셰익스피어는 가족과 사회적 책임을 무시하면 비극을 초래할 수 있다는 점을 강조하고 있다.

　'책임'을 의미하는 **responsibility**는 '대답'을 뜻하는 영어 **response**에서 나왔고, 이 단어의 어원은 라틴어 respondere이다. re-는 '되돌아'를 뜻하고, spondere는 '맹세하다'를 의미한다. 단어를 풀어보면 '되받아 약속하다', 즉 '응답하다'라는 말이다. 여기서 미사 도중 사제에게 하는 '대답'이라는 의미가 나왔고, 이어서 '응답'이라는 뜻이 생겨났다. **responsible**은 응답하거나 맹세할 수 있다는 의미에서 '책임질 수 있는'이라는 뜻이 만들어졌다. I'd like to talk to whoever is responsible here는 '나는 이곳의 책임자와 이야기하고 싶다'라는 말이다. **responsive**는 '즉각 반응하는'을 뜻한다. Firms have to be responsive to consumer demand는 '기업은 소비자 수요에 신속하게 대응해야 한다'라고 번역할 수 있다. '함께'를 의미하는 라틴어 cum-이 붙으면 **correspond**가 되는데, 함께 대답한다는 의미에서 '일치하다'라는 뜻이 된다. The ideal failed once again to correspond with the reality는 '이상과 현실이 다시 한번 일치하지 못했다'라는 말이다.

Insurrection 폭동

노예제가 존재하던 시대에 노예 봉기는 어찌 보면 당연한 귀결이다. 인간이 인간으로 대접받지 못할 때 분노가 폭발하기 마련이다. 고대 로마의 검투사였던 노예 스파르타쿠스가 일으킨 반란은 잘 알려져 있다. 그렇다면 남북전쟁 이전의 미국은 어떠했을까? 미국 남부 버지니아주 사우샘프턴 카운티에 살던 노예 출신의 흑

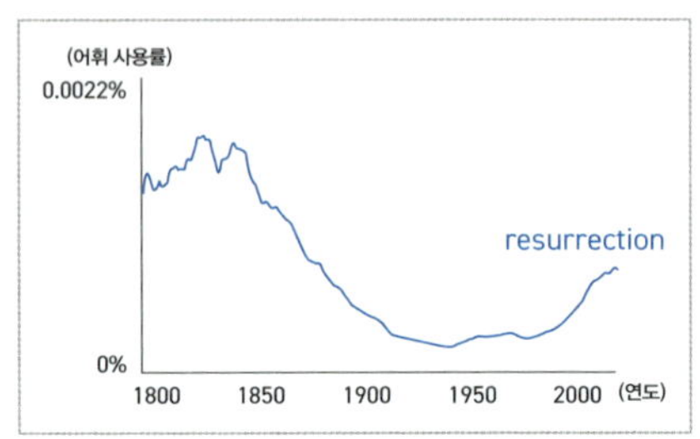

❖ resurrection은 종교적 이유가 아니라 대중문화(영화, 게임)의 영향력 때문에 20세기에 다시 용례가 확대되었다.

인 설교자 냇 터너는 자기 민족을 속박에서 벗어나게 하도록 자신이 신의 선택을 받았다고 믿었다. 1831년 8월 21일 밤, 터너와 소수의 추종자는 터너의 주인과 그의 가족을 살해하고 반란을 일으켰다. 폭동의 시작이었다. 이후 48시간 동안 터너의 추종자 수는 점점 늘어났고, 결국 50~70명의 노예와 자유 흑인이 모였다. 이들은 농장을 옮겨 다니며 남성, 여성, 어린이를 포함해 대략 55~65명의 백인을 살해한다. 터너의 계획은 가능한 한 많은 지지자를 모아 남부 전역에서 더 큰 봉기를 이끄는 것이었지만, 신속하게 동원된 지역 민병대, 무장 백인 남성, 연방군에게 진압되었다. 이후 터너는 논란의 인물이자 전설적인 인물이 되었다. 한편으로는 노예제의 참혹함에 저항한 영웅이었고, 또 한편으로 남부 백인에게는 위험인물로 각인되었다.

'폭동'은 영어로 **insurrection**이라고 한다. '일어나다'를 뜻하는 라틴어 surgere에서 나왔다. '갑자기 밀려들다'라는 뜻을 지닌 영어 **surge**도 어원이 같다. She felt a sudden surge of anger는 '그녀는 갑자기 분노가 치밀어 오르는 것을 느꼈다'라는 말이다. in-은 '~ 안으로', '~ 위로'를 뜻하므로 insurrection은 무엇에 대항해 일어나는 '폭동'을 가리킨다. '반복'을 의미하는 re-가 붙으면 다시 살아서 일어나는 것이므로 '부활'을 의미하는 **resurrection**이 된다. 특히 '예수의 부활'을 가리킨다.

인간은 죽어서 이름, 곧 명예를 남긴다. 문제는 생전의 명예와 사후의 명예가 달라질 수 있다는 것이다. 법 앞의 평등을 외치고 프랑스 주변 국가에 자유의 개념을 전파한 나폴레옹도 결국 황제가 되었고, 지지하던 많은 사람에게 그도 여느 독재자와 다를 바 없었다. 명예와 불명예는 야누스의 두 얼굴과 같다.

❖ 알프스산맥을 넘는 나폴레옹

'명예'를 뜻하는 영어 **honor**는 라틴어에서 직수입한 단어다. 고대 로마에서 명예는 대중의 인정, 시민의 의무, 군사적 업적과 연관된 핵심 덕목이었다. 그런 점에서 갈리아를 정복한 카이사르야말로 위대한 명예를 한 몸에 받는 사람이었다. 하지만 황제가 되려는 야심 때문에 공화파에게 암살당하고 만다.

라틴어 honor는 지금의 영어와 의미가 크게 다르지 않지만, '공적'이라는 뜻도 포함되었다. 로마인들이 생각하는 명예는 개인의 것이기도 했지만, 민중을 위한 덕목이기도 했다. **honorable**은 '고결한', '정직한'이라는 의미가 '명예로운'보다 앞선다. 참고로 부정관사를 붙이면 an honorable man이라고 해야 한다. 자음 h로 시작하는 단어지만 발음이 안 되므로 모음으로 간주한다. 더불어 hour, honest와 같이 h가 묵음인 단어들은 프랑스어에서 차용되었다. 프랑스어에서 h는 묵음이다. 하지만 high, house처럼 고유 영어는 h의 음가를 간직하고 있다.

honorary도 명예와 관련이 있지만, 조금 다른 표현에서 사용된다. honorary president, honorary degree는 각각 명예 회장, 명예 학위로 번역한다. dis-가 붙은 **dishonor**는 '불명예'가 된다. '정직한'을 뜻하는 **honest**의 어원도 honor의 뿌리인 honos와 동일하다. 정직하지 않은 사람에게 명예는 어울리지 않는 법이다.

Quantum 퀀텀

고전역학은 물질을 입자(알갱이)와 파동이라는 이분법으로 분류했다. 예를 들어, 빛은 파동이지 입자가 아니라고 생각했다. 이 통념을 뒤흔든 인물이 아인슈타인이다. 아인슈타인은 금속 등의 물질(원자)에 빛을 쏘면 전자가 튀어나오는 광전효과를 통해 파동인 줄 알았던 빛이 입자라는 사실을

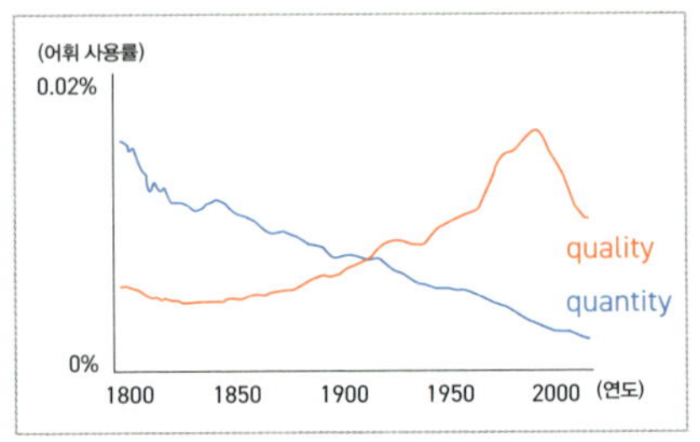

❖ 제1차세계대전이 발발한 1914년을 기점으로 'quality over quantity'의 시대가 되었다.

규명했다. 아인슈타인은 상대성이론이 아닌 광전효과로 1921년 노벨물리학상을 받았다. 프랑스 물리학자 드브로이는 반대로 입자인 줄 알았던 전자가 파동이라는 사실을 밝혀 1929년 노벨물리학상을 받았다. '양자量子'를 의미하는 **quantum**은 전자 이하의 미시 세계에 존재하는 에너지의 최소 단위를 말한다. 양자는 불연속적인 에너지 단위라는 말이다.

quantum은 경제 용어로 우리에게 더 친숙하다. **quantum jump**는 원래 '양자 도약'을 뜻하는데, 기업이나 산업이 단계를 뛰어넘어 비약적으로 발전한다는 뜻으로 자주 사용된다. 20세기에 발견된 페니실린이 의학계의 대표적인 퀀텀 점프라고 할 수 있다.

라틴어 quantum은 '양量'을 의미하는 quantus에서 나온 말이다. 영어로 옮기면 how large, how much, how great 정도가 된다. '양'을 의미하는 **quantity**가 여기서 나왔다. Lamb is consumed in large quantities in rural areas는 '양고기는 농촌 지역에서 대량으로 소비된다'라는 말이다. 양과 대비되는 '질' 또는 '특성'을 뜻하는 **quality**는 '특성', '본성', '상태'라는 뜻을 갖는 라틴어 qualitatem에서 나왔다. '양보다는 질'이라는 표현을 영어로 옮기면 quality over quantity가 된다.

Oval　타원형

로마를 대표하는 건축물 콜로세움의 정식 명칭은 플라비우스 원형경기장이다. 네로 황제를 몰아내고 새 왕조를 개창한 베스파시아누스 집안의 이름인 플라비우스에서 나왔다. 콜로세움은 '거대하다'를 뜻하는 라틴어 colossus의 중성 형용사 형태다. 그렇다면 원형경기장이 거대

❖ 하늘에서 본 콜로세움

하다는 뜻일까? 그렇지는 않다. 원형경기장 옆에 태양신 헬리오스의 거대한 동상이 서 있었다. 콜로세움이 거대한 채석장으로 변하자, 중세까지 남아 있던 이 동상은 건축 자재로 사용되었다. 흥미로운 점은 콜로세움이 원형이 아니라는 사실이다. 하늘에서 보면 타원형이다. 완벽한 원형보다 타원형일 때 더 많은 관중이 중앙 경기장을 볼 수 있다고 한다. 특히 검투극이나 모의 해전 같은 경기가 벌어질 경우, 원형보다 더 많은 공간을 제공했다. 마치 축구장이 정사각형이 아니라 직사각형인 이유와 같다.

콜로세움의 형태처럼 '타원'을 의미하는 영어 **oval**은 '계란'을 가리키는 라틴어 ovum에서 나왔다. 라틴어 **ovum**은 영어에서 그대로 사용되기도 하는데, 동물의 '난자卵子'를 뜻한다. 미국의 백악관에 있는 '대통령 집무실'을 **Oval Office**라고 부르는 것도 방의 형태가 타원형이기 때문이다. **ovary**는 난자를 생산하는 '난소卵巢' 또는 식물의 '씨방'을 가리킨다. **oviparous**는 '난생'을 의미하는 ovi-에 '출산'을 뜻하는 parous가 합성된 말이다. 따라서 **oviparous animals**는 '난생 동물'이다. **oviform**은 form이 붙었으니 '알 모양'을 뜻한다. '타원'을 의미하는 유사어 중 **elliptic** 또는 **elliptical**이 있는데, 모든 elliptic은 oval이지만, 모든 oval이 elliptic은 아니다. 다시 말해 oval은 불규칙한 타원일 수도 있지만, elliptic은 엄격하게 정의된 형태로 늘 대칭의 모양을 하고 있다. 예를 들어, 계란은 완벽한 대칭이 아니므로 elliptic이 아니고 oval이다.

Bibulous 술고래

역사상 최악의 술고래로 기록된 인물 중에는 로마제국의 제3대 황제 칼리굴라가 있다. 칼리굴라는 티베리우스의 뒤를 이어 황제에 올랐는데, 로마 시민들은 티베리우스의 음험한 통치에 질려 있었다. 새 황제에 오른 칼리굴라는 24세의 미남 청년이었다. 당연히 로마 시민들은 환호

❖ 샴페인을 즐기는 처칠

했다. 그런데 그런 황제가 폭군으로 돌변했다. 술만 들어가면 사람이 변했다. 특히 그의 방탕한 행실 뒤에는 음주가 한몫했다. 로마의 역사가 수에토니우스는 칼리굴라의 과도한 음주가 비정상적인 행동에 어떻게 기여했는지 기록했다. 술에 취한 젊은 황제는 점차 비이성적이고 폭력적으로 변해갔으며, 종종 끔찍한 행동을 저질렀다고 한다.

반대로 엄청난 애주가였지만 악행과는 거리가 먼 인물도 있다. 제2차세계대전 당시 영국의 총리였던 윈스턴 처칠이다. 처칠은 술 중에 특히 샴페인, 브랜디, 위스키를 좋아했다고 한다. 그는 술을 자주 마셨는데, "술이 내게서 빼앗는 것보다 내가 술로부터 빼앗는 것이 더 많다"라고 말했다고 한다. 처칠은 술을 많이 마셨음에도, 날카로운 정신을 유지하며 전쟁 중에 매우 효과적인 지도력을 보였다. 똑같이 술을 많이 마셔도 폭군이 되는 사람이 있는가 하면, 정반대인 경우도 있다.

'술고래'를 뜻하는 영어 **bibulous**는 '지나치게 마시다'를 뜻하는 라틴어 동사 bibere에서 나왔다. 다소 유머러스한 문맥에서 사용한다. It would be a long, bibulous evening은 '술을 많이 마시는 긴 저녁이 될 것 같았다'라는 말이다. '음료'를 뜻하는 **beverage** 역시 bibere에서 나왔다. various alcoholic beverages는 '다양한 알코올성 음료'라는 표현이다. 유아들이 우유를 먹을 때 받치는 '턱받이'는 영어로 **bib**이라고 하는데, 이 말의 어원도 bibere다.

Prerogative 특권

고대사회부터 사제 계급이든 지배 계급이든 특권층은 늘 존재했다. 유럽도 마찬가지다. 왕과 그의 측근들은 특권을 독점했고, 그것을 행사하면서 권력의 실체를 과시했다. 전통적으로 영국 군주의 특권은 사면권, 전쟁 및 평화 결정권, 의회 해산권, 장관 임명권 등이 있다. 이 특권은 한때 광범위하고 견제받지 않는 절대 권한이었다. 하지만 1688년 명예혁명 이후 의회의 권한이 커지면서

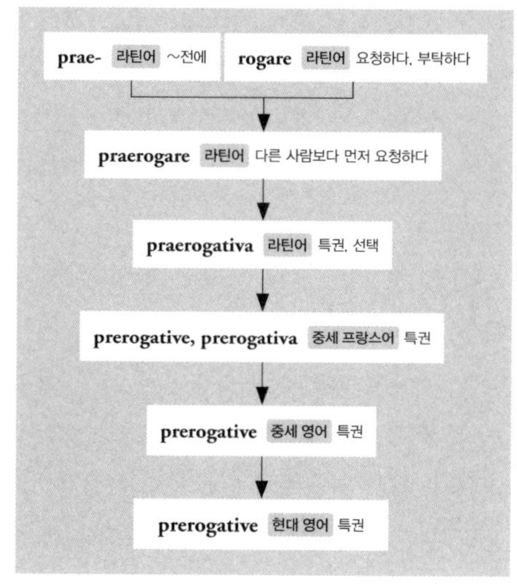

군주의 특권은 상징적이고 의례적인 것으로 바뀌었다.

　'특권'을 의미하는 영어 **prerogative**에는 '앞'을 의미하는 라틴어 접두사 pre-가 보인다. 어근에는 라틴어 동사 rogare가 있는데, '요구하다'를 뜻한다. 특권의 어원적 의미는 '남보다 먼저 요구하다'이다. In many countries education is still the prerogative of the rich라는 문장은 '많은 국가에서 교육은 여전히 부유층의 특권이다'라고 번역한다. 영어 between에 해당하는 inter-가 붙으면 '심문하다'를 뜻하는 **interrogate**가 된다. 영어 off와 away에 해당하는 ab-가 붙으면 **abrogate**가 된다. 밖으로 버릴 것을 요구한다는 의미에서 법령을 '폐지하다'라는 뜻을 갖게 되었다. The rule has been abrogated by mutual consent는 '이 규칙은 상호 동의하에 폐지되었다'라고 번역한다. '감소'와 '약화'의 뜻을 지닌 또 다른 접두사 de-가 붙으면 **derogatory**가 만들어진다. (요구를) 감소시키거나 제거한다는 의미에서, 상대방을 '경멸하는'이라는 뜻이 생겼다. 마치 손사래를 치며 상대방을 무시하는 듯한 장면이 연상된다. He made some derogatory comment about her appearance는 '그는 그녀의 외모를 비하하는 발언을 했다'라는 말이다.

Cognition 인지

인지 능력은 사물을 구별할 수 있는 능력을 말한다. 이 능력은 여러 가지 하부 기능으로 나눌 수 있는데, 대표적인 것이 기억력, 학습력, 판단력, 언어력 등이다. 역사에 기록된 기억력이 뛰어난 인물로는 프랑스의 나폴레옹을 들 수 있다. 나폴레옹은 전장의 전략, 이름, 역사적 세부 사항에 대한 놀라운 기억력을 가지고 있었다. 수천 명의 병사 이름과 여러 장소의 구체적인 지리도 기억할 수

❖ 기억력이 매우 뛰어났던 대 세네카

있었다. 하지만 러시아 침공의 결정은 판단력의 오류에서 나온 실책이었고, 결국 몰락의 길로 접어들었다. 네로 황제의 스승으로 알려진 세네카의 아버지 대 세네카의 기억력은 타의 추종을 불허했다. 역사가 플리니우스에 따르면 세네카는 자신에게 읽어준 2,000개의 단어를 임의의 순서로 암송하고, 실수 없이 거꾸로 반복할 수 있었다고 한다. 이 정도면 인간 컴퓨터라 해도 과언이 아니다.

 '인지'를 뜻하는 영어 **cognition**은 '익숙해지다', '학습하다', '인식하다'를 의미하는 라틴어 cognoscere에서 나왔다. The connections between cognition and language seem to be similar in all cultures라는 문장은 '인지와 언어의 연관성은 모든 문화권에서 비슷해 보인다'라고 번역한다. 예술품, 음식, 음악의 감정 전문가는 **connoisseur**라고 부른다. 전문적으로 인지 판단을 하는 사람이다. '부정'을 뜻하는 in-을 붙인 **incognito**는 '자기 신분을 숨기고'라는 말이다. Movie stars often prefer to travel incognito는 '영화배우들은 흔히 자기 신분을 숨기고 (익명으로) 여행하기를 선호한다'로 번역한다. 군대에서의 '정찰'은 영어로 **reconnaissance**라고 하는데, 다시 한번 점검한다는 의미에서 만들어진 단어다. aerial reconnaissance of the island는 '섬의 항공 정찰'이라는 표현이다.

SEP 8 · Comprehension 이해력

같은 강의를 듣고도 어떤 학생은 강의 내용을 정확하게 이해하지만, 어떤 학생은 그렇지 않다. 왜 이해력의 차이가 발생할까? 먼저 이해력이 좋으려면 적극적인 경청이 전제되어야 한다. 여기에 지적인 호기심도 있어야 한다. 분석적 사고 역시 이해력 증진에 도움이 된다. 이해력이 좋은 사람은 복잡한 아이디어를 더 작고

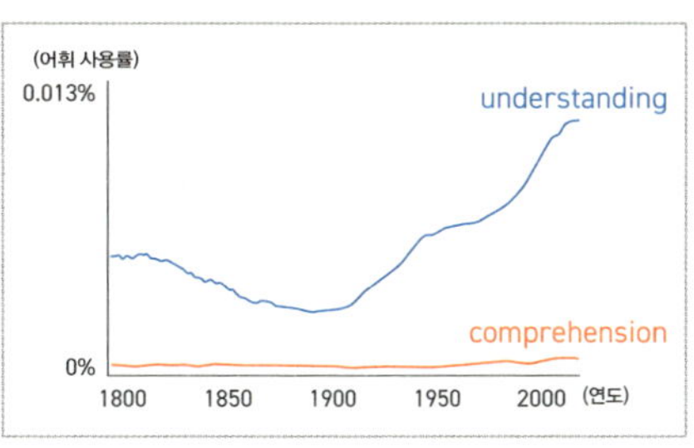

❖ understanding은 일상적으로 많이 사용되는 단어이고, comprehension은 학문적인 이해 능력을 요구하는 단어이므로, 용례 빈도수의 차이가 크다.

관리하기 쉽게 나누고, 정보를 분석해 연결 고리를 만든다. 다음 단계에서는 패턴을 파악하고 논리적인 결론을 도출한다. 여기에 풍부한 어휘력도 필요하므로 독서의 중요성이 진가를 발휘한다. 이해력이 뛰어난 사람은 새로운 단어를 알고 있거나 빠르게 습득하는 경향이 있다.

'이해력'을 의미하는 영어 **comprehension**은 '함께'를 뜻하는 라틴어 com-과 prehension으로 이루어져 있다. prehension은 영어 take에 해당하는 라틴어 동사 prehendere에서 나왔다. 따라서 comprehension은 함께 잡는다는 의미에서 화자와 청자가 '상호 소통하다'라는 뜻을 갖게 되었다. **apprehend**는 영어 to에 해당하는 라틴어 ad-가 붙어 무엇을 잡는다는 의미에서 '체포하다'라는 뜻이 만들어졌다. The police apprehended an armed suspect는 '경찰은 무장 용의자를 체포했다'라는 말이다. **comprehensible**은 '이해할 수 있는'을 뜻하는 형용사이고, 반대말은 **incomprehensible**이 된다. 참고로 '이해'를 의미하는 **understanding**은 종종 정보를 단순히 기억하거나 파악하는 정도를 가리킨다. 반면, comprehension은 주제나 내용을 자신의 배경 지식과 연결해 사고하고 이해하는 능력을 말한다. 예문을 보면 더 잘 이해할 수 있다. She quickly comprehended the instructions for setting up the new device는 '그녀는 새 디바이스 설정에 대한 지침을 빠르게 이해했다'라는 말이고, I understand how you feel은 '나는 네가 어떻게 느끼는지 이해해'라는 말이다.

Aural 청각의

약 3억 7,500만 년 전에 수중에서 육지로 이동한 동물들은 중력과 건조한 환경, 특히 물속과 다른 공기 중의 소리 전달 방식에 적응해야 했다. 약 1억 년 동안은 지금의 동물에게 있는 귀가 없었고 폐를 통해 소리와 진동을 감지했으며, 3억 5,000만 년~4억 년 전에 청각 기관이 서서히 생겨난 것으로 추정된다. 인간의 청각 기관인 귀는 청각을 담당할 뿐만 아니라, 신체의 평형감각을 함께 담당한다. 진화론의 창시자인 영국의 찰스 다윈은 평생 현기증과 메스꺼움의 고통을 겪었

❖ 평생 내이 질환을 겪은 것으로 추정되는 찰스 다윈

는데, 학자들은 그의 증상을 내이內耳 질환으로 의심하고 있다. 당시에는 단순한 신경성 질환으로 여겼지만, 청각과 평형 기능의 이상에서 비롯된 질환이었다.

영어에서 **ear**가 들어간 숙어 중에 (still) wet behind the ears라는 표현이 있다. 직역하면 '귀의 뒷부분이 아직 젖어 있다'인데, 우리 식으로 표현하면 '머리에 피도 안 말랐다'는 것이다. 경험이 없거나 철이 없는 사람에게 사용한다. 영어에서 ear는 귀를 가리키지만, 귀와 관련된 전문 어휘들은 aur-로 시작한다. 라틴어로 '귀'를 의미하는 auris에서 나온 말들이다. **aural**은 '청각'을 뜻하며, aural and visual image는 '청각 및 시각 이미지'를 가리킨다. 의학 용어에서 '귓바퀴', 즉 귀의 바깥 부분은 **auricle**이라고 부른다. 다른 말로는 **pinna**라고도 한다. The pinna, or auricle, is the part of the ear that sticks out from the side of your head라는 문장은 'auricle 또는 pinna는 머리 옆으로 돌출된 부분이다'라는 말이다. **auricular**는 '귀의', '청각의'를 뜻하는 말로, **auricular confession**은 신부의 귀에 대고 하는 참회, 즉 '비밀 참회'를 가리킨다.

Doubt 의심

❖ 프랑스 국왕 루이 16세

살다 보면 남의 말을 무조건 믿어서도 안 되지만, 지나친 의심과 그로 인한 우유부단은 한 사람의 인생뿐만 아니라, 한 국가의 운명도 바꾼다. 프랑스혁명을 야기한 루이 16세가 후자의 경우에 해당한다. 국가의 통치보다 시계 수리에 더 관심이 많았던 루이 16세가 유럽의 최강국 프랑스의 왕위에 올랐다는 사실 자체가 불행이었다. 그를 역사에서 가장 우유부단한 왕으로 평가하는 데는 그럴 만한 이유가 있다. 루이 16세는 프랑스 국민의 불안이 커지는 상황에서 결정적인 조치를 취하지 못했고, 결국 프랑스혁명의 발발을 막지 못했다. 게다가 프랑스의 금융 및 정치 시스템에 필요한 개혁을 실행하는 것도 주저했다. 이는 평민 대표인 제3신분의 불만을 초래했다. 혁명이 정점으로 가는 와중에 그는 왕비와 함께 국외로 탈주하려다가 체포되었다. 결국 국왕은 1793년 콩코르드광장에서 단두대의 이슬로 사라졌다.

영어에서 '의심'을 뜻하는 **doubt**에는 발음이 안 되는 자음 b가 있다. 라틴어 동사 dubitare에서 나왔기 때문이다. 루이 16세 같은 인물이 대표적으로 만사를 의심하고 주저하는 사람이다. 영어 **dubitative**는 '의심하는', '주저하는'이라는 뜻을 갖는다. 같은 어원에서 만들어진 **dubious**가 들어간 표현으로는 dubious character와 dubious answer가 있는데, 각각 '믿지 못할 사람', '모호한 답변'이라는 말이다.

'의심할 바 없는'이라는 뜻을 가진 영어 단어로는 **indubitable**과 **undoubted**가 있다. 전자는 공식적이거나 논리적인 토론에서 자주 사용되는 반면, 후자는 의심할 여지가 없다는 일반적인 맥락에서 더 자주 사용된다. The evidence provided was indubitable은 '제공된 증거는 부인할 수 없는 것이었다'라고 번역할 수 있다. She is an undoubted expert in her field는 '그녀는 자신의 분야에서 의심할 여지가 없는 전문가다'라고 번역하면 된다.

영어권 국가에서 1페니는 동전 자체를 가리키지만, 실제로는 가장 작은 화폐 단위다. 현재 영국에서 1페니는 17원 정도의 가치가 있으니까 우리 돈 10원 정도에 해당한다. 미국과 캐나다에서 도 1센트 동전을 페니라고 부르기도

❖ 고대 로마의 주화인 아스

한다. 그렇다면 서양 경제의 틀을 만들었던 고대 로마에서 가장 작은 동전의 단위는 무엇이었을까? 이번 글의 주인공은 바로 ace다.

고대 로마 경제에서 아스as는 작은 화폐 단위였다. 영어 ace의 어원이다. as는 원래 기원전 280년경 로마 공화국 초기에 도입된 청동 주화였다. 무게는 약 1파운드(약 327g)였으나, 경제가 발전하면서 점차 가벼워졌다. as는 로마 화폐 시스템의 기본단위로 사용되었으며, 특히 로마가 확장하고 경제 상황이 변함에 따라 그 가치가 변동했다. as는 화폐 외에 무게의 단위로도 사용되었다. 로마 시스템에서 1파운드는 현재 영미권에서 사용하는 1파운드(450그램)보다 다소 가벼웠다. as는 화폐뿐 아니라 로마인의 일상 경제를 대표했으며, 로마 사회에서 상업과 무역의 상호 관계를 반영하는 용어였다.

카드에서 **ace**는 '명수', '고수'라는 뜻이 있다. 라틴어 as가 프랑스어를 거쳐 철자가 ace로 바뀌었다. 형용사로는 **excellent**와 의미가 같다. He's an ace basketball player는 '그는 뛰어난 농구선수다'라고 말할 수 있다. **ace in the hole**은 '숨겨진 비장의 카드'를 뜻한다. I've got an ace in the hole for negotiations는 '나는 협상에서 쓸 비장의 카드가 있다'라는 말이다. 숙어로는 **within an ace of**라는 표현이 있는데, '아주 근소한 차로 ~을 할 뻔하다'를 의미한다. He came within an ace of winning은 '그는 거의 이길 뻔했다'라고 번역한다.

Resolution 결의안

유엔에는 두 종류의 결의안이 있다. 총회 결의안과 안전보장이사회 결의안이다. 전자는 어디까지나 권고에 그치므로 법적 구속력이 없다. 후자는 법적 구속력이 있어 안전보장이사회의 결의에 따를 의무가 있다. 안보리 결의안은 15개 회원국 중 9개국의 찬성으로 통

❖ UN 총회장의 모습

과되지만, 5개의 상임 이사국(미국, 러시아, 중국, 영국, 프랑스) 중 한 나라만 반대해도 통과할 수 없다. 이렇게 행사하는 '거부권'을 라틴어로 **veto**라고 부르고, 그 뜻은 '나는 금한다'이다. 2024년 3월 유엔 안보리는 13개국이 찬성해 북한 제재와 관련된 결의안을 통과시켰지만, 중국이 기권하고 러시아가 거부권을 행사하는 바람에 결의안은 채택되지 못했다.

'결의안'은 영어로 **resolution**이라고 부른다. '해결하다', '결심하다'를 뜻하는 동사 **resolve**에서 나온 말이다. resolution은 정치적 용어지만 일상에서도 '결심'이라는 뜻으로 쓰인다. Have you made any New Year's resolutions?는 '새해 결심을 하셨나요?'라는 말이다. resolve는 '떼어내다', '매듭을 풀다'를 뜻하는 라틴어 동사 solvere에서 나온 말이다. '해결하다'라는 의미가 여기서 나왔다. **solve**도 마찬가지로 '해결하다'를 의미하지만 답을 찾거나 문제를 푼다는 뜻이 강하고, resolve는 분쟁을 해결하거나 확고한 결정을 내린다는 뜻이 강하다. 따라서 수학 문제의 '해법'은 **solution**이라고 표현한다. **absolute**에서 ab-는 영어 away from(~에서 떠나다)에 해당하므로 (문제나 속박 등이) 완전히 풀렸다는 의미에서 '절대적인', '완전한'이라는 의미가 나왔다. **dissolve**는 dis-(영어 apart에 해당)에 solve가 합쳐진 말이므로 따로 떼어 놓는다는 의미에서 '끝내다'라는 의미가 생겼다. Their marriage was dissolved in 1999는 '그들의 결혼 생활은 1999년에 끝났다'라고 번역한다. 자동사로는 '녹다'라는 의미도 있다. Salt dissolves in water는 '소금은 물에서 녹는다'라는 말이다.

Vintage 빈티지

고대 로마인들은 와인을 즐겨 마셨다. 그런데 지금처럼 마시지 않고 다양한 음료와 희석해 마셨다. 물, 꿀, 향신료 등과 섞어 다양한 맛을 냈다고 한다. 희석하지 않은 와인을 마시는 것은 야만적인 문화로 치부했다. 와인은 convivia로 불리는 로마의 연회에서 빠질 수 없는 음료였고, 환대, 우정, 지위를 상징했다.

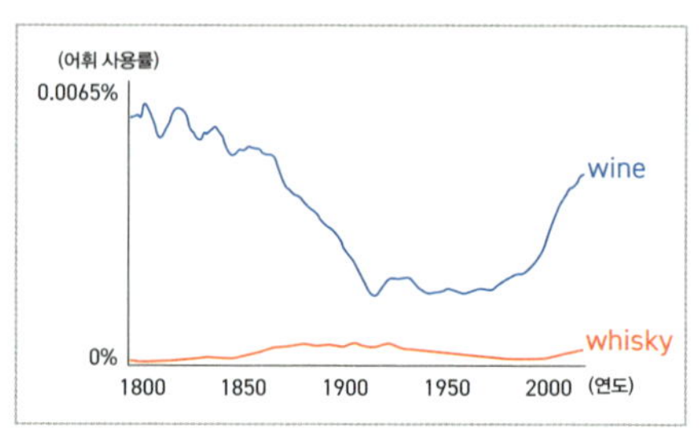

❖ 전통적으로 wine을 많이 소비하던 프랑스 같은 나라의 와인 소비량은 줄었으나, 미국과 중국 등 신대륙의 소비량이 감소분을 상쇄하고 있다.

연회를 주최한 자는 최고의 와인을 손님들에게 선보였다. 가난한 사람들도, 비록 품질은 떨어졌지만, 와인을 즐겨 마셨다고 한다.

현대 영어에서 최고급 명품 또는 고풍스러운 특정 상품의 전성기를 가리키는 **vintage**는 본래 와인에서 나온 말이다. 라틴어 vinum(포도주)에서 나온 프랑스어 vendange(포도 수확)가 영어로 들어오면서 vintage가 되었다. 빈티지는 본래 포도를 수확하고 와인을 만드는 과정을 가리키는데, 특히 포도를 수확한 연도를 말한다. 이 용어는 특정 연도에 생산된 와인의 품질과 특성을 강조하는 데 사용되었다. 와인의 품질이 날씨와 기타 조건에 따라 크게 달라지기 때문이다. 고급 와인이 연도에 따라 가격이 다른 이유가 여기 있다. 19세기에 이르러 빈티지는 와인 제조를 넘어 고품질, 한 시대의 특징, 또는 그 이전 시대의 모든 것을 설명하는 데 사용되기 시작했다. The 1983 vintage was one of the best는 '1983년 빈티지 와인은 최고의 와인 중 하나였다'라는 말이고, The opera is vintage Rossini는 '그 오페라는 로시니의 최고 작품이다'라는 말이다.

'경작'을 의미하는 culture가 vinum 뒤에 붙으면 '포도 재배'를 뜻하는 **viniculture**가 된다. '비닐봉지'를 뜻하는 **vinyl**도 어원이 vinum과 관련이 있다. 비닐을 만드는 비닐 화합물이 와인 발효에서 발견되는 에틸알코올과 관련 있기 때문이다.

Exceptional 특출한

그리스신화의 수많은 영웅 중 가장 빛나는 존재는 단연 헤라클레스일 것이다. 특히 헤라클레스의 12과업은 영웅의 한계를 초월한다. 제우스의 부인이자 가정과 결혼의 여신 헤라의 음모에 빠진 헤라클레스는 광기에 사로잡혀 아내와 자식들을 죽인다. 정신이 든 헤라클레스는 죄책감과 절망에 스스로 목숨을 끊으려 했으나, 신들에게 저지당하고, 속죄하기 위해 신탁을 받는다. 여기서는 12과업의 소개는 생략하고, 그 의미만 짚어보자. 첫째, 헤라클레스는 파괴적인 천성을 버리고 잘못을 직시한다. 그리고 목숨을 걸고 과업을 정면으로 돌파했다. 둘째, 헤라클레스는 성공에 연연하지 않고 도

❖ 그리스신화의 영웅 헤라클레스

전 자체에 큰 의미를 부여했다. 셋째, 그는 네메아의 사자를 잡기 위해 동굴 밖에서 기다리지 않고 동굴 안으로 들어갔다. 대부분의 문제는 외부에 있는 것이 아니라 내부에 있다는 교훈을 보여준다.

　헤라클레스 같은 영웅을 우리는 특출하다고 말한다. '특출한'은 영어로 **exceptional**이라고 한다. '예외'를 뜻하는 **exception**에서 나온 말이다. 다시 말해, 비슷한 예를 찾아볼 수 없을 정도라는 것이다. The company has shown exceptional growth over the past two years는 '이 회사는 지난 2년 동안 탁월한 성장을 보였다'라는 말이다. exception은 라틴어 동사 excipere에서 나왔는데, ex-는 영어 out에 해당하고 cipere는 영어 take에 해당한다. 따라서 밖으로 꺼낸다는 의미에서 '예외적으로 따로 두다'라는 뜻을 갖게 되었다. cipere 앞에 영어 toward에 해당하는 ad-가 붙으면 자신을 위해 '받아들이다'를 뜻하는 **accept**가 만들어진다. '뒤'를 의미하는 re-가 붙으면 라틴어 recipere가 만들어지는데, '되찾다', '받아들이다'를 뜻한다. 여기서 '받다'를 의미하는 동사 **receive**가 나온다. '영수증'을 가리키는 **receipt**는 물건을 사고 받는 것이다. '접수처'를 뜻하는 **reception**도 사람을 맞이한다는 의미를 담고 있다.

Appetite 식욕

프랑스 르네상스 시대의 문학을 대표하는 라블레의 풍자소설 『가르강튀아와 팡타그뤼엘』에 등장하는 가르강튀아는 엄청난 식욕을 자랑하는 거인이다. 이 소설은 르네상스 시대의 흥겹고도 파격적인 내용으로 가득 차 있다. 부모의 과음으로 정상적인 출산이 불가능해진 가르강튀아는 탯줄을 거슬러 올라 어머니의 귀를 통해 태어난다. 이 비범한 아이의 첫 번째 말은 '응애'가 아니라 '마실 것! 마실 것! 마실 것!'이었다. 그의 아들 팡타그뤼엘 역시 엄

❖ 엄청난 식욕을 자랑하는 가르강튀아

청난 가뭄이 들던 해에, 바닷물보다 더 짠 땀이 솟아나던 날 태어난다. 이날은 술을 당기는 자극적인 음식과 향신료가 지천으로 넘치던 날이었다. 그리스신화에 등장하는 신들의 탄생을 인문주의자가 재해석한 것이다.

　『가르강튀아와 팡타그뤼엘』에는 "식욕은 먹으면서 나온다"라는 말이 나오는데, 프랑스어로는 l'appétit vient en mangeant이다. 독자들도 이런 경험이 있을 것이다. 특별히 배가 고프지 않을 때도 밥을 먹다 보면 식욕이 생기는 경우 말이다.

　프랑스어로 '식욕'을 의미하는 appétit아페티는 영어에 들어가 **appetite**가 되었다. appetite의 어원은 라틴어 동사 petere인데, petere는 '찾다', '겨냥하다', '간청하다'라는 뜻을 갖는다. 식욕은 먹을 것을 갈구하는 것이다. '청원', '탄원', '진정'을 의미하는 **petition**의 어원도 동일하다. 영어 with에 해당하는 com-이 붙으면 **compete**가 되는데, 함께 찾는다는 것이므로 '경쟁하다'라는 뜻을 갖는다. She competes with the best players in the country는 '그녀는 국내 최고의 선수들과 경쟁하고 있다'라는 말이다. 명사형은 '경쟁'이나 '경연 대회'를 의미하는 **competition**이다. 한편 **repeat**은 re-(다시)+petere(추구하다)에서 온 라틴어 repetere가 어원인데, '다시 추구하다'에서 '다시 하다', '반복하다'라는 뜻으로 발전했다.

Preference 선호

사람마다 취향은 각자 다르다. 개인적인 선호 역시 다양한 스펙트럼을 보인다. 음식에 관해서는 더욱 그렇다. 피타고라스는 채식주의자였다. 그는 "인간이 동물을 학살하는 한 인간은 서로를 죽일 것이다"라고 말하며 인간의 폭력성이 동물 살육에서 비롯되었다고 주장한다. 반면에 나폴

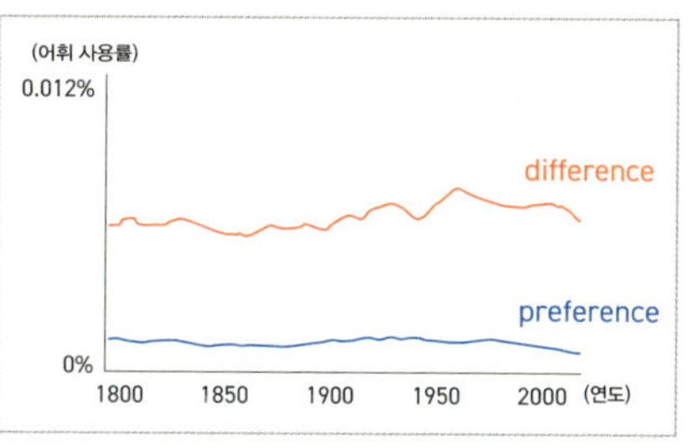

❖ difference(구별)가 있어야 preference(선호)가 성립하므로, 전자의 용례가 더 중요하다.

레옹은 치킨 애호가였다. 그는 마렝고전투에서 요리사가 즉흥으로 만든 닭요리를 좋아했는데, 이후 이 요리는 '치킨 마렝고'로 불렸다. 나폴레옹은 이 요리가 전투의 행운을 가져온다고 믿었다. 핫초콜릿을 즐겨 마셨던 마리 앙투아네트는 베르사유궁전에 개인 초콜릿 제조기를 들여놓을 정도로 초콜릿 애호가였다.

'선호'를 뜻하는 영어 **preference**는 '앞'을 의미하는 pre-에 ference가 붙은 말이다. ference는 라틴어 동사 ferre에서 나온 말로, '지나다', '가져오다', '견디다' 등의 여러 뜻을 지닌다. 여기서 파생된 영어 어휘도 다양한 의미를 지니고 있다. preference의 동사형 **prefer**는 먼저 가져온다는 의미에서 어떤 것보다 특별한 것을 '선호하다'라는 뜻을 가지고 있다. 영어 apart에 해당하는 라틴어 dis-가 붙으면 **differ**가 만들어지는데, 두 물건을 다른 곳으로 가져간다는 의미에서 '다르다'라는 뜻이 나왔다. French differs from English in this respect는 '이런 점에서 프랑스어는 영어와 다르다'로 번역할 수 있다. differ의 명사형은 **difference**다. 같은 곳으로 가져가면 **confer**가 되며, '수여하다', '상의하다'라는 의미를 갖는다. He wanted to confer with his colleagues는 '그는 동료들과 상의하고 싶었다'라는 말이다. 영어 foward 또는 against와 같은 접두사 ob-가 붙으면, '누구를 향해 가져가다'에서 '제공하다', '제안하다'를 뜻하는 **offer**가 된다. '뒤'를 의미하는 re-가 붙은 **refer**는 뒤에서 무엇을 가져간다라는 뜻에서 누구를 보내 무엇을 '조회하다'라는 의미를 갖게 된다. '참조'와 '참고'를 뜻하는 명사 **reference**가 여기서 나왔다.

Volunteer 자원봉사자

스페인내전(1936~1939)은 좌파와 우파, 사회주의 정권과 파시스트 정권이 격돌한 전쟁이었다. 모로코에 주둔하던 스페인 군대의 프랑코 장군은 우파 정당과 손잡고 쿠데타를 일으켰다. 그런데 이 전쟁은 스페인 내전으로 끝나지 않고 국제전으로 비화했다. 미국을 비롯한 약 50개의 나라에서 내전에 참전하려는 자원봉사자들이 스페인으로 향했다. 그중 약 4만 명 정도의 국제

❖ 에이브러햄 링컨 여단의 지휘관들

여단도 있었는데, 미국인 의용군들로 구성된 에이브러햄 링컨 여단이 가장 유명했다. 공산주의자, 사회주의자, 반파시스트 등 다양한 정치적 배경을 가진 자원봉사자들이 프랑코에 맞서 단결했다. 조지 오웰과 어니스트 헤밍웨이 같은 작가도 이 전쟁을 기록에 남겼다. 조지 오웰이 르포 형식으로 쓴 「카탈루냐 찬가」에는 좌파의 메카 바르셀로나를 부유층이 사라진 완벽한 자유의 도시로 찬미하고 있다. 하지만 역사가 항상 올바른 길로 가는 것은 아니다. 민주주의를 위해 싸웠던 좌파 연합은 프랑코의 파시스트 군대에 굴복하고, 이후 스페인은 1975년까지 독재 국가로 남았다. 히틀러, 무솔리니와 동맹을 맺었던 프랑코는 천수를 누렸다.

 '자원봉사자' 또는 '의용군'으로 번역되는 영어 **volunteer**는 '원하다', '기원하다'를 뜻하는 라틴어 동사 volo에서 나왔다. **volition**은 영어로 free will, 즉 '자유 의지'를 말한다. They left entirely of their own volition은 '그들은 전적으로 자신의 의지로 떠났다'라는 말이다. 앞서 소개한 **benevolent**는 '자애로운'을 뜻하고, 반대말은 '악의가 있는'을 의미하는 **malevolent**가 된다. mal-은 '나쁘다'라는 뜻을 갖고 있다. **involuntary**는 '자신의 의지와는 상관없이 하는', '본의 아닌'을 가리킨다. The driver of the vehicle was charged with involuntary manslaughter는 '차량 운전자는 과실치사 혐의로 기소되었다'라고 번역할 수 있다.

Inception 창립

크리스토퍼 놀란 감독이 2010년 제작한 영화 《인셉션》은 조금 난해하지만 창의력이 돋보인다. 이 영화는 꿈을 통해 다른 사람의 무의식 구조에 접근해서 자기가 원하는 생각을 심을 수 있다는 가설을 기반으로 만들었다. 영화에서 주인공은 기계를 이용해 서로의 꿈을 공유하고, 타인의 꿈을 의도적으로 조작하거나, 상대방의 생각을 빼내거나, 자신이 의도한 생각을 심어준다.

영화의 제목인 **inception**을 옥스퍼드 영어 사전에서 찾으면 "the start of an institution, an organization"이라고 나와 있다. 기관이나 조직의

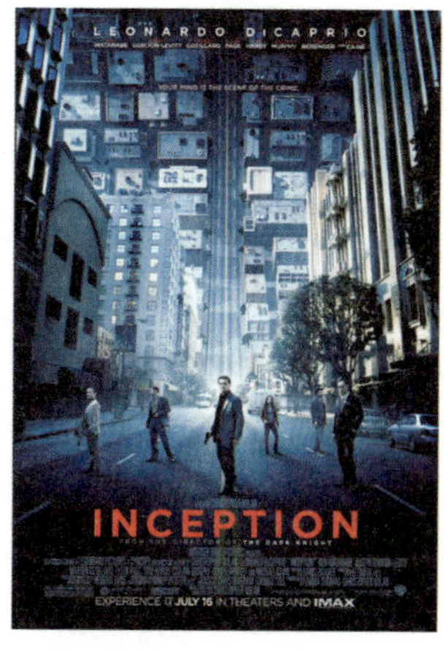

❖ 영화 《인셉션》 포스터

시작, 즉 '창립'이라고 설명한다. The club has grown rapidly since its inception in 2007은 '이 클럽은 2007년 창립 이후 빠르게 성장했다'라고 번역한다. 영화 속의 인셉션은 사람의 머릿속에서 정보를 훔치는 추출과는 달리, 누군가의 꿈속에 독창적인 개념을 만들어, 외부에서 이식한 줄도 모르게 심는 행위를 가리킨다. 그러므로 인셉션이라는 제목은 상대방의 마음속에 뿌리를 내리고, 그의 신념과 행동에 영향을 미친다는 의미를 담고 있다. 기관이나 조직을 키워가듯 타인의 생각도 그렇게 성장시킨다는 것이다.

inception은 '시작'이나 '착수'를 의미하는 라틴어 inceptionem에서 나왔는데, 그 뿌리는 '시작'을 뜻하는 또 다른 단어 initium에 닿는다. 여기서 '가입', '시작', '개시'를 의미하는 **initiation**이 나왔다. initiation ceremony for new boys는 '신입생 입단식'이다. 이름의 첫 자를 뜻하는 **initial**도 뿌리가 같다. 이 단어의 첫 번째 뜻은 '처음'이다. Her initial response was one of anger는 '그녀의 초기 반응은 분노였다'라는 말이다. '새로운 계획'이나 '주도권'을 뜻하는 **initiative**도 자주 사용되는 말이다. The president seized the initiative는 '대통령이 주도권을 잡았다'라고 번역한다.

SEP 19 Poverty 가난

역대 영국 왕 중 가장 불행한 왕을 꼽으라면 헨리 6세라고 말할 수 있다. 설상가상으로 영국 왕 중 가장 가난한 왕이기도 했다. 왕실의 재산을 지킬 장본인의 정신 상태가 온전하지 않았으니 당연한 귀결이었다. 헨리 6세의 치세는 두 시기 (1421~1461, 1470~1471)로 나눌 수

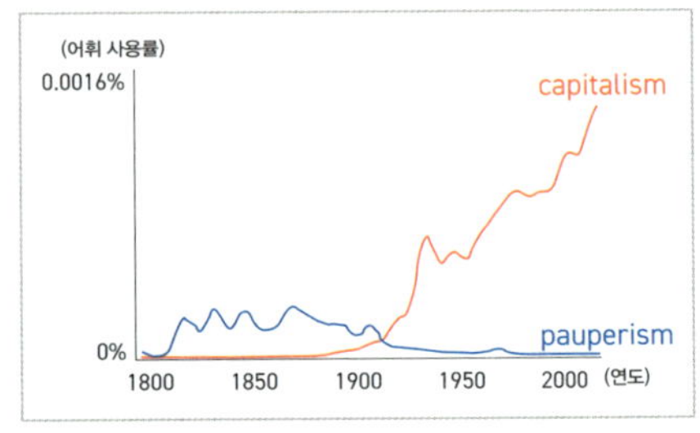

❖ 20세기 초반까지 최대 관심사는 빈곤 문제였다. 신조어 capitalism의 용례가 가파르게 상승했다.

있다. 이 시기는 백년전쟁 말기와 겹친다. 영국 왕실의 국고는 바닥났고, 그의 통치가 끝날 무렵 영국은 노르망디를 포함한 프랑스의 영지 대부분을 잃었다. 결국 무능한 헨리 6세의 통치는 두 왕가(요크와 랭커스터)의 내란으로 비화되었으며, 헨리 6세는 폐위되었다. 폭정을 일삼다가 국고를 바닥냈다면 벌을 받는 것이 당연하지만, 온전한 상태가 아니었던 헨리 6세의 몰락은 그런 점에서 더욱 가슴을 아프게 한다.

"가난이 문으로 들어오면 사랑은 창밖으로 날아간다"라는 영국 속담은 돈이 행복의 전부는 아니지만, 인간의 삶을 받쳐주는 필요조건이라는 말일 것이다. 영어로는 "When poverty comes in at the door, love flies out of the window"라고 한다. **poverty**는 '가난함'을 의미하는 라틴어 pauper에서 나온 말이다. 형용사 poor도 어원이 같다. 그런데 어형이 외관상 다르게 보이는 것은, 영어 **poor**가 중세 프랑스어 povre를 차용했기 때문이다. 영어에도 '극빈자'를 뜻하는 **pauper**가 있고, 동사형은 **impoverish**다. 이때의 im-은 프랑스어 em-에서 왔는데, '어떤 상태로 만들다'라는 뜻을 지닌다. These changes are likely to impoverish single-parent families even further는 '이러한 변화는 한부모 가정을 더욱 빈곤하게 만들 가능성이 높다'라고 번역한다. 구호가 필요한 '빈곤 상태'는 **pauperism**이라고 부른다. 19세기 사회경제학 용어다.

Patent 특허권

1950년대 인류는 소아마비라는 병으로 공포에 떨고 있었다. 제2차세계대전의 영웅인 미국 대통령 프랭클린 루스벨트도 소아마비 때문에 하반신이 영구적으로 마비되었다. 1952년은 미국 역사상 소아마비가 가장 많이 발생한 해로 기록된다. 약 5만 8,000건이 발생했는데, 그중 3,145명이 사망했고, 2만 1,269명에게 하반신 마비가 찾아왔다.

❖ 조너스 에드워드 소크 박사

1955년 4월 12일, 미국의 의사이자 바이러스 의학자인 조너스 에드워드 소크 박사가 소아마비 백신 개발에 성공했다. 사람들이 그에게 물었다. "이 백신의 특허권자는 누구입니까?" 그러자 소크 박사가 대답했다. "음, 사람들이겠죠. 특허는 없습니다. 태양에도 특허를 낼 건가요?(Well, the people, I would say. There is no patent. Could you patent the sun?)" 만약 소크 박사가 특허권을 제약회사에 양도했다면 지금까지 벌어들인 돈은 79억 달러, 한화로 8조 원에 이르렀을 것이라고 한다. 미국의 『TIME』은 소크 박사를 20세기에 가장 영향력 있는 100인에 선정했다.

소크 박사가 말한 **patent**는 '특허권'을 가리키는데, 라틴어 동사 patere에서 나왔다. 이 동사는 '공개되다', '접근할 수 있다'라는 뜻을 갖고 있다. 지금의 특허권이 갖는 의미는 프랑스어 lettre patente에서 나왔는데, 이 말은 어떤 일을 할 수 있는 권한을 부여하는 공개서한 또는 공식 문서를 가리켰다. The device was protected by a patent는 '이 장치는 특허로 보호되었다'라는 말이다. 관련 업무를 맡은 자, 혹은 소유한 자를 의미하는 -ee가 붙으면 '특허권 소유자'를 의미하는 **patentee**가 만들어진다.

Perfectionist 완벽주의자

르네상스의 천재 레오나르도 다빈치는 완벽을 추구한 예술가다. 다빈치는 걸작 〈모나리자〉와 〈최후의 만찬〉을 마무리하는 데 수년의 시간을 바쳤다고 한다. 그는 자신의 작품에 결코 만족하는 법이 없었다. 언제나 개선할 수 있다고 믿었고, 그럴 수 없다면 작품을 완성하지 않았다. 그

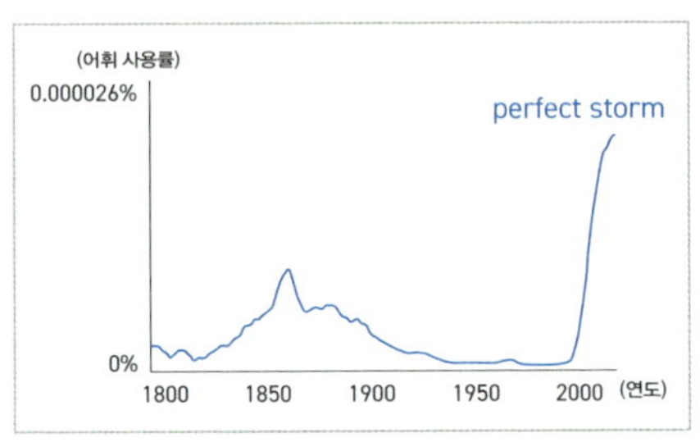

❖ 2000년 이후 perfect storm의 용례가 급등했다.

런 이유에서 발명품과 스케치를 비롯한 많은 프로젝트가 미완으로 남았다. 완벽을 향한 탐구는 그를 진정한 천재로 만들었지만, 자신의 성과에 좀처럼 만족하지 못해 우유부단하다는 평판을 얻기도 했다.

다빈치 같은 '완벽주의자'를 영어로는 **perfectionist**라고 부른다. '철저한'을 뜻하는 per-에 '하다'를 뜻하는 라틴어 동사 facere가 합쳐진 **perfect**에서 만들어진 말로, '직업'을 의미하는 -ist가 붙어 '완벽하게 일을 하는 사람'이라는 의미가 생긴다. 영어 속담 중에 "Practice makes perfect"는 '연습이 완벽함을 만든다'라는 말이다.

기상 용어 중에 **perfect storm**이라는 표현이 있다. 두 개의 서로 다른 성질을 가진 태풍이 만나 일반 태풍보다 더 강력해진 태풍을 가리킨다. 원래는 기상학 용어였지만, 오늘날에는 경제·정치 분야에서도 '여러 악재가 한꺼번에 겹친 최악의 상황'을 비유하는 데 자주 사용된다. 미국과 중국의 패권 경쟁과 무역 갈등으로 한국이 처한 위기 상황을 '퍼펙트 스톰'이라 부른다. Investors are faced with the perfect storm of slowing economic growth는 '투자자들은 경제성장의 둔화라는 최악의 상황에 직면했다'라고 번역할 수 있다.

Opulent 엄청나게 부유한

로마공화정 말기, 당대 최고의 실력자들이 연합해 삼두 정권을 만들었다. 카이사르가 제안한 것으로 알려진 삼두정치는 카이사르를 비롯해 그의 사돈이자 정적인 폼페이우스, 로마 최고의 거부 크라수스가 주축이 되었다. 크라수스의 재산은 현재의 화폐 가치로 환산하면 수십억 달러에 이르렀다고 한다. 그는 광대한 토지와 부동산, 은광 등을 소유하고 있었는데, 특히 잦은 화재로 붕괴의 위험이 큰 인술라 같은 집합 건물을 헐값에 사들인 뒤 재건축해 되팔았다고 한다. 한국으로 치면 크라수스는 재건축 아파트 투자의

❖ 로마 최고의 거부 크라수스

귀재였다. 심지어 이런 작업과 관련된 노예만 500명을 거느리고 있었다고 한다. 그는 막대한 부를 바탕으로 정계에도 진출했는데, 지나친 야심이 그의 생명을 단축시켰다. 그는 지금의 이란에 해당하는 파르티아 정복 전쟁에 나섰지만, 로마 전투사에서 가장 치욕적인 패배를 당한다. 크라수스는 튀르키예 남동부의 카르헤에서 벌어진 전투에서 전사했다. 인간의 끝없는 탐욕은 결국 비참한 종말을 부른다.

크라수스처럼 '엄청난 부를 소유한'을 뜻하는 영어로는 **opulent**가 있다. 라틴어로 '부유한'을 의미하는 opulentus에서 나왔다. 영어 opulent에는 '호화로운'이라는 뜻이 먼저 나오는데 동의어로는 **luxurious**가 있다. opulent lifestyle은 '호화로운 라이프스타일'이고, the opulent elite of Europe은 '유럽의 부유한 엘리트'라는 말이다. 라틴어 opulens의 어원을 더 올라가면 '도움'을 뜻하는 ops에 이른다. 부富가 인간 생활에 도움을 준다는 의미다. 영어 속담에 "An opulent heart is richer than an opulent purse"는 '물질적 풍요보다 풍부한 인성, 친절, 관대함이 더 가치 있다'라는 말이다.

Salary 봉급

고대사회에서 소금은 사치품에 속했다. 부유층이나 소금 무역로를 이용할 수 있는 사람들이 주요 소비층이었다. 소금은 음식의 맛을 내고 보존할 뿐만 아니라, 무역과 화폐의 수단으로 사용되었다. '봉급'이나 '급여'를 뜻하는 영어 **salary**는 라틴어 salarium에서

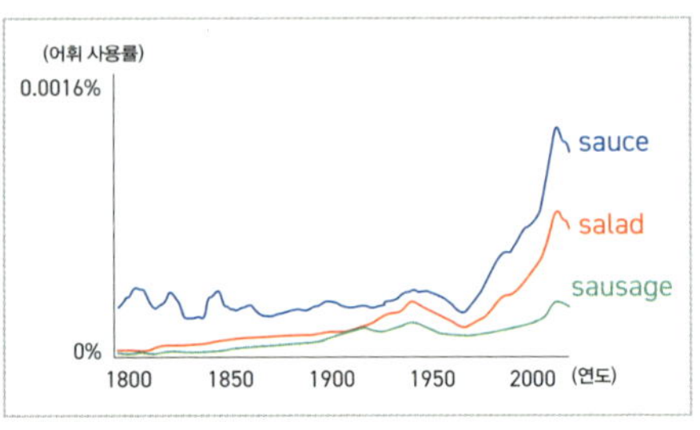

❖ 몸에 그리 좋지 않은 가공육 sausage의 용례 빈도 수가 sauce, salad 등 다른 음식에 비해 낮다.

나왔고, 그 뿌리는 '소금'을 뜻하는 원시 인도·유럽어의 *sal이다(라틴어 역시 sal이다). 영어 **salt**의 어원도 동일하다. 이후 로마제국에서는 병사들이 동전으로 급여를 지급받았다. 고대 로마에서 소금의 중요성은 소금을 운반하던 살라리아 가도 Via Salaria의 존재만 봐도 알 수 있다. 오늘날 봉급이라는 용어는 더 이상 소금과는 관련이 없지만, 그 어원은 고대 경제에서 소금이 얼마나 필수적인 식품인 동시에 재화였는지 잘 보여준다. 병사들에게 정기적으로 급여를 지급하는 로마의 시스템은 구조화된 임금과 직업 군대의 발전에 크게 기여했으며, 현대의 고용 및 지불 시스템 운영 방식에 많은 영향을 미쳤다.

소금의 중요성은 영어에도 그대로 전해졌다. **worth one's salt**는 '일을 잘하기 때문에 존경받을 자격이 있는 사람' 즉 '일을 잘하는 사람'이라는 말이다. He is not worth his salt는 '그는 봉급을 받는 만큼 일을 잘하지 못한다'라고 번역한다. 음식 중에 **salad, sausage, sauce**의 어원도 모두 라틴어 sal에서 나왔다. 모두 소금이 들어간 음식이다. sausage가 들어간 격언 중에는 "Laws are like sausages; it is better not to see them being made"가 있는데, 독일의 철혈재상 비스마르크가 한 말이다. '법이란 것은 마치 소시지 같다. 그래서 만들어지는 과정을 보지 않는 편이 낫다'라는 말이다. 소금을 생산하는 '염전'은 **salt pond**라고 부른다. 염전을 달리 부르면 '소금 연못'이다.

Persuasion 설득

1486년, 스페인의 알칼라 데 헤나레스에 있는 왕궁에 제노바 출신 탐험가가 이사벨라 여왕과 페르디난드 국왕을 알현하려고 왔다. 탐험가의 이름은 크리스토퍼 콜럼버스였다. 이 만남에서 콜럼버스는 아시아로 향하는 서쪽 항로를 찾을 수 있다고 국왕 부부를 설득했다. 국왕 부부는 흥미를 보였지만 회의적이었다. 그들은 콜럼버스의 제안을 전문가들과 학자들로 구성된 패널에 회부하기로 했다. 패널은 그의 계획이 비현실적이고 잘못된 지리적 가정에 근거한다고 판단했고, 결국 이를 거부했다.

❖ 탐험가 크리스토퍼 콜럼버스

그러나 콜럼버스는 국왕의 거부에도 불구하고 스페인에 남아 법정에서 영향력 있는 인사들의 지원을 구했다. 그는 이후 몇 년 동안 자신의 제안을 위한 로비를 계속하며 흔들림 없는 의지를 보여주었다. 마침내 1492년 이사벨라 여왕은 콜럼버스의 항해 자금의 지원을 승인했다. 그의 탐험은 현실이 되었고, 같은 해 서인도제도를 발견했다.

‘설득’을 의미하는 영어 **persuasion**에서 per-는 ‘강하게’ 또는 ‘완전히’를 뜻하고, suasion은 라틴어 동사 suadere에서 나왔는데, ‘충고하다’, ‘설득하다’를 의미한다. 이 동사는 ‘달콤하다’ 혹은 ‘유쾌하다’라는 뜻을 지닌 라틴어 suavis에서 나왔다. 상대를 유쾌한 상태로 만들어 설득시킨다는 의미가 내포된 것으로 볼 수 있다. 영어 sweet도 라틴어 suavis와 어원이 동일하다. **persuade**는 ‘설득하다’를 뜻하는 동사다. She's always easily persuaded는 ‘그녀는 항상 쉽게 설득된다’라는 말이다.

라틴어 suavis에서 나온 영어 **suave**는 ‘정중한’, ‘상냥한’이라는 뜻을 지닌다. The manager was suave and sophisticated는 ‘매니저는 상냥하고 세련된 사람이었다’라고 번역할 수 있다.

Tradition 전통

고대 로마에서 독특한 전통 중의 하나를 꼽으라면, 사투르날리아 축제일 것이다. 이 축제는 농경의 신 사투르누스를 기리기 위해 매년 12월 17일부터 23일까지 열렸다. 이 축제가 독특한 이유는 여럿 있는데, 먼저 축제 기간에 사회적 규범이 완전히 뒤집혔다. 노예들은 일시적으

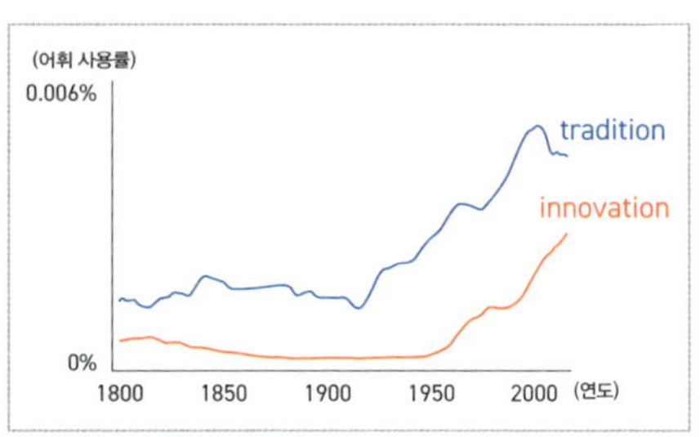

❖ 아직은 tradition이 innovation보다 우위에 있지만, 곧 역전될 것 같다.

로 해방되어 주인 역할을 할 수 있었고, 주인은 노예들에게 음식을 대접했다. 이 반전은 상징적인 의미를 지니고 있었다. 짧은 기간이나마 노예들은 평등을 누린 것이다.

'전통'을 의미하는 **tradition**을 해체하면 영어 beyond에 해당하는 라틴어 trans-에, '주다'를 뜻하는 라틴어 동사 dare에서 나온 dition이 합쳐진 말이다. 세대를 넘어 전해지는 것이 전통이라는 말이다. 하지만 넘겨주는 것이 전통이 아니라 국가의 기밀이나 소중한 것이라면 의미가 전혀 달라진다. 그런 점에서 '배신자'를 뜻하는 **traitor** 역시 tradition과 어원이 같다. 라틴어 traditor는 '넘겨주는 사람', 즉 '배신자'를 뜻한다. He turned traitor and joined the opposition은 '그는 배신자가 되어 야당에 합류했다'라는 말이다. 한편, 같은 어원에서 나온 **treason**은 전쟁 중 적을 돕는 등, 국가에 위험을 초래할 수 있는 '반역죄'를 가리킨다. 17세기 영국의 작가 존 해링턴은 다음과 같이 말했다. "Treason never prospers, what's the reason? For if it prospers, none dare call it treason."(반역은 결코 성공하지 못한다. 이유는 무엇일까? 성공하더라도 아무도 그것을 감히 반역이라 부르지 못하기 때문이다.)

Nozzle 노즐

인간의 얼굴에서 코는 가장 중앙에 위치하고 있다. 그렇다 보니 각국의 문화권에서 코는 중요한 문화적 상징성을 지니게 되었다. 고대 이집트에서 코는 생명의 상징이었다. 생명과 영혼이 숨쉬는 통로였기 때문에, 미라 보존이 중요했던 이집트에서는 특히 중요한 신체 기관으로 여겼다. 고대 그리스에서 "좋은 코를 가졌다(have a good nose)"라는 표현은 직관력이나 지각력이 좋다는 말이었다. 이 관용구는 교활하고 예리한 감각으로 유명한 헤르메스처럼, 지혜롭고 속임수에 능

❖ 파라오 투탕카멘의 황금 가면

하며 기회의 냄새를 잘 맡는다는 뜻으로 확장되었다. 지금도 프랑스인들이 자주 사용하는 제스처 중 검지손가락을 코에 툭툭 치는 동작은, 특정 상황에서 '직관력이 있다', 즉 요즘 말로 표현하면 '촉이 좋다'라는 의미를 지닌다. 고대 로마에서도 코는 권위와 지도력을 나타낸다고 믿었으며, 많은 조각상과 흉상이 이 특징을 강조하고 있다.

영어 **nose**는 원시 인도·유럽어에서 '코'를 의미하는 *nas-에서 어원을 찾을 수 있다. 라틴어 nasus, 고대 영어 nosu, 독일어 Nase 모두 여기서 나온 말들이다. 코에서 나오는 '콧소리'는 **nasal**이라고 한다. **nasal passages**는 '비강'을 가리킨다.

작은 분출구를 뜻하는 '노즐(분사구)'은 영어로 **nozzle**이라고 한다. nose의 비유적 파생어다. '콧구멍'을 뜻하는 **nostril**은 nose에 구멍을 뜻하는 고대 영어 þyrel[θyrel]이 합쳐진 말이다.

nose가 들어간 영어 속담으로는 "Don't cut off your nose to spite your face"가 있는데, 직역하면 '자기 얼굴에 앙갚음하려고 코를 자르지 말라'라는 말이다. 우리말 속담 "빈대 잡으려고 초가삼간을 태운다"와 비슷하다.

일찍이 고대사회에서 거울은 실용적인 도구였을 뿐만 아니라, 신비스러운 의미도 지니고 있었다. 고대 이집트에는 고도로 연마된 구리, 청동, 은으로 만든 거울을 남녀 모두 몸단장을 위해 사용했다. 거울이 가진 기능은 진실, 자기 성찰, 영혼의 영역으로 확장되었다. 고대 이집트 신화에 등장하는

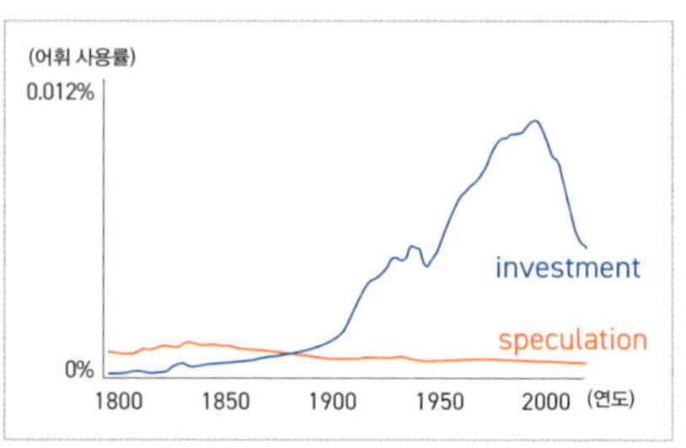

❖ 20세기 이후 speculation의 시대는 끝나고, investment의 시대가 도래했다.

아름다움과 여성성의 신 하토르는 종종 거울로 묘사되었다. 고대 그리스인들도 거울이 진실을 드러내는 힘이 있다고 생각했다. 그래서 거울에 비친 모습을 통해 미래를 점칠 수 있다고 믿었다. 유럽의 전래 동화 「백설공주」에서 계모가 거울을 보고 묻는 장면이 여기에 해당한다. 고대 로마인들도 거울이 영혼의 여정을 상징하는 장례 의식에서 중요한 역할을 한다고 여겼다.

거울의 첫 번째 기능은 물체를 그대로 비추는 반사 기능이다. 그래서 라틴어에서 거울을 보면서 곰곰이 생각한다는 뜻이 만들어졌다. 라틴어에서 '거울'은 speculum인데, 여기서 '추측하다' 또는 '투기하다'를 뜻하는 영어 **speculate**가 만들어졌다. 둘 다 spec-(보다)이라는 동일한 어근에서 나왔다. They were all speculating as to the identity of the stranger는 '그들 모두는 낯선 사람의 정체를 추측하고 있었다'라고 번역한다. speculate의 두 번째 뜻은 상품이나 주식을 구매할 경우, 이익이 나기를 바라지만 손실을 입을 수도 있는 경제적 행위, 즉 '투기하다'를 가리킨다. He likes to speculate on the stock market은 '그는 주식시장에서 투기하는 것을 좋아한다'라는 말이다. 명사형 **speculation**은 '투기'를 가리킨다.

공공을 위한 '구경거리'나 '공연'을 가리키는 **spectacle** 역시 뿌리가 같다. 거울이 보여주는 기능을 하는 것처럼 spectacle은 무언가를 보여주는 것을 말한다. **specular**는 '반사'와 관련 있다. specular surface는 '반사면'을 가리킨다.

Torture 고문

"나도 꽃으로 살고 싶소. 다만 나는 불꽃이오. 거사에 나갈 때마다 생각하오. … 갑옷을 입고 얼굴을 가리면 우린 얼굴도 없이 오직 의병이오. 그래서 우리는 서로가 꼭 필요하오. … 불꽃으로 죽는 것은 두려우나 난 그리 선택했소." 백년전쟁의 영웅 잔 다르크가 유죄판결을 받고 남긴 최후 진술이다. 그녀는 마녀라는 죄명을 뒤집어쓴 채 재판을 받고 있었다. 글도 몰랐던 잔 다르크는 당대 최고의 신학자들 앞에서 신의 계시를 받았다는 주장을 굽히지 않았다. 한 가지 놀라운 사실은 그녀가 신

❖ 화형당하는 잔 다르크

학에 놀라울 정도로 조예가 깊었다는 것이다. 결국 그녀는 재판 중에 인정한 유죄 부분, 즉 신의 계시를 받지 않았다는 진술로 유죄판결을 받는다.

중세의 종교재판에서 고문은 피의자로부터 자백을 얻어내기 위해 사용되었다. 그 배경에는 피의자가 중대한 범죄를 저질렀다는 믿음이 자리 잡고 있었다. 하지만 심문관들은 고문을 받으면 사람들이 무슨 말이든 할 수 있다는 것을 알고 있었다. 그리하여 고문 과정에서 나온 자백이 비현실적이거나 일관성이 없으면 기각될 수 있었다.

영어로 '고문'은 **torture**라고 한다. '비틀다'를 의미하는 라틴어 torquere의 과거분사 tortus에서 나왔다. 동사의 뜻과 고문 행위가 연결된다. 범죄는 아니지만 타인에게 해를 끼치는 과오, 즉 '불법 행위'를 영어로 **tort**라고 한다. 중세 프랑스어로 '잘못', '부당한 것'을 의미하는 라틴어 tort에서 그대로 왔다. 사회적 규범에 반해서 비뚤어진 것을 말한다. '떨어뜨리다', '분리하다'를 뜻하는 접두사 dis-가 붙으면 **distort**가 되는데, 본래의 모습을 비튼다는 의미에서 '사실을 왜곡하다'라는 뜻이 만들어졌다. Newspapers are often guilty of distorting the truth는 '신문은 종종 진실을 왜곡하곤 한다'라는 말이다. **extort**는 밖으로 비틀어 끄집어낸다는 의미에서 '갈취하다'라는 뜻이 생겼다.

시대에 따라 가격이 천양지차를 보였던 대표적인 식품을 꼽으라면, 서양 음식에 꼭 들어가는 후추를 들 수 있다. 후추는 육류의 맛을 더해주는 역할 외에도, 신선도의 보존에 필수적인 향신료였다. 중세 유럽에서 후추는 '검은 황금'으로 불릴 정도로 가격이 높았다. 예를 들어 14세기에 후

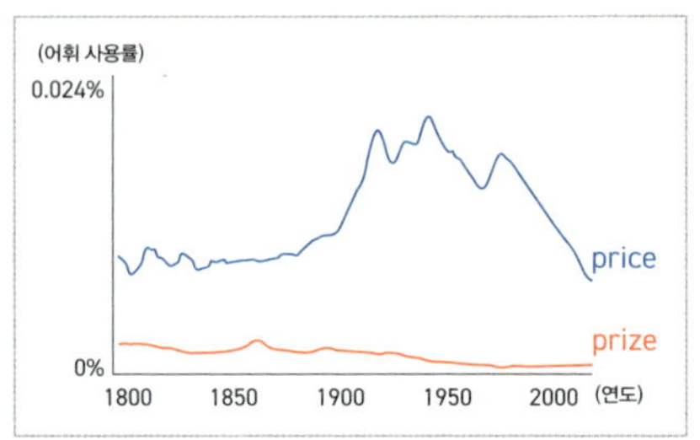

❖ 훌륭한 prize를 받는 사람들은 소수지만, price 는 시대별로 요동을 치고 있다.

추 가격은 파운드당 6~8파운드였는데, 노동자의 하루 임금이 1~2펜스 정도였으니 후추의 가격을 짐작해보면 다음과 같다. 당시 1파운드가 240펜스였으므로, 파운드당 6파운드로 후추 가격을 환산하면, 1파운드 무게의 후추 가격(6파운드)은 1,400여 명의 노동자가 받는 하루치 임금에 해당했다. 상상도 할 수 없는 가격이었다.

포르투갈과 스페인이 대서양으로 나가 아시아로 통하는 새로운 항로를 개척한 것도, 후추를 직수입하기 위해서였다. 1453년 오스만제국이 비잔티움제국을 멸망시킨 이후, 육로를 통한 후추 수입이 불가능했기 때문이다.

영어에서 '가격'을 의미하는 **price**와 '상'을 뜻하는 **prize**는 어형과 발음이 비슷하다. 두 단어 모두 '가치'를 가리키는 라틴어 pretium에서 나왔기 때문이다. price 는 시간이 지나면서 교환의 경제적 측면에, 즉 가격에 초점이 맞추어졌고, prize 는 콘테스트나 대회에서 성취에 대한 보상이나 인정, 즉 상으로 그 뜻이 굳어졌다. 형용사형은 '귀중한'을 뜻하는 **precious**다. The crown was set with precious jewels는 '왕관은 귀중한 보석들로 세팅되어 있다'라는 말이다.

동사형 **appreciate**는 누군가의 좋은 점을 '인정하다' 또는 '감사하다'라는 뜻을 지닌다. I would appreciate any comments you might have는 '의견을 보내주시면 감사하겠습니다'라는 말이다. 반대말은 **depreciate**이다. I had no intention of depreciating your contribution은 '여러분의 기여를 깎아내릴 생각은 전혀 없었다' 라고 번역할 수 있다.

Vocation 소명

❖ 기독교 복음 전파의 소명을 받은 사도 바울

사람이 하느님의 일을 하도록 부르심을 받는 일을 '소명'이라고 한다. 『성경』에 등장하는 인물 중 가장 극적인 소명을 받은 인물을 꼽으라면 사도 바울일 것이다. 튀르키예의 타르수스 출신인 바울의 본명은 사울이었다. 그는 본래 기독교도들을 맹렬히 박해하던 사람이었다. 하지만 다마스쿠스를 여행하던 중 예수의 신성한 환상을 경험하고 회심한다. 이후 바울은 기독교 복음을 전파하는 데 일생을 바친다. 그는 로마제국 전역을 여행하며 교회를 세웠고, 『신약성경』의 상당 부분을 차지하는 서신을 썼다. 바울의 가르침은 초기 기독교의 신학과 교리를 형성하는 데 큰 영향을 미쳤다. 혹자는 예수가 없었다면 바울도 없었겠지만, 바울이 없었다면 기독교도 없었을 것이라고 말한다.

vocation으로 번역하는 '소명召命'은 하늘이 인간을 부른다는 말이다. 기독교에서 소召의 주체는 하느님이다. 라틴어 동사 vocare(부르다)에서 나온 이 말의 뿌리를 거슬러 올라가면 '목소리'를 의미하는 라틴어 vox에 닿는다. 영어 **voice**는 프랑스어 voix를 통해 차용되었다. '목소리의', '발성의'를 뜻하는 **vocal**과 '성대聲帶'를 의미하는 **vocal cords**가 여기서 나왔다. 동사형인 vocalize는 '입으로 소리를 내다'라는 뜻도 있지만, '표현하다'라는 의미로 더 자주 사용된다. Showing children pictures sometimes helps them to vocalize their ideas는 '아이들에게 그림을 보여주면 자신들의 생각을 표현하는 데 도움이 될 때가 있다'라고 번역한다. 라틴어 경구 **vox populi**는 영어에서도 그대로 사용되는데, 영어로 번역하면 the voice of the people이고 '민중의 소리' 또는 '민심이 천심'을 뜻한다.

10월

- Recruitment
- Ingredient
- Confession
- Eloquence
- Molecule
- Passion
- Profit
- Rural
- President
- Respect
- Abuse
- Estival
- Irritable
- Discernment
- Miracle
- Pleasure
- Service
- Image
- Remission
- Parsimony
- Exact
- Requisition
- Serenade
- Catering
- Retrospective narrative
- Itinerary
- Impeachment
- Ungrateful
- Forest
- Ambition
- License

Recruitment 신입 모집

중세 유럽은 군주제가 근간이었다. 이 시스템을 운영하기 위해서는 적지 않은 군사가 필요했다. 먼저 하위 계층에 속한 구성원들의 봉건적 부역이 있었다. 영주들은 상위 계층의 제후나 왕에게 병사를 제공해야 했다. 두 번째로 가신들은 자신들의 토지와 안전을 보호받는 대가로 군 복무의 의무를 지고 있었다. 주군이 소환하면 40일 정도 군 복무를 할 의무가 있었다. 마지막으로 군주는 용병들을 동원할 수 있었다. 전쟁 전문가인 용병들은 국적과 관계없이 급여를 제공하는 군주를 찾아 떠났다. 특히 중세 후기에는 용병을 전문적으로 제공하는 자유 용병단까지 등장해 전 유럽에 용병을 제공했다.

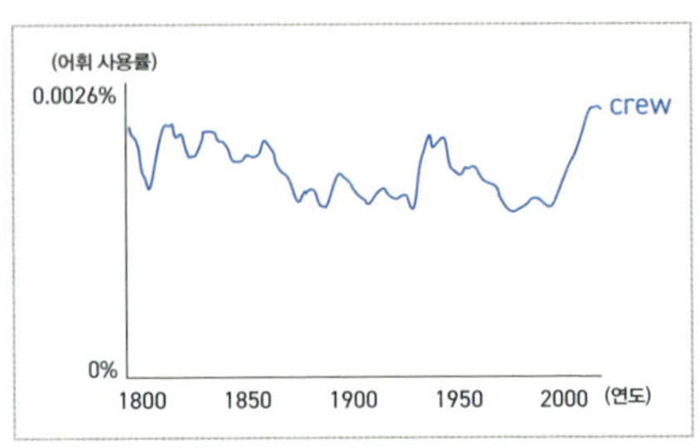

❖ crew 용례의 급증은 항공 운송량 증가와 팀워크 문화 확산에 기인한다.

지금은 '신입 사원(회원) 모집'을 의미하는 **recruitment**는 중세 유럽에서는 병사를 모집한다는 의미로 사용되었다. 이 말은 '증가하다'를 뜻하는 라틴어 동사 crescere에서 나왔다. '증가하다'를 의미하는 **increase**, '감소하다'를 의미하는 **decrease**가 모두 여기서 나왔다. The price of oil increased는 '유가가 상승했다'라는 말이다. '초승달 모양'을 가리키는 **crescent** 역시 달이 커가는 모양이라는 의미를 지닌다. 프랑스인이 즐겨 먹는 크루아상croissant이라는 단어는 빵의 모양이 초승달과 유사해 초승달을 가리키기도 한다. 음악 용어인 **crescendo**는 '점점 크게'라는 뜻을 갖고 있다.

'비행기 승무원'을 가리키는 **crew** 역시 어원이 라틴어 crescere인데, 본래 뜻은 증원군이었다. 지금처럼 특정한 직업에 종사하는 사람들의 집단이라는 뜻은 1690년에 확인된다. 특히 선박 운항에 종사하는 사람들을 가리켰다. 지금은 선박이 항공기로 대체되었다.

Ingredient 재료

중세 유럽인들의 음식을 살펴보면 현대인에게는 낯선 식재료들이 보인다. 중세의 연회에는 백조와 공작이 그날 요리의 백미를 장식했다. 몸통을 굽고, 그 위에 깃털을 다시 꽂아 마치 백조나 공작이 살아 있는 것처럼 보였다. 르네상스 시대에는 향유고래의 소화기관에서 만들어지는 용연향을 소스나 디저트의 향료로 사용했다.

❖ 중세의 연회 장면

당시에는 매우 귀하고 비싼 식재료였다고 한다. 비버의 꼬리는 중세 수도사들이 즐겨 먹는 음식이었다. 육식이 금지되는 사순절 기간에 비버는 수생동물이기 때문에 생선으로 간주하고 꼬리를 먹었다. 귀에 걸면 귀걸이, 코에 걸면 코걸이라는 말이 딱 맞다.

식품을 구입하면 어떤 재료로 만들었는지 살펴보게 되는데, 바로 **ingredient**가 '식재료' 혹은 '성분'을 가리킨다. Avocado is the main ingredient of the Mexican dish는 '아보카도는 멕시코 요리의 주요 재료다'라는 말이다. ingredient는 '안'을 의미하는 in-이 앞에 보이므로, 안에 들어간 재료라고 짐작할 수 있다. 이 말은 라틴어 ingredior(들어가다)에서 나왔다. ingredient는 안으로 들어가는 것을 의미한다. '의회'나 '회의'를 가리키는 **congress**는 함께 걷는다는 의미에서 함께 모이는 '회의'라는 뜻이 만들어졌다. 영어 to에 해당하는 ad-가 앞에 붙으면 어느 쪽으로 간다는 의미에서 '공격하다'를 의미하는 **aggress**가 만들어진다. 영어 down에 해당하는 de-가 붙으면 '직책을 빼앗다' 또는 '강등시키다'를 뜻하는 **degrade**가 된다. 여기서 '비하하다'라는 의미도 생겨났다. This poster is offensive and degrades women은 '이 포스터는 모욕적이고 여성을 비하한다'라고 번역한다. '앞'을 의미하는 pro-가 붙으면 '전진하다'를 뜻하는 **progress**가 된다.

Confession 고백

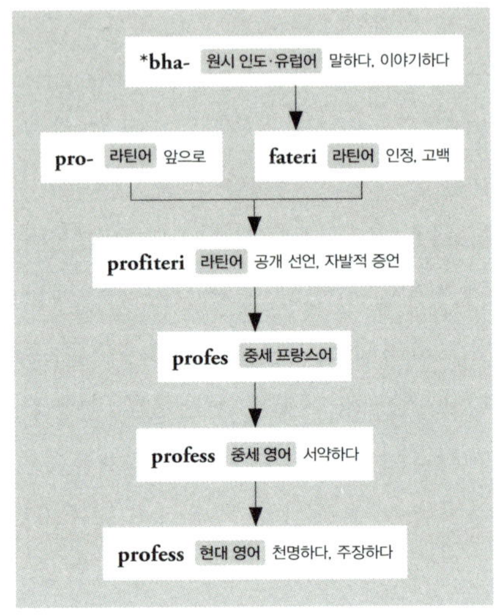

초기 기독교의 교부 성 아우구스티누스의 『고백록Confessiones』이 유명한 이유는 인간의 내면을 진실하게 고백한 스토리텔링 방식 때문이다. 아우구스티누스는 자신의 삶과 생각, 감정에 관해 지극히 개인적인 이야기를 들려준다. 그렇다고 『고백록』이 단순한 개인 이야기는 아니다. 거기에서는 심오한 철학과 신학적 깊이도 엿볼 수 있다. 성인은 시간, 기억, 신의 본질, 죄, 은혜, 자유의지 등 복잡한 주제를 깊이 있게 탐구한다. 은유, 우화, 성찰을 통해 지적이고 정서적으로 매력적인 이야기를 들려준다. 그가 다룬 주제들, 즉 유혹, 야망, 사랑, 진리 추구 등은 시대에 구애받지 않고 공감을 불러일으키는 보편적인 주제들이다.

'고백'을 의미하는 영어 **confession**에는 '함께'를 뜻하는 con-이 첫음절에 보인다. 두 번째 음절에 놓인 fession은 '인정하다'를 의미하는 라틴어 fateri에서 나왔다. 즉, 고백은 다른 사람들 앞에서 자신의 이야기를 꺼내는 행위를 가리킨다. After hours of questioning, the suspect confessed는 '몇 시간의 심문 끝에 용의자가 자백했다'라는 말이다. '앞'을 의미하는 pro-가 붙으면 **profess**가 되는데, '공개적으로 말하다'가 어원적 의미다. 여기서 신조나 감정을 '천명하다', 특히 사실이 아닌 것을 사실이라고 '주장하다'라는 뜻이 나왔다. She still professes her innocence는 '그녀는 여전히 자신의 결백을 주장하고 있다'라고 번역한다. '교수'를 가리키는 **professor**는 공개적으로 학문적인 강의를 하는 사람이다. '직업'을 가리키는 **profession**도 처음에는 공개적 선언을 의미했지만, 14세기부터는 특정 분야의 숙련된 직업으로 의미가 바뀌었다.

Eloquence　웅변

고대 로마의 정치는 '광장 정치'였다. 시장을 뜻하는 포룸forum은 로마제국의 도시 중심에 위치한 공공 복합 장소였다. 이곳에서 정치가들은 열정적인 웅변을 통해 로마 시민에게 정견을 발표했고, 대중의 마음을 사로잡았다. 그중에서도 가장 위대한 웅변가를 꼽으라면 공화정 말기의 키케로를 들 수 있다. 그의 연설은 명료하면서도 우아했고, 논리적 설득력과 감정적 호소력이 조화를 이룬 것으로 유명했다. 그의 연설과 수사학 기법은 대중 연설과 법적 논증의 표준이 되었고, 그의 저술은 르네상스 시대

❖ 웅변하는 키케로

학자들에 의해 연구되었으며 오늘날에도 계속 분석되고 있을 정도다. 오늘날 우리가 사용하는 많은 라틴어 용어와 표현은 키케로에게서 그 기원을 찾을 수 있다. 키케로는 웅변, 수사학, 글쓰기에서 타의 추종을 불허하는 실력을 발휘했기 때문에, 로마 역사에서 위대한 웅변가이자 작가로 남아 있다.

'웅변'을 뜻하는 영어 **eloquence**는 영어 say, speak, tell에 해당하는 라틴어 동사 loqui에서 나왔다. '밖'을 나타내는 ex-가 붙어 '말을 밖으로 표현하다'라는 의미에서 '웅변'이 되었다. 학술회의와 관련된 용어 중에는 콜로키움colloquium이라는 단어가 있는데, 라틴어 colloquium에서 나왔다. com-이 붙어 함께 말하거나 발표한다는 의미에서 일반적으로 공공장소에서 이루어지는 '학회'나 '세미나'를 말한다. 콜로키움은 먼저 발제자가 주제를 개괄적으로 설명하면, 참여자가 주제에 대해 자신의 의견을 자유롭게 제시하는 방식으로 이루어진다. '말투'나 '어투'를 의미하는 **locution**도 loqui에서 나왔다. '말이 많은'을 뜻하는 **talkative**의 동의어 중 **loquacious**도 그 어원이 같다. He is particularly loquacious on the topic of politics는 '그는 정치 이야기만 나오면 유난히 말을 많이 한다'라고 번역할 수 있다.

Molecule 분자

분자는 화학적으로 결합된 두 개 이상의 원자로 구성되어 있다. 이러한 원자는 산소 분자(O_2)처럼 같은 원소일 수도 있고, 수소 원자 2개와 산소 원자 1개로 구성된 물 분자(H_2O)처럼 다른 원소일 수도 있다. 분자는 단순하거나 복잡한 구조일 수도 있다. 산소나 질소(N_2)와 같이 몇 개의 원자로만 구성되기도 하고, 단백질이나 DNA처럼 수천 개의 원자로 구성될 수도 있다. 분자의 발견에 초석을 놓은 과학자로는 이탈리아의 물리학자이자 화학자였던 아

❖ 이탈리아의 과학자 아보가드로

보가드로를 꼽는다. 그는 같은 온도와 압력에서 같은 부피의 기체에는 같은 수의 분자가 포함되어 있다는 '아보가드로의 법칙'으로 유명하다. 이 아이디어는 원자와 분자를 구분하는 데 결정적으로 기여했다. 아보가드로의 연구는 처음에는 간과되었지만, 이후 분자 이론의 기초가 되었다.

'분자'는 영어로 **molecule**이라고 부르는데, 17세기에 프랑스어 molécule에서 들어왔다. 물론 프랑스어도 '덩어리'나 '장벽'을 뜻하는 라틴어 moles가 그 어원이다. 현재 사용하는 분자라는 단어는 덩어리의 어원적 의미는 보존하고 있지만, '가장 작은 덩어리'라는 뜻이 되었다. Dopamine is a neurotransmitter, a molecule that ferries information between neurons는 "도파민은 신경전달물질로, 뉴런 사이에 정보를 전달하는 분자다"라는 말이다. moles는 '건설하다'를 뜻하는 라틴어 동사 moliri도 제공했다. 영어 down에 해당하는 de-가 붙으면 영어에서 '철거하다'를 의미하는 **demolish**가 만들어진다. The factory is due to be demolished next year는 '이 공장은 내년에 철거될 예정이다'라고 번역한다. **demolition**은 명사형으로 '철거'를 뜻한다.

Passion 열정

그리스도의 수난은 예수 그리스도 생애의 마지막 시기를 말한다. 특히 그의 고난과 십자가 처형, 그리고 죽음에 초점을 맞추고 있다. '수난'은 영어로 **passion**이라고 부르는데, 이 말은 '고통' 또는 '인내'를 의미하는 라틴어 passio에서 유래했다. 최후의 만찬 이후, 십자가에 처형되는 과정에서 일어난 주요 사건은 다음과 같다. 최후의 만찬을 마친 예수는 겟세마네 동산으로 기도하러 갔고, 임박한 죽음에 대한 극심한 고뇌를 경험한다. 그는 고통을 피할 수 있는지 하느님께 기도하지만 결국 하느님의 뜻에 복종한다. 이

❖ 십자가에 매달린 예수

후 로마의 총독 빌라도가 주재하는 재판을 받고 십자가형에 처한다. 예수는 십자가에 못 박혀 두 명의 도둑과 함께 이생의 삶을 마감하기 전에, 자신을 십자가에 못 박은 사람들을 용서하고, 자신의 영혼을 하느님께 맡기는 등 여러 말씀을 남긴다. 이후 예수는 사흘 뒤에 죽은 자들 가운데서 부활한다.

라틴어 passio는 고통을 받아들여 인내한다는 뜻을 지니고 있었다. 이후 13세기에는 감정, 욕망, 성향, 느낌 혹은 고통으로 간주되는 죄에 대한 '욕망'으로 그 뜻이 발전한다. 현대 영어 passion의 첫 번째 의미인 '열정'이 이렇게 만들어졌다. 영어 형용사 **passive**에는 무엇을 받아들인다는 데서 '수동적인'이라는 의미가 그대로 남아 있다. He played a passive role in the relationship은 '그는 그 관계에서 수동적인 역할을 했다'라는 말이다. com-이 앞에 붙으면 **compassion**이 만들어지는데, 함께 느끼는 열정이므로 '연민', '동정심'을 뜻한다. **impassive**는 passive의 반대말이 아니라, '고통을 느끼지 못하는'이라는 의미를 갖는다. passion의 뜻이 본래 고통이었기 때문이다. her impassive expression/face는 '그녀의 무덤덤한 표정/얼굴'이라는 말이다.

Profit 이익

15~16세기에 베네치아, 제노바, 피렌체 같은 이탈리아의 도시국가들은 은행, 해상무역, 금융의 중심지가 되었다. 베네치아 상인들은 동방으로 향하는 무역로를 통제하고 향신료와 기타 사치품을 수입해 막대한 수익을 올렸다. 메디치가문의 뿌리인 피렌체는 은행업과 직물 제조를 통해 막대한 수익을 올렸다고 한다. 메디치가문의 부는 대부분 은행 수익에 기반을 두고 있었기 때문에, 르네상스 시대에는 강력한 정치 세력이자 예술의 후원자가 되었다. 르네상스가 피렌체를 중

❖ 피렌체의 통치자이자 메디치가문의 수장인 로렌초 데 메디치

심으로 일어났던 이유는 메디치가문의 강력한 재정적 후원이 있었기 때문이다.

영어에서는 '금전적 이익'을 **profit**이라 부른다. **benefit**은 '혜택' 혹은 '이득'으로 번역한다. 먼저 profit은 주로 비즈니스를 비롯한 경제 분야에서 사용한다. 메디치가문이 거둔 이익은 profit이다. The company's profit for the year was $500,000는 '회사의 해당 연도 이익은 50만 달러입니다'라는 말이다. 반면, benefit은 반드시 금전적인 것이 아니더라도 어떤 행동이나 상황으로부터 얻은 긍정적인 결과나 이점을 말한다. Regular exercise provides numerous health benefits는 '규칙적인 운동은 수많은 건강상의 이점을 제공한다'라고 번역할 수 있다. profit의 어원은 중세 프랑스어 porfit인데, 이 말도 '성장', '이점', '성공' 등을 의미하는 라틴어 profectus에서 나왔다. 여기서 pro-는 '앞'을 의미하고, fectus는 '하다'를 뜻하는 동사 facere에서 나왔다. 따라서 profit의 어원적 의미는 '앞으로 나아가 성과를 내다', '성공하다'라는 의미를 지닌다. 형용사 **proficient**는 '능숙한'이라는 의미를 지녔다. 능숙한 사람이 돈도 잘 버는 법이다. She's proficient in several languages는 '그녀는 여러 언어에 능통하다'라는 말이다.

Rural 시골의

미국의 부호들은 대개 교외의 저택에 거주한다. 노스캐롤라이나주 애슈빌에 있는 빌트모어 저택은 미국에서 가장 큰 개인 소유 저택이다. 조지 워싱턴 밴더빌트 2세가 1889~1895년에 지은 이 저택은 건평만 약 5,000평에 이르고, 35개의 침실, 43개의 욕실, 65개의 벽난로를 포함한 250개의 방을 갖추고 있다고 한다.

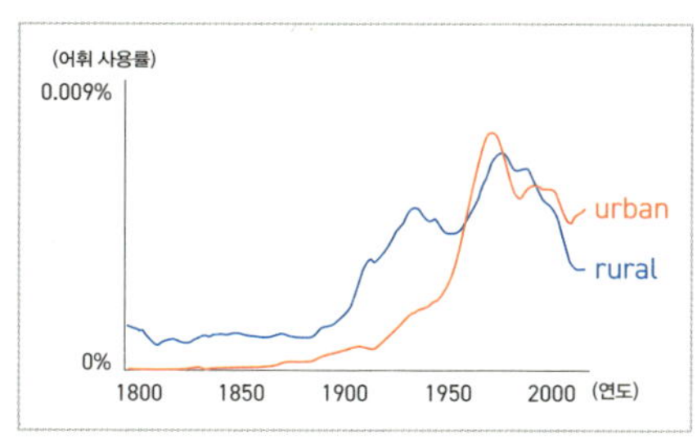

❖ rural이 오랫동안 urban에 비해 우위에 있었지만, 1950년대 이후 urban이 급격히 상승했다.

고대 로마시의 인구는 100만 명에 달했다고 한다. 그러다 보니 아무리 권력이 막강한 원로원 의원도 시내에 domus(단독 주택)를 소유하는 경우는 드물었다. 그 대신 교외에 저택을 지어 전원생활을 만끽했는데, 로마인들은 이런 '교외 저택'을 villa라고 불렀다. 한국인에게 익숙한 빌라가 본래는 시골 저택이었다. 빌라는 엘리트 계층의 전원 휴양지 역할을 했으며, 번화한 로마 시내에서 멀리 떨어진 시골에 위치하는 경우가 많았다. 빌라가 있는 영지는 부와 권력의 상징이었으며, 농업, 여가, 사교 모임의 장소로도 활용되었다. '도시에 인접한 빌라'를 villa urbana라고 불렀는데, 휴식을 취하고 손님을 접대하기 위한 호화로운 별장에 가까웠다. 반면에 '시골 빌라'로 번역되는 villa rustica는 주인을 위한 거주 공간 외에도 곡물, 와인, 올리브 오일과 같은 농산물을 재배하고 가공할 수 있는 시설이 있었다.

영어에서 '시골의'를 의미하는 **rural**은 라틴어 rus가 그 어원이다. rus와 그 뿌리가 같은 라틴어 rusticus에서는 영어 **rusticate**가 나왔는데, '시골로 은퇴하다'를 의미한다. 형용사 **rustic**은 '시골풍의', '소박한'이라는 뜻을 지닌다. old cottage full of rustic charm은 '소박한 매력이 가득한 오래된 별장'이라는 말이다.

OCT 9 · President 대통령

고대 그리스 민주정에서 통치자는 '아르콘archon'이라고 불렸다. 그리스어로 '지배자'를 의미했다. 아테네에는 아홉 명의 아르콘이 있었는데, 각자의 임무가 정해져 있었다. '집정관'을 의미하는 로마공화정의 consul과 그 역할이 유사하다고 볼 수 있다. consul이라는 직책

❖ 미국 역대 대통령이 새겨진 러시모어산

은 나폴레옹 시대의 프랑스에서 부활한다. 1799년 쿠데타로 집권한 나폴레옹은 통령 정부consulat를 세운다. 통령 정부에서는 제1통령, 제2통령, 제3통령이 나라를 운영했으며, 1802년 8월에는 나폴레옹이 종신 통령의 자리에 올랐다. 이후 통령 정부를 폐지한 나폴레옹은 황제에 오른다. 시민혁명으로 민주국가를 세운 미국의 통치자는 **president**라는 직함을 사용한다. '앉다'를 의미하는 라틴어 동사 sedere 앞에 '먼저'를 뜻하는 pre-가 붙어, 원래는 회의에 미리 나와 앉아 있는 사람을 가리켰다. 물론 회의를 주재한다는 의미도 있었다. 19세기에 미국과 수교한 일본은 president를 통령 중의 우두머리인 '대통령'으로 번역했다. 미국의 최고 권력자에 대한 지나친 우대의 표현이었다.

라틴어 sedere에서 나온 영어 어휘 중에는 '회의', '수업', '의회 회기'를 뜻하는 **session**이 있다. 본래의 의미는 '앉아 있는 상태'에서 '회의나 법정에 사람들이 모여 앉는 시간'이었다. The committee will hold an emergency session tomorrow는 '위원회는 내일 긴급 회의를 열 것이다'라는 말이다. 군사작전 중 '포위 작전'을 **siege**라고 부른다. 적진을 둘러싸고 앉아 적의 항복을 기다리는 모습을 연상해보자. **state of siege**는 '계엄 상태'를 가리킨다.

역사적 인물이 존경을 받는 데는 여러 가지 이유가 있을 것이다. 마케도니아의 알렉산드로스대왕은 유럽과 아프리카를 넘어 아시아까지 정복한 유일한 인물이었다. 그가 위대한 것은 단순히 영토를 정복해서가 아니라, 위대한 문화적 업적을 이루었기 때문이다. 그리스 문화와 오리엔트 문화가 융합된 헬레니즘 문화가 그의 대표적 업적이다. 그는 피정복민들과의 화합을 위해 페르시아제국의 다리우스 3세의 딸과 결혼했다. '세계인'

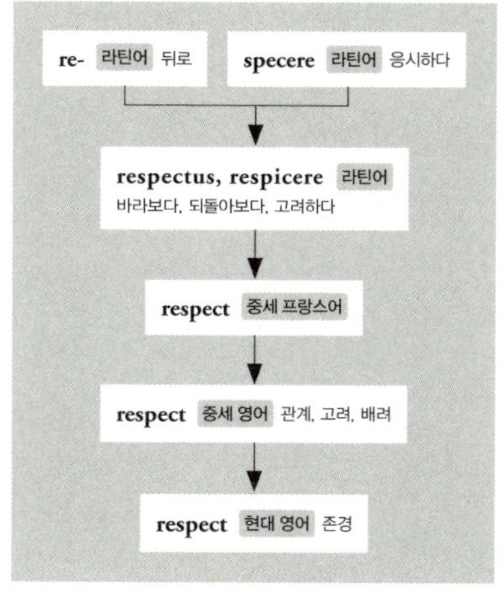

을 뜻하는 cosmopolitan 정신의 씨앗을 뿌린 이가 바로 알렉산드로스대왕이었다.

'존경', '존경하다'를 의미하는 영어 **respect**는 영어 look at 혹은 see에 해당하는 라틴어 spectare에서 나왔다. 앞에서 소개한 speculum(거울)과 어원이 동일하다. re-는 '다시' 또는 '뒤'를 의미하므로, 뒤를 본다는 의미에서 주시하다(=regard), 고려하다(=consider)라는 뜻이 생겨났다. pro-는 '앞'을 의미하므로 **prospect**는 앞을 본다는 데서 '예상'이나 '가능성'이라는 뜻이 만들어졌다. There is no immediate prospect of peace는 '즉각적인 평화의 전망은 없다'라는 말이다. '측면'이나 '양상'을 뜻하는 **aspect**는 영어 to에 해당하는 ad-가 붙어 무엇을 보는 관점이라는 의미를 갖게 되었다. aspect는 본래 점성술의 용어였는데, 지구에서 볼 때 행성의 상대적 위치라는 뜻을 가지고 있었다. 그 후 무언가를 바라보는 방법, 특정 방향을 향한 면이라는 뜻이 생겨났다. the most important aspect of the debate는 '토론의 가장 중요한 측면'이라는 표현이다. '아래'를 뜻하는 sub-가 붙으면 **suspect**가 된다. 밑에서 본다는 의미에서 '은밀하게 보다', '의심스럽게 보다'라는 뜻이 생겨났고, 여기서 사건의 '용의자'라는 의미가 만들어졌다.

Abuse 남용

약물은 적당히 쓰면 약이 되지만 지나치게 사용하면 독이 된다. 아편은 고대 이집트에서 진통제로 사용한 약물이었다. 아편은 다른 마약에 비해 마약 성질이 낮은 편에 속하지만, 과도하게 복용하면 환각 증상을 일으켜 중독에 이를 수 있다.

❖ 아편에 중독된 청나라 사람들

19세기 영국 동인도회사의 재정 상태는 악화 일로에 있었다. 영국 상인들은 무역 적자를 메우기 위해 인도에서 중국으로 아편을 밀수했고, 이는 광범위한 아편 중독으로 이어졌다. 중국 정부는 아편 무역을 억제하기 위해 노력했지만, 결국 영국과 두 차례의 아편전쟁을 치러야 했다. 당시 아편 중독은 중국 사회, 특히 노동계급을 황폐화시켰다. 19세기 후반까지 약 1,000만~1,200만 명의 중국인이 아편에 중독된 것으로 추정된다. 전쟁의 패배로 중국은 홍콩과 같은 영토를 양도하고 서구 열강에 문호를 강제로 개방했다.

일정한 기준이나 한도를 넘어 함부로 무언가를 사용하는 행위를 남용이라고 한다. 영어로 '남용'은 **abuse**라고 하는데, '사용하다'를 뜻하는 use와 관련 있어 보인다. ab-는 '~로부터 동떨어진'이란 뜻이므로 abuse는 본래의 사용 용도에서 동떨어졌다는 뜻이다. abuse의 라틴어 어원은 '남용하다', '오용하다' 혹은 '소진하다'를 뜻하는 abusus다. He was arrested on charges of corruption and abuse of power는 '그는 부패 및 권력 남용 혐의로 체포되었다'라는 말이다. **disuse**는 영어 not에 해당하는 중세 프랑스어 dis-가 붙어 더 이상 '사용하지 않음', '폐기'를 뜻한다. The factory fell into disuse twenty years ago는 '이 공장은 20년 전에 문을 닫았다'라고 번역할 수 있다. **usual**은 흔히 일어나고 사용한다는 의미에서 '흔히 하는', '평상시의'라는 뜻이 생겼다.

Estival 여름

지구의 평균기온이 상승하면서 여름 여행은 퍽 힘든 일이 되었다. 특히 이탈리아나 그리스 같은 나라의 여름 더위는 악명이 높다. 그렇다면 2,000년 전 로마의 날씨도 마찬가지였을까? 당시 로마의 날씨는 지중해성 기후로 무척 더웠다고 한다. 7월과 8월의 가장 더운 시간대에는 일

❖ 로마신화에 등장하는 계절의 신들인 호라이

을 하는 대신 낮잠을 즐겼고, 공공 분수와 목욕장이 더위를 식힐 수 있는 좋은 장소였다. 특히 공중 목욕장은 로마인들의 사회생활에 중심을 차지하고 있었다. 로마인들은 공중 목욕장에서 몸을 씻는 것 외에도, 운동, 마사지, 식사, 오락 등을 즐겼다. 부유한 로마인, 특히 상류층은 로마의 더위를 피해 시골이나 해안가, 특히 나폴리만 근처의 별장으로 피서를 떠나는 경우가 많았다.

'여름'은 영어로 **summer**라고 하는데, '여름의'를 뜻하는 형용사로는 **summery**와 **estival**이 있다. summery는 일상생활과 관련된 언어에서 사용한다. It was a summery day with bright sunshine and a gentle breeze는 '밝은 햇살과 산들바람이 부는 여름날이었다'라는 말이다. 반면 estival은 '여름'을 뜻하는 라틴어 aestas에서 나온 말인데, summery보다 덜 일반적이고 문어적인 느낌을 갖는다. The estival solstice marks the longest day of the year는 '하지는 일 년 중 낮이 가장 긴 날이다'라는 말이다. 한편, '가을'을 의미하는 영어는 라틴어에서 유래한 **autumn**과 고유어인 **fall**이 있지만, 형용사는 **autumnal**만 사용한다. "The city transforms into a canvas of autumnal hues, with leaves painting the streets in shades of amber and gold"•라는 문장을 번역하면 '도시는 가을빛 물감으로 채워진 캔버스로 변하며, 나뭇잎들이 거리를 호박빛과 황금빛으로 물들인다'가 된다.

• 〈Autumn pleasures: More than leaves〉, The New York Times, Sept. 20, 1981.

Irritable 짜증을 내는

"분노는 순간적인 광기다"

_ 호라티우스

"계속 화를 내는 것은 누군가에게 던지려고 석탄을 손에 쥐는 것과 같다. 결국 그것에 데는 사람은 바로 자신이다"

_ 부처

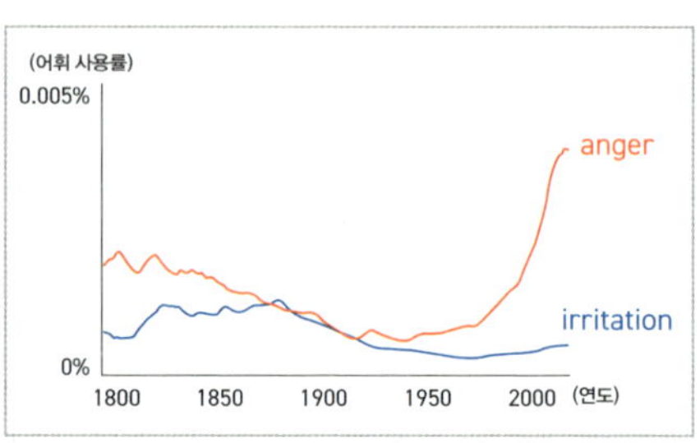

❖ 1920년에 들어와 anger와 irritation의 용례 빈도 수가 큰 차이로 역전되었다.

분노는 인간이 억제할 수 없는 감정 중 하나다. 그런 이유에서 가톨릭에서는 분노를 7대 대죄 중 하나로 분류한다. 서양사에서 가장 짜증을 잘 내는 인물 중에는 튜더 왕조의 두 번째 왕인 헨리 8세를 들 수 있다. 그의 여성 편력은 지나칠 정도였는데, 여섯 번이나 결혼을 했다. 그중 두 명의 왕비는 간통죄로 처형되고, 한 명은 출산 합병증으로 사망하고, 한 명은 소박을 맞은 이유도 모른 채 쫓겨나고, 한 명은 이혼으로 인한 화병으로 죽고, 마지막 왕비인 캐서린 파Catherine Parr 만이 왕의 임종을 지켰다.

영어에는 고유어인 **anger** 외에도 분노를 표현하는 어휘들이 여럿 있다. 영어 **irritable**은 '짜증을 내는'을 뜻하는 단어다. 라틴어에서 '분노'를 의미하는 ira에서 나온 말이다. She waved him away with an irritable gesture는 '그녀는 화가 난 몸짓으로 그를 내쫓았다'라는 말이다. **irate**는 '격분한'을 뜻하는 단어고, 달리 말하면 very angry에 해당한다. irate customers는 '격분한 고객들'이라는 표현이다. **irritate**는 '짜증나게 만들다'라는 뜻을 갖고 있다. Her behaviour really began to irritate me는 '그녀의 행동이 정말 나를 짜증나게 만들기 시작했다'라고 번역한다. anger가 들어간 속담을 하나 소개한다. "Anger begins with folly, and ends with repentance." 분노는 어리석음에서 시작해, 후회로 끝난다.

Discernment　분별력

많은 지식과 부를 얻었다면 성공한 인생이라고 말할 수 있을까? 인생을 살다 보면 그보다 더 중요한 순간을 여러 번 만난다. 분별력이 필요한 때가 꼭 찾아오는 것이다. 먼저 선과 악, 정의와 불의, 참과 거짓을 분별할 줄 알아야 한다. 두 번째는 선후先後와 경중輕重을 분별할 수 있어야 한다. 정말 도움이 필요한 사람에게 빠른 도움을 줄 경우와 마지못해 도움을 줄 경우, 결과는 땅과 하늘만큼 차이가 난다. 마찬가지로 중요한 것과 덜 중요한 것을 분별할 줄 알아야 한다.

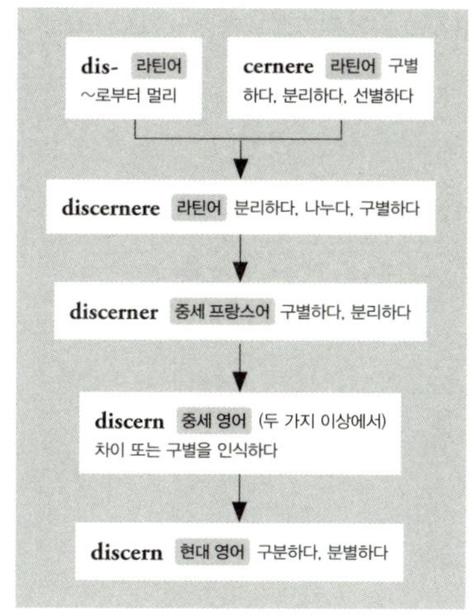

'분별력'은 영어로 **discernment**라고 한다. '구분하다', '분별하다'를 뜻하는 라틴어 동사 cernere에서 나온 말이다. 영어 동사 **discern**에서 나온 이 단어는 dis(영어 away, off에 해당)와 cernere(영어 distinguish에 해당)로 나눌 수 있는데, 따로 떼어내어 구분한다는 의미에서 '알아차리다', '알아보다'라는 뜻을 지닌다. I could just discern a figure in the darkness는 '어둠 속에서도 사람의 형체를 식별할 수 있었다'라는 말이다.

'신중한'을 뜻하는 **discreet** 역시 cernere에서 나온 말이다. 특히 비밀을 유지함으로써 지나치게 관심을 끌지 않는다는 의미를 지녔다. The family made discreet enquiries about his background는 '가족들은 그의 배경에 대해 조심스럽게 조사했다'라는 말이다. 여기서 나온 명사는 **discretion**인데 '신중함'이라는 뜻 외에 '재량'이라는 의미도 있다. I leave the decision to your discretion은 '결정은 귀하의 재량에 맡기겠다'라고 번역할 수 있다.

Miracle 기적

8세기 이탈리아 중부 지방의 작은 마을 란치아노에서 한 수도사가 미사를 올리고 있었다. 수도사는 미사를 집전하던 중 성체성사에 봉헌된 빵과 포도주에 의심을 품었다. 빵은 그리스도의 몸이고, 포도주는 그리스도의 피였다. 그런데 봉헌하는 동안 빵이 살로 변하고, 포도주가 피

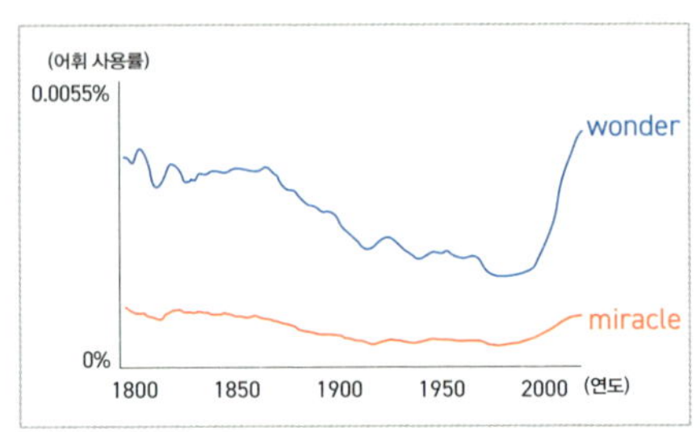

❖ wonder(경이로움)와 miracle의 차이는 더 벌어지고 있다. 기적은 쉽게 일어나지 않는다는 의미일까?

로 변하는 놀라운 일이 벌어졌다. 경외심에 압도된 수도사는 이 기적을 신자들과 함께 나누었다. 이 유물은 지금도 란치아노 성당에 보존되어 있다고 한다.

더 놀라운 사실은 1971년 이 유물을 과학적으로 조사했는데, 유물로 보존된 살과 피가 사람의 조직이라는 점이 밝혀졌다는 것이다. 살은 사람의 심장이었다고 한다. 조사 결과, 이 유물은 1,200년 동안 어떤 형태의 인공 보존도 거치지 않았다고 결론을 내렸다. 지금도 란치아노의 기적을 보기 위해 전 세계에서 수많은 순례자가 찾아오고 있다.

'기적'을 뜻하는 영어 **miracle**은 '놀라다' '찬미하다'를 의미하는 라틴어 mirari에서 나왔다. 영어 to에 해당하는 ad-가 붙은 **admire**는 '존경하다', '감탄하다'라는 뜻을 지닌다. admire의 뜻에는 다른 사람의 자질이나 업적의 가치를 인정하는 것도 포함된다. 애정보다 존중과 존경에 방점을 찍은 것이다. I admire her courage and determination은 '그녀의 용기와 결단력이 존경스럽다'라고 번역한다. 반면 '신기루'를 의미하는 **mirage**는 라틴어 mirare(보다)에서 나온 단어로, '시각적 착시로 실제 위치와 다른 곳에 보이는 현상'을 가리킨다. 찰스 디킨스의 『두 도시 이야기』에 나오는 표현이다. "… a mirage of honourable ambition, self-denial, and perseverance"(명예에 대한 야망과 자기부정, 불굴의 의지 같은 신기루….)

Pleasure 즐거움

❖ 중세 귀족의 사냥 모습

암흑의 시대로 오해받는 중세 유럽에서 오락은 종교의 가장 큰 해악이었을까? 문헌 기록을 살펴보면 중세인들은 여러 종류의 오락을 즐기고 있었다. 물론 귀족에 한정되었다. 귀족의 전유물인 사냥은 중요한 여가 활동이었다. 사냥은 스포츠이자 자신의 지위를 과시하는 수단이기도 했다. 멧돼지, 사슴 등을 사냥하는 것은 즐거움을 위한 것일 뿐만 아니라, 사회적 위계질서를 강화하는 수단이기도 했다. 사냥은 경제적 파급효과도 일으켰다. 몰이사냥을 위해 울창한 숲이 필요했기 때문이다. 본래 '숲'을 의미하는 영어 **forest**는 '금지' 또는 '울타리'를 뜻하는 프랑스어 forêt에서 유래한 말인데, 영주들이 사냥을 독점하기 위해 정한 특정 지역을 가리켰다.

'기쁨'이나 '즐거움'을 뜻하는 영어의 **pleasure**는 중세 프랑스어 plaisir에서 나온 말이다. 어원을 더 거슬러 올라가면 '기쁨을 주다'를 뜻하는 라틴어 placere에 닿는다. 영어 어형인 pleasure가 라틴어 어원과 많이 달라 보이는 것은 프랑스어 plaisir를 통해 차용했기 때문이다. 라틴어 어원에서 직접 나온 말로는 '온화한', '너그러운'이라는 의미를 지닌 **placable**이 있다. He was a placable fellow with a mild temper는 '그는 온화한 성격을 지닌 너그러운 사람이었다'라고 번역하면 된다. 반대말은 '냉정할 정도로 확고한', '무자비한'을 뜻하는 **implacable**이다. com-이 붙으면 **complacent**가 되는데, 상대방과 함께 즐기는 것이 아니라 자기 자신과 즐긴다는 의미에서 '자기만족적인'이라는 뜻을 갖는다. We can't afford to become complacent about any of our products는 '우리는 어떤 제품에 관해서도 자만하거나 방심할 여유가 없다'라는 말이다. 프랑스어를 거쳐 들어온 **plea**도 placere가 어원인데, '애원', '간청'을 의미하고, 법원에서는 '피고인의 답변'을 뜻한다. He refused to listen to her tearful pleas는 '그는 그녀의 눈물겨운 호소를 듣지 않았다'라고 번역한다.

Service 서비스

현대인들은 많은 서비스를 받고 산다. 금융 서비스, 의료 서비스, 위치 서비스, 심지어 셀프서비스까지 다양한 서비스를 제공받고 있다. **service**의 의미소를 이루는 핵심 인자는 누군가가 다른 이를 위해 봉사를 한다는 것이다. 서비스의 핵심은 일반적으로 타인을 지원하거나, 노동 또는

❖ 고대 로마의 노예들

의무를 제공하는 행위를 가리킨다. 항상 그런 것은 아니지만, 종종 대가나 다른 형태의 보상을 받기도 한다.

고대사회에서 노동의 주체는 노예였다. 그러므로 서비스 제공자는 노예 계급이었다. service를 우리말로 번역할 때 '봉사奉仕'의 '봉奉'은 받든다는 것인데, 고대 사회에서 그 주체는 노예였다. service는 '봉사하다' 또는 '노예가 되다'를 뜻하는 라틴어 servire에서 나왔고, 그 뿌리는 '노예'를 의미하는 servus에 닿아 있다.

서비스를 제공했는데 편리함이 아니라 피해가 발생하면 **disservice**라고 한다. 여기서 접두사 dis-는 '반대'의 의미를 나타낸다. The minister's comments do teachers a great disservice는 '장관의 발언은 교사들에게 큰 피해를 끼칩니다'라는 말이다. **servile**은 노예처럼 '굽신거리는'을 뜻한다. Parents have no right to demand servile obedience from their children은 '부모는 자녀에게 복종을 요구할 권리가 없다'라고 번역한다.

영어에서 자주 쓰이는 **deserve**는 '무엇을 누릴 자격이 있다'를 뜻한다. 여기서 de-는 '완전하다'라는 뜻인데, 봉사를 완전히 수행했으므로 무엇을 받을 자격이 있다는 말이다. You deserve a rest after all that hard work는 '열심히 일한 만큼 쉴 자격이 있다'라는 말이다. **dessert**에서 de-는 '제거하다'를 의미하므로, 상을 치운 후에 마지막으로 나오는 음식, 즉 '후식'을 가리킨다.

Image 이미지

오감을 통해 받는 느낌을 이미지라고 한다. 문학에서 image는 '심상心象'으로 번역하는데, 마음에 떠오르는 모양이라는 말이다. 보통 시에서 심상이라고 하면 감각적 심상, 즉 감각적 이미지를 말한다. 여기서 말하는 감각은 오감을 가리킨다. 시는 함축적 표현을 즐겨 사용하기 때문에 감각적 이미지를 주로 가져온다. 예를 들어 행복하다는 느낌은 '하늘을 나는 것 같다'처럼, 시각적 이미지로 표현한다. 후각도 감각적 이미지로 표현할 수 있다. '향수 향이 마치

❖ 상상력을 발휘하는 시인 단테

달콤 쌉싸름한 오렌지 같다'는 후각을 통한 감각적 이미지의 표현이다.

프랑스어를 통해 영어에 차용된 **image**는 유사함, 복사 혹은 표현을 뜻하는 라틴어 imago에서 나왔다. 그런 이유로 imago는 사람이나 사물의 시각적 또는 상징적 표현을 가리켰다. 표현의 유형으로는 그림이나 조각이 많았다. 중세 프랑스어로 들어간 imago는 image로 어형이 바뀌지만, 그 의미는 변하지 않았다, 이후 영어로 들어온 image는 시각적 표현을 넘어 문학의 영역까지 나아간다. 시적 표현이나 예술적 표현으로 그 영역이 확대된 것이다.

image(정확히는 라틴어 imaginarius)에서 파생된 형용사는 현실에 존재하지 않고 오직 '상상에만 존재하는'을 의미하는 **imaginary**가 있다. I had an imaginary friend when I was a child는 '어렸을 때 상상 속 친구가 있었다'라는 말이다. '상상하다'를 가리키는 라틴어 imaginari에서 나왔다. **imaginative**는 '창의적인' 혹은 '상상력이 풍부한'이라는 뜻을 지녔다. imaginative approach는 '상상력이 넘치는 접근 방식'이다. You'll need to be a little more imaginative if you want to hold their attention은 '아이들의 관심을 끌려면 조금 더 상상력을 발휘해야 한다'라고 번역할 수 있다.

Remission 차도

1957년 미국인 라이트는 림프계 암의 일종인 림프육종 진단을 받았다. 말기 암 상태였고, 회복 가능성은 거의 없어 보였다. 당시까지는 의학적인 효과가 미지수였던 크레비오젠이라는 실험용 약물을 투여받자, 그의 상태는 기적적으로 호전되었다. 하지만 이 약물은 훗날 암 치료 효과가 거의 없는 것으로 판명되었다.

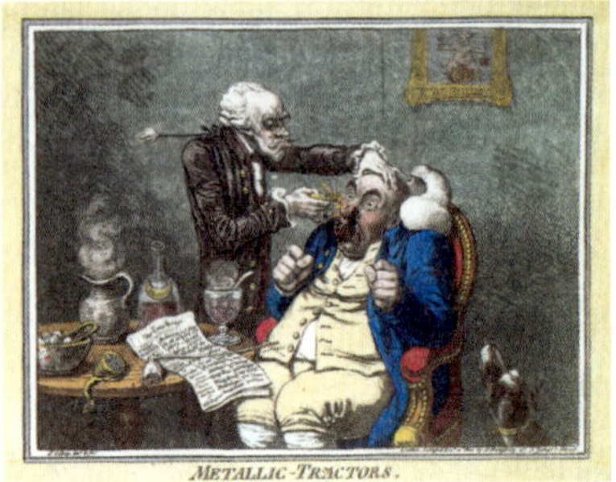

❖ 환자를 치료하는 엉터리 의사

의학에서 '플라시보 효과'라는 용어가 있다. '위약偽藥 효과'라고도 부르는데, 위약이란 단지 환자에게 심리적 효과만 주는 약을 가리킨다. 다시 말해, 약리 효과가 전혀 없는 약이다. placebo는 라틴어로 '내가 기쁘게 하겠다'를 의미한다. 앞서 소개한 라이트의 경우도 플라시보 효과에 속한다. 절망 속에서도 살아날 수 있다는 믿음이 이런 결과를 가져왔다고 볼 수 있다.

환자의 병세가 차도瘥度를 보일 때 영어에서는 **remission**이라고 부른다. 라틴어 동사 remittere에서 나온 말이다. 라틴어 mittere는 영어에 **mission**이라는 단어를 제공했는데, 누구를 보낸다는 의미에서 '임무'라는 뜻이 나왔다. 영어 back에 해당하는 re-가 mittere 앞에 붙으면 뒤로 보낸다는 의미에서 병세의 '차도'를 뜻하는 remission이 만들어진다. 병세가 악화 일로에서 방향을 틀어 호전되는 상태를 가리킨다. 법률 용어로는 모범수에 대한 '감형'이라는 뜻도 지니고 있다. She has been granted a remission of sentence는 '그녀는 형을 감면받았다'라는 말이다. **remittance**는 누군가에게 보내는 '송금'을 의미한다. 의미의 핵심 고리는 역시 '보내다'이다. Please return the completed form with your remittance는 '작성하신 양식을 송금과 함께 반송해주세요'라는 말이다. 이 단어의 동사형은 **remit**이다.

Parsimony 절약

아이작 뉴턴은 다음과 같이 말했다. "진리는 항상 단순함에서 발견되어야 하며, 다양성과 혼란에서 발견되어서는 안 된다." 학문에서 중요한 절약성의 법칙law of parsimony을 대변하는 말이다. 이 법칙은 '오컴의 면도날'로도 잘 알려져 있다. 이 법칙의 원리는, 가장 간단한 해결책이나 설명이 종종 올바른 해결책을 제시하거나 문제를 해결한다는 과학적 추론에 근거를 두고 있다. 여러 가설이 제시될 때 가정을 가장 적게 하고, 가장 간단한 가설을 선택해야 한다는 개념이다. 과학에서 경쟁 가설을 평가하는 데 이

❖ 서양 중세 철학자 오컴의 윌리엄

법칙이 사용된다. 두 가설이 동일한 결과를 예측하는 경우 가정이 더 적은 가설이 선호된다. 면도날은 불필요한 가정을 잘라내 제거한다는 비유적 표현이다.

'절약'이라는 의미를 지닌 **parsimony**의 첫 번째 뜻은 돈에 대한 지독한 '인색함'을 가리킨다. '절약하다', '적절히 사용하다'를 뜻하던 라틴어 동사 parcere에서 나온 말이다. 좋은 의미의 절약이 나쁜 의미의 인색함으로 변한 것이다. Her stepfather's parsimony was well known은 '그녀의 양아버지의 근검절약(인색함)은 잘 알려져 있었다'라는 말이다. **parsimonious**는 돈에 지독히 '인색한'이라는 의미를 갖고 있다. She's too parsimonious to heat the house properly는 '그녀는 너무 검소해 집 난방도 제대로 하지 않는다'라고 번역할 수 있다. parsimonious explanation은 단순한 설명이 아니라 '불충분한 설명'이라는 표현이다.

Exact 정확한

『구약성경』에 등장하는 에덴동산은 실제로 지구상 어디에 있었을까? 고대 메소포타미아 지방에 있었던 지구라트 사원을 바벨탑이라고 주장하는 학자들이 있는 것처럼, 에덴동산의 정확한 위치에 관해서는 다양한 주장들이 존재한다. 「창세기」에는 에덴동산이 네 개의 강이 발원

❖『성경』에 등장하는 에덴동산

하는 곳에 위치하는 것으로 묘사되어 있다. 피손강, 기혼강, 티그리스(히데켈)강, 유프라테스강이 이에 해당한다. 그래서 많은 사람이 티그리스강과 유프라테스강 근처 메소포타미아 지역에 에덴동산이 있었을 것이라고 추정한다. 하지만 어떤 학자들은 에덴동산을 물리적 위치가 아닌 상징적 또는 신화적 장소로 해석하기도 한다. 에덴 이야기는 낙원에 대한 영적 관념이나 인간과 신이 조화를 이룬 상태를 상징할 수 있다.

　'정확한'을 의미하는 **exact**는 라틴어 exactus(엄밀한, 정확한)에서 왔다. 이 말은 exigere(철저히 요구하다, 엄격히 따지다)의 과거분사형으로, ex-(철저히)+agere(하다)에서 파생된 표현이다. The exact time of the accident was 2:43 p.m.은 '정확한 사고 시각은 오후 2시 43분입니다'라는 말이다. 동일한 어원에서 나온 다른 단어로는 '위급한', '급박한', '자꾸 요구하는'을 의미하는 **exigent**가 있는데, '요구하다'를 뜻하는 라틴어 exgigere에서 나왔다. exigent cèrcumstances는 '긴박한 상황'이라는 표현이다. 명사형 **exigency**는 '긴급사태'를 가리킨다. A leader must act in any sudden exigency는 '리더는 갑작스러운 긴급 상황에서도 행동해야 한다'라는 말이다. exact의 부사형으로 '정확히', '꼭'을 뜻하는 **exactly**가 들어간 영어 속담을 하나 소개한다. "That's exactly the way the cookie crumbles"라는 속담은 직역하면 '쿠키는 그런 식으로 부서지기 마련이야'가 된다. '세상이란 게 다 그런 거지'라는 의미가 내포되어 있다.

Requisition 징발

중세 유럽에서 끊임없이 벌어졌던 전쟁은 승패를 떠나 민중에게 가혹한 대가를 요구했다. 공후公侯들은 징발이라는 이름 아래 수많은 물자를 민중으로부터 강제로 거두어들였다. 그런데 이러한 징발은 종종 보상 없이 강제로 이루어졌기 때문에 민중들의 큰 원망을 샀다. 전쟁 중에 군대는 병력을 유지하기 위해 지역 주민들에게 식량, 가축, 보급품을 요구하는 경우가 많았고, 백년전쟁 중에 이런 경우는 다반사였다. 그런

❖ 자크리의 난

이유에서 백년전쟁의 당사자나 마찬가지였던 프랑스의 농민들은 '자크리의 난'과 같은 반란을 일으키기도 했다.

'징발'을 의미하는 영어 **requisition**은 '찾다', '요구하다'를 뜻하는 라틴어 동사 requirere에서 나왔다. 따라서 징발의 어원은 무언가를 요구한다는 것이다. the requisition of ships by the government는 '정부에 의한 선박 요청'이라는 표현인데, 이 경우에는 강제성이 약하다. '요구하다'를 뜻하는 **require** 역시 그 어원이 같다. 이 동사는 법적으로 요구한다는 행위에 방점이 찍혀 있다. The wearing of seat belts is required by law는 '안전벨트 착용은 법으로 의무화되어 있다'라는 말이다. '요구하다'를 의미하는 **request**의 어원도 같은데, 의미상 다소 차이가 있다. require가 법적으로 필수적인 것을 요구하는 것이라면, request는 정중하게 또는 공식적으로 요청하는 행위를 가리킨다. 후자의 경우 어조는 require보다 더 부드러우며 거절의 여지를 남겨둔다. You are required to wear a helmet while riding a bike라는 문장은 '자전거를 탈 때 헬멧을 착용해야 한다'라고 번역하는데, 여기서 헬멧 착용은 법적으로 필수라는 의미가 담겨 있다. 반면, I would like to request a day off next week는 '다음 주에 하루 휴가를 요청하고 싶다'라고 번역하고, 그 요청이 거절될 수도 있다는 의미가 포함된다.

Serenade 세레나데

음악의 신동 모차르트의 가장 유명한 곡 중 하나인 〈아이네 클라이네 나흐트 무지크Eine kleine Nachtmusik〉를 우리말로 번역하면 작은 밤의 음악, 즉 '소야곡小夜曲'이 된다. 이 곡의 정식 명칭은 〈세레나데Serenade 제 13번〉이다. 세레나데는 본래 18세기 이탈리아에서 시작된 음악의 한

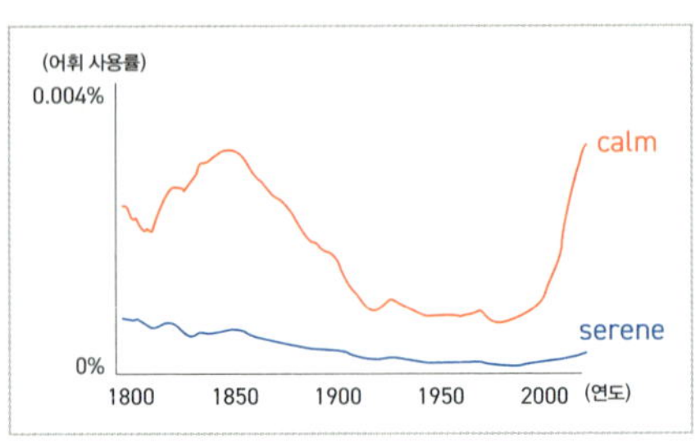

❖ calm은 일상적·실용적·심리적·구어적 맥락에서 사용이 폭발적으로 증가했다.

장르였는데, 가벼운 연주곡을 가리켰다. 성악에서 세레나데는 구애하는 남자가 사랑하는 여인의 창문 아래에서 부르는 노래를 가리키기도 한다. **serenade**는 '저녁 노래'를 뜻하는 이탈리아어로 serenata에서 나왔다.

세레나데는 '맑은', '평온한'을 의미하는 라틴어 serenus에서 비롯되었다. 여기서 나온 영어는 **serene**이 있는데, '고요한', '평화로운'을 뜻한다. serene smile은 '평온한 미소'라는 표현이고, serene courage는 '침착한 용기'라는 말이다. 명사형은 **serenity**인데, The hotel offers a haven of peace and serenity away from the bustle of the city라는 문장은 '본 호텔은 도시의 부산함에서 벗어난 평화롭고 고요한 안식처를 제공합니다'라고 번역할 수 있다.

serene보다 사용 빈도수가 많은 **calm**은 serene과 의미가 비슷해 보이지만, 정확히 말하면 동요나 흥분 또는 방해가 없는 상태를 말한다. 날씨뿐만 아니라 감정의 평온한 상태를 가리키기도 한다. He took deep breaths to remain calm during the crisis는 '그는 위기 상황에서 침착함을 유지하기 위해 심호흡을 했다'라는 말이다.

Catering 케이터링

❖ 최초로 전문적인 케이터링 서비스를 시작한 로버트 보글

비행기를 타고 해외여행을 갈 때 기내에서 제공하는 식사는 늘 기대된다. 비행기나 호텔 혹은 이벤트 장소에서 식사를 제공하는 케이터링은 흔히 '음식 공급'으로 번역한다. 케이터링의 역사는 인간이 음식을 나눠 먹고 싶어 하는 전통에서 생겨났다고 말할 수 있다. 케이터링은 17세기 근대 유럽 국가에서 본격적으로 등장했다. 왕실의 행사에서 대규모의 음식을 참석자들에게 제공했다. 전문적인 케이터링은 미국에서 시작되었다. 1778년 미국 필라델피아에서 로버트 보글이라는 아프리카계 미국인이 전문 케이터링 서비스를 시작했는데, 주로 백인 상류층의 사교 행사에서 음식을 제공했다.

catering의 어원은 언뜻 보기에 마트에서 장을 볼 때 사용하는 카트cart처럼 보인다. 음식을 담아 나른다는 의미일까? 하지만 케이터링의 어원은 중세 영어 catour에 닿아 있는데, 이 단어는 북부 지방의 중세 프랑스어 acatour에서 나왔다. '구입하다'를 뜻하는 현대 프랑스어 동사인 acheter와 어원이 동일하다. 여기서 구입하는 물건은 식품을 가리킨다. 중세 프랑스어 acatour는 다시 라틴어 *acceptare에 이른다. 영어 to에 해당하는 ad-에 영어 take를 의미하는 captare가 합성된 말이다. captare에서 나온 또 다른 파생어로는 '포로로 잡다'를 뜻하는 **capture**가 있다. '포로'를 의미하는 **captive**도 뿌리가 같다. 조지 오웰의 『1984』에는 다음과 같은 문장이 나온다. "We convert him, we capture his inner mind, we reshape him."(우리는 그를 개종하고, 그의 내면을 포로로 잡고, 그를 개조한다.) **captive**가 들어간 문장인 we found soldiers who had been captives for several years는 '몇 년 동안 포로로 잡혀 있던 병사들을 발견했다'라는 말이다.

Retrospective narrative 회고적 서사

❖ 프랑스의 소설가 마르셀 프루스트

프랑스의 소설가 마르셀 프루스트의 대표작 『잃어버린 시간을 찾아서』는 회고적 서사를 광범위하게 활용한 것으로 유명하다. 회고적 서사의 가장 유명하고 상징적인 에피소드 중 하나는 첫 번째 권인 「스완의 길」에 등장한다. 이 에피소드에서는 화자가 마들렌(작은 프랑스식 케이크)을 차에 찍어 먹는 경험을 통해, 어린 시절의 기억이 불현듯 떠오르는 장면이 나온다. 이 '마들렌 장면'은 프루스트의 작품 전체에서 가장 유명한 회고적 서사의 사례다. 이 장면에서 어른이 되어 자신의 과거를 회상하는 화자는 마들렌을 차에 찍어 먹으면서 압도적인 감각적 기억의 물결을 경험한다. 마들렌의 맛은 그를 어린 시절에 살았던 마을 콩브레의 집으로 데려다준다. 케이크의 맛과 냄새, 질감에서 오랫동안 의식적으로 생각하지 못했던 당시의 기억이 솟구친다. 프루스트는 이 장면을 통해 맛, 냄새, 소리 등 사소해 보이는 순간이 별다른 노력 없이도 과거의 기억을 생생하게 불러일으킬 수 있는 비자발적 기억의 개념을 탐구한다.

'회고적 서사'는 영어로 **retrospective narrative**라고 한다. narrative는 '서사'를 뜻한다. retrospective에서 spective는 '보다'를 의미하고, 라틴어 retro-는 영어 back에 해당한다. 따라서 뒤를 본다는 의미에서 '회고하다'라는 뜻이 나왔다. 반대말은 '장래의', '곧 있을'을 가리키는 **prospective**다. retrospective와 같은 계열인 **retroactive**는 법이 소급해서 적용될 때 사용한다. It was the first British law to have retroactive effect는 '이 법은 소급 적용이 가능한 최초의 영국 법이다'라는 말이다. '앞으로 나아가다'를 뜻하는 gradior의 명사형 grade에 retro-가 붙으면 '역행하다'라는 뜻을 가진 **retrograde**가 된다. a retrograde step은 '시대에 역행하는 조치'를 가리킨다.

Itinerary 여행 일정표

로마제국에 거미줄처럼 건설된 로마 가도는 속주들을 이어주는 고속도로였다. 제국의 구성원들은 로마 가도를 통해 손쉽게 이동할 수 있었다. 총 길이가 무려 약 40만 킬로미터에 이르렀던 로마 가도는 제국 전역의 도시, 마을, 지방을 연결하는 군사용·민간용 도로로 설계되었다. 내구성을 보장하기 위

❖ 고대 로마의 아피아 가도

해 여러 겹의 재료(돌, 자갈, 점토)로 건설되었고, 배수 시스템도 갖추었다. "모든 길은 로마로 통한다"라는 말은 이 방대한 도로망에서 유래했다. 가도의 중간중간에는 이동하는 군인들을 위한 숙소도 있었고, 말을 갈아탈 역참도 있었다. 게다가 여행자들이 휴식을 취하고 식사를 할 수 있는 여관이나 선술집도 있었다.

'여행'을 의미하는 영어 travel, journey, voyage는 모두 프랑스에서 유래한 말이다. 중세 프랑스에서 **travel**은 '노동', **journey**는 '하루 여행', **voyage**는 '항해'를 가리켰다. 물론 이 말들의 뿌리는 라틴어에 닿아 있다. 그런데 라틴어에서 '여행'을 의미하는 단어는 따로 있었다. iter는 라틴어로 '여행'을 가리키는 말이었다. iter의 소유격은 itineris인데, 여기서 영어 파생어들이 여럿 나왔다. **itinerary**는 '여행 일정표'를 뜻하는 단어다. He drew up a detailed itinerary는 '그는 상세한 여행 일정을 작성했다'라는 말이다. 형용사 **itinerant**는 일자리를 찾아 여기저기를 '떠돌아다니는'이라는 의미를 갖고 있다. itinerant workers는 '품팔이 노동자'를, homeless itinerants는 '떠돌이 노숙자'를 가리킨다.

성 아우구스티누스는 여행에 관해 다음과 같이 말했다. "The world is a book, and those who do not travel read only one page."(세상을 여행하지 않는 사람은 책의 한 페이지만 읽는 것과 같다.)

Impeachment 탄핵

역대 미국 대통령 가운데 재임 중 사임한 사람은 제37대 대통령 리처드 닉슨이 유일하다. 당시 미국 의회에서는 역사상 처음으로 현직 대통령 탄핵안을 통과시킬 예정이었다. 그러자 탄핵의 후폭풍을 감당할 수 없다고 직감한 닉슨은 1974년 8월 8일 대국민 연설을

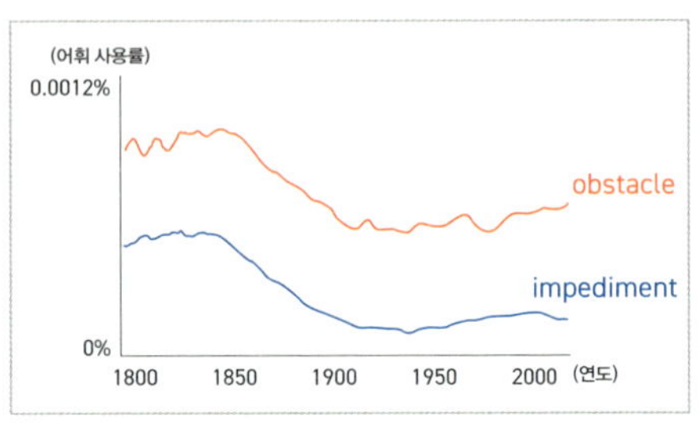

❖ obstacle의 용례 빈도수가 impediment에 비해 다소 우위에 있지만 추세는 비슷하다.

통해 사임을 발표한다. 닉슨 대통령의 탄핵 사유는 워터게이트 도청 사건이었다. 1972년 6월 17일, 다섯 명의 남성이 워싱턴 D.C.에 위치한 워터게이트 호텔에 침입했다. 거기에는 당시 민주당 선거운동 지휘 본부가 있었다. 범인들은 곧바로 체포되었다. 그런데 불똥이 백악관으로 튀었다. 닉슨 측근의 이름이 적힌 수첩을 범인 중 한 명이 가지고 있었다. 이후 사건은 진실을 은폐하려는 백악관과 의회의 맞대결로 치달았다. 특히 닉슨이 측근들에게 진실을 덮으라고 지시한 육성이 담긴 녹음테이프가 공개되면서 닉슨의 정치적 운명은 끝이 났다. 이런 종류의 결정적 증거를 '스모킹 건'이라고 부른다.

'탄핵彈劾'은 영어로 **impeachment**라고 부른다. 죄를 들어서 책망한다는 뜻을 지닌 탄핵은 대통령이나 국무위원처럼 소추하기 어려운 공무원을 국회의 소추를 통해 헌법재판소의 심판으로 파면하는 제도를 말한다(한국의 경우). 이 용어를 제공한 라틴어 어원은 impedicare(족쇄를 채우다)인데, 이 동사는 'in+pedica(발목에 채우는 족쇄)'에서 나온 말로, '발을 묶다' → '행동을 구속하다' → '비난하다' → '죄를 묻다'라는 의미의 변화가 있었다. 즉, '공직자의 권한을 구속하고 책임을 묻는다'가 원래의 어원적 의미에 가깝다. impedicare에서 나온 다른 파생어로는 '방해하다', '차질을 빚다'를 뜻하는 **impede**가 있다. Work on the building was impeded by severe weather는 '악천후로 인해 건물 공사에 차질이 생겼습니다'라는 말이다. **impediment**는 '장애물'을 가리키며, 동의로는 **obstacle**이 있다. impediment to economic recovery는 '경제 회복에 대한 장애'라는 표현이다.

Ungrateful 배은망덕한

12세기 중반 잉글랜드와 프랑스의 절반을 지배하며 앙주 제국을 건설한 잉글랜드의 헨리 2세는 걸출한 군주로 꼽힌다. 그의 제국은 프랑스 왕국의 거의 절반을 차지하고 있었다. 그의 뒤를 이은 사자심왕 리처드 1세는 아버지로부터 용감한 기질은 물려받았으나 덕이 부족한 군주였다. 리처드 1세는 왕위에 오른 지 10년 만에 전쟁터에서 석궁에 맞아 죽는다. 그렇게 해서 팔자에도 없는 왕이 된 사람이 바로 존 왕이다. 존 왕은 리처드 1세의 동생이었다. 집권 초기 귀족들의 도움을 받아 왕권의 안정을 이루었으나, 귀족에게 지

❖ 영국의 존 왕

나치게 과세하고, 그들의 권리는 무시하는 정책으로 원성을 샀다. 자신을 도와준 사람들을 배신하고 그들과 맺은 합의를 어겼다. 결국 귀족들은 1215년 마그나카르타를 만들어 존 왕으로부터 서명을 받아낸다. 이렇게 존 왕은 신뢰할 수 없고 배은망덕한 군주로 역사에 남았다. 이후 '존'이라는 이름을 사용한 영국 왕은 단 한 명도 없었다.

'배은망덕한'을 의미하는 영어 **ungrateful**은 '기분이 좋은' 또는 '쾌활한'을 뜻하는 라틴어 gratus(기쁜, 감사하는)에서 나왔다. '우아함'과 '품위'를 의미하는 **grace**도 어원이 같다. **gratitude**는 '감사'를 뜻한다. deep sense of gratitude는 '심심한 사의'라는 표현이다. 영어 not에 해당하는 in-이 붙으면 '은혜를 모르는 사람'을 의미하는 명사 **ingrate**가 만들어진다. ingrate와 ungrateful의 차이는 명사와 형용사로 구분할 수도 있지만, ingrate가 비난의 정도가 더 강하다. Judging by the way she behaves, I think she is an ingrate라는 문장은 '그녀가 행동하는 방식을 보니 나는 그녀가 배은망덕한 사람이라고 생각한다'라는 말이다. 외교 용어에서 persona non grata라는 라틴어는 '기피 인물'을 가리킨다. 이런 통고를 받은 해당국 정부는 외교관을 본국으로 소환하거나 해임해야 한다.

Forest 숲

게르만 신화는 나무가 세계의 중심으로 등장한다. 세계 창조 후, 주신 오딘은 나무 한 그루를 심었는데 위그드라실이라고 불렀다. 이 나무는 세 개의 우람한 뿌리를 가지고 있었다. 그중 한 뿌리는 거인들의 세계이며 미미르의 샘이 자리잡은 요툰하임으로, 또 하나는 흐베르겔미르 샘 근처에 있는 니플하임으로 뻗어내려 있다. 니플하임의 뿌리는 사악한 용 니드회그르가 씹을 시체가 없을 때 갉아먹는다. 세 번째 뿌리는 우르드 샘 밑에 자리잡은 신들의 거처 아스가르드까지 뻗어 있다.

숲은 게르만 세계에서 우주의 중심이었다. 우주의 중심에는 위그드라실이라는 나무가 있었던 것만 봐도 숲과 나무가 차지하는 의미를 잘 알 수 있다. 영어에서 '숲'은 **forest**라고 하는데 그 어원은 라틴어 foris이고 '문밖의 공간'을 뜻한다. 고대 로마인들은 집을 나서면 바로 숲이 보였다는 것을 의미할 수도 있다. '외국인'을 의미하는 **foreign**도 어원이 같다. 중세 프랑스어 forain에서 나온 영어 foreign은 본래 '이방인', '외부인', '무법자'를 가리키는 단어였다. '몰수', '벌금'을 의미하는 forfeit도 forest

❖ 게르만 신화에 등장하는 위그드라실

와 어원이 유사하다. 본래 **forfeit**는 '외부'를 의미하는 foris에 '동작하다'를 뜻하는 facere가 붙어 생긴 말이다. 경계를 뛰어넘어 무언가를 한다는 의미에서 '위반 행위'나 '벌을 받을 행위'라는 의미로 발전했다. 현대 영어에서는 '몰수하다' 또는 '벌금'이라는 의미로 사용된다. If you cancel your flight, you will forfeit your deposit는 '항공편을 취소하면 보증금은 몰수된다'라는 말이다.

Ambition 야망

로마공화정에서 카이사르만큼 야망이 컸던 인물도 드물다. 귀족 집안에서 태어났지만, 집안이 부유하지는 않았고 정치적 영향력도 크지 않았다. 이런 배경이 카이사르에게 출세의 야망을 더욱 키워주었다. 시대적인 배경도 한몫했다. 로마 공화국은 부패와 내전으로 점점 더 양극화되고 있었다. 이처럼 혼란스러운 환경은 카이사르와 같은 추진력 있는 인물에게 더없이 좋

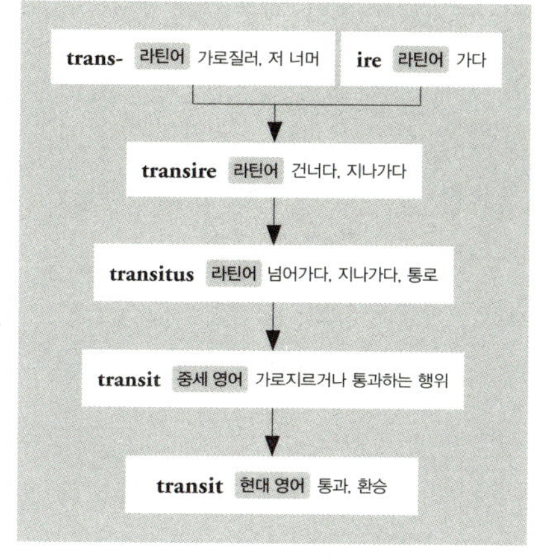

은 출세의 무대였다. 게다가 로마 문화에서는 정치적·군사적 업적으로 얻는 개인의 영광을 높이 평가했다. "로마에서 이인자가 되느니 작은 마을에서 일인자가 되겠다"라는 그의 발언은 그가 얼마나 야심 찬 인물이었는지 잘 보여준다.

영어에서 '야망'을 뜻하는 **ambition**과 '구급차'를 의미하는 **ambulance**는 둘 다 '돌아다니다'를 의미하는 라틴어 동사에서 왔다. 라틴어에서 amb-는 '주변'을 의미하고, '가다'를 뜻하는 ire가 붙어 ambire가 만들어졌고, 여기에서 ambitio가 나왔다. 야망의 어원은 '사람들 사이를 돌아다니며 표를 구하다'에서 비롯되었다. ambulance를 제공한 라틴어 ambulare의 뜻 역시 '걷다' 또는 '돌아다니다'였다. 이후 14세기에 ambition에는 명예를 좇는 과도한 욕망이라는 뜻이 프랑스어에서 들어왔다. ire 앞에 '밖'을 의미하는 ex-가 붙으면 '출구'를 뜻하는 **exit**가 된다. '초기의' 또는 '이름의 첫 글자'를 뜻하는 **initial**도 in-에 ire(가다)가 붙어서 생긴 말이다. 본래는 안으로 들어가는 입구라는 뜻에서 '시작'이라는 의미가 생겨났다. '통과', '환승'을 의미하는 **transit**은 영어 across(beyond)에 해당하는 라틴어 trans에 ire가 붙어 만들어졌다. the transit lounge at Vienna airport는 '빈 공항의 환승 라운지'라는 표현이다.

Licence 자격증

현대사회는 자격증의 시대다. 운전할 때는 운전면허증이 필요하고, 학생들을 가르칠 때도 교원자격증이 필요하다. 그런데 중세 유럽 사회는 그 정도가 훨씬 더 심했다. 게다가 특정 계층의 소수에게만 자격증이 부여되었다. 종교개혁을 불러온 면

❖ 20세기 초반 미국의 운전면허증

죄부는 가톨릭교회의 대표적인 자격증(특권)이었다. 잠재적인 이단으로 간주했던 연금술 역시 위험한 기술이었기에 특별한 면허가 필요했다. 면허를 받은 연금술사는 왕족이나 귀족의 후원을 받아 금속을 금으로 바꾸거나 불사의 비약을 제조할 수 있었다. 일부 상인도 양모, 와인, 향신료와 같은 특정 상품을 거래할 수 있는 라이센스를 받았다. 왕유림王有林에서 사냥을 하려면 귀족들조차 허가를 받아야 했다. 이곳에서 잡힌 밀렵꾼에게는 거세나 손발을 절단하는 엄격한 형벌이 내려졌다.

　'허가', '면허', '자격증'을 의미하는 **licence**는 '허락되다'를 뜻하는 라틴어 동사 licere에서 나왔다. 두 번째 뜻은 지나친 자유, 즉 '방종'이다. Lack of punishment seems to give youngsters licence to break the law는 '처벌이 부족해 청소년들은 법을 어길 자유라도 얻은 것처럼 보인다'라고 번역할 수 있다. licence to print money는 '돈을 찍어내는 면허증'이라는 표현으로 별로 힘들이지 않고 많은 돈을 버는 사업을 가리킨다. 동사형은 **license**로, The new drug has not yet been licensed in the US는 '이 신약은 아직 미국에서 허가되지 않았다'라는 말이다. 형용사 **licentious**는 '음탕한'을 뜻한다. '반대'를 의미하는 in-이 붙으면 **illicit**가 만들어지는데 허가되지 않는다는 의미에서 즉 '불법의'라는 뜻이 생겼다. **illegal**이 동의어다. an illicit love affair는 '사회 통념에 어긋나는 연애'라는 표현이다. 조지 오웰의 『1984』에 나오는 문장이다. "There was even illicit alcohol distilled from potatoes."(감자를 증류해서 만든 밀주도 있었다.)

11월

- Pilgrim
- Requiem
- Insolent
- Arboretum
- Constitution
- Condolence
- Odium
- Caesarean operation
- Pedestrian
- Series
- Firm
- Sublime
- Absence
- Quarrel
- Recognition
- Suspense
- Vendor
- Transit
- Vent
- Veteran
- Lachrymose
- Interval
- Circumstance
- Insecticide
- Ferry
- Congratulation
- Graduation
- Value
- Carnation
- Calorie

Pilgrim 순례자

필그림 파더Pilgrim Fathers는 1620년 메이플라워호를 타고 북아메리카로 항해한 영국 청교도 그룹이다. 훗날 뉴잉글랜드에 정착한 사람들로 여겨지는 이들은 오늘날 매사추세츠주에 있는 플리머스 식민지를 건설했다. 북아메리카로 항해하기 전에는 네덜란드로 피신해 라이덴에서 몇 년 동안 살았다. 그러나 네덜

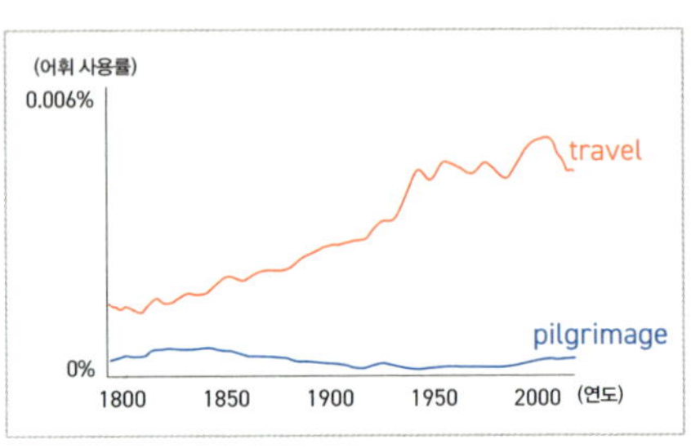

❖ 1820년대까지 travel과 pilgrimage의 간격은 크지 않았지만, 그 이후로는 많이 벌어졌다. 무신론자가 그만큼 많아졌다는 뜻일까?

란드 문화가 자신들과 맞지 않는다는 사실을 깨닫고는 영국인으로서의 정체성을 상실할 수도 있겠다는 걱정에 빠졌다. 청교도들은 1620년 12월, 플리머스에 식민지를 건립했다. 혹독한 첫 번째 겨울에 정착민의 절반이 추위와 질병, 굶주림으로 사망했다. 생존자들은 현지 원주민들에게 농사 기술을 배운 덕분에 생존할 수 있었다. 1621년 가을, 첫 수확에 성공한 후 필그림은 축제를 열고 원주민들을 초청했다. 이것이 미국 추수 감사절의 기원이다.

pilgrim은 중세 유럽에서 성지를 향해 떠나는 '순례자'를 일컬었다. 예루살렘, 로마, 스페인의 산티아고 데 콤포스텔라 같은 곳이 대표적인 성지였다. pilgrim은 '외국인', '낯선 사람'을 뜻하는 라틴어 peregrinus에서 나왔다. 'per-(바깥, 너머)와 ager(들판)가 결합된 형태다. 즉, '자기 공동체의 경계 밖에 사는 사람'을 뜻했다. '송골매'를 뜻하는 peregrine falcon은 '멀리서 날아온 매'를 가리키는 중세 프랑스어 faulcon pelerin(faulcon은 '매')에서 나왔다. '성지순례'는 pilgrimage라고 부른다. His grave has become a place of pilgrimage는 '그의 무덤은 성지순례의 장소가 되었다'라는 말이다.

Requiem 진혼곡

진혼곡의 대명사가 된 모차르트의 〈레퀴엠〉은 많은 사연을 가진 곡이다. 모차르트의 일대기를 다룬 영화《아마데우스》를 보면, 가면을 쓴 익명의 신사가 빚에 허덕이고 있던 모차르트에게 진혼곡을 부탁한다. 영화에서 신사는 모차르트의 라이벌인 안토니오 살리에르였다. 하지만 어디까지나 소문일 뿐이었다. 모차르트에게 강한 질투심을 느꼈던 살리에르가 모차르트를 죽음에 이르게 했다는 플롯이다. 정설에 따르면, 레퀴엠은 1791년 프란츠 폰 발제크 백작이 의뢰했다. 그는 이 레퀴엠을 고인이

❖ 작곡가 모차르트

된 아내를 기리기 위해 모차르트에게 부탁했다고 한다. 모차르트는 레퀴엠을 작곡할 당시 심각한 질병과 과로에 시달리고 있었다. 그는 이 곡을 완성할 때까지 살지 못할 수도 있다고 생각했고, 심지어 자신의 장례식을 위해 곡을 쓰고 있다는 생각까지 했다고 한다. 실제로 이 곡은 모차르트의 유작이 되었다.

'진혼곡'을 의미하는 라틴어 **requiem**은 '쉬다'를 의미하는 라틴어 동사 requiescere에서 나왔다. 진혼곡鎭魂曲의 한자어 의미는 '혼을 달래는 곡'이지만, 라틴어 requiem의 의미는 '영혼이 쉬게 하는 곡'이다. requiescere 가운데 들어 있는 quies-는 '쉬고 있다'를 뜻한다. '조용한'을 뜻하는 영어 **quiet**가 여기서 나왔다. 쉬고 있는 상태가 조용한 상태와 동일하기 때문이다. 가톨릭에서는 망자를 위한 기도를 **requiescat**이라고 말한다. 여기서 나온 표현이 requiescat in pace인데 '삼가 고인의 명복을 빈다'라고 번역할 수 있다. 약어로는 '**R.I.P.**'라고 쓴다. 영어로 바꾸면 May he/she rest in peace가 된다. 묘비명에는 다음과 같이 사용한다. "R.I.P. Beloved Father, 1945~2023."

Insolent 무례한

권위에 대한 대담한 무시나 도전으로 정의할 수 있는 무례함은 악명의 상징이자 몇몇 인물의 특징이었다. 많은 사람이 오만함을 드러냈지만, 이 특성의 극단을 보여주는 한 인물이 있다. 로마제국의 황제 중 가장 악명 높은 황제 칼리굴라가 그런 인물이었다. 그는 자신을 신이라고 선언하고 로마 원로원과 시민들에게 숭배를 강요했다. 원로원 의원을 조롱하는 것도 모자라, 자기 말[馬]인 인시타투스를 집정관으로 임명하는 기행도 서슴지 않았다. 그는 화려한 궁전을 짓고, 호화로운 경기를 개최하

❖ 로마의 황제 칼리굴라

고, 시민과 귀족 모두에게 잔인한 장난을 치며 자신의 권력을 과시했다. 하지만 결국 자신의 근위대에 의해 암살당하고 만다.

'무례한' 또는 '뻔뻔한'을 의미하는 **insolent**는 라틴어 solere에서 나왔다. solere는 무엇에 익숙한 정상적인 상태를 의미했다. 여기에 '부정(not)'을 뜻하는 in- 이 붙어 생겨난 insolent에는 14세기부터 경멸, 거만함, 다른 사람을 무시하는 태도라는 의미가 담겼다. 경멸과 무시는 정상적인 인간관계와 동떨어졌기 때문이다. Her insolence cost her job은 '그녀는 무례하게 굴다가 직장을 잃었다'라고 번역한다. 영어 away에 해당하는 라틴어 ob-가 붙으면 **obsolete**가 만들어지는데, '한물간', '더 이상 쓸모가 없는'을 뜻한다. 익숙한 사용에서 동떨어졌다는 의미다. obsolete technology는 '한물간 기술'이고, obsolete equipment는 '노후 설비'를 말한다. 다음은 조지 오웰의 『1984』에 나오는 문장이다. "The Eleventh Edition won't contain a single word that will become obsolete before the year 2050."(제11판에는 2050년 이전에 쓸모없게 될 단어는 하나도 실리지 않을 거야.)

Arboretum 수목원

❖ 바빌론의 공중 정원

고대 세계 7대 불가사의 가운데 바빌론에 있었다는 공중 정원은 공중에 매달린 모습의 정원이었다. 정원에는 계단식 피라미드처럼 올라가는 테라스가 있었고, 각 테라스에는 나무, 꽃, 덩굴이 무성했다. 이국적인 식물, 향기로운 꽃, 우뚝 솟은 나무가 메소포타미아의 건조한 풍경과 대비되어 낙원 같은 오아시스를 만들었다. 공중 정원의 위치는 정확히 확인된 바 없지만, 전통적으로는 바빌론(현재 이라크 힐라 근처)에 있었다고 전해진다. 공중 정원에 물을 대려면 큰 강이 필요한데, 바그다드 옆을 흐르는 강이 유프라테스강이었을 것으로 추정한다. 그렇다면 공중 정원의 식물에 물은 어떻게 공급했을까? 아마도 베르사유궁전의 정원에 물을 공급했던 방식, 즉 수압의 차이를 이용했을 것으로 보인다. 고대 로마의 지리학자 스트라본은 "가장 높은 테라스 지붕으로 올라가려면 계단을 이용해야 하는데, 유프라테스강의 물을 끌어 올려 정원 아래 테라스로 흘려보냈다"라고 기록했다.

현대판 공중 정원은 수목원에서 찾아볼 수 있다. 영어로 '수목원'은 **arboretum**이라고 하는데, tree의 모습은 보이지 않는다. tree는 고유 영어지만 arboretum은 라틴어에서 나왔다. 라틴어에서 '나무'를 의미하는 arbor가 그 어원이다. **arboreal**은 수상樹上, 즉 '나무 위'를 뜻한다. **arboreal life**는 '수상생활'을 말한다. '재배'를 뜻하는 culture가 붙으면 '수목 재배'를 의미하는 **arboriculture**가 된다. 영어 **tree**는 고대 영어 treow에서 유래했으며, '나무', '목재', '통나무'를 의미했다. 이후 중세 영어 tre 또는 tree로 거쳐 진화했다. tree는 true, trust와 동일한 어원에서 나왔는데, 의미의 공통분모는 '단단한', '굳건한'을 뜻하는 원시 인도·유럽어의 *deru-이다.

Constitution 헌법

1215년 6월 15일 템스강변의 러니미드 초원. 여기서 잉글랜드의 존 왕이 귀족의 강요로 대헌장에 서명했다. 이 헌장의 핵심은 법으로 왕의 권력을 제한한다는 것이다. 존왕은 노르만왕조부터 대대로 내려오던 노르망디를 프랑스의 필리프 2세에게 빼앗기고, 전쟁 비용을 귀족에게 전가해 귀족들의 원성을 샀다. 이 헌장을 통해 귀족과 성직자, 그리고 일부 평민은 자유를 보장받았다. 런던과 윈저성 사이에 있는 러미니드평원의 입구에는 '근대 민주주의의 탄생지'라는 글귀가 적혀 있었다.

❖ 대헌장에 서명하는 존 왕

각국에는 국가의 틀을 규정하는 헌법이 있다. 프랑스나 미국처럼 혁명이나 독립전쟁을 통해 국가의 틀을 완성한 나라는 체계적인 문서로 작성된 헌법이 있는데, 이를 '성문 헌법'이라고 부른다. 반면, 독립된 헌법의 형태가 아니라 헌법의 성격을 지닌 여러 문서, 혹은 구어적 합의로 나타난 헌법적 관례로 대신하는 '불문 헌법'도 있다. 마그나카르타를 헌법의 근원으로 여기는 영국의 경우가 대표적인 사례다.

영어에서 헌법은 **constitution**이라고 부른다. 12세기 중세 프랑스어 constitucion에서 들어온 이 말의 뿌리는 라틴어 constituere에서 나왔다. co-는 '함께'를 의미하고, statuere는 '자리를 잡다'를 뜻한다. 여기서 특정 형태나 질서를 갖춘다는 의미가 나왔다. 다시 말해, 국가의 틀을 규정하는 법이라는 것이다. **constitute**는 '구성하다'라는 뜻도 있지만, '여겨지다'라는 의미로 더 많이 사용된다. His action was interpreted as constituting a threat to the community는 '그의 행동은 커뮤니티에 위협이 되는 것으로 여겨졌다'라고 번역할 수 있다.

Condolence 조의

인간은 주변 사람들로부터 자신의 고통을 덜어주는 위로를 받는다. 1864년 미국의 제16대 대통령 링컨이 빅스비 부인에게 편지 한 통을 보냈다. 그녀는 남북전쟁 중 다섯 아들을 잃고 큰 시름에 잠겨 있었다. 대통령은 다음과 같은 애도의 편지를 보냈다. "하느님 아버지

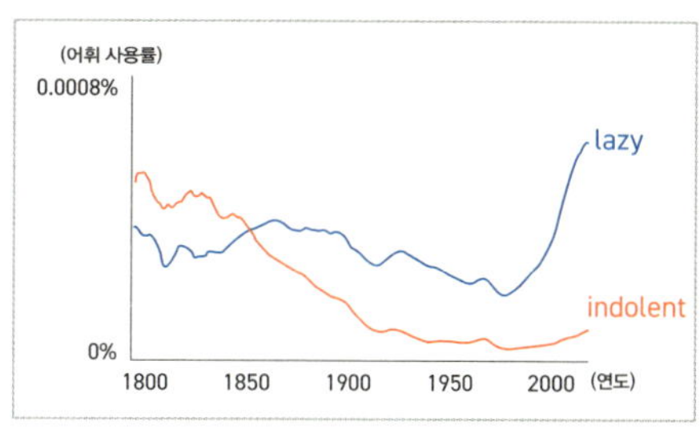

❖ 1850년대부터 기본어인 lazy의 용례가 문어인 indolent를 추월했다.

께서 당신이 아들들과 사별하는 고통을 덜어주시고, 사랑하는 사람들에 대한 소중한 기억과 자유를 위해, 당신이 바친 희생에 대해 엄숙한 자부심만을 남겨주시기를 간구합니다." 이 편지는 링컨의 공감력과 수사학의 탁월함을 잘 보여준다. 9·11 테러 이후 영국의 엘리자베스 2세는 전 세계적인 애도 기간에 미국과의 연대를 표명했다. 여왕은 "큰 슬픔은 우리가 사랑에 지불하는 대가입니다"라는 간결한 말로 깊은 울림을 주었다.

라틴어로 '고통'은 dolor라고 한다. 고통은 나누면 반으로 줄어드는 법이다. 라틴어 접두사 con-이 고통과 결합하면 영어 **condolence**가 만들어지는데, '조의', '애도'를 의미한다. condolence가 단수로 쓰일 때는 일반적으로 동정적인 슬픔, 특히 생명을 잃은 것에 대한 슬픔을 말하고, 복수로 쓰일 때는 '동정심'이나 그것을 전하는 데 사용되는 '애도'를 말한다. King George V and the Prince of Wales telegraphed their condolences는 '조지 5세 영국 국왕과 왕세자가 전보로 조의를 표했다'라는 말이다. **condole**은 '문상하다'를 뜻하는 동사다. **doleful**은 '애절한'을 의미하며, **mournful**과 동의어다. doleful face는 '애절한 얼굴'이라는 표현이다. 영어에서 형용사를 만드는 접미사 -ful이 라틴어에 붙은 경우다. '부정(not)'을 뜻하는 접두사 in-이 붙으면 **indolent**가 되는데, 슬픔과는 상관없이 '나태하다'를 의미한다. indolent sigh는 '나른한 한숨'이라는 표현이다.

Odium 증오

11세기 동방과 서방의 기독교 대분열 이면에는 정치적 실리가 숨어 있었다. 기원후 476년 서로마제국이 멸망하고, 제국의 헤게모니는 이미 동로마제국의 콘스탄티노폴리스로 옮겨 가고 있었다. 하지만 동로마제국의 황제는 야만족이 차지한 서방 영토의 수복은 꿈도

❖ 콘스탄티노플을 점령하는 십자군

꾸지 못했다. 과거 서방 속주는 더 이상 동로마제국 황제의 관심사가 아니었다. 800년에 부활한 서로마제국과 962년에 성립된 신성로마제국은 유럽의 무게 중심이 동방에서 서방으로 옮겨 갔다는 신호였다. 결국 8세기 초에 동로마제국의 황제 레온 3세는 우상 숭배를 타파하기 위해 성상 파괴령을 내렸다. 이 파괴령으로 로마와 콘스탄티노폴리스는 돌아올 수 없는 강을 건너고 말았다. 이후 11세기에는 서방과 동방의 교회가 상대방을 파문하는 형국에 휘말렸고, 1204년 서방 교회가 주도한 십자군이 콘스탄티노플을 점령하면서 두 교회는 완전히 갈라서게 되었다. 현재 서방 교회는 로마가톨릭교회로, 동방 교회는 그리스정교회로 그 맥이 이어지고 있다.

가톨릭 신학에서 '교리상의 증오'를 라틴어로 odium theologicum이라고 부른다. odium은 '증오'를 말하고, '교리상의'를 뜻하는 theologicum에서 theo는 '신神'을 가리킨다. 본래의 의견이 다른 신학자 간의 증오를 일컫는 말이다. 서방의 기독교와 동방의 기독교 간의 상호 증오가 좋은 예다. 형용사 **odious**는 '혐오스러운'이라는 뜻을 가지고 있다. '짜증 나게 하다'를 뜻하는 **annoy**도 odium에서 나온 동사 inodiare에서 유래했다. It annoys me that you're always late는 '항상 지각하는 너 때문에 짜증 난다'라는 말이다. 라틴어 odium을 (뉴스나 평론에서) 그대로 영어로 사용하는 경우도 있다. The politician faced public odium after the scandal은 '그 정치인은 스캔들 이후 대중의 비난을 받았다'라는 말이다.

Caesarean operation 제왕절개수술

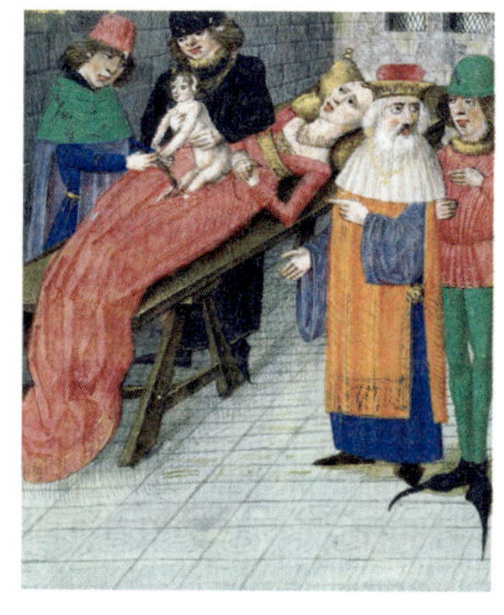
❖ 중세의 제왕절개수술 장면

제왕절개수술은 자연분만으로 출산할 수 없을 때 산모의 복부를 갈라 자궁에서 태아를 꺼내는 수술을 말한다. 수술의 이름에 로마의 정치가인 카이사르가 들어간 이유에는 두 가지 설이 있다. 먼저 실제로 카이사르가 제왕절개수술을 통해 태어났다는 설이다. 하지만 그런 기록은 어디에서도 찾아볼 수 없다. 다만, 제왕절개는 산모가 출산하다가 사망할 경우 태아를 살리기 위해 사후에만 시행되었다고 한다. 이 수술은 카이사레아법Lex Caesarea에 따라 시술되었고, '절개하다'를 뜻하는 라틴어 동사 caedere의 과거분사형 caesus에서 나왔다는 설명이 가장 널리 받아들여진다. 중세 유럽에서도 제왕절개는 드물었고, 보통 산모가 죽었거나 죽을 위험이 있는 경우에만 시행했다. 특히 왕족이나 귀족이 출산하는 경우, 후계자가 필요했으므로 아이를 살리려는 의도에서 이 수술이 장려되었다고 한다.

'제왕절개수술'은 영어로 **caesarean operation/section**이라고 부른다. '수술', '작전', '작동'을 의미하는 **operation**은 라틴어로 '일'을 의미하는 opus에서 나왔다. 라틴어에서는 평범한 일이었는데 영어에서는 그 일이 전문화된 셈이다. 명사나 형용사로 사용되는 **operative**는 '직공', '정보원', '이용 준비가 된'이라는 의미를 갖는다. This law becomes operative immediately는 '이 법률은 즉시 발효될 것이다'라고 번역한다. the operative word는 문장에서 '가장 중요한 말'을 가리킨다. I was in love with her—'was' being the operative word라는 문장은 '그녀를 사랑했었지, 여기서 〈했었다〉가 가장 중요한 단어다'라고 번역한다. '함께'를 의미하는 co-가 붙으면 '협력하다'를 뜻하는 **co-operate**가 된다.

Pedestrian 보행자

무적의 로마 군단에서 핵심은 보병 부대였다. 보병은 큰 방패로 무장한 까닭에 길고 무거운 검은 휴대하기가 어려웠다. 그래서 보병은 짧은 검으로 무장했다. 글라디우스gladius라고 불린 이 검은 길이가 70cm 정도였다. '검투사'를 의미하는 글라디아토르gladiator 역시 이 말에서 나왔다. 로마 보병 부대의 하루 이동 속도는 현대인의 예상을 뛰어넘는다. 보병은

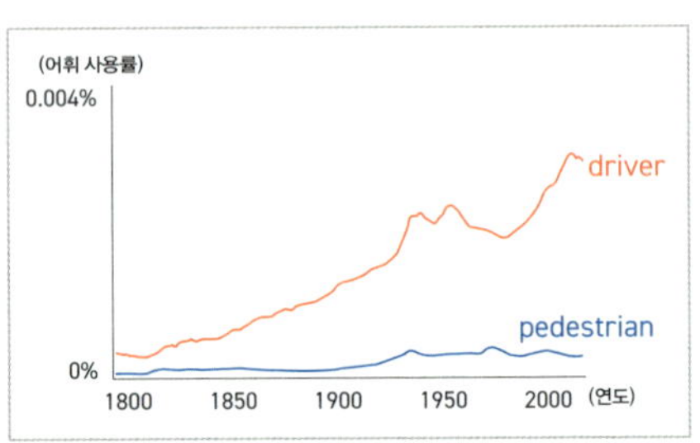

❖ 19세기 초반까지 driver와 pedestrian의 용례 빈도수가 비슷했다. 당시 driver는 마차꾼을 가리켰으므로, 자동차가 발명된 뒤에는 두 단어의 차이가 크게 벌어졌다.

하루에 약 30km를 이동할 수 있었다고 한다. 행군의 속도는 다양했다. 먼저 표준 행군이 있다. 하루에 20~30km를 이동한다. 이 속도는 휴식, 적절한 진영 형성, 임시 캠프를 설치할 수 있는 시간을 계산한 행군 속도였다. 긴급한 상황에서는 하루에 최대 37~44km를 이동했다. 로마 보병은 맨몸으로 이동해도 힘든 거리를 무기, 갑옷, 식량, 건축 도구 등 30kg의 장비를 등에 지고 이동했다.

라틴어로 '발'을 의미하는 pes는 영어에 많은 어휘를 제공했다. '보행자'를 의미하는 **pedestrian**이 여기서 나왔고, 자전거의 **pedal**도 그 뿌리가 같다. 이탈리아의 지방명인 Piemonte에서 영어에 들어온 **piedmont**는 산기슭, 즉 '산록 지대'를 가리킨다. 말 그대로 산의 발에 해당하는 지대다. 이 용어는 20세기에 들어와 영어에서 용례가 급증했다. **piedmont glacier**는 '산록 빙하'를 가리킨다. 서양 장기인 체스에서 '졸'을 의미하는 **pawn**도 본래 '보병'을 뜻하는 pedon에서 유래했으며, 라틴어 pes(발)가 어원이다. 보병에게 후퇴가 없듯이 체스에서 pawn도 앞으로 한 칸만 움직일 수 있고 뒤나 옆으로는 갈 수 없다. pawn에는 '저당'이라는 뜻도 있다. jewels in pawn은 '저당 잡힌 보석'이라는 표현이다. The refugees are pawns in an international political dispute라는 문장은 '난민은 국제정치 분쟁 속에서 졸(희생물)에 불과하다'라고 번역한다. '개척자'를 의미하는 **pioneer** 역시 그 뿌리가 동일하다.

Series 시리즈

같은 주제의 드라마가 연작 형식으로 제작된 작품을 '시리즈'라고 부른다. 스포츠에서도 여러 팀이 연속적으로 경기를 치르는 경기 방식을 시리즈라고 한다. 시리즈의 의미 고리는 '연속'에 있다. 그렇다면 고대 로마에서도 시리즈 형식의 이벤트가 있었을까? 그렇다고 말할 수 있다. 로마 시민들이 열광한 검투극이 그랬다. 콜로세움이 개장하던 기원후 80년에 벌어진 검투극은 연속적인 엔터테인

❖ 맹수와 싸우는 검투사들

먼트의 총집합이었다. 당시 황제는 티투스였다. 검투극이 벌어진 첫 번째 날 아침은 맹수와 검투사의 싸움으로 시작되었다. 제국의 곳곳에서 잡아 온 동물들(사자, 코끼리, 표범, 곰 등)을 통해 제국의 광대함을 과시했다. 휴식 시간인 정오에는 공개 처형이 진행되었다. 범죄자들은 맹수들에게 죽임을 당하거나 다른 형태의 극적인 방법으로 처형되었다. 이쯤 되면 시민들은 오후에 벌어질 이벤트가 궁금해진다. 오후의 하이라이트는 당대 최고의 검투사들이 맞붙었다. 한 사람이 상대를 죽일 때까지 싸우는 잔인한 시합이었다. TV 시리즈가 막판에 정점으로 치닫듯이, 콜로세움의 개막 축제는 이렇게 최고조에 이르렀다.

영어 **series**는 '함께 묶다', '정렬하다'를 뜻하는 라틴어 동사 serere에서 나왔다. 시리즈는 본래 생각의 연속이나 특정 주제에 대한 토론을 가리켰는데, 현대에 와서는 함께 묶은 작품이나 이벤트를 의미하게 되었다. '일련번호'를 가리키는 **serial** 역시 같은 어원에서 나왔다. '끼우다', '넣다'를 의미하는 **insert**는 접두사 in-에 serere 동사가 결합해 만들어진 말이다. Please insert your card into the machine은 '기계에 카드를 넣어주세요'라는 말이다. '~에서 떨어져'를 의미하는 de-와 결합하면 '버리다', '유기하다'를 뜻하는 **desert**가 나온다. He would never desert his friends in a crisis는 '그는 위기 상황에서 친구들을 절대 버리지 않을 것이다'라고 번역한다.

Firm 회사

로펌Law Firm의 사전적 의미는 다수의 변호사가 회사 형태를 만들어 운영하는 법률사무소다. 로펌의 기원은 14세기 영국으로 거슬러 올라간다. 당시 영국의 법조계는 변호사를 양성하는 인스오브코트Inns of Court의 설립과 함께 성장했다고 말할 수 있다. 인스오브코트는 일종

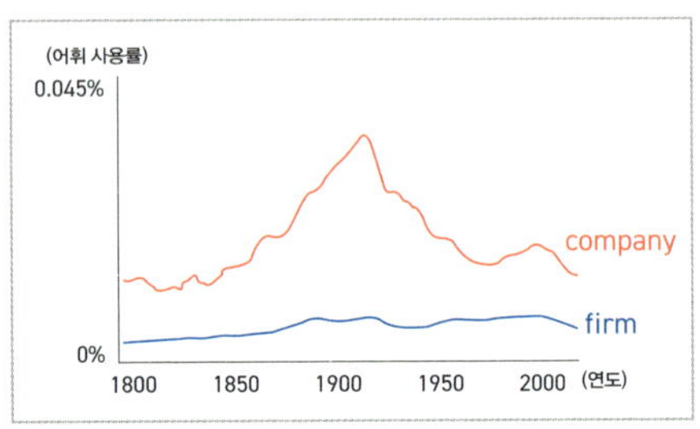

❖ 19세기 중반부터 급증한 company는 20세기 들어서 하락 중이고, firm은 큰 변화가 없다.

의 법학원인데, 본래 inn은 '여관'을 의미한다. 여관과 법학원이 관련 있는 이유는 법학원에서 공부만 한 것이 아니라 숙식을 해결했기 때문이다. 인스오브코트는 변호사가 되고 싶은 사람들이 기거하던 일종의 하숙집이었다. 따라서 로펌의 기원은 숙식을 함께하는 변호사 단체로 보면 된다. 16세기에 이르러 영국의 변호사들은 늘어나는 사건 수를 관리하기 위해 소규모 동업 관계를 형성하기 시작한다. 오늘날 로펌의 형태가 바로 이때 만들어졌다. 근대식 로펌의 효시는 뉴욕에 세워진 Cravath, Swaine & Moore인데 1819년에 창립되었다.

로펌 안에 있는 **firm**은 '회사'를 의미하는 **company**와 약간의 차이가 있다. firm은 규모가 작고 전문적인 회사지만, company는 규모와 상관없거나 큰 규모의 회사를 가리킨다. 그리고 전자는 변호사 같은 전문직 종사자의 동업 관계 조직이지만, 후자는 법인체의 형태를 띠고 있다. firm의 어원은 '강한' 혹은 '믿을 만한'을 뜻하는 라틴어 firmus이다. '단언하다'를 뜻하는 **affirm**은 본래 '강하게 만들다'라는 의미를 지녔다. con-이 붙으면 대화자 사이에 오고 갔던 '발언을 확인하다' 또는 '사실임을 보여주다'를 뜻하는 **confirm**이 된다. confirm a treaty는 '조약을 승인하다'라는 표현이다. '농장'을 의미하는 **farm** 역시 어원이 같다. 라틴어 firma(고정 지불금, 확정 계약)에서 유래한 말로, 중세 유럽에서 '지대를 받고 경작하는 토지'를 뜻하게 되었고, 이후 '농장'이라는 의미가 생겼다. '반대'를 의미하는 in-이 붙은 **infirm**은 '병약한' 또는 '노쇠한'을 가리킨다.

Sublime 숭고한

❖ 신으로 추앙받는 예수

기독교에서 예수는 인간이 아닌 신으로 추앙받는다. 만약 예수의 인성人性에 초점을 맞춘다면 그의 숭고함은 다음과 같은 사실로 입증할 수 있다. 예수의 가르침은 사랑과 연민으로 요약할 수 있다. 그는 원수를 포함한 모든 사람에 대한 사랑을 설교했고, 소외되고 억눌린 사람들에 대한 연민을 강조했다. 「마태복음」에는 "너희 원수를 사랑하고 너희를 핍박하는 자를 위해 기도하라"라는 구절이 나온다. 예수의 사랑은 희생적인 사랑이기도 했다. 십자가 처형은 이타적인 사랑과 희생의 궁극적인 행위로 볼 수 있다. 그 결과 기독교인들은 예수가 인류의 죄를 대속하기 위해 기꺼이 고통과 죽음을 감내했다고 믿는다. 「요한복음」에는 "친구를 위해 목숨을 버리는 것, 이보다 더 큰 사랑은 없다"라고 적혀 있다. 예수의 숭고함은 타인을 위해 기꺼이 자신을 희생하는 마음에서 찾아볼 수 있다.

'숭고한'을 뜻하는 영어 **sublime**은 '높은', '고상한', '영웅적인', '고귀한'을 의미하는 라틴어 sublimis에서 나왔다. sublime beauty는 감탄할 만큼 숭고한 아름다움이라는 표현이다. 찰스 디킨스의 『두 도시 이야기』에 이런 문장이 나온다. "That, his position and attitude were, on the whole, sublime."(그의 입장과 태도는 전반적으로 숭고했다.) sublime에는 '터무니없이 황당한'이라는 뜻도 있다. the sublime confidence of youth는 '젊은 날의 황당한 자신감'이라는 말이다. 동사형 **sublimate**는 명예로운 자리로 끌어 올린다는 의미에서, 지금은 본능적 욕구 등을 사회적 혹은 문화적 형태로 '승화하다'라는 뜻을 갖게 되었다. Hostile feelings seem to be sublimated into sporting activities는 '적대적인 감정이 스포츠 활동으로 승화되는 것 같다'라고 번역할 수 있다.

Absence 부재

❖ 미켈란젤로의 〈천지 창조〉

신이 완전하다고 가정해 보자. 만약 신이 완전하다면 가장 단순한 방법을 통해 그 존재를 증명할 수 있을 것이다. 그런데 신은 가장 단순한 방법으로 증명되지 않는다. 고로 신은 존재하지 않는다. 또 다른 논증을 보자. 신이 제한적으로 완전하다고 가정하자. 신은 세상에 필연적으로 존재한다. 신이 절대적으로 선하다면, 같은 이유로 신은 절대적으로 악할 수 있다. 그렇다면 절대적으로 선한 신은 모든 가능 세계에 존재하고, 절대적으로 악한 신은 모든 가능 세계에 존재한다. 그런데 신은 하나만 존재할 수 있다. 그러므로 절대적으로 선한 신과 절대적으로 악한 신은 공존할 수 없다. 고로 신은 존재하지 않는다.

존재하지 않는 것, 즉 '부재'를 영어에서는 **absence**라고 한다. '결석', '결근', '결핍' 같은 의미도 있다. The decision was made in my absence는 "내가 없는 사이에 결정이 내려졌다"라는 말이다. **absent-minded**는 '다른 데 정신이 팔린'을 뜻한다. I'm very absent-minded and often forget to take my keys with me는 '나는 건망증이 심해서 열쇠를 가지고 다니는 것을 자주 잊어버린다'라고 번역한다.

absent는 라틴어 absens에서 나온 말인데, 이 단어는 영어의 be 동사에 해당하는 라틴어 esse 동사 앞에 영어 off, away from에 해당하는 라틴어 접두사 ab-가 붙어 생긴 말이다. 존재에서 멀어져서 부재중이라는 말이 된다. **absenteeism**은 합당한 사유가 없는 '잦은 결석(결근)'을 가리킨다. 반대말 **presenteeism**은 실직에 대한 불안감 때문에 '필요 이상으로 직장에서 많은 시간을 보내는 현상'을 말한다. Job insecurity is making presenteeism increasingly common은 '고용 불안으로 인해 필요 없이 직장에서 많은 시간을 보내는 현상이 점점 더 보편화되고 있다'라고 번역한다.

Quarrel 분쟁

고대 그리스의 펠로폰네소스전쟁은 아테네와 스파르타의 뿌리 깊은 분쟁에서 시작되었다. 두 도시국가의 지나친 경쟁은 결국 전쟁으로 비화했는데, 그 이면에는 여러 이유가 있었다. 먼저 아테네는 강력한 해군을 비롯한 철학, 예술, 무역으로 번성하는 민주국가였다. 반면, 스파르타는 막강한 육상 부대를 보유하고

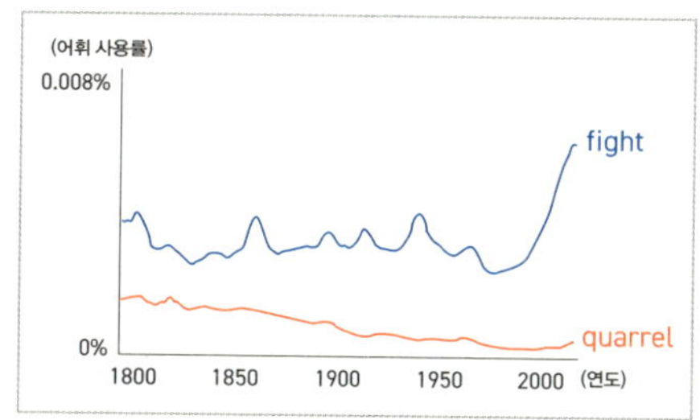

❖ 21세기 들어 fight의 용례가 quarrel에 비해 급증했다는 사실은 물리적인 폭력의 증가로 볼 수 있을까?

있었고, 엄격한 규율과 무력을 숭상하는 군국주의 국가였다. 아테네는 페르시아와의 전쟁에서 승리한 후에 델로스동맹을 주도하며 그리스 세계의 주도권을 장악한다. 결국 아테네의 팽창주의는 스파르타와의 전쟁으로 번졌다. 스파르타는 그리스 세계의 적대국 페르시아와 동맹을 맺는다. 그리고 아테네의 해양 패권에 도전하기 위해 해군을 창설해 결국 아테네를 굴복시켰다. 뿌리 깊은 경쟁과 이념적 차이로 인해 확대된 이 전쟁은 양측 모두에게 심각한 결과를 초래했다. 전쟁의 결과, 그리스의 주도권은 아테네에서 스파르타로 넘어갔고, 스파르타도 테베에 패하면서 주도권을 상실한다.

'말다툼'이나 '싸움'을 의미하는 **quarrel**의 사전적 정의는 개인적인 문제에 대한 사람들 간의 화난 논쟁이나 의견 불일치다. **family quarrel**은 '집안싸움'이다. quarrel은 '언쟁을 벌이다'를 뜻하는 동사로도 쓰인다. 어원을 제공한 라틴어 동사 queri는 본래 '불평하다', '애통하다'라는 뜻을 갖고 있다. **quarrelsome**은 '걸핏하면 싸우기 좋아하는'이라는 의미를 지녔다. "He's always been moody and quarrelsome like that은 '그는 항상 변덕스럽고 다툼이 많았다'라는 말이다. **querulous**는 '불평하는'이나 '짜증 내는'을 뜻한다. querulous voice는 '짜증스러운 목소리'라는 표현이다. a nervous and timid man, with a plaintive, querulous voice는 '신경질적이고 소심한 사람으로, 어눌한 말투에 툴툴거리며 한숨 섞인 목소리를 가진 사람'이라고 번역한다.

Recognition 인정

세계의 지붕 티베트는 중국의 자치구 중 하나다. 즉, 중국의 영토에 속한다는 말이다. 그런데 티베트의 민족 구성을 보면 티베트족이 92퍼센트에 이르고 한족은 6퍼센트에 불과하다. 역사적으로 볼 때 티베트는 독립국이었다. 기원후 7~9세기에 티베트 제국이 존재했지만, 중국은 티베트가 몽

❖ 티베트의 포탈라궁

골제국의 통치 아래 있던 원과 명·청 시대 이후 중국 영토의 일부였다고 주장한다. 1950년 중국공산당 정권은 티베트를 해방한다는 미명하에 침공해 중국의 일부로 편입시켰다. 이후 유엔을 비롯한 대부분의 국가는 티베트를 중국의 일부로 인정한다. 달라이라마가 이끄는 망명정부가 수립되었지만, 티베트를 독립국가로 인정하는 나라는 없다. 티베트를 독립국가로 인정하면 중국과의 외교 및 무역 관계가 위태로워질 수 있기 때문이다.

한 나라의 주권을 인정한다고 할 때 쓰이는, '인정', '승인'을 뜻하는 영어 **recognition**은 '인정하다', '기억하다'를 의미하는 라틴어 recognoscere에서 나왔다. '알아가다', '배우다', '인식하다'를 뜻하는 동사 cognoscere에 '다시'를 의미하는 re-가 붙어 생긴 말이다. diplomatic recognition은 '외교적 인정'이라는 표현이다. He glanced briefly towards her but there was no sign of recognition은 '그가 그녀 쪽을 잠깐 흘깃 보았지만 알아보는 기색이 없었다'라는 말이다. 이 문장에서 recognition은 '알아봄'을 의미한다. voice recognition은 '음성 인식'이라는 말이다. **recognizance**는 법률 용어로 범죄자가 법정에 출두해서 하는 '서약'을 가리킨다. 사실의 인정을 서약한다는 뜻이다. He pled 'not guilty' and was released on his own recognizance라는 문장은 '그는 〈무죄〉를 주장했으며, 자진 출두를 서약한 뒤 석방되었다'라고 번역한다. **on one's own recognizance**는 '자진 출두를 서약하고'라는 표현이다.

Suspense 서스펜스

인간이 느끼는 감정 중에는 긴장감이 있다. '긴장감'은 영어로 **suspense**인데, 사전적 정의는 무슨 일이 일어날지 궁금해서 생기는 감정이나 흥분 상태 또는 느낌이다. 이런 감정은 생명을 위협하는 상황, 스포츠의 빅 매치, 로맨틱한 사랑의 고백 과정 등 일상생활 도처에서 느낄 수 있다. 특히 스릴러 영화를 볼 때 긴장감은 극대화된다. 연속적인 살인 사건이 이어지는 스릴러 영화가 대표적인 예다. 1995년에 개봉한 할리우드 영화《세븐》은 대표적인 스릴러 영화로 관객은 한 치 앞을 알 수 없는 서스펜스의 극한 상태에

❖ 영화 《세븐》 포스터

빠진다. 첫 번째 살인 사건은 거구의 남성이 스파게티에 얼굴을 파묻고 죽은 채 발견된다. 두 번째 사건의 피해자는 변호사 사무실에서 변사체로 발견된다. 현장에는 '탐욕'을 뜻하는 **greed**가 바닥에 쓰여 있었다. 사건을 수사하던 형사는 첫 번째 사건은 '식탐'을 의미하는 **gluttony**와 관련된 것을 알아차린다. 두 개의 죄목은 가톨릭에서 7대 대죄에 속하는 것이었다. 그렇다면 나머지 다섯 개의 대죄와 관련된 살인 사건들이 계속 벌어질 것이라고 짐작하고, 관객들은 최고의 서스펜스에 빠져든다.

suspense는 라틴어 동사 suspendere에서 나왔는데, 이 동사는 '아래'를 의미하는 sus-(=sub-)와 '매달다'를 뜻하는 pendere가 결합된 말이다. 여기서 만들어진 **suspend**는 무언가를 매단다는 뜻에서 물건이나 사건을 일시 정지 상태로 만든다는 의미를 지닌다. 사건의 경우는 '연기하다'를 뜻한다. A lamp was suspended는 '램프가 매달려 있다'라는 말이고, Production has been suspended while safety checks are carried out은 '안전 점검이 진행되는 동안 생산이 중단되었다'라는 말이다. 자동차의 무게를 받쳐주는 장치인 '서스펜션'을 영어로 **suspension**이라고 한다. 이 단어의 또 다른 의미로는 직무를 멈추는 '정직'이 있다. suspension from school은 '정학'이라는 표현이다.

Vendor 판매상

중세 유럽의 시장이나 거리에는 각종 생필품을 파는 가게와 노점이 많았다. 이국적인 상품을 판매하기 위해 먼 거리를 여행하는 상인들도 있었다. 상인들이 취급하던 상품은 소수 특권층이 사용하는 사치품이 주종을 이루었다. 사치품 목록에는 시리아산 양모, 비단, 비잔틴산 금, 페니키아산 가죽, 보석, 유리 제품, 파

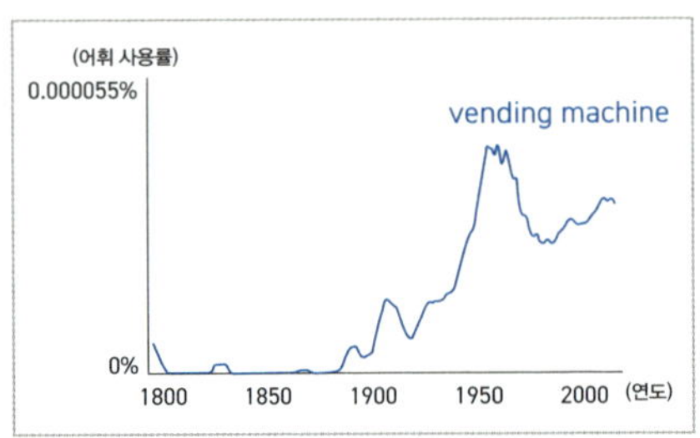

❖ vending machine의의 보급은 1920년을 기점으로 폭발적으로 증가했다. 이후 내리막 추세로 돌아섰다가 다시 점진적인 상승 추세를 보이고 있다.

피루스 등이 있었다. 이밖에도 부자들의 일상생활에 필요한 향신료, 그리스산 포도주와 시리아산 포도주, 대추야자, 무화과, 아몬드, 올리브유 등이 주요 교역 상품이었다. 특히 올리브를 재배할 수 없는 지역에서 올리브는 매우 귀한 상품이었고, 기독교에서는 신성한 기름으로 여겨졌다. 올리브유는 성유聖油로서 세례, 대관식, 병자를 위한 성사 등에 사용되었다.

　이동하면서 물건을 파는 상인과는 달리 '노점상'은 시장이나 거리에서 물건을 팔았다. 영어에서는 이들을 **vendor**라고 부른다. 라틴어로 '팔다'를 의미하는 vendere에서 나온 말이다. vendor에 비해 영어에서 더 많이 사용되는 **seller**는 그 의미가 다르다. vendor는 비즈니스와 상거래와 관련된 문맥에서 사용된다. We need to negotiate with our vendor for better terms는 '우리는 더 나은 조건을 위해 공급업체와 협상해야 한다'라는 말이다. 반면, seller는 그 사용 범위가 더 넓다. The seller listed the antique vase on an auction site는 '판매자가 경매 사이트에 골동품 꽃병을 등록했다'라고 번역한다. 현대인들에게 익숙한 '자동판매기'는 영어로 **vending machine**이라고 한다. vending과 vendor는 어원이 동일하다. **software vendor**는 '소프트웨어 공급업자'라는 말이다.

Transit 환승

런던과 파리는 지금도 국제 교통의 중심지다. 중세에도 상황은 비슷했다. 중세와 근대 유럽에서 강력했던 프랑스 왕국의 수도 파리는 북유럽과 남유럽의 교차 지점에 있었고, 런던은 북해에서 내려오는 무역선이 통과하는 항구도시로 번창했다. 그런데 교

❖ 무역을 통해 많은 부를 축적한 베네치아공화국

통의 요충지로서 번영을 누리던 도시들이 과거의 영화를 상실한 경우도 있다. 아드리아해에 위치한 베네치아공화국은 해양 강국이었다. 광범위한 무역 네트워크를 통해 유럽과 비잔티움제국 사이에서 무역을 통해 많은 부를 축적했다. 하지만 1453년 비잔티움제국이 오스만제국에 의해 멸망하자 베네치아의 영광은 쇠락의 길로 접어들었다.

중세 유럽에 허브 도시들이 있었다면, 한국의 인천국제공항도 세계에서 손꼽히는 허브 공항에 속한다. 많은 여행객이 인천국제공항에서 환승을 하는데, 영어로 '환승'은 **transit**이라고 부른다. 영어 beyond에 해당하는 라틴어 trans-에 go에 해당하는 it가 결합해 만들어진 단어다. 어디를 넘어간다는 뜻으로, 공항에서 환승한다고 표현할 때 사용한다. **transit passenger**는 '통과 여행객'을 가리킨다. **exit**는 밖으로 나가는 '출구'를 말한다. **transition**은 다른 상태나 조건으로의 '이행', '전환'을 의미한다. The transition from boyhood to manhood can be a confusing period는 '소년에서 성인으로 가는 전환기는 혼란스러운 시기일 수 있다'라고 번역한다. 문법에서 '타동사의'를 의미하는 **transitive** 역시 어원이 같다. 16세기 영어에서 직접 목적어를 취한다라는 뜻이 만들어진 이 단어는, 어떤 것으로 넘어가는 힘, 전환의 의미에서 목적어를 취하는 타동사라는 의미가 생겨났다.

Vent 송풍구

현대인에게 자동차는 필수품이다. 자동차 실내 명칭은 대부분 영어로 되어 있다. 그 중에는 일본에서 만들어진 영어가 들어온 경우도 있다. 대표적인 경우가 핸들이다. 컵이나 도구의 손잡이를 의미하는 **handle**이 자동차의 운전대를 가리키고 있지만, 실제로 영어에서는 **steering wheel**이라

❖ 자동차의 송풍구

고 부른다. 바퀴를 조정하는 '조향 장치'를 말한다. 자동차의 앞 좌우측에는 차가운 바람이나 더운 공기가 나오는 '송풍구'가 있다. 영어로는 **air vent**라고 부른다. vent는 '바람'을 뜻하는 라틴어 ventus가 그 어원이다. air vent는 바람이 나오는 구멍을 의미한다.

라틴어 격언 중에 "어느 항구로 가는 줄도 모르는 자에게 순풍은 불지 않는다"라는 말이 있다. '순풍은 불지 않는다'라는 표현은 라틴어로 nullus ventus est라고 한다. 영어로 옮기면 no wind is가 된다. 이 격언은 운이라는 것도 열심히 노력하는 사람에게 찾아온다는 말이다. 라틴어 ventus에서 나온 영어 단어 중에 **ventilate**가 있다. 방 등의 공기를 '환기하다'를 뜻하는데, 감정이나 의견을 '표명하다'라는 의미도 있다. She used the meeting to ventilate all her grievances는 '그녀는 이 회의를 통해 모든 불만을 토로했다'라는 말이다.

vent가 동사로 사용되면 강한 감정을 '터트리다'라는 뜻이 된다. I'm not jealous, I'm just venting는 '나는 시기하는 게 아니야, 그냥 하소연하는 거지'라는 말이다. 이 동사의 뿌리는 중세 프랑스어 éventer로 거슬러 올라간다. '밖'을 의미하는 ex-와 ventus가 결합된 말이다. 즉, '밖으로 바람을 불다'라는 의미에서 밖으로 자신을 공기 중에 '노출하다', 혹은 '폭로하다'라는 의미가 나왔다.

Veteran 베테랑

군사 강국인 로마에서 군인은 시대에 따라 다르지만 일반적으로 16~25년 동안 복무했다. 청춘과 장년의 대부분을 군대에서 보냈다고 할 수 있다. 복무를 마치면 그들은 veteranus라고 불렸다. 영어에서 한 분야의 '전문가' 혹은 '퇴역 군인'을 가리키는 veteran이 바로 여기서 나왔다. 로마에서 퇴역 군인의 역할은 다양했다. 숙련된 군인으로서 신병을 훈련시키거나, 백부장 같은 주요 직책을 맡는 것이 관례였다. 장기간 군복무를 마친 군인에게 주어지는 가장 큰 혜택은 로마 시민권이었다. 라틴어로 civitas

❖ 제1차세계대전의 퇴역 군인

로 불렸던 시민권에는 로마제국의 시민들에게 부여된 권리, 특권, 의무, 혜택, 사회적 지위 등이 명시되어 있었다. 오늘날 제3세계 사람들이 취득하려는 미국 시민권과 같은 것이었다. 영어에서는 '시민권'을 **citizenship**이라고 부른다. 영어 접미사 -ship은 상태나 존재의 조건을 가리킨다. 다시 말해, 로마 시민의 상태나 조건을 civitas라고 부른 것이다.

veteran의 어원인 라틴어 veteranus는 영어 old에 해당하는 라틴어 vetus에서 나온 말이다. 현재 영어에서는 퇴역 군인보다 특정 분야의 '전문가'라는 뜻으로 더 많이 사용된다. the veteran American actor, Clint Eastwood는 '미국의 백전 노장 배우 클린트 이스트우드'라고 번역할 수 있다. 보통 말이 많아 '지겨운 사람'을 가리키는 bore 앞에 veteran이 붙으면 veteran bores라는 표현이 만들어진다. 이 표현은 미국의 작가 스콧 피츠제럴드의 소설 『위대한 개츠비』에 나오는데, '말이 많아 상대방을 지겹게 하는 사람'을 가리킨다. **inveterate**도 라틴어 vetus(오래된)에서 나와, '오래 묵은', '뿌리 깊은', '상습적인'이라는 의미를 지니게 되었다. inveterate liar는 '상습적인 거짓말쟁이'라는 표현이다.

Lachrymose 잘 우는

눈물은 인간의 가장 솔직한 감정을 보여주는 수정 구슬과 같다. 고대 그리스인들은 눈물을 명예, 슬픔, 연민과 관련 깊은 감정의 표현으로 여겼다. 그들은 눈물이 자유롭고 명예롭게 슬픔을 애도하는 방법이라고 생각했다. 『일리아스』에서 오디세우스는 죽은 전사들을 기리며 눈물을 흘리

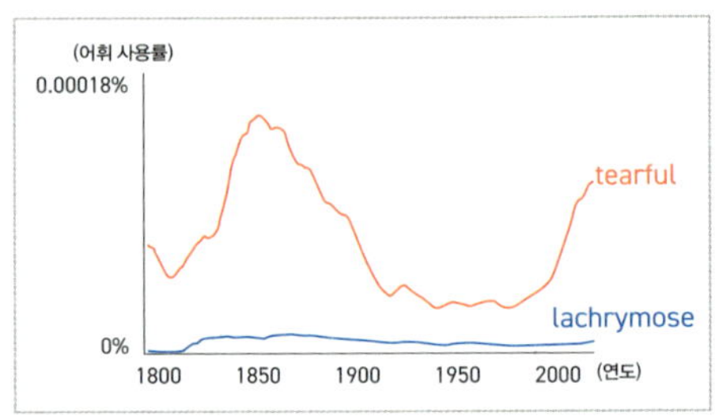

❖ lachrymose는 눈물을 연상시키는 공식적·문학적 표현이고, tearful은 일상적으로 혹은 즉흥적으로 흘리는 눈물을 가리킨다.

고, 『일리아스』에서 아킬레우스는 죽은 친구 파트로크로스를 위해 통한의 눈문을 흘린다. 장례식장에서도 애도객들은 공개적으로 우는 것이 당연시되었다. 한편, 로마에서는 절제된 눈물을 강조했다. 로마인들은 눈물을 보다 실용적이고 금욕적인 문화로 변형시켰다. 로마의 남성, 특히 권력을 가진 사람들은 공공장소에서 감정을 통제했다. 물론 개인적으로 큰 상심을 하면 자연스럽게 눈물을 흘렸다. 로마인들은 장례식에서 라크리마토리에스lachrymatories라고 불리는 작은 단지를 휴대했는데, 이 단지에 친구들의 눈물을 모아 망자의 관에 넣어주었다고 한다. 영어 사전에서 **lachrymatory**를 찾으면 '눈물 단지'라는 뜻이 나온다.

고유 영어인 **tear**와는 다르게, 이번에 소개하는 눈물 관련 단어들은 lachr- 로 시작한다. 라틴어에서 '눈물'을 뜻하는 말이 lacrima였기 때문이다. 영어에는 **lachrymose**라는 단어가 있다. 이 단어는 걸핏하면 '잘 우는'이라는 의미를 갖는다. The film is a lachrymose melodrama는 '이 영화는 눈물샘을 자극하는 멜로 영화다'라는 말이다. 시위를 진압할 때 사용하는 '최루탄'은 **lachrymator**라고 부른다. 여기서 최루催淚는 눈물을 흐르게 한다는 뜻을 갖는다. 의학에서 '눈물샘'은 **lachrymal gland**라고 부른다.

Interval 간격

기원후 800년 12월 25일 프랑크왕국의 국왕 샤를 마뉴는 로마의 바티칸 대성당에서 서로마제국을 부활시킨 공로를 인정받아 교황으로부터 황제의 관을 받았다. 기원후 476년 서로마제국을 멸망시킨 게르만족이 서로마제국의 후계자로 역사에 등장하는 순간이었다. 샤를마뉴대제의 아버지 피핀은 프랑크왕국(메로빙거왕조)에서 실권을 쥔 궁정대신 칼 마르텔의 아들이었다. 그는 피레네산맥을 넘어온 이슬람 군대를 물리치고 유럽을 지켰다. 피핀의 아들은 이런 아버지의 후광을 업고 왕위에 오른 인물이다. 서로마제국의 멸망과 부활이라는 중요한 사건 사이

❖ 프랑크왕국의 국왕 샤를마뉴

의 기간(간격)을 영어로 **historic interval**, 즉 '역사적 간격'이라 부른다.

영어 **interval**의 어원적 정의는 '두 사건 사이의 기간'이다. The interval between major earthquakes might be 200 years는 '주요 지진 사이의 간격은 200년이 될 수 있다'라고 번역할 수 있다. 영어 between에 해당하는 inter-에 vallum이 합성되어 만들어진 말인데, vallum은 '성채', '말뚝', '성벽'을 뜻했다. interval은 공간적인 간격에서 시간적인 간격으로 의미가 전이된 말이다. 영어 **wall**이 라틴어 vallum과 어원이 같다. **international**은 '국제간', **intercontinental**은 '대륙간'을 뜻하고, **interconnected**는 '상호 연결된'을 의미한다. 중간에서 '가로막다' 혹은 '가로채다'라는 의미를 가진 **intercept**에서 cept는 영어 catch에 해당하는 cipere가 inter-와 합성된 동사다. Reporters intercepted him as he tried to leave the hotel은 '기자들은 그가 호텔을 떠나려 하자 그를 가로막았다'라는 말이다. '왕국'을 의미하는 라틴어 regnum 앞에 inter가 붙으면 신임 지도자가 취임하기 전까지 '최고 지도자의 부재 기간'을 가리키는 **interregnum**이 만들어진다.

Circumstance 상황

현대사의 가장 큰 비극으로 기록된 9·11 테러는 어떤 상황에서 발생한 사건일까? 이 테러를 주도한 빈 라덴은 뉴욕의 세계 무역 센터 빌딩을 폭파할 계획을 이미 1982년부터 가지고 있었던 것으로 보인다. 그는 레바논과 전쟁을 벌이는 이스라엘군이 고층 빌딩을 폭파하는 것을 보고, 똑같은 보복을 결

❖ 9·11 테러 장면

심했다고 한다. 하지만 확실한 증거는 없다. 테러의 결과는 처참했다. 미국에서 민간 항공기 조종 교육을 받은 알카에다 대원들은 미국 항공기를 납치한 후에, 세계 무역 센터 건물을 비롯한 주요 건물에 비행기를 충돌시켰다. 극도의 반서방적 이슬람주의 세력의 추종자들이 벌인 테러의 종말이었다.

　한 사건의 본질을 이해하려면 당시의 상황을 살펴볼 필요가 있다. 일이 되어가는 과정이나 형편을 의미하는 '상황'을 영어로는 **circumstance**라고 부른다. 라틴어에서 '주변 환경'을 의미했던 circumstantia에서 유래한 이 말은 중세 프랑스어 circonstance를 거쳐 영어에 들어왔다. 13세기에 이 단어는 '어떤 사건을 둘러싼 주변적 정보나 부수적 사항'이라는 뜻이었다. 라틴어 circumstantia에서 circum은 영어 around에 해당하고, stantia는 영어 stand에 해당한다. 말 그대로 주변을 둘러선 환경을 가리킨다. 영어 **circus**도 어원이 같다. 둥근 관람석이 공연장을 둘러싸고 있는 '서커스'의 본래 의미는 고대 로마인들이 열광하던 전차 경주장이었다. '순환'이나 '회로'를 의미하는 **circuit** 역시 circum에서 나온 단어다. The race ended with eight laps of a city centre circuit는 '자동차 레이스는 도심 순환 코스를 여덟 바퀴 돌아 끝이 났다'라는 말이다. 수학에서 사용하는 **circumference**는 '원의 둘레(원주)'를 의미한다.

Insectcide 살충제

만약 인류가 지구에서 사라지면 그 자리는 어떤 종이 차지할까? 물론 가정이지만, 어떤 학자들은 곤충의 세계가 될 것이라고 말한다. 그 이유로는 먼저 곤충은 적응력이 뛰어나기 때문이다. 전 세계에 분포한 곤충은 열대우림에서 북극에 이르기까지 지구상의 거의 모든 서식지에서 발견된다. 게다가 곤충은 부패한 물질, 식물, 곰팡이 등 다양한 유

❖ 살충제 분사기(1928)

기물을 섭취하는 잡식성이다. 높은 번식력도 곤충의 생존 확률을 높인다. 사실 생태학적인 측면에서 곤충은 이미 지구를 지배하고 있다고 말할 수 있다. 특히 생태계의 순환에서 곤충의 역할은 결정적이다. 꿀벌이나 나비 등은 식물의 생명을 지속적으로 지원하고, 딱정벌레와 개미 등은 유기물을 분해한다. 이렇게 곤충은 조류나 양서류의 먹이로서 생태계의 균형을 맞추고 있다.

　'살충제'를 뜻하는 **insecticide**에서 앞에는 '곤충'을 가리키는 insect를 확인할 수 있고, 뒤에는 '죽이다'를 의미하는 -cide가 붙어 있다. '인간'을 의미하는 라틴어 homo에 -cide가 붙으면 '살인'을 뜻하는 **homicide**가 된다. '스스로'를 의미하는 sui가 앞에 놓이면 '자살하다'라는 의미의 **suicide**가 된다. '아이'를 의미하는 infant가 붙으면 '유아 살해(범)'를 의미하는 **infanticide**가 된다. '형제'를 의미하는 라틴어 frater가 붙으면 '형제 살해(범)'를 뜻하는 **fratricide**가 된다. 소포클레스의 비극『오이디푸스』에서 아버지를 살해하고 망명길에 오른 오이디푸스는 아들 에테오클레스와 폴리네이케스의 배신에 대해 저주를 퍼부으며 서로를 죽일 것이라고 예언한다. 이런 살인이 fratricide에 해당한다. 오이디푸스가 아버지 라이오스를 죽인 살인은 '부친 살해'에 해당하는 **patricide**가 된다. 라틴어로 pater는 '아버지'를 의미한다.

Ferry 연락선

중세 유럽의 교통망은 좋지 않았다. 로마제국이 멸망하면서 제국의 구석구석을 거미줄처럼 연결하던 로마의 가도는 파괴되어 제 기능을 발휘하지 못하고 있었다. 이런 상황에서 유럽의 여러 나라를 이어주는 강江은 수상 무역의 동맥이었다. 파리의 센강은 파리와 대서양 연안의 노

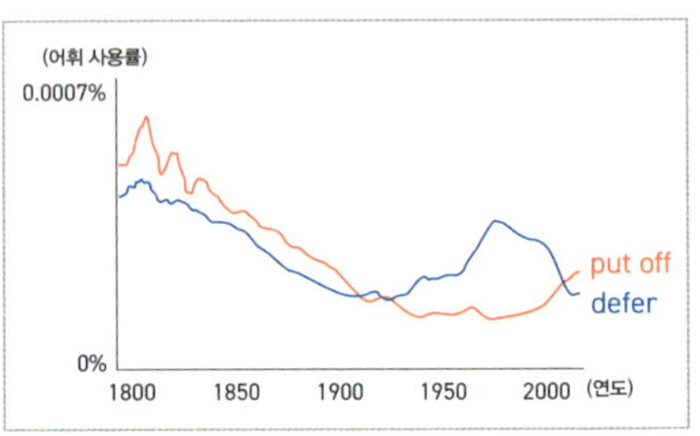

❖ put off(미루다)와 defer는 용례 빈도수에서 몇 번의 역전 현상을 발견할 수 있다.

르망디 지방과 내륙의 샹파뉴 지방의 거점 도시들을 연결해주었다. 강에는 화물이나 여행객을 실어 나르는 '연락선', 즉 **ferry**가 정기적으로 운항하고 있었다. 영국에서는 노르만 정복 이후, 잉글랜드의 수도가 된 런던과 과거의 수도였던 윈체스터를 이어주던 윈체스터 페리가 유명했다. 동방과의 무역으로 부를 축적하던 북이탈리아의 베네치아에는 리알토 페리가 있었다. 1591년 리알토 다리가 건설되기 전까지, 리알토 페리는 베네치아 상인들이 이용하던 주요 교통수단이었다.

　페리의 어원은 '실어 나르다'를 의미하는 라틴어 ferre에서 나왔다. 영어 across에 해당하는 trans-가 붙으면 한 곳에서 다른 곳으로 '옮기다'를 뜻하는 **transfer**가 만들어진다. The film studio is transferring to Hollywood는 '영화 스튜디오가 할리우드로 이전하고 있다'라는 말이다. in-이 붙으면 '의미를 안으로 끌어와 해석하다'라는 의미에서 '추론하다' 혹은 '유추하다'를 뜻하는 **infer**가 만들어진다. Much of the meaning must be inferred from the context는 '대부분의 의미는 문맥에서 유추해야 한다'라는 말이다. 영어 away from에 해당하는 라틴어 접두사 de-가 붙으면 **defer**가 되는데, '멀리 두다'라는 의미에서 '연기하다'라는 뜻이 만들어진다. '제의하다', '기꺼이 제공하다'를 의미하는 **offer** 역시 무엇을 가져온다는 것과 관련 있는 단어다.

Congratulation 축하

미국독립전쟁을 승리로 이끈 조지 워싱턴 장군이 고별 연설에서 축하와 감사의 말을 전했다. 특히 군인들의 용기와 인내심에 감사와 찬사를 보내며 다음과 같이 말했다. "우리의 독립과 주권을 확인하게 되어 기쁘다…." 고향으로 돌아갈 준비를 하

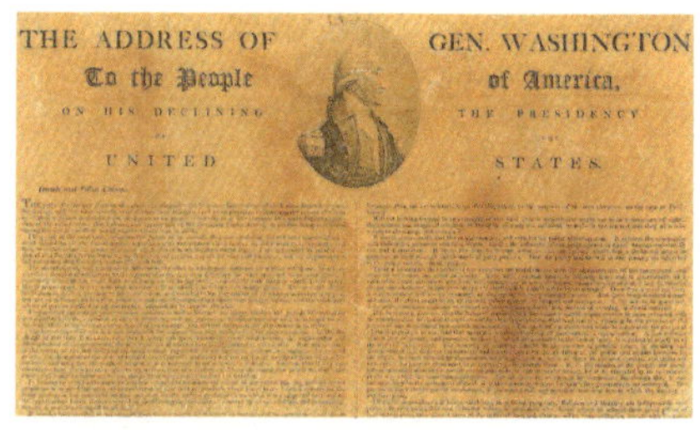

❖ 조지 워싱턴의 고별 연설문

던 워싱턴은 새로운 조국을 위해 헌신한 군인들에게 진정한 감사의 마음을 전하고 싶었다. 수십 년 뒤 유럽에서도 자신이 거둔 승리의 기쁨을 나누고 싶었던 지도자가 있었다. 그는 훗날 황제가 된 나폴레옹 보나파르트였다. 1796년 이탈리아 원정에서 승리를 거둔 나폴레옹은 군대를 칭찬하는 말로 인사를 건넸다. "병사 여러분, 여러분은 15일 동안 여섯 번의 승리를 거두었고, 21개의 군기와 55문의 대포, 그리고 여러 요새를 점령했습니다. 피에몬테의 가장 부유한 지역을 정복했습니다." 이는 더 많은 원정을 앞두고 프랑스군의 승전을 치하한 외침이었다.

축하의 인사는 상대방의 기분을 좋게 만든다. '축하'를 의미하는 영어는 **congratulation**인데, 이 말의 어원은 '즐겁다' 또는 '감사하다'를 뜻하는 gratus에서 나왔다. con-이 붙어 함께 기뻐하다, 즉 '축하한다'라는 뜻이 나왔다. '감사하는'을 의미하는 형용사 **grateful**도 어원이 같다. We are very grateful to all those who contributed는 "기여해주신 모든 분께 진심으로 감사드린다"라는 말이다. **gratify**는 '기쁘게 하다' 혹은 욕구 등을 '충족시키다'라는 뜻을 지닌다. I was gratified by their invitation은 '나는 그들의 초대가 무척 기뻤다'라고 번역한다. '우아함'을 의미하는 **grace**와 '자애로운'과 '우아한'을 가리키는 형용사 **gracious**도 어원이 동일하다.

Graduation 졸업

한국의 대학 졸업식은 미국 대학의 전통을 이어받았다. 학사모와 가운은 졸업식에 빠질 수 없는 필수 의복이 되었다. 그런데 프랑스에는 대학 졸업식 자체가 없다. 필자의 경우, 박사 학위 논문 발표를 마치고 며칠 뒤에 행정 부서에서 박사 학위 증명서를 발부받은 것이 전부다. 하지만 프랑스를 비롯한 유럽에서 원래 학위 수여식이 없었던 것은 아니었다. 중세 유럽 대학의 졸업식은 종교적 색채가 짙었다. 계몽주의 시대로 접어들자 종교적 의식은 줄어들고 학문적 성과와 공로에 초점을 맞춰 졸업식이 진행되었다. 학위

❖ 학사모와 가운을 착용한 미국 대학의 졸업생

수여식도 점차 간소화되었다. 나폴레옹 시대에는 프랑스 대학이 국가의 직접 관리 아래 놓이면서, 학위 수여식은 거의 사라졌다. 하지만 독일과 영국의 일부 대학에서는 학위 수여식을 문화유산의 일부로 여기며 전통을 보존하고 있다. 미국의 학위 수여식도 같은 범주에 속한다.

　'졸업'을 의미하는 **graduation**은 '걸음'이나 '정도'를 의미하는 라틴어 gradus에서 나온 말이다. '등급'이나 '지위', '품질'을 의미하는 영어 **grade**도 gradus에서 나왔다. grade에는 '성적'이나 '학점'이라는 뜻도 있다. She got good grades on her exams는 '그녀는 시험에서 좋은 성적을 받았다'라는 말이다. '졸업하다'를 뜻하는 **graduate**는 한 단계 올라간다는 의미를 지닌다. '정도'나 '학위'를 뜻하는 **degree**도 어원이 동일하다. **master's degree**는 '석사 학위'를, **doctor's degree**는 '박사 학위'를 가리킨다. 소프트웨어나 애플리케이션에서 자주 사용되는 용어인 '업그레이드', 즉 영어 **upgrade**도 grade에서 나왔다. **low-grade**는 상품의 질이 '저질인' 또는 병의 증상이 '덜 심각한'이라는 뜻을 지닌다. low-grade infection은 '덜 심각한 전염병'이라는 표현이다. 영어 down에 해당하는 de-가 붙으면 **degrade**가 되고, '비하하다', '저하하다'라는 뜻을 지닌다. This poster is offensive and degrades women은 '이 포스터는 모욕적이고 여성을 비하한다'라는 말이다.

Value 가치

인류 문명의 역사에서 금처럼 귀중한 금속은 찾아보기 힘들다. 금은 장신구, 종교적 유물, 지위의 상징으로 사용되었는데, 화학적으로도 그 성질이 변하지 않는 귀중한 금속이었다. 황금 마스크로 유명한 고대 이집트의 파라오 투탕카멘의 무덤에서는 수많은 금 장식품이 발굴되었다. 하지만 고대 이집트에서 금은金銀이 화폐로 통용되지는 않았고, 고대 그리스 시대에 들어와 화폐로 통용되었다. 그렇다면 금의 가치 혹은 구매력은 시대별로 어떻게 변했을까? 고대 이집트에서

❖ 투탕카멘의 황금 마스크

는 금 1온스로 황소 한 마리를 구입할 수 있었고, 그리스로 넘어오면 고급 갑옷한 벌이나 숙련된 장인의 몇 달치 임금을 지불할 수 있었다고 한다. 고대 로마에서는 1온스(금화 10~12개)로 고급 군마 한 필을 살 수 있었다. 중세에는 1온스가 작은 양 떼의 가치와 맞먹었다. 산업혁명 이후 미국에서는 1온스(당시 미국 달러로 20.67달러)로 고급 양복 한 벌, 농촌에서는 소 한 마리나 양 12마리를 살 수 있었다. 시대가 흐르면서 인플레이션이 가속된 결과였다. 오늘날 1온스의 금값은 1,800~2,000달러에 이른다.

'가치'를 의미하는 영어 **value**는 '힘이 세다', '건강하다'라는 뜻을 가진 라틴어 동사 valere에서 나온 명사 valor가 그 어원이다. 프랑스어를 통해 영어에 들어온 value는 '부와 중요함'이라는 의미를 지닌 단어였다. 형용사형인 **valid**는 중요하다는 의미에서 법률적으로 '유효한'이나 '타당한'이라는 뜻을 갖게 되었다. He bought a bus pass valid for one month는 '그는 한 달 동안 유효한 버스 승차권을 구입했다'라는 말이다. **valiant**는 '용감한' 또는 '영웅적인'을 의미한다. She made a valiant attempt not to laugh는 '그녀는 필사적으로 웃음을 참으려 했다'라고 번역한다.

Carnation 카네이션

1907년의 어느 날, 미국 웨스트버지니아주의 그래프턴에 있는 감리교회에서 안나 자비스는 고인이 된 어머니를 위해 추모식을 열었다. 그녀의 어머니 앤 자비스는 생전에 남북전쟁의 상이용사를 돌보는 조직을 만들어 활동했다. 이날 안나 자비스는 고인이 된 어머니에게 흰색 카네이션carnation을 바쳤다. 이 꽃은

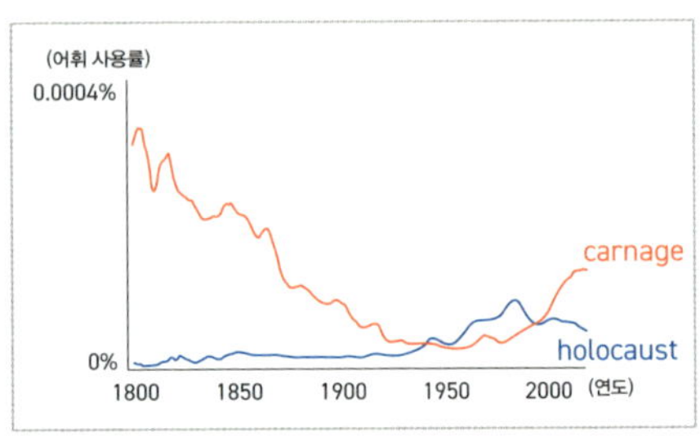

❖ 제2차세계대전을 기준으로 holocaust의 용례는 carnage를 추월했지만, 1990년대를 기점으로 다시 역전되었다.

순결과 사랑, 충실함의 상징이었다. 흰색 카네이션은 어머니가 평소에 좋아하던 꽃이었기에 안나 자비스의 마음은 더욱 애잔했다. 이후 몇 년이 지나지 않아 세상을 떠난 부모에게 카네이션을 바치는 풍습이 널리 퍼졌다. 흰색 카네이션은 돌아가신 어머니에게, 분홍색 카네이션은 살아 있는 어머니에게 바쳤다.

carnation의 어원은 뜻밖에도 라틴어로 '살[肉]'을 의미하는 caro에서 나왔다. 이탈리아어와 프랑스어에서 carnation에는 사람의 '살색'이라는 의미가 들어갔고, 영어에서는 14세기에 그리스도가 사람이 되었다는 '성육신成肉身'의 의미로 사용되었다. 라틴어 caro는 영어에 많은 어휘를 제공했다. '육식동물'을 뜻하는 **carnivore**에서 -vore는 '먹다'를 뜻한다. in-이 붙으면 '현현顯現'이나 '성육신'을 의미하는 **incarnation**이 되는데, 예수의 몸으로 이 땅에 온 하느님을 가리키기도 한다. He believed he had been a prince in a previous incarnation은 '그는 자신이 전생에 왕자였다고 확신했다'라는 말이다. '사육제謝肉祭'를 뜻하는 **carnival**은 고기를 키우는 것이 아니라, 사순절 전까지 고기를 멀리하다, 즉 '고기여 안녕'이라는 뜻을 지닌다. **carnage**는 '대학살'을 가리킨다. 1572년에 일어난 성 바르톨로메오 축일의 대학살이 대표적인 예다. 이 학살의 피해자는 당시 앙리 4세의 결혼식에 참석하러 온 많은 위그노였다. 한편, 제2차세계대전 중 유대인을 대상으로 한 '대학살'은 **holocaust**라고 부른다. holocaust는 조직적인 학살에 방점이 찍혀 있다.

Calorie 칼로리

고대와 중세에 살던 우리의 조상은 못 먹어서 영양 실조에 시달렸지만, 현대인들은 너무 많이 먹어서 비만에 시달린다. 실제로 음식의 칼로리에 신경을 쓰는 사람들이 많아졌다. '열량'으로 번역하는 영어 **calorie**는 라틴어로 '열熱'을 의미하는 calor에서 나온 말이다. 이 용어는 19세기 초 프랑스의 물리학자이자 화학자인 니콜라 클레망이 만든 용어인데, 물 1g의 온도를 1℃ 올리는 데 필요한 열량을 1칼로리cal라고 정의했다. 1킬로칼로리kcal는 물 1kg을 1℃ 높이는 데 필요한 열량을 말한다. 19세기 후반 독일의

❖ 하루 칼로리 섭취량을 추정하는 기계(독일, 1932)

과학자 막스 브루너는 칼로리의 개념을 인간의 영양소에 적용했다. 탄수화물 1g은 4kcal, 단백질 1g은 4kcal, 지방 1g은 9kcal에 해당한다. 지방이 많은 음식을 과다 섭취하면 비만이 되는 이유가 여기에 있다. 소비한 칼로리보다 더 많은 칼로리를 섭취하면 체중이 증가하고, 더 적게 섭취하면 체중이 감소한다.

　calorie에서 파생된 형용사 **calorific**은 '열량이 높은' 또는 '과도한 열량을 포함한'이라는 의미를 갖는다. calorific chocolate cake는 '많은 열량을 포함한 초콜릿 케익'이라는 표현이다. 라틴어 calor는 프랑스어로 들어가며 발음과 어형이 바뀌어 첫음절이 cha-로 변한다. 언어학에서는 이러한 음성적 변화를 '구개음화'라고 부른다. **nonchalant**는 부정 접두사 non-이 chalant에 붙어 만들어진 말인데, 프랑스어 chalant살랑은 '뜨거운', '관심이 많은'을 뜻한다. 따라서 nonchalant는 '차분한', '태연한', '무심한'이라는 뜻을 갖게 되었다. nonchalant manner는 '무심한 태도'라는 말이다. **calorescence**는 '발열'을 의미한다. The invention of electric lights replaced the need for calorescence in lamps는 '전등의 발명은 램프의 발열이 더 이상 필요하지 않게 되었다'라고 번역한다.

ABCDEFGH · IJKLMNOPQRSTUVWXYZ

12월

- Canine
- Crime
- Concern
- Creed
- Crusade
- Officer
- Legal
- League
- Allocation
- Refrigerator
- Matrix
- Semester
- Nominee
- Pejorative
- Rotunda hall
- Secular

- Contemporary
- Vacuum
- Confusion
- Renaissance
- Director
- Corruption
- Envy
- Candid
- Avian influenza
- Radicalism
- Campaign
- Fabric
- Court
- Infant
- Person

Canine 개의

베수비오 화산의 폭발로 잿더미에 파묻힌 폼페이의 한 저택 입구 현관에서 모자이크 타일이 발견되었다. 라틴어로 CAVE CANEM이라고 적힌 모자이크에는 사납게 보이는 개 한 마리가 줄에 묶여 있는 그림이 타일로 장식되어 있었다. 누가 보더라도 '개 조심'이라는 말이었다.

❖ 개 조심 모자이크 타일

예나 지금이나 사나운 개들이 문제다. 개가 인간의 동반자로 살아온 역사는 유구하다. 지금부터 약 2만~4만 년 전에, 유라시아 지역에서 개가 늑대로부터 길들여진 것으로 추정된다. 아마도 인간의 야영지를 배회하던 늑대를 길들였을 가능성이 크다. 고대 이집트에서 개는 예술품과 상형문자에 자주 등장한다. 개는 사냥과 경비를 담당하는 동물이었고, 인간과 친숙한 반려견이었다. 살루키와 그레이하운드 같은 품종은 이집트 귀족들이 선호하는 품종이었다. 고대 그리스에서 철학자 디오게네스는 개를 정직한 동물로 묘사해 인간의 속임수와 대조적인 존재로 간주했다.

영어에서 '개'를 뜻하는 dog와 여기서 파생된 형용사 **canine**은 왠지 혈통이 달라 보인다. 실제로 라틴어에서 '개'를 의미하는 canis는 원시 인도·유럽어에서 개를 가리키는 *kwon-과 더 유사해 보인다. canine은 개와 관련된 단어로 '개의'라는 뜻을 지닌다. London's canine population은 '런던에 있는 개의 개체수'라는 표현이다. canine에는 '송곳니'라는 뜻도 있다. Humans have four canine teeth는 '인간은 네 개의 송곳니를 가지고 있다'라고 번역한다. **canid**는 '개과 동물'을 가리킨다. The wolf is a large canid that eats red meat는 '늑대는 붉은 고기를 먹는 대형 개과 동물이다'라는 말이다. 철자는 c에서 k로 바뀌었지만 '작은 개집'을 의미하는 **kennel**도 어원이 같다.

영어 사전을 찾아보면 **crime**은 법률을 위반한 경우 짓는 '죄'이고, **sin**은 종교적 혹은 도덕적 일탈로 인해 짓는 '죄'를 가리킨다. 예를 들어, '절도'를 의미하는 **theft**는 crime에 해당하고, '탐욕'을 가리키는 **greed**는 sin에 해당한다. 많은 종교에서 '신성 모독'을 의미하는 **blasphemy** 역시 sin으로 간주한다. 어떤 죄는 범죄인 동시에

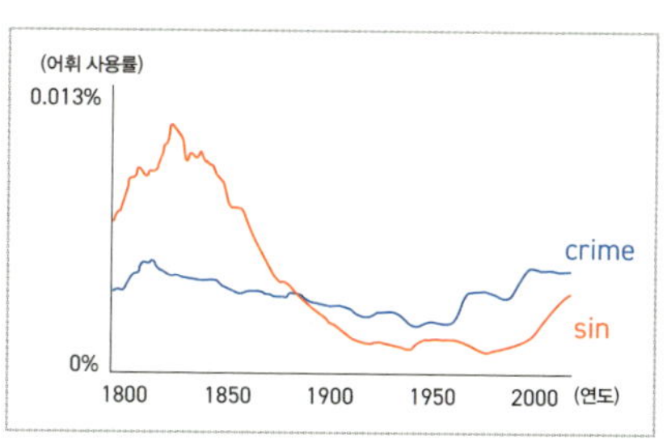

❖ 1880년대를 기점으로 crime이 sin을 역전했다. 하지만 21세기 들어와 sin이 crime을 다시 역전할 추세다.

죄가 될 수 있다. 한국에 존재했던 간통죄가 그러하다. 기독교 교리에 따르면 모든 인간은 죄를 안고 태어났는데, 이를 원죄라 부른다. '원죄'는 영어로 **original sin**이다. 여기서 original은 '독창적인'이 아니라 '본래의'라는 뜻을 지닌다. crime 과 sin을 나누는 또 다른 기준은 처벌인데, 전자의 경우는 감옥에 들어가거나 벌금을 내지만, 후자는 지옥에 들어가는 영적인 벌을 받는다.

영어에서 sin은 신의 계율을 어긴다는 의미를 지닌 고대 영어 synn에서 나왔지만, crime은 라틴어 crimen에서 나왔다. 법을 완성한 로마인들답게 crime 의 어원도 라틴어다. '범죄자'는 **criminal**이고, '범죄학'은 학문을 뜻하는 -logy 가 붙어 **criminology**가 된다. 범죄 혐의가 있는 자에게 증거를 제시하며 '유죄로 몰고 가는 행위'는 **incrimination**이라 한다. He destroyed the files to avoid incrimination은 '그는 처벌을 피하기 위해 파일을 파기했다'라는 말이다. 영어 away에 해당하는 de-가 붙으면 법을 개정해 '기소 대상에서 제외하다'를 의미하는 **decriminalize**가 된다. There are moves to decriminalize some soft drugs는 '일부 연성 약물을 비범죄화하려는 움직임이 있다'라고 번역한다. '뒤'를 의미하는 re-가 붙으면 상대방의 비난에 맞서는 '비난'을 의미하는 **recrimination**이 된다. mutual recrimination은 '상호 비방'이라는 표현이다.

DEC 3 | Concern 관련되다

라틴어 경구에 이런 말이 있다. "Quod omnes tangit, ab omnibus approbari debet". '모두에게 관련된 것은 모두에게 승인되어야 한다'라는 말로 에드워드 1세가 영국 의회에서 전한 것으로 알려졌다. 영어로 번역하면 'What concerns all, should be approved by all'이 된다. 이 문구는 로마법에서 유래한 것으로, 중세 유럽 법률 사상의 근간이 되었다. 이 원칙은 모든 사람에게 영향을 미치는 결정에는 모든 당사자의

❖ 의회를 소집한 에드워드 1세

승인 또는 합의가 있어야 한다는 점을 강조하고 있다.

    concern은 영어 with에 해당하는 라틴어 접두사 con-이 '채로 거르다', '인식하다', '이해하다'를 뜻하는 라틴어 동사 cernere와의 합성어다. 다시 말해, 함께 인식한다는 의미에서 '관련되다', '영향을 주다', '우려', '배려'라는 의미로 사용된다. Don't interfere in what doesn't concern you는 '나와 상관없는 일에 간섭하지 말라'라는 말이다. 불특정 상대에게 보내는 공적 서신 머리말에는 영어로 To whom it may concern이라고 쓰는데, 우리말로는 '관계자 제위에게'라고 표현할 수 있다. 영어 off/away에 해당하는 접두사 dis-가 붙으면 **discern**이 되는데, 떨어져서 구분한다는 의미에서 '알아차리다', '알아보다'라는 뜻이 만들어진다. He discerned a certain coldness in their welcome은 '그는 그들의 환영에서 어떤 냉랭함을 감지했다'라고 번역한다. **discernment**는 '분별력' 혹은 '통찰력'이라는 뜻을 지닌다. He shows great discernment in his choice of friends라는 문장은 '그는 친구를 선택할 때 뛰어난 안목을 보여준다'라고 번역할 수 있다.

Creed 신경

기독교 역사에서 가장 중요한 해로 기록되는 기원후 325년에 중동의 니케아에서 공의회가 열렸다. 로마제국의 콘스탄티누스 대제가 313년에 기독교를 공인한 후에 열린 첫 번째 공의회였다. 이 공의회에서 예수의 신성을 인정하지 않은 아리우스파를 이단으로 단죄했다. 이후 381년 콘스탄티노플에서 열린 제2차 공의회

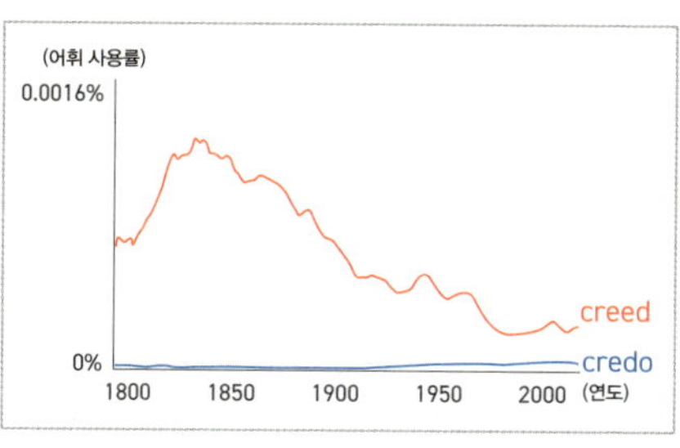

❖ 개인적인 믿음을 의미하는 credo의 추세는 변화가 없지만 종교적인 신앙고백을 의미하는 creed의 추세는 대폭 하락했다.

에서는 예수를 "하느님의 외아들, 영원으로부터 성부에게서 나신 분, 하느님에게서 나신 하느님, 빛에서 나신 빛, 참 하느님에게서 나신 참 하느님으로서, 창조되지 않고 나시어, 성부와 한 본체이신 분"이라고 예수의 신성을 인정했다. 이 니케아신경은 아타나시우스신경과 함께 그리스도교의 3대 신경으로 불린다.

신경信經은 기도문적 형식을 띠는 '신앙 고백문'이다. 그리스도교의 믿음을 증거하는 기도문의 내용을 담고 있다. 영어로는 **creed**라고 표현하는데, '믿다'를 뜻하는 라틴어 동사 credere에서 나왔다. 이 동사의 1인칭 단수는 **credo**로, '나는 믿는다'라는 의미를 지닌다. 영어 사전을 찾아보면 credo에는 '신조'라는 뜻이 있다. Her personal credo is to treat others with kindness는 '그녀의 개인적인 신조는 다른 사람을 친절하게 대하는 것이다'라는 말이다. 무엇을 사실이라고 믿는 것은 **credence**라고 한다. Historical evidence lends credence to his theory는 '역사적 증거는 그의 이론에 신빙성을 부여한다'라는 말이다. 현대사회에서 '신용'으로 자주 사용하는 **credit**도 본래의 뜻은 '믿음'이었다. **incredible**은 '믿을 수 없는'이라는 뜻을 갖지만, **credulous**는 남을 잘 믿어 '속기 쉬운'을 의미한다.

Crusade 십자군 전쟁

인류의 역사에서 벌어진 수많은 전쟁 중 가장 거창한 명분을 내세웠지만 가장 비열했던 전쟁을 꼽으라면 바로 십자군 전쟁을 들 수 있다. 성지 예루살렘이 이슬람 세력의 영향권에 들어가자, 1095년 교황 우르바누스 2세는 성스러운 교회를 수호할 수 있도록 원군을 보내달라고 유럽의 기독교 군주들과 제후들에게 호소한다. 하지만 일곱 차례의 원정 기간에 성지 예루살렘을 탈환한 것은 단 한 차례뿐이었다. 유럽의 군주들과 제후들은

❖ 십자군 전쟁에 동원된 기사들

당시 찬란한 문명을 구가하던 중동 지방의 잿밥에만 관심이 있었다. 물론, 경제적인 파급효과도 컸다. 돌아온 십자군은 향신료, 비단, 기타 사치품과 같은 상품을 가져와 동양 제품에 대한 수요를 촉진했다. 베네치아, 제노바, 피사 같은 이탈리아 도시국가들은 십자군과 무역품을 실어 나르며 주요 해상무역의 허브로 성장했다.

십자군 전쟁에 참여한 유럽의 기사들과 병사들은 방패나 갑옷에 십자가를 그려 넣었다. 성스러운 전쟁에 참전한 만큼 주님이 지켜준다는 것이 그들의 믿음이었다. 영어로 '십자군 전쟁'은 **crusade**라고 부르는데, '십자가'를 의미하는 라틴어 crux에서 나왔다. **crucify**는 예수처럼 '십자가에 매달아 죽이다'라는 의미를 갖는다. 여기서 -fy는 끈으로 단단히 '묶다'를 뜻하는 라틴어 figere에서 왔다. crucify에는 '호되게 꾸짖다' 혹은 '비난하다'라는 뜻도 있다. The prime minister was crucified in the press for his handling of the affair는 '총리는 이 사건을 처리하는 과정에서 언론의 혹독한 비난을 받았다'라는 말이다. '완전한' 혹은 '철저한'을 뜻하는 ex-가 붙어 **excruciating**이 되면 십자가형처럼 '극도로 고통스러운'이라는 뜻을 지닌다. The pain in my back was excruciating은 '허리 통증이 견딜 수 없을 정도로 심했다'라고 번역한다.

Officer 장교

현대인들에게 아주 익숙한 **office**는 '사무실'이라는 의미로 잘 알려져 있지만, 그 외에도 다양한 표현들이 있다. **office hour**는 '사무 시간'이고, **box office**는 '매표소'를 말한다. 이 말을 제공한 라틴어 office에는 다른 뜻도 있었다. office의 어원 여정을 따라가보자.

❖ 정복을 착용한 고위 장교들

먼저 영어 office를 제공한 라틴어 어형은 officium이었다. 이 단어는 of+ficium으로 분리할 수 있는데, of는 op가 ficium의 첫소리 'f'에 의해 동화된 형태다. op는 '일'을 의미하는 라틴어 opus에서 나온 말이다. 오페라를 가리키는 **opera**가 여기서 나왔다. 뒤에 따라오는 ficium은 라틴어 동사 facere(하다)에서 나왔다. 영어에서 –fy로 끝나는 단어(예를 들면, **satisfy**) 속에 들어 있는 음절이다. 라틴어 officium은 '봉사', '의식', '의무'를 가리키는 말이었다.

중세 서유럽의 언어에 들어온 officium은 일단 프랑스어에서 철자가 office로 바뀐다. 13세기에 office는 '행정기관'을 가리킨다. 군대에서는 '장교'를 **officer**라고 부른다. 그러다가 종교적 의무와 관련된 의미도 생겨나는데, 다소 냉소적이다. **officious**는 '거들먹거리는', '위세를 부리는'을 뜻하는 형용사다. 본래는 긍정의 의미(도움을 주려는)에서 '과하게 도와주려는'이 되었고, 다시 '주제넘게 나서는'으로 의미가 변했다.

라틴어로 consulum, senatus, imperatoris officium이라는 말은 영어 office의 본래 의미를 잘 보여준다. 집정관consulum, 원로원senatus, 군대 통수권자imperatoris의 직무가 바로 officium이다. 특이한 것은 고대 로마공화정의 최고 실력자인 집정관은 두 명을 선출했는데, 그 이유는 절대 권력을 한 사람에게 집중시키는 것을 매우 경계했기 때문이다.

Legal 법률의

고대 로마인들은 관습법을 정리해 체계적인 법 체제를 완성했다. 로마법은 근대 유럽 국가들이 채택한 법전의 모범이 되었다. 사기죄와 관련된 에피소드가 하나 전해 내려온다. 존경받던 상인 마르쿠스 가이우스가 사기죄로 기소되었다. 경쟁자였던 클라우디우스가 사기죄

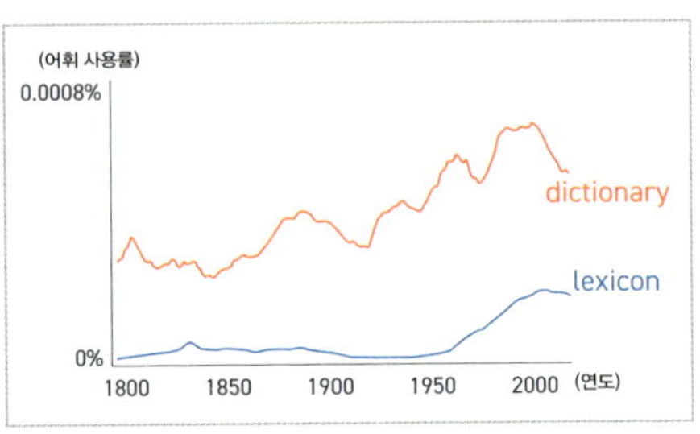

❖ 특정 분야의 어휘를 모아놓은 lexicon의 그래프가 우상향하고 있다.

로 고발했는데, 마르쿠스가 바닷물이 섞인 포도주를 팔았다는 것이다. 마르쿠스의 변호는 키케로가 맡았다. 두 사람이 경쟁 관계에 있었고, 클라우디우스는 마르쿠스의 명성을 떨어뜨려 이득을 취하려 했다는 것이 키케로 변론의 요지였다. 하지만 마르쿠스의 무죄를 입증할 방법이 어려웠다. 키케로는 오스티아 출신의 선원을 증인으로 채택했다. 마르쿠스의 포도주를 맛본 선원은 포도주가 오염되지 않았다고 증언했고, 이렇게 마르쿠스의 무죄는 입증되었다. 키케로가 말했다. "기억하시오, 마르쿠스. 법은 로마의 가장 위대한 유산입니다. 법은 우리를 하나의 국민으로 묶어주는 힘이죠."

로마인들은 '법'을 lex라고 불렀다. 여기서 형태가 변한 legis, lei, lege에서 많은 영어 어휘가 나왔다. 먼저 '법률과 관련된' 혹은 '합법적인'이라는 의미를 지닌 **legal**이 있다. **legal profession**은 법률 전문가, 즉 '법조인'을 가리키고, The driver was more than three times over the legal limit은 '그 운전자는 (혈중알코올농도의) 법적 허용 수치를 세 배나 초과한 상태였다'라고 번역한다. '반대'를 뜻하는 in-이 붙으면 음운 변화가 일어나 '불법적인'을 의미하는 **illegal**이 된다. **legislator**는 법률을 제정하는 '국회의원'을 가리킨다. 특정 분야의 '어휘집'은 **lexicon**이라고 부른다. 이 말은 그리스어에서 왔는데, 원시 인도·유럽어의 뿌리를 따라 올라가면 '수집하다'를 뜻하는 *leg에 닿는다. the lexicon of finance and economics는 '금융·경제 어휘집'이라는 표현이다.

League 리그

지난 2015~2016년 시즌 잉글랜드 프리미어 리그에서 기적이 일어났다. 잉글랜드의 중부 도시 레스터에 1부 리그 축구팀이 있었는데, 이 팀은 아슬아슬하게 1부 리그 강등권에 있었다. 그런데 레스터가 시즌 우승을 한 것이다. 우승 확률은 무려 5,000 대 1이었다. 사람들은 레스터의 우승을 플랜태저넷 왕조의 비운의 왕 리처드 3세의 덕으로 돌렸다. 그는 튜더왕조를 개창한 헨

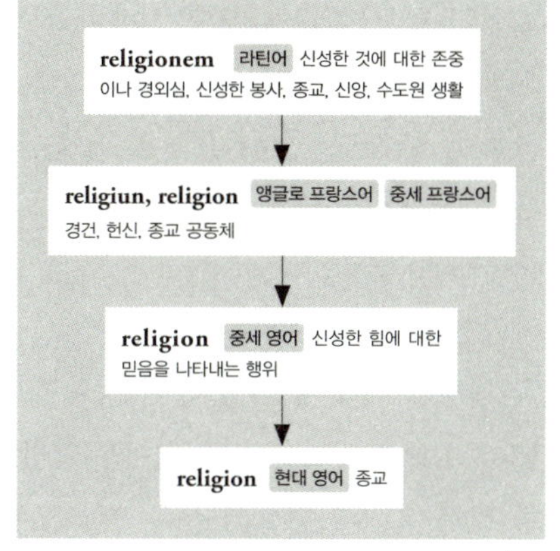

리 7세와 싸우다가 전장에서 비운의 생을 마감한 왕이었다. 셰익스피어가 『리처드 3세』에서 꼽추로 묘사한 왕이었다. 2012년 레스터 시의회 주차장 공사를 하다가 유골 한 점이 발굴되었는데, 유전자를 감식해보니 리처드 3세의 유골이었다. 사람들은 레스터 축구팀의 우승을 그의 공으로 돌렸다.

　잉글랜드 프리미어 리그에서 premier는 프랑스어로 '첫 번째'를 뜻하고, **league**는 스포츠에서 자주 사용되는 '리그'로 자리 잡았다. 라틴어 동사 ligare는 '묶다', '결속하다'라는 뜻을 지녔다. '종교'를 뜻하는 **religion**은 본래 수도원에서 서원하고 묶인 상태를 의미했다. 쉽게 말해, 주님에게 맹세하고 주님과 하나로 묶였다는 의미다. 이후 경건, 헌신, 종교 공동체의 의미가 생겨나고, 현대 영어에서 종교로 정착했다. 스포츠의 리그 역시 여러 팀이 수준에 따라 하나로 묶여 경기하는 방식을 말한다. '법적 혹은 도덕적 의무'를 가리키는 **obligation**도 묶여 있다는 의미에서 의무를 진다는 의미로 진화했다. She did not feel under any obligation to tell him the truth는 '그녀는 그에게 진실을 말해야 할 의무가 없다고 생각했다'라고 번역한다. '동맹'이나 '연합'을 뜻하는 **alliance**도 어원이 같다. The Social Democrats are now in alliance with the Greens는 '사회민주당은 현재 녹색당과 동맹 관계를 맺고 있다'라는 말이다.

Allocation 할당

금전이나 토지 등 경제적인 재화를 배분하는 행위를 영어에서는 **allocation**이라고 부른다. 우리말로 옮기면 '할당', '할당량'이 된다. We have spent our entire allocation for the year는 '올해 할당량을 모두 사용했다'라는 말이다. 미국 역사에 기록된 가장 특이한 할당은

❖ 홈스테드법 100주년 기념 우표

1862년 홈스테드법에 따른 서부 지방의 토지를 할당한 예다. 이 법은 링컨 대통령 시절에 미국 영토의 서쪽 지방을 확장하려는 목표로 제정되었다. 정부는 토지 개발을 약속한 개인이나 가족에게 160에이커(약 20만 평)의 연방 토지를 할당했다. 이 땅을 차지하려면 정착민들은 다음과 같은 조건을 수행해야 했다. 먼저 해당 토지에 최소 5년 이상 거주하고 토지를 경작해야 한다. 이 법에 따라 2억 7,000만 에이커가 넘는 토지(미국 국토 면적의 약 10퍼센트)가 160만 명 이상의 정착민에게 할당되었다. 미국 서부는 이렇게 인간이 거주할 수 있는 새로운 정착지가 되었다.

allocation의 동사형인 **allocate**는 라틴어로 '장소'를 의미하는 locus에서 만들어진 말이다. 즉, 어떤 장소를 제공한다는 의미에서 '할당하다'라는 뜻이 생긴 것이다. 영어 away에 해당하는 dis-가 붙으면 본래 자리에서 '이탈하다'를 뜻하는 **dislocate**가 된다. dislocation of the shoulder는 '어깨 탈구'를 말한다. '기관차'를 의미하는 **locomotive**는 장소를 옮겨 이동한다는 뜻을 지니고 있으며, 이 단어에는 '운동'을 의미하는 motion이 결합되어 있다. '현지'를 가리키는 **local**도 어원이 동일하다. 해외에서 '현지 시간'을 local time으로 자주 표현한다. 동사 **localize**는 특정 분야에 '한정하다'라는 뜻을 지니고 있다. localized amnesia는 '부분 기억상실증'을 가리킨다.

Refrigerator 냉장고

음식의 부패는 자연 상태에서 막을 수 없다. 그래서 고대부터 인류는 음식의 신선도를 유지하기 위해 부단히 노력해왔다. 고대 메소포타미아인들은 물의 기화를 이용해 식품을 보존하려 했다. 물이 기화하면서 주변의 열을 빼앗을 때 온도가 떨어지는 원리를 이용한 것이다. 고대 이집트에서도 물을 가득 채운 항아리를 바람이 잘 통하는 곳에 두어 냉각장치로 사용했다고 한다. 고대 그리스와 로마에서는 겨울철에 얼음을 저장해 아이스 하우스로 사용했다. 신라 경주에 있던 석빙고가 이런 원리를 응용한 냉장고였다.

❖ GE가 출시한 모니터탑

지금과 같은 냉장고는 1927년 미국에서 선보였는데, 제너럴 일렉트릭 회사가 출시한 모니터탑이었다. 이 냉장고는 상단에 독립형 컴프레셔가 있었는데, 남북전쟁 당시 USS 모니터 군함의 모습과 비슷해서 '모니터탑'이라는 이름이 붙었다. 냉장고의 발명은 부패하기 쉬운 식품의 유통기한을 연장했을 뿐만 아니라, 전 세계에 식품을 대량 유통할 수 있는 길을 열어주었다.

영어에서 '냉장고'를 의미하는 **refrigerator**에서 frigi-는 '춥다'를 뜻하는 라틴어 frigus에서 나왔고, re-는 영어 again에 해당하므로 refrigerator는 '다시 차게 하다'를 뜻한다. 마지막의 -or는 '행위하는 사람(또는 것)'을 가리킨다. **Refrigeration**은 '냉각'을 의미한다. 같은 어원에서 나온 **frigid**는 '몹시 추운', '냉랭한'을 뜻한다. frigid voice는 정이 없는 '냉담한 목소리'를 말한다. There was a frigid atmosphere in the room은 '방 안은 냉랭한 분위기가 감돌았다'라고 번역할 수 있다.

Matrix 매트릭스

1999년에 개봉한 영화《매트릭스》는 아주 먼 미래에 AI가 지배하는 세계를 배경으로 한다. 인간들은 태어나자마자 인공 자궁에 갇혀 AI의 에너지로 사용된다. 인간들은 가상현실인 매트릭스 프로그램에 따라 1999년의 가상현실을 살아간다. 하지만 매트릭스의 반대편에는 인간에게 선택이라는 자유의지를 주는 오라클Oracle이 존재한다. 오라클은 인류를 구원할 '그The One'를 찾으라고 알려준다. 이렇게 통제된 가상 세계는 그리스 신화에도 등장한다. 리디아의 부유한 왕 크로이소스는 페르시아의 세력이 커지는 것을 염려하고

❖ 영화 《매트릭스》 포스터

있었다. 그는 전쟁에 나가야 하는지 오라클의 조언을 구했다. 신탁의 대답은 유명하다. "강을 건너면 대제국이 무너질 것입니다." 크로이소스는 이 말을 듣고 승리가 확실하다고 믿어 페르시아를 공격했지만, 정작 무너진 대제국은 바로 자신의 제국이었다.

matrix는 '자궁'을 뜻하는 라틴어 matris에서 나왔고, 그 어원은 어머니 mater다. 16세기에는 무엇이 전개되는 '장소' 또는 '매체'라는 뜻이 생겼고, 17세기에는 덩어리를 담거나 둘러싸는 것이라는 의미가 만들어졌다. 수학에서는 '행렬'이라는 의미가 만들어졌고, 그물처럼 엮여 있는 '망'이라는 뜻도 생겼다. 라틴어 mater에서 파생한 영어 어휘로는 '어머니의', '모성의'를 뜻하는 **maternal**이 있다. **maternal love**는 '모성애'를 말한다. **matron**은 '수간호사'를 뜻하는 영국식 영어 표현이다. 미국에서는 **head nurse** 혹은 **nurse manager**라고 부른다. 가정이나 부족의 '여자 우두머리'는 **matriarch**라고 표현한다. -arch는 '지배'를 뜻하는 그리스어 arkhein에서 나왔다. 남성 지배자는 **patriarch**라고 부른다. The matriarch of the Smith family was Margaret는 '스미스 가문의 여주인은 마거릿이었다'라고 번역한다.

한 달에 한 번씩 모양을 바꾸는 달은 고대 문명에서 시간을 측정하는 데 중요한 천체였다. 음력의 한 달(29.5일)은 달의 주기적 변화와 거의 일치했기 때문에, 고대인들은 별다른 천체 관측 기구가 필요하지 않았다. 달을 역법에 사용한 사람들은 고대 바빌로니아인이었고, 초승달을 한 달의 시작으로 삼았다. 음력의 영향은 인류 문명에 고스란히 남았다. 이슬람 문명에서 초승달은 라마단의 시작이고, 유대교에서도 유월절과 속죄일은 음력에 따라 매년 정한다. 하지만 음력은 태양력과의 불일치

❖ 고대 그리스의 달의 신 셀레네

(11일 짧음)로 인해 장기적인 시간 기록에 어려움을 겪었다. 많은 문명에서는 달 사이에 또 다른 달(윤달)을 추가해 1년을 계산하기도 했다.

　인도·유럽인의 언어에서 달을 가리키는 말들은 원형을 재구성할 수 있다. 이 말은 인도·유럽인이 원주지에 살았을 때, 달을 가리키던 어휘가 인도·유럽인의 언어 속에 그대로 보존되어 있다는 말이다. '달'은 고대 영어에서 mona, 원시 게르만어에서는 *menon이라고 불렀다. 같은 어족에 속하는 라틴어에서는 mensis라고 불렀다. 원시 인도·유럽어의 원형은 *me(n)ses-였고, 하늘에 뜨는 달과 한 달을 가리켰다. 영어 **month**도 그 뿌리가 같다. 여성의 '생리'를 의미하는 **menstruation**도 어원이 같다. 대학에서 '한 학기'를 의미하는 **semester**는 라틴어에서 '6'을 가리키는 se(x)에 '한 달'을 의미하는 mensis가 합성된 말이다. **spring/ fall semester**는 '봄/가을 학기'라는 말이다. '2'를 의미하는 bi-가 month 앞에 붙으면 '두 달에 한 번씩'을 의미하는 **bimonthly**가 만들어진다.

Nominee 지명자

❖ 아카데미상을 거부한 배우 말론 브란도

해마다 2월이면 미국 LA에서는 아카데미 영화 시상식이 열린다. 각 부문의 '후보'는 **nominee**라고 불리는데, '지명하다'를 뜻하는 **nominate**에 '행위의 목적인'을 가리키는 프랑스어 접미사 -ee가 붙은 말이다. 따라서 '지명받은 사람'이라는 뜻이다.

'고용하다'를 뜻하는 **employ**에서 '고용인'을 뜻하는 **employee**가 나오는 원칙과 동일하다. 역대 아카데미상 후보자 중에는 화제를 불러일으킨 배우와 작품도 여럿 있었다. 1972년 남우주연상에 지명된 배우 말론 브란도는 시상을 거부했는데, 그 이유는 아메리카 원주민에 대한 처우가 불공평하다는 것이었다. 실제로 아메리카 원주민 출신의 인권 활동가가 대리 수상을 했다. 2008년 영화《다크 나이트》의 주인공 히스 레저가 사후에 남우주연상 후보로 지명되어 수상한 경우도 이례적이었다.

'지명하다'를 뜻하는 nominate는 '이름'을 뜻하는 라틴어 nomen에서 나왔다. **nominal**은 문법에서 '명사의'라는 뜻이 있지만, '명목상의' 혹은 '이름뿐인'이라는 뜻도 가지고 있다. the nominal leader of the party는 '명목상의 정당 리더'를 가리킨다. '완전'을 의미하는 de-가 붙으면 '명명하다', 특정한 단위로 '액수를 매기다'를 의미하는 **denominate**가 된다. The loan was denominated in US dollars는 '대출은 미국 달러로 표시되었다'라는 말이다. 반대말을 만드는 in-이 붙으면 **ignominy**가 되는데, '불명예' 혹은 '수치'를 뜻한다. They suffered the ignominy of defeat는 '그들은 패배의 치욕을 겪었다'로 번역한다. 서양 중세 시대의 형이상학 이론에 '유명론'이라는 것이 있다. 영어로는 **nominalism**이라고 부른다. 어떤 대상이나 개념의 실체를 알 수 없고 다만 그것에 붙은 이름만 알 수 있다는 이론이다.

Pejorative 경멸적인

각국의 언어에는 주변 국가 사람들을 경멸조로 부르는 표현들이 존재한다. 고대 그리스와 로마에서는 게르만족을 '야만족'이라는 뜻으로 **barbarian**이라고 불렀다. 이 말은 그리스어 barbaros에서 나온 말인데, 문명의 언어인 그리스어를 모르는 사람을 가리켰다. 하지만 시간이 지나면서 barbarian은 미개하고 야만적이며 열등한 사람, 특히 로마

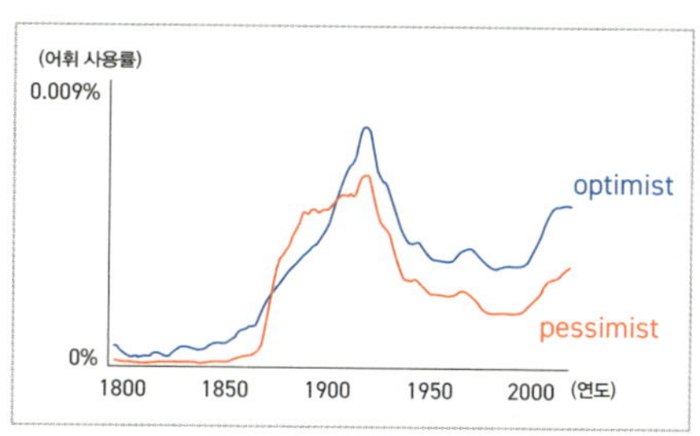

❖ 제국주의의 말기인 19세기 말에 pessimist(비관론자)가 optimist(낙관론자)를 역전했지만, 1910년대 이후에는 낙관론자가 비관론자보다 우위를 점하고 있다.

가 아닌 타지에서 온 사람을 가리키게 되었다. 나중에는 훈족, 고트족, 반달족 등 제국의 국경 너머에 살던 민족들을 지칭했다. 하지만 아이러니하게도 고트족과 반달족이 속했던 게르만족은 로마제국을 무너뜨리고 서양 세계의 주인공이 되었다. '이단異端'을 의미하는 영어 **heretic**은 '무엇을 선택할 수 있는'을 뜻하는 그리스어 hairetikos에서 나왔다. 이후 heretic은 가톨릭교회에서 기독교의 가르침에 위배되는 종교적 신념이나 교리를 믿는 사람을 가리키게 되었다. 중세의 종교 재판에서 이단으로 분류되면 화형을 면치 못할 정도로 무거운 처벌로 다스렸다. How can you call those barbarians your friends?라는 문장은 '어떻게 저 야만인들을 친구라고 부를 수 있는가?'라고 번역한다.

'경멸적인'을 뜻하는 **pejorative**는 라틴어 형용사 malus의 비교급 peior에서 나왔다. malus는 영어 bad에 해당하고, peior는 worse에 해당한다. 동사형은 **impair**로 '손상하다' 또는 '악화시키다'를 의미한다. impair the national dignity는 '국위를 손상하다'를 뜻한다. malus의 최상급은 pessimus인데, '비관론자'를 뜻하는 영어 **pessimist**가 여기서 나왔다. 고대 로마인들이 게르만족을 야만족이라고 불렀던 것이 경멸적 표현에 속한다.

Rotunda hall 로텐더홀

우리나라의 국회의사당 정문 현관으로 들어서면 계단이 보이고, 그 계단을 올라가면 3층에 넓은 홀이 나온다. 이름은 로텐더홀Rotunda hall이다. 발음과 표기가 어딘지 모르게 일치하지 않는다. '둥근'을 의미하는 라틴어 로툰다rotunda에서 유래한 이 명칭은 본래 로마의 건축양식 중 원형 돔 아래 벽이나 기둥으로 둘러싸인 원형 공간을 가리킨다. 우리말로 옮기면 원형 홀이 된다. 가장 유명한 로툰다는 지금도 남아 있는 판테온의 원형 홀이다. 로마 건축에서 원형 홀은 조화와 균형, 우주를 상징한다. 서로마제국을 계승한 비

❖ 소피아대성당의 내부 원형 홀

잔티움제국(=동로마제국)에서도 원형 홀 건축양식이 대성당 건축에 사용되었다. 비잔티움제국의 수도 콘스탄티노플에 있는 성소피아대성당도 같은 구조로 지은 건축물이다.

라틴어 rotundus에서 유래한 영어 어휘로는 체형이 통처럼 '통통한'을 가리키는 **rotund**가 있다. the rotund figure of Mr. Stevens는 '스티븐 씨의 둥실둥실한 모습'이라는 표현이다. 고유 영어인 **plump**가 동의어다. rotund는 신체적 외모뿐만 아니라 목소리에도 적용된다. **rotund voice**는 '우렁찬 목소리'를 말한다. 라틴어에서 '바퀴'를 의미하는 rota 역시 rotundus와 뿌리가 같다. '회전'이라는 뜻을 지닌 **rotary**와 **rotation**이 여기서 나왔다. the daily rotation of the earth on its axis는 '지축을 중심으로 한 지구의 일일 자전'이라는 표현이다. '둥근'을 뜻하는 영어 **round** 역시 프랑스어에서 들어온 말이다. round 앞에 on이 붙으면 on+round가 되고, 여기서 '~의 둘레' 혹은 '대략'이라는 **around**가 만들어졌다. 영어 속담 중에 What goes around comes around는 직역하면 '주위를 빙빙 도는 것은 결국 되돌아온다'가 되지만, 본래의 의미는 '뿌린 대로 거둔다'라는 말이다.

Secular 세속적인

1979년 이란에서 일어난 이슬람 혁명은 왕정 체제를 무너뜨렸다. 국왕인 팔레비 2세는 국외로 쫓겨났으며, 이후 이란은 이슬람 율법을 따르는 신정 체제의 국가가 되었다. 이란과 같은 종교 국가와는 달리 대부분의 국가는 종교와 정치가 분리된 종교 분리의 원칙을 따르고 있다. 이런 국가를 '세속 국가'라고 부르며, 영어로는 **secular state**라고 표현한다. 이런 의미에서 대한민국도 세속 국가로 분류된다. 헌법 제20조에는 "모든 국민은 종교의 자유를 가진다. 국교는 인정되지 아니하며 종교와 정치는 분리된다"라고 명시되어 있다. 특정 종교를 국교로 지정한 국가들은 대개 이슬람 문화권에 있다.

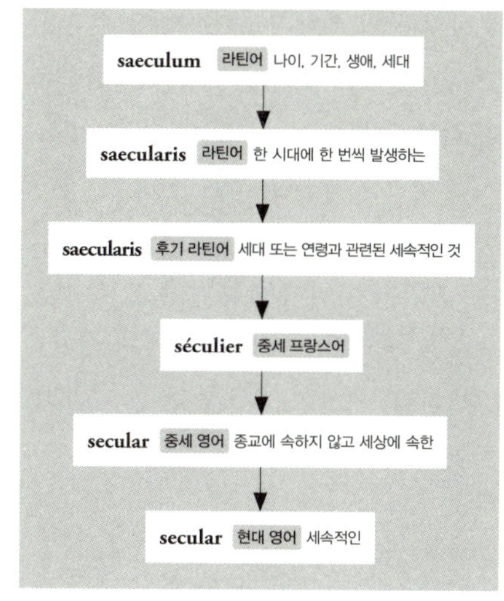

'세속적인'을 뜻하는 영어 **secular**는 '시대', '인생', '세대'를 의미하는 라틴어 saeculum에서 나왔다. We live in a largely secular society는 '우리는 종교와 정치가 분리된 세속적인 사회에서 살고 있다'라는 말이다. 프랑스어를 통해 들어온 **siecle**은 '세기century', '시대age', '세대generation'를 가리키는 말이다. '시대'는 사회 전체를 기준으로 한 시간 단위이고, '세대'는 비슷한 시기에 태어난 사람들의 집단을 가리킨다. 르네상스 시대와 MZ 세대가 좋은 예다.

영국의 철학자 러셀은 대표적인 '세속주의자'에 속한다. 영어로는 **secularist**라고 부른다. 그는 종교 교리보다는 이성과 과학적 사고를 중시했으며, 특히 정치와 교육으로부터 종교를 분리해야 한다고 주장했다. **secularize**는 '세속화하다'를 뜻한다. A Western secularized society makes it difficult to live as a Christian은 '서구의 세속화된 사회는 기독교인으로 살아가기 어렵게 만든다'라는 말이다.

Contemporary 동시대의

로마의 시인 오비디우스는 다음과 같이 말했다. "Tempus edax rerum." '시간은 만물을 삼키는 자'라는 말이다. tempus는 '시간', edax는 '게걸스럽게 먹는 자', rerum은 '만물'을 가리킨다. 오비디우스가 하려고 했던 말은 시간이 사람, 문명, 심지어 기억까지 포함한 모든 것을 집어삼킨다는 것이었다. 시간의 흐름은 기억의 침식을 유발한다. 시간이 지남에 따라 개인 및 집단의 기억은 희미해져 과거에 대한 이해나 연결에 공백이 생긴다. 인생을 살다 보면 큰 슬픔을 겪을

❖ 로마의 시인 오비디우스

수도 있지만, 그 아픔을 시간이 해결해주기도 한다. 또 다른 금언도 있다. 시간은 망각의 촉매제인 동시에 인간이 각자의 목표를 이루는 데 결정적인 역할을 한다. "Tempus est pecunia." '시간은 돈'이라는 말이고, 모든 이가 이 말에 동의한다.

tempus는 영어에 많은 어휘를 제공했다. tempus의 소유격은 temporis인데 tempor-에서 많은 영어 단어가 나왔다. **temporal**은 '현세적인', '속세의', '시간의'를 뜻한다. The Pope has no temporal power는 '교황은 현세적 권력이 없다'라는 말이다. **temporary**는 '일시적인', '임시적인'을 뜻한다. **temporary workers**는 '임시 노동자'를 가리킨다. con-이 붙으면 '동시대의' 또는 '현대의'를 뜻하는 **contemporary**가 된다. **contemporary art**는 '현대 예술'이다. 음악에서 '박자'를 의미하는 **tempo**도 어원이 동일하다. '폭풍'을 의미하는 **tempest**도 tempus에서 나왔다. tempus에서 파생된 라틴어 tempestas는 '시간' 외에도 '순간'이나 '시기' 혹은 '날씨'를 의미한다. mala tempesta는 나쁜 시기, 즉 '나쁜 날씨'를 가리킨다. 폭풍이 몰아치는 날씨가 이에 해당한다. 영어에서 '날씨'를 의미하는 **weather**의 뜻은 '하늘의 상태', '폭풍'을 뜻했는데, 여기에서 '날씨'라는 의미가 생겼다. '벗어나다'를 뜻하는 ex-가 붙으면 **extemporaneous**가 되는데, '준비되지 않은', '즉석의'를 의미한다. **extemporaneous speech**는 '즉석연설'이라는 표현이다.

Vacuum 진공

1654년 당시 신성로마제국의 영지였던 독일의 레겐스부르크에는 페르디난트 3세가 어느 과학자의 실험을 참관하기 위해 머무르고 있었다. 과학자의 이름은 오토 폰 게리케였다. 그는 직경이 50cm에 이르는 두 개의 반구를 만들어 서로 완벽하게 맞물렸다. 그리고 이전에 발

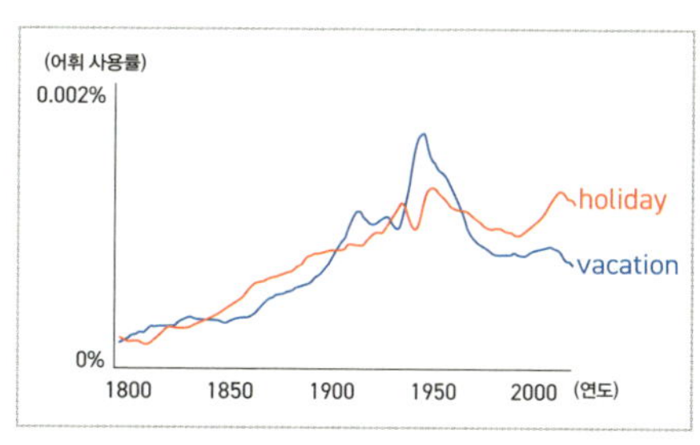

❖ vacation(휴가)과 holiday(휴일)는 엎치락뒤치락하다가 지금은 holiday가 우세하다.

명했던 진공 펌프를 이용해 결합된 두 반구 내부의 공기를 제거했다. 공기를 제거한 후 그는 사람들에게 반구를 떼어내는 도전을 제안한다. 사람들의 힘으로 반구를 떼어내지 못하자 말이 동원되었다. 그러나 8마리(혹은 16마리)의 말도 반구를 떼어내지 못했다. 반구 속은 진공 상태였기 때문이다. 이 실험이 과학사에서 중요한 이유는 당시까지 논란 속에 있었던 진공 상태를 증명했기 때문이다. 이 실험은 열역학, 기상학, 공학 분야의 발전에 결정적인 역할을 한 대기압의 힘을 입증했다.

'진공'을 뜻하는 영어 **vacuum**은 라틴어다. 라틴어 형용사 vacuus는 '비어 있는'을 뜻하고, 중성 명사 vacuum은 '사물이 비어 있는 상태'를 가리킨다. The writer criticized the moral vacuum in society는 '작가는 사회의 도덕적 공백을 비판했다'라는 말이다. 동사로 사용하면 '진공청소기로 청소하다'가 된다. give a room a quick vacuum은 '진공청소기로 방을 빠르게 청소하다'라는 표현이다. **vacant**는 '비어 있는'을 뜻한다. The house has been vacant for years는 '집은 몇 년간 비어 있었다'라고 번역한다. '밖'을 의미하는 ex-가 붙으면 위험 지역에서 사람들을 '대피시키다'를 뜻하는 **evacuate**가 된다. 위험 지역을 비운다는 것이다. Police evacuated nearby buildings는 '경찰은 인근 건물에서 사람들을 대피시켰다'라고 번역한다. '휴가'를 뜻하는 **vacation**의 본래 의미는 의무나 업무에서 면제된 '자유 시간'이다.

Confusion 혼란

제1차세계대전이 끝난 지 약 7개월 뒤인 1919년 6월 28일, 파리 남서쪽에 있는 베르사유궁전 거울의 방에서 평화조약이 체결되었다. 독일은 전쟁배상금으로 66년간 매년 20억 마르크를 연합국에 지불해야 했다. 결국 이 조약은 독일 국민의 분노를 촉발했고, 히틀러의 등장과 집권을 불러왔다. 물론, 최대 피해국인 프랑스의 입장에서 본다면 이 조약은 정당한 것이었다. 그러나 주변국들은 독일의 재무장을 막지 못했고, 결국 제2차세계대전으로 이어졌다.

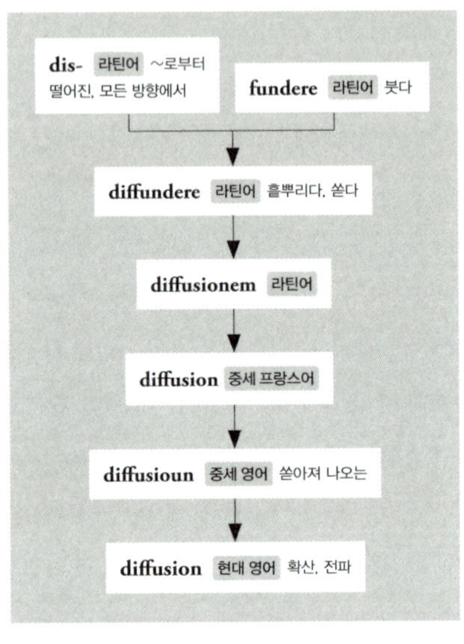

영어 사전에서 **confusion**을 찾아보면 무슨 일이 일어나고 있는지, 무엇을 해야 할지, 어떤 것이 무엇을 의미하는지 확신할 수 없는 상태, 즉 '혼란', '혼동', '당혹'을 가리킨다. 제2차세계대전 전의 국제 정세가 딱 그랬다. confusion의 어원은 '혼합하다', '녹이다'를 뜻하는 라틴어 fundere의 동사적 명사인 confusionem이다. '함께'를 뜻하는 con-이 붙어 함께 섞다, 즉 혼합해 본질을 파악하기 어렵다는 의미가 만들어졌다. The announcement caused a lot of confusion은 '이 발표로 인해 많은 혼란이 야기되었다'라고 번역한다. con-이 빠지면 '융합'이나 '결합'을 의미하는 **fusion**이 된다. 퓨전 요리, 퓨전 음악에 사용되는 그 말이다. '분리되거나 사방으로 뻗는다'는 의미를 지닌 접두사 dis-가 붙으면 '확산', '전파', '보급'을 뜻하는 **diffusion**이 된다. 라틴어 fundere에 '붓다'라는 뜻도 있기 때문이다. the diffusion of Marxist ideas는 '마르크스 사상의 전파'를 가리킨다. '안'을 의미하는 in-이 붙으면 '투입'이나 '주입'을 뜻하는 **infusion**이 된다. a cash infusion into the business는 '비즈니스에의 현금 투입'을 의미한다. **transfusion**은 '옮겨 붓기', '이식'을 뜻하며, **blood transfusion**은 '수혈'을 의미한다.

Renaissance 르네상스

❖ 보티첼리의 〈비너스의 탄생〉

서양사에서 고대 그리스와 로마 문명의 부활을 '르네상스'라고 부른다. 르네상스가 이탈리아에서 태동한 이유 몇 가지를 정리하면 다음과 같다. 먼저 이탈리아는 고대 로마제국의 본거지였으며, 유적, 문헌, 예술품이 많이 남아 있었다. 이탈리아의 학자들은 라틴어 사본에 직접 접근할 수 있었고, 콘스탄티노플 함락(1453)으로 그리스 학자들이 고전 지식을 가지고 이탈리아로 건너왔다. 두 번째는 북부 이탈리아 도시들의 경제적 부흥이었다. 봉건적 통치 아래 있던 다른 유럽과 달리 이탈리아는 독립적인 도시국가로 이루어져 있었다. 게다가 중동 지방과의 무역을 통해 막대한 부를 축적했다. 특히 피렌체의 메디치가와 같은 부유한 상인 가문은 수많은 예술가, 건축가, 학자를 후원했다. 레오나르도 다빈치, 미켈란젤로, 보티첼리 같은 예술가들이 대표적이다. 끝으로 이탈리아는 교황과 바티칸의 본거지로서 예술과 건축을 의뢰하는 데 중요한 역할을 담당했다. 율리우스 2세와 레오 10세 같은 르네상스 시대의 교황들은 성베드로대성당과 미켈란젤로의 시스티나성당과 같은 프로젝트에 자금을 지원했다.

renaissance는 프랑스어로 '재탄생'을 의미한다. 문예부흥의 어원이다. re-는 '다시'를 뜻하고, naissance는 '탄생'을 의미하는데, 프랑스 동사 naître에서 나왔다. 이 말도 어원을 거슬러 올라가면 라틴어 동사 nascere에 닿고, 과거분사 natus에서 영어 어휘가 많이 나왔다. **native**는 '타고난', '토박이의'라는 뜻이다. **native speaker**는 '원어민'을 가리킨다. It is a long time since he visited his native Chile는 '고국 칠레를 방문한 것은 오랜만이다'라는 말이다. innate는 사람 속에 이미 갖고 태어났다는 의미에서 '선천적인'이라는 뜻을 갖는다. He never lost his innate sense of fun은 '그는 타고난 유머 감각을 잃지 않았다'로 번역한다.

Director 감독

영화《메멘토》는 미국의 크리스토퍼 놀란 감독이 지난 2000년에 만든 작품이다. 영화 역사상 가장 훌륭한 감독 중 한 명으로 평가받는 놀란 감독은 이 영화에서 순행성 기억상실증에 걸린 주인공의 이야기를 담고 있다. 영화의 모티브는 주인공의 아내가 살해되

❖ 크리스토퍼 놀란 감독

는 사건에서 시작한다. 남편은 10분밖에 기억하지 못하는 순행성 기억상실증 환자였다. 주인공은 살해 용의자를 쫓으면서 단서가 될 만한 사실을 메모하거나 몸에 문신으로 새겨넣는다. 이 영화의 특이한 점은, 사건 전개가 시간의 역순이라는 데 있다. 하지만 영화 속에서 흑백으로 나오는 과거 이야기는 시간순이다. 따라서 상당히 난해한 영화로 꼽히지만, 놀란 감독의 천재성을 유감없이 보여준다.

'영화감독'이나 '관리자'를 의미하는 영어 **director**는 '인도하다' 혹은 '안내하다'를 뜻하는 라틴어 동사 regere에서 나왔다. 과거분사 rectus가 regere의 어원이다. director는 앞에서 이끄는 사람을 말한다. di-는 강조의 의미다. regere에서 나온 라틴어가 '왕'을 의미하는 rex다. 왕은 백성을 이끄는 사람이다. '왕의'를 의미하는 형용사 **regal**, '섭정'을 뜻하는 **regent**가 모두 여기서 나왔다. con-과 rectus가 결합해 만들어진 **correct**는 '오류를 수정하며 정정하다'를 의미하고, 형용사로는 '정확한', '옳은', '올바른'이라는 뜻을 지닌다. 이 단어를 제공한 correctus는 '바르게 이끌다'에서 '바르게 고치다'로 의미 전환이 일어났다. **rectify**는 잘못된 것을 '바로잡다'를 의미한다. correct와 rectify는 다소 의미의 차이가 있는데, 전자는 오자誤字를 수정한다는 것이고, 후자는 중대한 사회적 부정을 바로잡는다는 것이다. The government is working to rectify social injustices는 '정부는 사회적 불공정을 바로잡기 위해 노력하고 있다'라고 번역할 수 있다.

Corruption 부패

중세 유럽의 가톨릭교회에서 가장 부패한 사건을 꼽으라면 면죄부 판매를 들 수 있다. 본래 면죄부란 교회에서 신자들이 선행, 기도, 자선 등을 통해 연옥에 머무는 시간을 줄여주는 일종의 관대한 용서였다. 개신교에는 없는 연옥이란, 가톨릭 교리상의 개념으로, 지옥에서 벌을 받을 정도가

❖ 면죄부를 발급받는 사람들

아닌 사람들이 머무는 공간이다. 다시 말해, 죄인이 천국에 도달하기 전에 겪는 정화를 일컫는다. 하지만 중세 후기(특히 14~16세기)에 이르러 면죄부는 교회 관리들이 진정한 회개보다는 돈을 받고 면죄부를 판매하는 부패한 금융 제도로 변질되었다. 교회가 영적 사업을 금융 사업으로 전환한 것이다. 중세 말기에 교회는 엄청나게 부유해졌지만, 로마의 성베드로대성당 건립과 성직자의 사치스러운 생활로 재정의 압박을 받았다. 이런 배경에서 면죄부 판매가 기승을 부린 것이다.

‘부패’를 의미하는 영어 **corruption**의 어원은 라틴어 동사 corrumpere인데, con-(강조)+rumpere(부수다)의 결합으로 ‘완전히 파괴하다’에서 ‘타락시키다’ 혹은 ‘부패하다’라는 의미가 나온다. corruption scandal은 ‘부패 스캔들’을 가리킨다. rumpere의 과거분사 ruptus에서 나온 영어 **rupture**는 ‘파열’을 뜻한다. rupture of oil and water pipelines는 ‘송유관과 수도관의 파열’이라는 말이다. 영어 between에 해당하는 inter-가 붙으면 ‘방해하다’ 혹은 ‘중단하다’를 뜻하는 **interrupt**가 만들어진다. 중간에서 차단했다는 말이다. 기업의 ‘파산’을 의미하는 **bankrupt**는 이탈리아어 banca rotta에서 파생되었고, ‘금융업자의 탁자가 부서졌다’라는 표현에서 ‘거래 불능’이나 ‘기업 파산’이라는 의미가 나왔다. They went bankrupt last year는 ‘그들은 작년에 파산했다’라고 번역한다.

Envy 질투

골리앗을 제압한 젊은 목동 다윗은 단번에 이스라엘 백성의 영웅으로 떠올랐다. 한때 강력하고 존경받던 사울 왕은 다윗의 인기가 치솟자 질투심에 사로잡혔다. 다윗에게 왕좌를 빼앗길까 봐 두려워했던 것이다. 사울의 질투심은 편집증으로 발전해 다윗의 목숨을 여러 번

❖ 구에르치노의 〈다윗을 공격하는 사울〉

노렸다. 다윗은 사울 왕과의 갈등을 피하려 끊임없이 노력했지만, 사울은 다윗을 끈질기게 쫓아다녔다. 결국 사울은 파멸의 길에 들어선다. 사울의 이야기는 한 개인의 눈먼 질투가 한 인간을 파괴할 수도 있다는 사실을 잘 보여준다. 일찍이 가톨릭에서는 질투를 7대 대죄의 하나로 보았다.

'선망'이나 '질투'로 번역되는 영어 **envy**는 라틴어 invidia에서 나와 프랑스어 envie를 거쳐 영어로 들어왔다. 어원인 invidia는 부정의 in-과 '보다'를 뜻하는 videre가 결합된 말로 '나쁘게 보다'를 의미한다. 한 사람을 나쁘게 보면 질투나 증오심이 생길 수 있다. They looked with envy at her latest purchase는 '그들은 그녀가 새로 산 물건을 부러운 눈빛으로 바라보았다'라는 말이다. **invidious**는 라틴어 어형을 잘 보존한 형용사지만, '부당한', '무례한'이라는 의미를 갖고 있다. It would be invidious to single out any one person to thank는 '감사할 사람을 한 명만 꼽는다는 것은 무례한 일이다'라고 번역할 수 있다.

'질투'를 뜻하는 또 다른 영어 단어로는 **jealousy**가 있는데, 라틴어 zelosus에서 왔다. 이 말도 '열성'을 의미하는 그리스어 zēlos가 어원이다. '열의', '열성'을 가리키는 영어 **zeal**이 여기서 나왔다. missionary/political zeal은 '선교적/정치적 열정'이라는 표현이다.

Candid 솔직한

색상은 문화적 상징성을 지닌다. 검은색은 장례와 관련 있고, 노란색은 풍요를, 흰색은 순결과 정결을 상징한다. 고대 로마의 귀족들이 공식 예복으로 입었던 토가Toga는 타원 모양의 흰 천을 몸에 돌려 감아 입는 관복이었다. 라틴어에서 흰색은 candidus라고 불렀고, 공식 선거에 출마하는 후보자들은 토가 칸디다 Toga candida라는 흰색 의복을 입었다.

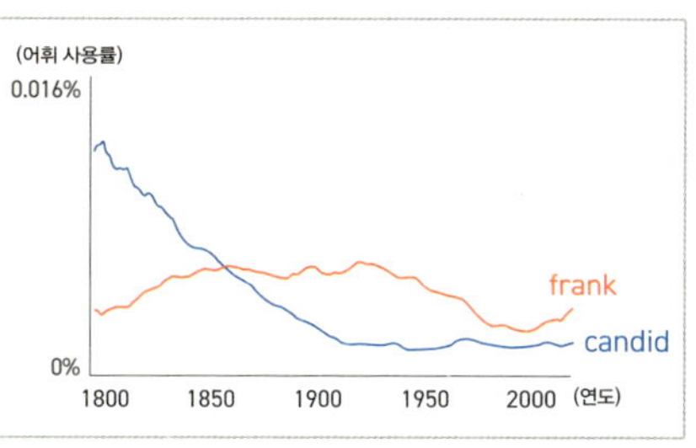

❖ 1860년대까지는 candid의 용례가 frank를 앞질렀다. 지금은 거의 차이가 나지 않지만, 두 단어의 용례는 모두 하락 중이다. 솔직한 사람들이 그만큼 줄어든 것일까?

토가의 백색은 정직성, 청렴성, 순수성의 상징이었다. 선거에 출마한 '입후보자'를 의미하는 **candidate**가 여기서 나왔다. a presidential candidate는 '대통령 후보'를 말하고, He is the best candidate for the job은 '그는 이 일에 가장 적합한 후보자다'라는 의미다.

백색(candidus)의 정직성은 '솔직한'을 뜻하는 **candid**를 파생시켰다. **frank**의 동의어에 해당한다. I felt she was being less than candid with me는 '그녀가 나에게 솔직하지 못하다고 느꼈다'라는 말이다. 공정하고 정직함을 의미하는 '공평무사함'은 **candour**라고 한다. She said with surprising candour는 '그녀는 놀라울 정도로 솔직하게 말했다'라는 뜻이다.

'하얀 양초'를 의미하는 **candle**의 어원도 candidus에서 나온 candela(촛불)이다. "It's better to light a candle than to curse the darkness"라는 속담은 '어둠을 탓하기보다 촛불 하나를 켜는 것이 낫다'는 말로, 문제에 대해 불평하는 것보다 긍정적인 조치를 취하는 것이 더 좋다는 뜻이다. 유럽의 궁전 천장에 매달려 있는 화려한 **chandelier**샹들리에의 어원도 candela이다.

Avian influenza 조류독감

지난 팬데믹으로 수년간 사람들은 외부 세계와 차단되었다. 마치 1348~1350년에 발생한 흑사병이 유럽 인구의 30~50퍼센트의 생명을 앗아간 것처럼, 팬데믹의 공포는 온 지구를 강타했다. 한때는 에이즈가 천형天刑의 질병이라고 불렸지만, 지금은 치료제 개발로 그런 인식이 사라졌다. 그런데 의학이 발전하면 할수록 새로운 질병이 인류를 위협하고 있다. 대표적인 질병이 조류독감이다. 본래 조류 간에 전파되는 이 질

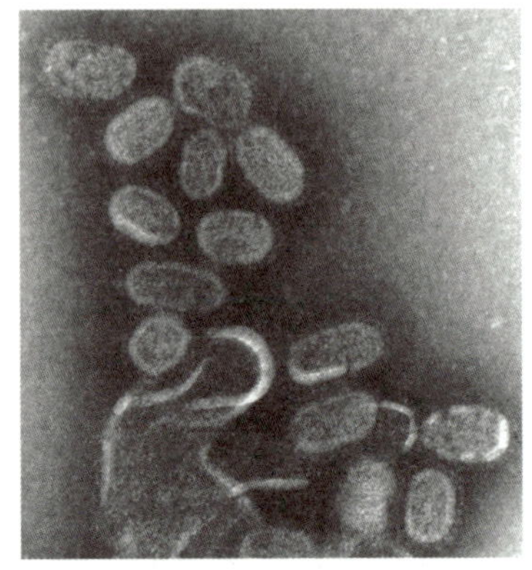

❖ 현미경으로 본 조류독감 인플루엔자

병이 문제가 된 것은 인간도 조류를 통해 감염될 수 있고, 실제로 그런 사례가 있기 때문이다. 다행스럽게도 아직은 사람 간에 이 질병이 전염되었다는 보고는 없다. 다만, 이 질병이 오염된 물과 사료를 통해 조류 사이에 확산되었다는 사실은 부인할 수 없다. 수천 마리의 닭을 숨 쉬기조차 힘든 밀집 공간에서 사육하는 현실을 보면 왜 이런 질병이 발생했는지 알 수 있을 것 같다.

‘조류독감’의 영어 표기는 **avian influenza**인데 여기서 ‘새’를 의미하는 단어는 무엇일까? **avian**이 ‘새의’를 뜻한다. 라틴어에서 ‘새’를 avis라고 부른다. **aviary**는 동물원의 ‘큰 새장’을 가리킨다. avis는 항공 분야에 여러 파생어를 남겼다. '비행사’를 **aviator**라고 부른다. 현대의 여객기 조종사는 **pilot**이고, aviator는 다소 고전적인 표현으로, 비행기 발명 초기의 비행사를 가리키는 경우가 많았다. She was a pioneering aviator in the early days of flight는 ‘그녀는 비행 초창기의 선구적 비행사였다’라고 번역한다. 비행기의 설계, 제작, 비행 등을 총칭하는 ‘항공’이라는 뜻을 지닌 **aviation**이라는 단어가 있다. aviation business/industry는 ‘항공 비즈니스와 산업’을 말한다.

Radicalism 급진주의

'급진주의'란 사회나 정부 기관의 근본적이고도 급격한 변화를 추구하는 정치적·사회적·이념적 운동을 가리킨다. 영어로는 **radicalism**이라고 부른다. 이 용어에는 라틴어로 '뿌리'를 뜻하는 radix가 들어 있다. 다시 말해, 가지만 치고 다듬는 것이 아니라, 뿌리째 갈아엎는 변화를 내포하

❖ 기후 운동을 벌이는 사람들

고 있다. 정치적 급진주의의 대표적 사례는 왕정을 폐지하고 공화정을 수립한 프랑스대혁명을 꼽을 수 있다. 경제적 급진주의는, 비록 실패했지만, 마르크스주의 및 공산주의 이데올로기를 들 수 있다. 19세기 미국의 노예제 폐지, 1960년대 민권 운동도 같은 범주에 속한다. 급진주의는 근본적인 사회 변화를 요구하지만, 반드시 폭력이나 극단주의를 의미하지는 않는다. 그런 점에서 '극단주의'를 가리키는 **extremism**과는 구별해야 한다. 현대사회에서도 기후 운동, 디지털 프라이버시, 사회 정의와 같은 주제로 관심의 대상이 옮겨 갔을 뿐 급진주의는 현재진행형이다.

라틴어 radix(소유격은 radicis)에서 나온 말로는 '뿌리를 뽑다'를 뜻하는 **eradicate**가 있다. ex-가 붙어 뿌리를 송두리째 뽑는다는 의미를 갖게 되었다. eradicate racism from our sport는 '스포츠에서 인종차별을 근절하다'라는 표현이다. 서양 사람들이 먹는 무와 비슷한 채소 중에 **radish**라는 것이 있다. 뿌리를 먹는 채소라서 이런 이름이 붙었다. '근본적인'을 의미하는 radical도 그 뿌리가 같다. radical difference between the sexes는 '두 성별 간의 근본적인 차이'를 말한다.

Campaign 캠페인

사회적 혹은 정치적 목적을 위한 조직적 운동을 '캠페인'이라고 부른다. 대표적인 예가 대통령 선거 캠페인이다. 본래 **campaign**은 군사 용어였다. 라틴어로 '들판'을 뜻하는 campus는 군사훈련을 하기에 제격이었다. 실제로 로마의 Campus Martius(마르스 광장)는 군신 마르스의 이름이 붙은 넓은 훈련장이었다. campus에서 나온 라틴어 campania는 'countryside(시골 지역)' 혹은 'open country(넓은 땅)'를 의미했다. 이런 곳에서 로마 군대는 군사 훈련을 했고, 마침내 지중

❖ 로마의 마르스 광장

해 연안 지방을 모두 정복해 대제국을 이루었다. 프랑스어에 들어간 campania는 campagne가 되었는데, 현대 프랑스어에는 '시골'과 '캠페인'이라는 뜻이 모두 들어 있다. 17세기에 영어에 들어온 프랑스어 campagne는 철자가 조금 바뀌어 campaigne이 되었고, 그 뜻도 특정 지역이나 기간에 벌어지는 일련의 조직적인 '군사작전'을 가리켰다. 이후 18세기에 지금처럼 정치적인 혹은 사회적인 '캠페인'이라는 의미가 생겨났다.

라틴어 **campus**는 현대 영어에서 '대학 캠퍼스'를 가리키지만, 16세기의 프랑스어에서는 '군사 훈련장'을 의미하는 **camp**로 등장한다. 여기서 '야영지' 혹은 '텐트'라는 뜻이 생겨났다. 이후 여름방학에 스포츠나 다른 활동을 위한 장소인 '캠프'라는 의미가 생겼다. summer music camp for five weeks는 '5주간의 여름 음악 캠프'라는 의미다. '캠핑을 하는 사람'은 **camper**라고 부른다. '부정'이나 '분리'를 뜻하는 dis-가 붙으면 **decamp**가 만들어지는데, 캠프를 갑자기 떠난다는 의미에서 몰래 '서둘러 떠나다'라는 뜻이 생겨났다. The first person to take up the job decamped after a few days는 '처음 일을 맡은 사람은 며칠 만에 자취를 감췄다'라고 번역한다. 현대 스포츠에서 자주 사용하는 **champion**은 원래 전장에서 싸우는 '투사'를 가리키는 말이었다.

Fabric 직물

❖ 비단 옷을 입고 있는 귀족들

고대부터 중세까지 유럽인들이 가장 좋아하는 직물은 실크(비단)였다. 그런데 실크는 값이 너무 비쌌다. 원래 중국에서 생산되던 실크가 광활한 사막과 험준한 산맥을 가로지르는 험난한 실크로드를 통해 유럽으로 운송되었기 때문이다. 서로마제국이 멸망한 후 비잔티움제국이 유럽의 주요 실크 생산국이 되었지만, 생산과 무역을 엄격하게 통제했던 것도 값이 비싸진 또 다른 이유였다. 게다가 복잡하고 노동 집약적인 생산 과정도 한몫했다. 상품의 가치는 수요와 공급의 법칙을 따르는데, 유럽의 엘리트층이 특히 실크를 선호했던 것도 값이 비싼 이유였다. 실크는 왕족, 귀족, 교회와 관련 있었다. 다시 말해, 부, 권력, 신의 은총의 상징이었던 것이다. 군주, 주교, 귀족은 실크 예복을 입었고, 왕실 대관식이나 교회 예식에서도 의례용 복장으로 자주 애용되었다.

'직물'을 의미하는 **fabric**은 '만들다', '건설하다'를 뜻하는 라틴어 fabricare에서 나온 말이다. fabric에는 직물의 구조라는 의미에서 사회나 조직의 '구조'라는 뜻도 생겨났다. trend which threatens the very fabric of society는 '사회의 근간을 위협하는 트렌드'라는 표현이다. 라틴어 동사 fabricare에서 나온 영어 동사는 **fabricate**인데 거짓 정보를 '날조하다'라는 뜻을 지니고 있다. The evidence was totally fabricated는 '그 증거는 완전히 조작되었다'라고 번역한다. fabricate와 유사한 표현으로는 **make up**이 있다. he made up a story about getting stuck in traffic은 '교통 체증 때문에 지각했다는 핑계를 지어냈다'라는 말이다.

프랑스와 영국 왕조에서 사후에 성인의 반열에 오른 왕이 각각 한 명씩 있다. 영국에서는 앵글로색슨 왕조의 마지막 왕인 참회왕 에드워드이고, 프랑스에서는 성왕 루이로 불리는 루이 9세다. 프랑스어로 '성왕 루이'는 Saint Louis라고 표기하는데, 미국의 중부 도시 세인

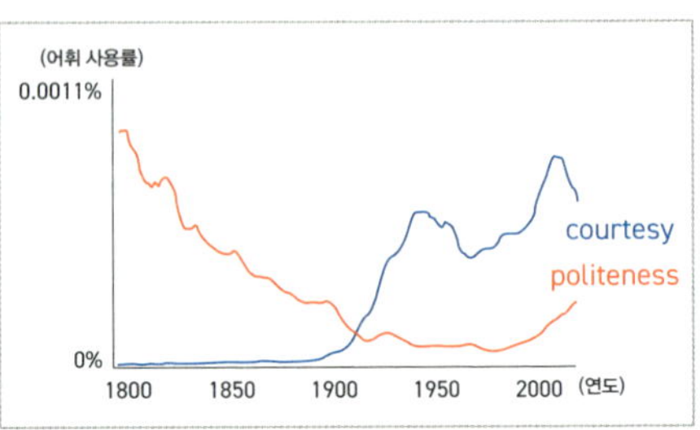

❖ courtesy와 politeness의 용례 빈도수 추세가 20세기 들어 역전되었다가, 21세기에 다시 좁혀지고 있다.

트루이스가 그의 이름에서 비롯되었다. 성왕 루이는 파리 동쪽의 뱅센숲에서 재판을 주재했다. 참나무 아래 카펫을 깔고 상설 법정을 열었다. 판결을 내릴 때 그는 소송인의 편을 든 적이 한 번도 없었다. 독실한 가톨릭 신자로서 오직 교회의 정신으로 판결했다.

 '법정'을 의미하는 영어 **court**는 라틴어 cohors에서 나왔고, 중세 프랑스어 cort를 거쳐 영어로 들어왔다. 본래의 뜻은 들판에 울타리를 친 공간이었다. 영어에서 통계적으로 동일한 특색이나 행동 양식을 가진 '집단'을 **cohort**라고 부른다. the 2009 birth cohort는 '2009년에 태어난 인구 집단'을 가리킨다. '궁정'을 의미하는 court도 법원과 뿌리가 같다. **royal court**는 '왕궁'을 일컫는다. 테니스 코트의 court 역시 cohors의 본래의 뜻, 즉 울타리를 친 마당의 의미를 간직하고 있다. '공손함'과 '정중함'을 의미하는 **courtesy**도 court에서 나온 말이다. We asked them, as a matter of courtesy, if we could photograph their house는 '예의상 그들의 집 사진을 찍어도 되는지 물어보았다'라고 번역한다.

고대 로마에서는 7세까지의 아이를 infant로 불렀다. 본래의 뜻은 말을 하지 못하는 상태의 유아 혹은 품에 안고 있는 아기를 가리켰다. in-은 '부정'을 뜻하고 fant는 원시 인도·유럽어 어근 bha-와 관련된 형태로, '말하다'를 의미한다. 이 말은 스페인과 포르투갈의 왕조에서 특별한 의미를 부여받았다. 스페인 왕실에서는 왕위 계승권이 없는

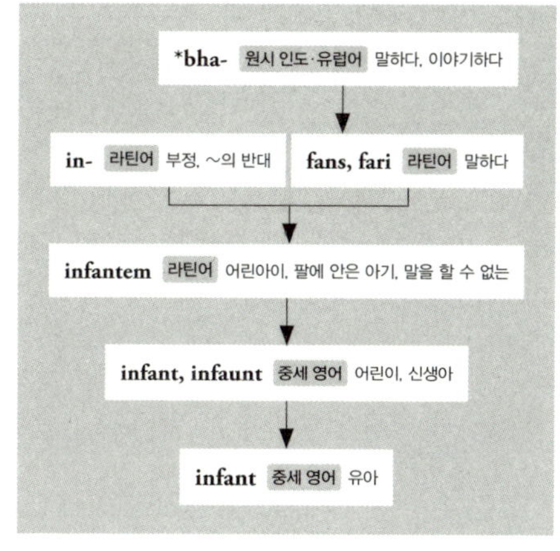

'왕자'나 '왕녀'를 infante/infanta라고 불렀는데, 이들이 통치에 참여하기에는 너무 어린 유아라고 간주했기 때문이다.

고대 로마에서 '유아'를 의미하던 **infant**는 지금도 영어에서 그대로 사용한다. **infancy**는 '유아기'나 발달의 '초창기'를 가리킨다. time when the cinema was still in its infancy는 '영화가 아직 초창기였던 시기'를 말한다. '살해'를 의미하는 -cide가 붙으면 '영아 살해'를 뜻하는 **infanticide**가 만들어진다. 특히, 아이를 낳은 어머니가 한 살 이하의 영아를 살해하는 행위를 가리킨다. These conditions lead to neglect, child abuse, and even infanticide는 '이러한 상황은 방치, 아동 학대, 심지어 영아 살해로 이어진다'라고 번역한다. **infantilize**는 누군가를 '어린아이 취급하다'라는 뜻으로 쓰인다. The phrase 'innocent women and children' is a way of infantilizing women은 '순진한 여성과 어린이라는 표현은 여성을 비하(유아화)하는 표현이다'라는 말이다. 프랑스어는 infant에서 '아동'을 의미하는 enfant을 빌려왔다. 여기에 '끔찍한'을 뜻하는 terrible이 붙으면 '끔찍한 아이'를 의미하는 **enfant terrible**이 되어 19세기 영어에 들어갔다. 그런데 단순히 끔찍한 아이라는 1차적 의미 외에도, 도발적인 방법으로 세상을 놀라게 하는 '성공한 젊은이'를 가리킨다.

Person 개인

❖ 페르수를 착용한 에트루리아인

현대 영어에서 '개인'이나 '사람'을 지칭하는 **person**의 어원적 역사는 유구하다. 고대 그리스인들은 얼굴을 프로소폰prosôpon이라고 불렀다. 그러다가 '눈을 가진 물건'으로 의미가 변했고, 동시에 연극에서 배우들이 사용하는 '가면'이라는 뜻도 생겨났다. 이후 그리스 문명에 심취해 있던 에트루리아인들(로마 이전 이탈리아반도의 선주민)이 이 도구와 명칭을 수입해 페르수phersu라고 불렀다. 에트루리아 문화를 계승한 로마인들은 이것을 '가면'이라는 의미를 가진 persona라고 불렀다. 그러다가 연극의 '등장인물', '개성', '성격'이라는 뜻도 생겼다. 로마법에서 persona는 법적 권리와 책임을 가진 '개인'을 지칭하는 더 넓은 의미로 사용되기 시작했다. persona는 자유 시민만이 될 수 있기에 법적 인격체로 인정받지 못한 노예와 구별되었다. 이후 중세 프랑스어에서 personne으로 사용되다가 13세기에 personne이 지금의 모습처럼 person이 되었다. 이 무렵에는 연극 가면이나 법인을 가리키는 단어에서 개성과 정체성에 중점을 둔 '인간'을 의미하는 단어로 바뀌었다.

라틴어 persona에서 나온 어휘로는 person의 형용사형으로 '개인적인'이라는 의미를 지닌 **personal**이 있다. The novel is written from personal experience는 '이 소설은 개인적인 경험을 바탕으로 쓰였다'라는 말이다. **personality**는 개인의 독특한 '성격'이나 '자질'을 가리킨다. His wife has a strong personality는 '그의 아내는 성격이 강하다'라고 번역할 수 있다. '부정'을 의미하는 in-이 붙으면 '비인격적인' 또는 '개인적인 것이 개입되지 않은'을 뜻하는 **impersonal**이 된다. Business letters need not be formal and impersonal은 '비즈니스 편지가 형식적이고 비인격적일 필요는 없다'라고 번역한다. **personage**는 '저명인사'라는 뜻이고, **royal personage**는 '왕실의 저명인사'를 말한다.

F

G

M

N

P

S

1일 1페이지, 영어 어휘력 365

1판 1쇄 발행 2025년 12월 24일
1판 3쇄 발행 2026년   1월 27일

지은이 김동섭
발행인 박명곤   **CEO** 박지성   **CFO** 김영은
기획편집1팀 채대광, 백환희, 이상지, 김진호
기획편집2팀 박일귀, 이은빈, 강민형, 박고은
기획편집3팀 이승미, 김윤아, 이지은
디자인팀 구경표, 유채민, 윤신혜, 권지혜
마케팅팀 임우열, 김은지, 전상미, 이호, 최고은

펴낸곳 (주)현대지성
출판등록 제406-2014-000124호
전화 070-7791-2136   **팩스** 0303-3444-2136
주소 서울시 강서구 마곡중앙6로 40, 장흥빌딩 10층
홈페이지 www.hdjisung.com   **이메일** support@hdjisung.com
제작처 영신사

ⓒ 김동섭 2025

"Curious and Creative people make Inspiring Contents"
현대지성은 여러분의 의견 하나하나를 소중히 받고 있습니다.
원고 투고, 오탈자 제보, 제휴 제안은 support@hdjisung.com으로 보내 주세요.

이 책을 만든 사람들
기획·편집 박일귀   **디자인** 유채민